"出土文献与古史史料学研究"丛书

宁镇疆

高晓军 主编

出土文献与古书形成研究

上海古籍出版社

国家社科基金重大项目"出土简帛文献与古书形成问题研究"（19ZDA250）

"古文字与中华文明传承发展工程"规划项目（G3453）

目　录

通　论

中国早期经典文本的生成问题
　　——兼谈文献学背后的学术史　　　　　　　　　　赵敏俐　3
先秦史上的"私家著作"问题与西周春秋的学术格局
　　——兼谈李学勤先生关于先秦学术史的一个重要论断
　　　　　　　　　　　　　　　　　　　　　　　　宁镇疆　25
古书年代学与语文学研究中的若干问题　　　　　　　王志平　40
论出土文献所见古书成书过程中的"篇组"　　　　　黄甜甜　68
清华简中两种乐书的文本复原与功能蠡测　　　　　　程　浩　82
"以数为纪"观念刍议　　　　　　　　　　　　　　章　宁　92

书・诗

问道于天：《尧典》"观象授时"部分的知识传承
　　——兼论《书》学之"三代损益"　　　　　　　赵　培　105
清华简《命训》的成书时代及思想史意义　　　　　　刘光胜　145
《度邑》与武王"徵会"
　　——兼论殷商周初的王政　　　　　　　　　　　张怀通　159
出土文献与《诗经》早期书写　　　　　　　　　　　曹建国　193

清华简《迵命》《四告》与诸梁钟合证及其他 ………………… 何家兴　197
"古书诗书多互称"说辨证 ………………………………………… 刘　娇　208

史　传

楚纪南故城周边出土典籍类竹简的楚墓墓主身份蠡测
　　………………………………………………………………… 蒋鲁敬　235
书、语及抄撮：东周时期历史教材考述 …………………………… 林志鹏　246
《春秋左传》成书及其不同属性文本组成关系考索
　　——兼申《左传》作为《春秋》解经之传的首要性质 ……… 徐　渊　267
《左传》与《清华简》"申公子仪""鄎公钟仪"事迹辨疑
　　………………………………………………………………… 张淑一　288
上博简《姑成家父》史实考论
　　——兼谈其文献学价值 ………………………………………… 谢耀亭　297
论虞舜逃生传说的衍化及其衍生性文本 …………………………… 梁　奇　309

子书杂纂

谈《论语》编纂中的"取"与"舍"
　　——以上博简与《论语》的对比为视角 ……………………… 王红霞　331
出土文献视野下的《论语》文本形态演进 ………………………… 杨　博　349
从出土文献所见颜回人物形象看《论语》的经典化过程
　　………………………………………………………………… 李健胜　359
阜阳汉简《庄子》残简研究 ……………………………… 李　锐　王晋卿　374
女子不作，爱为死亡
　　——北大秦简《教女》"爱"论试析 ………………………… 胡　宁　381
连续与断裂：中国早期医学的文本与知识
　　——以简帛古脉书为中心 ……………………………………… 赵　争　393

通 论

中国早期经典文本的生成问题

——兼谈文献学背后的学术史

赵敏俐

中国是个古老的民族,在数千年的发展过程中创造了辉煌的文化。以"五经"和"诸子"为代表的早期经典是其重要载体之一。在中国传统的文化观念中,把经典生成问题看得比较简单,大抵认为"五经"的生成都与圣人有关,诸子百家也各有比较明确的作者。自近代以来,人们对此进行了全面质疑,许多传统说法都被推翻。特别是近百年来出土文献的大发现,使人们日益认识到中国早期经典生成的复杂性。但是到目前为止,学者们的讨论基本上集中在个案之上,虽然有人做过一些总结,如余嘉锡《古籍校读法》,就曾指出"古书不题撰人""秦汉诸子即后世文集""古书不皆手著"等著名论断,[1]但也只是从文献学和校勘学角度入手所进行的简单概括。近几十年出土文献大发现,人们将其与传世文献进行对比,更直观地看到了二者之间存在的书写差异,从而认识到古书成书的复杂情况,从文本史料的多元性和文本流变的复杂性等角度进行了深入的讨论。但是仍然缺少从传承方式和撰述主体方面所进行的深层探讨。[2]

笔者认为,中国早期经典之所以呈现在我们面前是这种样式,除了文献自身的物质传承,如搜集、汇编、抄录而造成的结果之外,更重要是这些经典创造者的主体行为所带来的结果。它与作者息息相关,也与中国早期的书写方式、文化传承和撰述意识紧密相连。

作者简介:赵敏俐,首都师范大学燕京人文讲席教授,中国诗歌研究中心专职研究员。
[1] 余嘉锡:《古籍校读法》,《余嘉锡古籍论丛》,国家图书馆出版社,2010年。
[2] 谢维扬:《古书成书的复杂情况与传说时期史料的品质》,《学术月刊》2014年第9期。程浩:《古书成书研究再反思——以清华简"书"类文献为中心》,《历史研究》2016年第4期。

说到底，经典文本的生成本身就是一部学术史，也是一个文化建设和发展的历史。它包括对早期记忆的书写、文化的不断累积和淘汰。中国早期经典的生成，从文本类型的角度来讲，主要可以分为汇编型、著述型和阐释型三种；从传承方式来看，又深受口头传承和书写传承两方面的影响。下面就此做初步总结，并试图探讨其中所包含的文化要义。

一、汇编型经典文本的生成

所谓汇编型经典，即一部经典由多篇不同类型、不同来源的篇章组合而成。其典型形态即为《尚书》和《诗经》。或者虽然组合成一个有系统的整体，但是其整体组合仍然是汇编式的，如《周易》。这几部经典的历史源头都很古老，都是早期王官制度下的产物，属于集体撰述。由于缺少相关的历史记载，它们的汇编情况都不太清楚。据《汉书·艺文志》所言，这三部经典的产生都与孔子有关。如关于《周易》，《汉书·艺文志》说："《易》曰：'宓戏氏仰观象于天，俯观法于地，观鸟兽之文，与地之宜，近取诸身，远取诸物，于是始作八卦，以通神明之德，以类万物之情。'至于殷、周之际，纣在上位，逆天暴物，文王以诸侯顺命而行道，天人之占可得而效，于是重《易》六爻，作上下篇。孔氏为之《彖》《象》《系辞》《文言》《序卦》之属十篇。故曰《易》道深矣，人更三圣，世历三古。"[1]按此所言，《易》是由宓戏氏始作八卦，文王演为六十四卦，孔子作传十篇而成。关于《尚书》，按《汉书·艺文志》的说法，是孔子选取了从尧到春秋时代的秦国相关文献编辑而成："《易》曰：'河出图，洛出书，圣人则之。'故《书》之所起远矣，至孔子纂焉，上断于尧，下讫于秦，凡百篇，而为之序，言其作意。"[2]同样，《汉书·艺文志》把《诗》的编辑者最终也归之于孔子："《书》曰：'诗言志，歌咏言。'故哀乐之心感，而歌咏之声发。诵其言谓之诗，咏其声谓之歌。故古有采诗之官，王者所以观风俗，知

---

[1] （汉）班固：《汉书》，中华书局，1962年，第1704页。
[2] （汉）班固：《汉书》，第1706页。

得失,自考正也。孔子纯取周诗,上采殷,下取鲁,凡三百五篇,遭秦而全者,以其讽诵,不独在竹帛故也。"①但是,根据后世学者研究,特别是近现代学者的相关考证,证明这三部经典的传承虽然与孔子有关,但决不是由孔子最后编辑而成的。至于《礼》《乐》二经,连《汉书·艺文志》也不知道作者为谁、编者为谁,只能这样模糊介绍:"《易》曰:'有夫妇父子君臣上下,礼义有所错。'而帝王质文世有损益,至周曲为之防,事为之制,故曰:'礼经三百,威仪三千。'及周之衰,诸侯将逾法度,恶其害己,皆灭去其籍,自孔子时而不具,至秦大坏。""《易》曰:'先王作乐崇德,殷荐之上帝,以享祖考。'故自黄帝下至三代,乐各有名。孔子曰:'安上治民,莫善于礼;移风易俗,莫善于乐。'二者相与并行。周衰俱坏,乐尤微眇,以音律为节,又为郑、卫所乱,故无遗法。"②后人惯于将周代文化称为礼乐文化,但是关于《礼》《乐》两经的出处来源以及何人所编等问题,时至今日也无人能有一个准确的说法。

　　以上这几部中华早期经典,之所以没有明确的作者与编者可考,一方面固然是由于年代久远,文献不足,另一个重要原因应该与中国早期的书写制度有关。即它们都属于王官之学,所记都为王官职事,自然也就没有具体作者,甚至也没有具体编者。因为属于王官职事,代代相承,所以它们的形成都会有一个漫长的过程。这其中,《诗经》和《尚书》是先秦时代最有代表性的两种汇编型经典,在先秦时代地位最高、引用最多,二者往往并称。如《左传·僖公二十七年》记赵衰评价郤縠,说他"说礼乐而敦《诗》《书》。《诗》《书》,义之府也"。③《论语·述而》:"子所雅言,《诗》《书》、执礼,皆雅言也。"④《墨子·公孟篇》:"孔子博于《诗》《书》,察于礼乐,详于万物。"⑤相比较而言,

---

① (汉)班固:《汉书》,第1708页。
② (汉)班固:《汉书》,第1710、1711—1712页。
③ (清)阮元校刻:《十三经注疏·春秋左传正义》,中华书局,1980年影印版,第1822页。
④ (清)阮元校刻:《十三经注疏·论语注疏》,第2482页。
⑤ (清)孙诒让:《墨子间诂》,上海书店,1986年影印《诸子集成》本,第4册,第274页。

关于《诗》《书》的编辑情况，历史留下来一些蛛丝马迹，后人据此可以梳理出一个大致线索，下面我们以《诗经》为例做一些讨论。

传说《诗经》是由孔子最后编定的。此说最早见于司马迁《史记·孔子世家》："古者，《诗》三千余篇，及至孔子，去其重，取可施于礼义，上采契、后稷，中述殷周之盛，至幽、厉之缺，始于衽席。……三百五篇，孔子皆弦歌之，以求合《韶》《武》《雅》《颂》之音。"①东汉王充《论衡·正说篇》说："《诗经》旧时亦数千篇，孔子删去复重，正而存三百五篇。"班固《汉书·艺文志》也说："孔子纯取周诗，上采殷，下取鲁，凡三百五篇。"孔子删诗说影响很大，唐代陆德明，宋代欧阳修、王应麟、邵雍，元代马端临，清代顾炎武等，皆据此发挥解说。但经过近代以来的学者研究，基本上可以确定，《诗经》不可能是孔子删定而成的。最有力的证据是，《左传·襄公二十九年》（公元前544年）记载吴公子季札到鲁国观周乐，鲁国乐工为他演奏的十五《国风》，其名称与编排顺序与今传《诗经》基本相同，说明当时被称为"周乐"的《诗经》已基本编集成册，孔子那年才八岁。《史记》说孔子在自卫返鲁之后才删定了《诗经》，但是据《论语》所载，孔子本人在此之前便不止一次地提到"诗三百"。各诸侯国君臣燕飨或使者相会时常常"赋诗言志"，所赋之诗绝大多数都出于今本《诗经》。"赋诗言志"之风在孔子之前早已流行，若没有通行的《诗经》文本，宾主双方又何以会信手拈来，运用得娴熟得当，又何以在断章取义的赋诗中大家都能心领神会呢？

既然早在孔子之前《诗经》已经基本编成，那么它又是何人何时编辑而成的呢？当代学者在这方面的考证很多。其中最有代表性的是马银琴和刘毓庆的说法。马银琴认为《诗经》的第一次结集在康王时代，穆王时代是第二次结集，宣王时代是第三次结集，平王时代是第四次结集，齐桓公时代是第五次结集，最后由孔子删定。② 刘毓庆认为宣王中兴是《诗》的第一次结集，平王崇礼是《诗》的再度编

---

① （汉）司马迁：《史记》（修订本），中华书局，2014年，第2345页。
② 马银琴：《两周诗史》，社会科学文献出版社，2006年。

辑,孔子删《诗》是三度编辑。① 他们的探讨各有依据,二人也有相同之处,可供参考。但是笔者与他们的看法略有不同。我认为康王时代为第一次结集,平王时代为第二次结集,周简王时代是第三次结集,现存的《诗经》文本则出自鲁乐工之手。孔子不是《诗经》的最后编者,他可能对《诗三百》的文本有所删定,孔子最大的功劳则是对《诗》的阐释和传授。理由如下:

1.《今本竹书纪年》有"(康王)三年定乐歌"的记载,②这也许是西周王朝第一次将礼仪乐歌固定下来的活动,此后则有多次的补充编辑。我们知道,现存的《周颂》大都是成、康以前的祭祀乐歌,基本上没有成、康以后的,这使《周颂》的篇目基本固定,也使其在《诗经》中具有了特殊重要地位。《大雅》中颂美周人开国祖先的几首诗篇也很有可能产生在此时。

2. 现存《大雅》《小雅》中可以大略考知其作年的诗篇,大都集中在西周后期的几王之间,且有明显的政治倾向性,所刺者多为幽、厉二王,所赞美者则为宣王,里面体现了明确的编辑宗旨,其产生时代当为东周初年的平王时代。

3. 现存《诗经》的最晚篇目是《陈风·株林》,产生于公元前597年左右。以此而论,《诗经》编成的下限,应该在此年之后。又《诗经》中《郑风》《秦风》《齐风》《王风》等多为春秋前期之作,它的编辑,当出于周王朝的乐官,而不应该出于诸侯国。考周简王继位在前585年,从时间上来看比较合适。

4. 吴公子季札到鲁国观乐,乐工为他演奏《风》乐之顺序,基本上与《诗经》今本相同。说明此时《诗经》的文本已经基本定型。但是周王朝的乐官不可能将《鲁颂》纳入其中。这是鲁国的僭越行为,当为鲁国乐工所为。其理由有二:第一是现存《周颂》均为康王以前之作,有明显的追远先王之意,连穆王以后包括宣王之功都没有入颂,鲁国国君更没有资格入颂。第二是鲁僖公本身的功业没有那

---

① 刘毓庆、郭万金:《从文学到经学——先秦两汉诗经学史论》,华东师范大学出版社,2009年。
② 王国维:《今本竹书纪年疏证》,载《二十五别史》第一册《古本竹书纪年》附四,齐鲁书社,2000年,第87页。

么大，《鲁颂》多夸张不实的描写与阿颂。现存《诗经》中包括《鲁颂》，自然应该是鲁国乐工所为。

5. 孔子可能对《诗三百》作过一定的删减或者整理，他自称"吾自卫返鲁，然后乐正，《雅》《颂》各得其所"，但是孔子的主要功劳不是对《诗》的编辑，而是对《诗》的阐释和传授，在《诗》的经典化中作用最大。《论语》中孔子论《诗》，上博简发现的《孔子诗论》就是最好的证明。

除《诗经》之外，《尚书》的编辑可能更为复杂。因为它里面包括了《虞夏书》《商书》和《周书》三大部分。其传承的时间漫长，其中的一些早期文献传承编辑的情况尤其如此，如《尧典》的形成。① 汇编型经典文本往往是早期某种类型文献的合集，它们生成于不同的时代，不仅其中的具体篇章作者大都很难考定，最后的编定者也无从可考。它们是早期的王官职守根据现实需要，将其中的典范性文章汇编于内，有一个不断扩充和删减的过程，各部经典都有其独特的成书过程。这与汉代以后的汇编型经典文献的生成是大不相同的。②

二、著述型经典文本的生成

中国早期经典的第二种类型为著述型。现有文献材料证明，著述型经典产生于春秋末期以后，是王官之学衰落、私学兴起之后的

---

① 按，关于《尧典》形成的问题讨论甚多，详见拙文《〈尧典〉何以为"典"——兼论中国早期文化记忆与经典的书写》，刊于《文学评论》2021年第4期，此处不展开讨论。

② 如《楚辞》的编辑也非常有特点，汤炳正将《楚辞释文》（余嘉锡考证为南唐王勉所著）与洪兴祖《楚辞补注》比较，发现二者编排顺序有很大不同。由此考证，《楚辞》一书的编辑可能经过了几个不同的阶段。第一个阶段的编者可能是宋玉，只收《离骚》《九辨》二篇。第二个编辑者可能是淮南王刘安，增收了屈原的其他作品和《淮南小山》，第三个辑辑者可能是刘向，加入了王褒、东方朔和刘向的作品。第四个编辑者不可考，应该在刘向之后、王逸之前，加入了《哀时命》《惜誓》《大招》。最后一个编辑者是王逸，加入了他自己所作的《九思》。

产物,其开风气之先者当为孔子作《春秋》。① 司马迁《史记·孔子世家》说孔子:"因史记作《春秋》,上至隐公,下讫哀公十四年,十二公。据鲁,亲周,故殷,运之三代。约其文辞而指博。"又说:"孔子在位听讼,文辞有可与人共者,弗独有也。至于为《春秋》,笔则笔,削则削,子夏之徒不能赞一辞。弟子受《春秋》……"②《汉书·艺文志》也说:"古之王者世有史官。君举必书,所以慎言行,昭法式也。左史记言,右史记事,事为《春秋》,言为《尚书》,帝王靡不同之。周室既微,载籍残缺,仲尼思存前圣之业,乃称曰:'夏礼吾能言之,杞不足征也;殷礼吾能言之,宋不足征也。文献不足故也,足则吾能征之矣。'以鲁周公之国,礼文备物,史官有法,故与左丘明观其史记,据行事,仍人道,因兴以立功,就败以成罚,假日月以定历数,借朝聘以正礼乐。有所褒讳贬损,不可书见,口授弟子。"③据此而言,《春秋》乃是孔子因鲁史修改而成,然后传授给弟子。这是中国古代第一部有作者可考的没有争议的著述型经典。但严格说来,这部著作并非孔子独创,而是在鲁国史书基础上整理改编而成,我们可以把它看成是从王官之学向诸子之学的过渡形态。

《春秋》作为著述型经典的代表而没有作者争议,这与孔子特殊的历史地位有关,很早就将其经典化而不可更易,所谓"子夏之徒不能赞一辞"。至于自春秋末期到战国以降的诸子著书,则没有这么幸运。如《老子》《墨子》《孟子》《庄子》《荀子》等,其作者问题都存在争议。这些著作现在虽然署名为某一人,但是实际上却都不是个人独著。对此,余嘉锡有很精彩的论述:"古书之题某氏某子,皆推本其学之所自出言之。《汉志》本之《七略》,上书某子,下注某名者,以其书有姓无名,明此所谓某氏某子者,即某人也,非谓其书皆所自撰也。今所传刘向《叙录》,如《管子录》云:'管子者,颍上人也,名

---

① 按,据传统的说法,《老子》之书也产生较早,为西出函谷关时所写,其作者老子比孔子还年事略长,以此而言,著述类经典的产生,自当从老子开始。但老子的事情记载不甚清楚,还需要进一步考证。传说老子曾为周守藏室之史,属于管理藏书的史官。他的著述,也当是王官职守衰落之后的产物。
② (汉)司马迁:《史记》(修订本),第2352—2353页。
③ (汉)班固:《汉书》,第1715页。

夷吾,号仲父。'《录》云晏子'晏子名婴,谥平仲。莱者,今东莱地也'。《孙卿书录》云:'孙卿,赵人,名况。'此特因其书名《管子》《晏子》《孙卿子》,而加以解释,以下即叙其平生事迹,于其书是否本人所作,或门弟子所作,不置一词,与《别录》言'《论语》皆孔子弟子记诸善言'者不同。"① 余嘉锡此论,从版本著录的角度对这些著述型经典的作者署名与现存文本之间的关系做了很好的解释,我们的确不能将《老子》《墨子》《孟子》《庄子》《荀子》等诸子经典简单地当作个人独著,这是早期诸子经典与后世个人专著之间的最大不同。但余嘉锡的这一说法过于简略,他没有详述这些著述性经典生成的复杂性,特别是忽略了在这些经典生成过程中的诸子开创之功。事实上,余嘉锡所讲的这种情况,最符合《管子》和《晏子》两书的情况,《管子》一书,现代学者的研究基本认为是战国时管子学派所作,或搜集管子佚文逸事,或采自齐国官私记文,或托名管仲立说,或兼取稷下各派资料混合而成,最后由刘向编定,署名管子,的确只是"推本其学所自出"。② 至于《晏子》一书,基本上都是以第三者的口气进行叙述,并且带有很强的传闻性质。我们现在所看到的《晏子春秋》一书,是西汉时代刘向去其重复而重新编定的。据1972年临沂汉墓出土的《晏子》残篇,可以肯定刘向整理的这些材料出自先秦,但作者却不会是晏子本人。所以后人一般认为可能是"晏子后人、宾客及民间史家所著"。③ 但是其他一些重要的著述型经典则与以上两书大不一样,如《老子》《墨子》《庄子》《荀子》等。它们虽然并非是老子等人的个人著述,可是从整体上看他们仍然是这些著述的主要作者,我们并不能因为其中杂入了其他人的著作而否定了他们的著述之功。这其中又分为几种情况:

一种情况是原有著者,现存文本是在原本的基础上不断地修改

---

① 余嘉锡:《余嘉锡古籍论丛》,第19页。
② 冯契:《中国古代哲学的逻辑发展》(上册),上海人民出版社,1983年,第145页。谭家健:《先秦散文艺术新探》,齐鲁社,2007年,第97页。
③ 赵敏俐、谭家健:《中国古代文学通论·先秦两汉卷》,辽宁人民出版社,2005年,第111页。按,此处可参考刘文斌《〈晏子春秋〉研究史》,人民文学出版社,2015年。

扩充,如《老子》。现在我们发现的最早的《老子》为郭店简本,其次是马王堆帛书本,再次为传世本,他们之间有紧密的相关性,大部分的文本都可以互证,但是各本之间的编次不同,又有文字互异和观念的差异。① 这种情况说明,此书应该早在郭店简本之前就存在着一个原本,后世的本子都是在这个原本基础上的发展演变与传承。老子自然就是这个原本的作者。虽然在《史记》等文献中有关老子的身世记载不十分清楚,我们并不能由此否定老子的著作权和原创权。《孟子》一书则是另一种情况,据《史记·孟子荀卿列传》:"退而与万章之徒序《诗》《书》,述仲尼之意,作《孟子》七篇。"② 由此而论,《孟子》一书,是孟子和他的学生万章等人共同完成的。孟子之学后世自成一派,但是《孟子》一书的作者并非是孟子学派文章的汇编,它就是孟子和他的弟子所作,我们同样不能将其视为"推本其学所自出"的类型。

《墨子》和《庄子》又是一种类型。《墨子》一书是墨家学派著作的汇编,但是它与《管子》《晏子》也不一样。管子并没有参与《管子》一书的写作,《管子》一书的思想基本上可以确定为战国时代的管子学派,二者仅有思想上的源渊关系。《晏子》一书是后人依据晏子生前事迹而编撰的故事,其作者与晏子无关。而《墨子》一书则不然,其中多记录墨子言行。这使它的著述与《论语》有一定的相似性。但是和《论语》不同的是,《论语》是弟子后学专为记录孔子言行而作,不涉及后学门派,也不包括后学著述。今存《墨子》一书,大致可以分为五组,各组之间内容不同,行文有异,产生时间有前后。史称墨子死后,其学说分为三派,《墨子》一书中的文章,应该包含这三派的论述,这使其书的形成颇为复杂。但无论如何,《墨子》一书集中表现的是墨子思想,大都有以墨子的言行为依据而推衍,同时也反映了墨家学派发展的过程。所以将其著者标明墨子,则兼有两方面的意义:第一,它突显了墨子其人在书中的地位;第二,它有"推本

---

① 此处可参考尹振环《重识老子与〈老子〉——其人其书其术其演变》,商务印书馆,2008 年。
② (汉)司马迁:《史记》(修订本),第 2847—2848 页。

其学所自出"命意。这说明《墨子》一书有完整的学术体系,与《管子》一书大不相同。①

《庄子》一书的成书则需要另外探讨。《汉书》中题名庄子,实为庄子及其后学所作。那么,究竟哪些属于庄子所著,哪些是其后学所著?没有明确记载。人们一般认为《内篇》七篇为庄子本人所作,《外篇》和《杂篇》则为其后学所作,理由是《内篇》的观点基本统一,而且各篇之间有一个清晰的逻辑关系,文章风格一致,理应为庄子所作;《外篇》《杂篇》内容驳杂,自然是其后学所作。但是有人则认为,正因为《内篇》在内容和形式上太整齐划一了,从篇题上看就属于晚出,而且,司马迁在《老庄申韩列传》中所提到的《庄子》一书的篇目,如《渔父》《盗跖》《胠箧》等,恰在《外篇》和《杂篇》,因此《外篇》和《杂篇》更能体现庄子思想的最初面貌。② 由此而言,《庄子》一书的确典型地体现了一个学派的思想,我们可以把它看成是一派之书。但是在这一派之中,庄子本人居于中心地位,全书行文风格也基本一致,鲜明地体现了庄子的思想和个性。因此,虽然我们不能排除《庄子》一书各篇章来源的复杂性,但后世往往将《庄子》一书看作一个整体,将庄子视为主要作者,这样更能从学术思想史上对其进行把握。这使它与《管子》《晏子》类的著作成书类型相差巨大,同样不能视为"推本其学所自出"的著作。

由上可见,著述性经典文本的生成也都相当复杂,但是它们大都有迹可循,有作者可考,而不像《周易》《尚书》《诗经》等早期汇编型文本那样,无论是作者还是编者都难显形迹。这体现了春秋战国以后学术发展的变化。著述型经典具有鲜明的学派特征,各学派内部和各学派之间有着复杂的关系,从学术传承的角度来研究这些经典文本的生成过程,是我们深化先秦文化研究的重要途径。

---

① 关于《墨子》的研究,最有代表性的成果有:杨俊光《墨子新论》(江苏教育出版社,1992年),对《墨子》一书的成书问题有比较详细的讨论;郑杰文《中国墨学通史》(人民出版社,2006年),则对墨学发展的历史,尤其墨学的形成和墨家的发展有详细的论述。

② 见任继愈《庄子探源》,《哲学研究》1961年第2期。

三、阐释型经典文本的生成

这是中国早期经典的另一大类型,以《春秋三传》《易传》《礼记》《毛传》等为代表。它们本是对某部早期经典的阐释与解说,由于它们的出现而提升了经典的价值,它们本身在不断的踵事增华的过程中也成为经典。余嘉锡说:"周秦人之书,若其中无书疏问答,自称某某,则几全书不见其名,或并姓氏亦不著。门弟子相与编录之,以授之后学,若今之用为讲章;又各以所见,有所增益,而学案、语录、笔记、传状、注释,以渐附入。其中数传以后,不辨其出何人手笔,则推本先师转相传述,曰此某先生之书云耳。"① 余嘉锡的这段论述,如我们上文所言,虽然用于概括以《老子》《庄子》等为代表的先秦著述型经典并不准确,但是用来概括先秦时代的阐释型经典的生成却非常精当。因为这些阐释型的经典,的确是在经书的传授过程中逐渐形成的。如《左传》一书,贾逵《大史公十二诸侯年表序》云:"鲁君子左丘明作传。"据刘向《别录》云:"左丘明授曾申,申授吴起,起授其子期,期授楚人铎椒。铎椒作《抄撮》八卷,授虞卿;虞卿作《抄撮》九卷,授荀卿;荀卿授张苍。"② 这个传承谱系是否准确虽然存在疑问,但是它却告诉我们,《左传》不是一人一时完成的,而是在阐释的过程中逐步完善的。在它的传授过程中,左丘明无疑是第一作者,是首创者,同时我们现在所看到的《左传》一书,一定还有曾申、吴起等后代传承者的功劳。今人之所以对《左传》作者是不是左丘明争论不休,与他们不明中国早期经典传授情况有直接关系。有的人看到《左传》中有左丘明之后的个别文字,就试图要剥夺左丘明的著作权;有的人为了维护左丘明的著作权,便对这种情况视而不见。两者都缺少对《左传》传承过程的准确把握。同是"推本先师",《易传》与《左传》却大有不同。《史记·孔子世家》:"孔子晚而喜

---

① 余嘉锡:《余嘉锡古籍论丛》,第20页。
② (周)左丘明传,(晋)杜预注,(唐)孔颖达正义:《春秋左传正义》,北京大学出版社,1999年,第2页。

《易》,序《彖》《系》《象》《说卦》《文言》。读《易》,韦编三绝。曰:'假我数年,若是,我于易则彬彬矣。'"①《汉书·儒林传》:"自鲁商瞿子木受《易》孔子,以授鲁桥庇子庸,子庸授江东馯臂子弓,子弓授燕周醜子家,子家授东武孙虞子乘,子乘授齐田何子装。"②按此记载,《易传》为孔子所作,但是近代以来的学者对此多有争论,有人认为非孔子所作,如钱穆、冯友兰、高亨等人;有人认为传统说法有据,代表人物为金景芳和李学勤;有人认为孔子虽然未必亲自作"十翼",但是孔子曾经在很多场合下讲述《易经》,留下了许多相关论述,我们现在所看到的《易传》,应该是孔门弟子所为,《易传》中多处征引孔子之言,就是最好的证明。③ 本人赞同最后一种观点,认为结合孔子的生平记载来看,孔子亲自作《传》的可能性不大,但是孔子对《易》的确有深入的研究并且讲授给他的弟子。《易传》应为孔门弟子及后学门人所著,他们在其中大量引用了孔子论《易》之言,并将《易传》的撰述权归于孔子,是为了说明孔子在《易经》阐释过程中的重要发端引导作用,明其渊源有自,这才是真正的"推本先师转相传述"。

阐释型经典的形成过程大都非常复杂,但是又有比较明显的脉络可寻,是我们研究古代学术传承的很好案例。如《汉书·艺文志》载:"《公羊传》十一卷。公羊子,齐人。"颜师古注:"名高。"④《汉志》的这种著录方式,的确只是意在说明《公羊传》一书之得名与"公羊子"有关,并没有明确说此书就是"公羊子"自撰。其传授系统,按唐徐彦疏引戴宏序所言:"子夏传与公羊高,高传与其子平,平传与其子地,地传与其子敢,敢传与其子寿。至汉景帝时,寿乃与齐人胡毋子都著于竹帛。"⑤《四库全书总目提要》又做了更细致的考证,进

---

① (汉)司马迁:《史记》(修订本),第2346页。
② (汉)班固:《汉书》,第3597页。
③ 按,此处可参考杨庆中《周易经传研究》第八章《孔子与〈易传〉》,商务印书馆,2005年,第150—171页。
④ (汉)班固:《汉书》,第1713、1714页。
⑤ (汉)公羊寿传,(汉)何休解诂,(唐)徐彦疏:《春秋公羊传注疏》,北京大学出版社,1999年,第4页。

而指出:"今观传中有'子沈子曰''子司马子曰''子女子曰''子北宫子曰',又有'高子曰''鲁子曰',盖皆传授之经师,不尽出于公羊子。定公元年传'正棺于两楹之间'二句,《穀梁传》引之,直称'沈子',不称'公羊',是并其不著姓氏者,亦不尽出公羊子。且并有'子公羊子曰',尤不出于(公羊)高之明证。知传确为寿撰,而胡毋子都助成之。旧本首署高名,盖未审也。"①《四库提要》的辨析很细,进一步说明了《公羊传》成书的复杂性。但是它将署名权改成最后的定稿人公羊寿,笔者认为并不妥当。因为这等于抹杀了公羊高的开创之功,也不符合《汉志》"推本先师转相传述"的署名原则。

　　阐释型经典文本的形成有明显的累积型特点。它由某一阐释者发凡起例,后代传承者在此基础上不断生发,最终被经典化,是典型的集体撰述。从这一点来讲,它与著述型经典的生成表面看来有相同之处,即大多数皆非一人所著,但是仔细分析,又发现二者的实际形成过程大不一样。著述型经典的生成的三种主要类型:一类是如《老子》,可能是在原著本的基础上不断有后来者修订;一类如《孟子》一书,就明确地知道由多人合著;第三类也就是更为典型的则如《墨子》《庄子》《荀子》的生成,往往具有汇编的特点,即一部著作由多篇文本构成,其中主要是开创者的著作,同时也有后学者以及相关学者的著作。而阐释型经典则真正是逐渐累积而成的。它最初也可能只有一个雏形,然后由继承者不断踵事增华,日积月累,而且这一过程往往都传承数代,最后成为定本已经很晚。例如根据《汉书·艺文志》等相关记载,无论是《易传》《春秋三传》和《毛传》都是如此。如《春秋公羊传》,"至汉景帝时,寿乃与齐人胡毋子都著于竹帛",②其完成是在汉景帝时代。而《毛传》更典型地属于汉代形成的阐释型经典。《汉书·儒林传》:"毛公,赵人也。治《诗》,为河间献王博士,授同国贯长卿。长卿授解延年。延年为阿武令,授徐敖。敖授九江陈侠,为王莽讲学大夫。由是言《毛诗》者,本之徐敖。"③

---

① （汉）公羊寿传,（汉）何休解诂,（唐）徐彦疏:《春秋公羊传注疏》,第1页。
② （汉）公羊寿传,（汉）何休解诂,（唐）徐彦疏:《春秋公羊传注疏》,第4页。
③ （汉）班固:《汉书》,第3614页。

现存《毛传》不出于一人之手,有明显的痕迹可寻,它的最后写定,已经到了东汉以后。它们都典型地体现了阐释型经典在递相传授中而形成的特点。

以上,我们从成书方式的角度,把早期经典分为汇编型经典、著述型经典和阐释型经典三种类型,并将其看作是中国早期经典生成的主要形态,它们各有其不同的生成特点。其实,中国早期经典的生成问题非常复杂,即便仅仅从成书方式的角度讲,我们上面所做的归纳也只是就其大概而言。以上三种生成方式也不是截然分开,互相之间多有交叉,有些则无法明确归类。如《论语》一书,它是孔门弟子及再传弟子们辑录的孔子言行,里面主要是孔子个人的言行记录,但同时还包含着弟子们的对话和相关的传闻记载。我们可以把它看作是著述型经典,但是它多少又带有汇编型经典的意味。再如《周易》一书,虽然我们将其视为早期汇编型经典,但是它与《尚书》和《诗经》又大不一样。现在我们所看到的《周易》,是将经与传合在一起的形态。经与传的生成各不相同。就《易经》而言,它的六十四卦经文显然是一卦卦汇集在一起的,所以我们说它是王官制度的产物,属于汇编型经典。但是它的每卦之间和每卦的内部都有严密的逻辑体系,这又明显地具有著述型经典的特点。而《易传》部分由"十翼"组成,这典型地体现了汇编性经典的特征。但是这十篇传文,一定又有历代传承者的修改补充,这又体现了鲜明的阐释经典形成的特点。再如《周礼》一书,它建构了一个非常完整的理想化的周官系统,从这一点来看,它应该属于著述型经典。但是具体到每一官职系统的内部,又可以发现里面有复杂的材料汇集。这说明,中国早期经典的生成是复杂的,其内容也是丰富无比的。从早期著述的角度对其进行细致的文化研究,是我们今后要做的重要工作。

四、早期经典文本的口头传承与书写传承

中国早期经典的形成,也深受传承方式的影响。这主要有两种方式,一种是口头传承,一种是书写传承。当然,作为经典得以传世,最终都凝结为文字文本,书写传承无疑最为重要。但是在先秦

文字书写并不发达的情况之下,口头传承也起着重要作用,并且对书写传承产生了重大影响。所以我们不能忽略了口头传承。

我们知道,现存的经典都是由文字书写而传承下来的。而中国文字的起源,最早不过5 000年左右,我们现在所发现的最早成体系的文字就是甲骨文,虽然我们可以根据相关的文献记载,将典册文的产生上溯到夏代。①但是,那个时代的文字书写能否达到可以完整地记录长篇对话的水平,还有待于考察,也许早期的《尚书》传承就是由书写文本与口头传承相辅而行的。这些口传的话语到后来记录下来,才有了比较固定的书写文本,由此可见口头传承所起的重要作用。因为口头传承不像文字那样有相对固定的文字,所以不同途径的口传记录就呈现出一定的差异,如《尚书·汤诰》引成汤克夏之后所发诰誓曰:"其尔万方有罪,在予一人;予一人有罪,无以尔万方。呜呼!"②《国语·周语上》则记载:"在汤誓曰:'余一人有罪,无以万夫;万夫有罪,在余一人。'"③《吕氏春秋·顺民》又有不同的记录:"昔者汤克夏而正天下。天大旱,五年不收,汤乃以身祷于桑林,曰:'余一人有罪,无及万夫。万夫有罪,在余一人。无以一人之不敏,使上帝鬼神伤民之命。'"④这三部经典中都引用了汤的语言,内容相同,但是在文字上又存着一些差异,连成汤说话的场景也发生了变化。这种情况,正是口头传承的表现形态。最为典型的则为《诗经》,据《汉书·艺文志》,经过秦始皇的焚书之后,它之所以能够保存下来,一个重要的原因是"以其讽诵,不独在竹帛故也"。它在先秦时代的口诵形态如何,我们今天已经不可复原。但是通过近年来出土的安大简《诗经》,我们可以窥得一二。

如安大简《关雎》"要嬼淑女",《毛诗》作"窈窕淑女",两者差别较大。《毛传》曰:"窈窕,幽闲也。"《郑笺》:"言后妃之德和谐,则幽

---

① 赵敏俐:《关于中国早期典册类文献产生时间的推测》,杜晓勤主编《中国古典学》第一卷,中华书局,2020年。
② (汉)孔安国传,(唐)孔颖达疏:《尚书正义》,北京大学出版社,1999年,第201页。
③ (吴)韦昭注:《国语·周语上》,上海古籍出版社,1978年,第35页。
④ 陈奇猷:《吕氏春秋校释·季秋纪第九》,学林出版社,1984年,第479页。

閒处深宫贞专之善女,能为君子和好众妾之怨者。"孔颖达疏:"窈窕者,谓淑女所居之宫形状窈窕然,故笺言幽閒深宫是也。"①"窈窕"意指"幽深",有多处文献可证。汉乐府《乌生》"蹊径窈窕安从通",②此"窈窕"就是曲折幽深之意。班固《西都赋》:"步甬道以萦纡,又杳窱而不见阳。"李善注:"《说文》萦纡,犹回曲也。又曰:杳,杳窱也。《广雅》曰:窈窕,深也。窈与杳同。"③陶渊明《归去来兮辞》:"既窈窕以寻壑,亦崎岖而经丘。"李善注引曹摅《赠石荆州诗》曰:"窈窕山道深。"④《广雅·释训》:"泓泓、渊渊、窱窱、窈窈,深也。"⑤可见"窈窕"一词训为"幽深"是没有问题的。但是"窈窕"一词,在先秦两汉时代并不仅有此意,同时指女子的形体之美。《楚辞·山鬼》:"子慕予兮善窈窕。"王逸注:"窈窕,好貌。"⑥安大简作"要嬥",所写正是女子的形态之美。《说文·女部》:"嬥,直好貌。从女翟声。一曰娆也。"⑦《广雅·释诂》:"嬥,好也。"《释训》:"嬥嬥,好也。"⑧马王堆帛书《五行·解》:"茭(窈)芍(窕)[淑女,寤]昧(寐)求之。"按此而言,将"窈窕"释为深宫窈窕之状和女子形态之美,皆有可据,从文义上均可以说通。何以解释这种现象,我认为这是因为口头传诵而造成的差异。同样的声音,由于理解不同而记录为不同的文字,安大简《关雎》写作"要嬥";《毛诗》则作"窈窕",因而造成了后世对这个词语的不同训释,由此才有了不同的《诗经》版本和不同的意义。

由口头传承而造成了《诗经》文本的不同,在虚词的书写上表现

---

① (汉)毛亨传,(汉)郑玄笺,(唐)孔颖达疏:《毛诗正义》,北京大学出版社,1999年,第22—24页。
② 逯钦立:《先秦汉魏晋南北朝诗》,中华书局,1983年,第258页。
③ (梁)萧统编,(唐)李善注:《文选》,中华书局,1977年影印版,第27页。
④ (梁)萧统编,(唐)李善注:《文选》,第637页。
⑤ (清)王念孙:《广雅疏证》,上海古籍出版社,1983年,第703页。
⑥ (汉)王逸撰,黄灵庚点校:《楚辞章句》,上海古籍出版社,2017年,第62页。
⑦ (汉)许慎撰,(清)段玉裁注:《说文解字注》,上海古籍出版社,1981年,第620页。
⑧ (清)王念孙:《广雅疏证》,第86、738页。

得最为明显。如《江有汜》,安大简本作"之子于归",《毛诗》作"之子归"。简本比《毛诗》多了一个"于"字。简本"后也悔""啸也歌""后也处",《毛诗》分别作"其后也悔""其后也处""其啸也歌"。简本比《毛诗》又少了一个"其"字。这种虚词随意增减的现象,在我们将安大简和传世《毛诗》本的比较时可以发现甚多。另外还有语气词"兮""可""矣""也""只"在简本和《毛诗》中也多有混用,一方面说明《毛诗》与简本可能属于不同的写本系统,但更重要的还是由于口头传承所造成的不同。在口头传承的过程中,由于受各地不同方言诵读的影响,相应诗句中的一些语辞会跟着发生变化。这种变化,有的对诗义的表达和理解没有什么影响,有的则会影响较大。特别是《诗经》中的许多名词、动词,因为根据不同的方言口语而记录成不同的文字,就会造成后人在训释和理解上的重大不同。

中国早期经典的最终完成是通过书写文本。复杂的著述情况和漫长的历史演进,自然会带来各个时期不同的文本。如《老子》,我们现在起码知道有郭店简本、马王堆帛书本和传世本。《周易》也有马王堆帛书本和传世文本的不同。而由于传承学派的不同,同样会产生不同的文本。早期文本的书写传承有不同载体、不同时代的文字变异,不同学派、不同版本之间的文字差别。还有通假、讹误、脱简、增损等各种现象。这其中,文字的通假释读就是一个特别值得注意的大问题。从出土的甲骨文、金文、简帛文来看,先秦时代各体文字的书写差异很大。而各个地区的文字、如楚系文字与秦系文字的书写就有很大不同。因此,将出土文献和传世文献比对,发现它们之间的通假现象特别突出。学者们早已注意这一现象,如有人就总结了释读假借字的"三法""六戒",或"一排五比五验六戒法"。[①] 另外则是误书。先秦时代的书写多有误书。《韩非子·外储说左上》记载了一个生动的故事:"郢人有遗燕相国书者,夜书,火不明,因谓持烛者曰:'举烛。'云而过书'举烛'。举烛,非书意也。燕相受书而说之,曰:'举烛者,尚明也;尚明也者,举贤而任之。'燕

---

① 此处可参考尹振环《重识老子与〈老子〉——其人其书其术演变》,第87—95页。

相白王,王大说,国以治。治则治矣,非书意也。今世举学者多似此类。"①此即著名的"郢书燕说"故事,略带有寓言性质,但是却告诉我们一个重要的事实,即古人抄书中经常发生抄写上的讹误,所以校勘学很早已经产生。《汉书·艺文志》在介绍《易》类著作时说:"及秦燔书,而《易》为筮卜之事,传者不绝。汉兴,田何传之。迄于宣、元,有施、孟、梁丘、京氏,列于学官。而民间有费、高二家之说。刘向以中《古文易经》校施、孟、梁丘经,或脱去'无咎''悔亡',唯费氏经与古文同。"②刘向在《晏子叙录》中也说:"所校中书《晏子》十一篇。臣向谨与长社尉臣参校雠,太史书五篇,臣向书一篇,参书十三篇,凡中外书三十篇。为八百三十八章,除复重二十二篇六百三十八章。定著八篇二百一十五章,外书无有三十六章,中书无有七十一章,中外皆有以相定。中书以'夭'为'芳',又为'备','先'为'牛','章'为'长',如此类者多,谨颇略笔,皆以定,以杀青,书可缮写。"③可见,古人在经典的抄写中错误多有。在近年来的出土文献中也经常发现。如裘锡圭就曾指出上博简和郭店简中出现的错别字。他说:"我们在释读楚竹书的时候,应该把竹书中有错别字这一点牢记心头。如果遇到错别字而不能辨明,就会无法理解或误解文义。"④新发现的安大简《诗经》的误书也同样存在,如"侯六"和"魏九"就是明显的误书。⑤ 事实上,包括《诗经》等先秦经典存在着众多异文就已经是当时的共识,所谓"经籍去圣久远,文字多谬,俗儒穿凿,疑误后学",⑥所以到东汉后期,才有灵帝熹平四年(175)石经的刊刻。

口头传承与书写传承,是中国早期经典生成过程中的两种物质

---

① 陈奇猷:《韩非子新校注》,上海古籍出版社,2000年,第696页。
② (汉)班固:《汉书》,第1704页。
③ (清)严可均辑:《全上古三代秦汉三国六朝文》,中华书局,1958年,第1册,第332页。
④ 裘锡圭:《谈谈上博简和郭店简中的错别字》,谢维扬、朱渊清主编《新出土文献与古代文明研究》,上海大学出版社,2004年,第80页。
⑤ 此处可看赵敏俐《简论安大简〈诗经〉抄本中的讹误等问题》,《北方论丛》2021年第2期。
⑥ (南朝宋)范晔:《后汉书·蔡邕列传》,中华书局,1965年,第1990页。

表现形态。受传承手段、书写工具等各方面的影响，这使得汉代以前的中国文化经典，从文本形态来看存在着诸多变异。更为重要的是，当我们认真分析中国早期经典的表达方式、叙述模式、文本结构、传承制度的过程中，我们会发现它们在经典生成过程中所产生的重要影响。例如在早期经典中，我们看到口头传承所起的重要作用。《诗经》本是口头传唱的产物。《尚书》中大部分篇章，都是由古代帝王与大臣之间的对话而连缀成篇的。《周易》从形式上看也是一种解说式的文体。《国语》一书主要记录古代的名臣名言，《论语》主要记录弟子们回忆的孔子之言。《墨子》《庄子》《孟子》等也都以对话体为主。这说明，口语对话是中国早期经典文体生成的重要来源，这与口头传承显然有着极为紧密的关系。因此，从口头传承的角度研究中国古代经典生成，就有特别重要的意义。文字产生之后，有书便要有体。为何书写？怎样书写？由谁来书写？不同的书写工具、书写功能和书写方式，就左右着中国早期经典各体形式的生成。甲骨文、金文文体的形成，就深受书写工具和书写目的左右。这说明，我们要认识中国早期经典的形成，必须将三种成书类型和两种传承方式结合在一起。无论是口头传承还是书写传承，中国早期经典的生成都与其有密切的关系，其间所造成的不同于后世的中国早期经典文本特征，需要我们认真思考。

五、如何认识中国早期经典的文本生成问题

以上，我们从三种成书类型和两种传承方式的角度讨论了中国早期经典文本的复杂性。对此，虽然尚没有系统的总结，但是学者们已经从不同程度、不同方面涉及到这一问题。可以说，认识到中国早期经典文本生成的复杂性，是近百年来传统学术研究的重大推进。这一推进来自三个方面：第一是自清代以来学术研究的日渐精密，对前代学者们习以为常不加深究的问题进行了细致的讨论，逐渐发现了中国早期经典生成过程的复杂，包括作者问题的复杂、著述传统的复杂和传程过程的复杂。第二是随着大批出土文献新材料的发现，使我们看到了这些先秦文本与传世文献的重要不同，中

国早期经典生成的复杂性现象,在这一比较中更加明显地呈现在我们面前。① 第三是强烈的文化批判意识,对中国早期文化经典由盲目的崇拜到理性的质疑,由此发现古代许多传统的说法原来并不准确或者并不可靠。可以毫不夸张地说,近代以来的中国学术研究,就是从文献学的角度对中国早期经典辨伪开始的,它直接导致了经学大厦的倒塌和传统学术的式微。但与此同时,随着考古学等近代西方科学研究方法的引进,近百年来在中国早期文明的文化考古方面也取得了重大成就,众多旧石器特别是新石器时代的考古发现,除了证明中华文明具有源远流长的历史之外,甲骨文、铜器铭文和近年来大批典册文献的发现,也从另一个方面不断证实着中国早期传世文献的源渊有自。这说明,在中国早期经典生成的复杂过程中,应该深藏着中华民族早期文化生成发展的轨迹。这对于我们如何重新确立中国早期经典的文化价值,重新建构中华民族的文化大厦尤其重要,需要我们进行深层次的学理思考。这其中,有两点最值得我们深思,下面略谈一下自己的想法:

(一) 文本生成的历史就是学术发展的历史

从中国早期经典生成的复杂性中可见,我们既不能依据相关记载,把经典看成是从产生那天起就一成不变的东西;也不能依据它的最终形态,将它看成是很晚才形成的东西。它说明,无论是汇编型、著述型还是阐释型经典,其生成都有深厚的文化背景。经典文本的演变过程,本身就是一部学术的历史,也是一部文化建构的历史。从三种类型经典生成的过程来看,中国早期经典的生成是从汇编型开始的,由汇编型经典到著述型经典的转化过程,基本上就是

---

① 按:对这个问题,当代学者李学勤、李零等都有明确的认识。如李学勤在《周易探源》一书在讨论相关问题时,就明显地体现了这一思想。李零在《出土发现与古书年代的再认识》(香港《九州学刊》3卷1期,1988年12月)中就说:"古书从思想酝酿,到口授笔录,到整齐章句,到分篇定名,到结集成书,是一个长过程。它是在学派内部的传习过程中经众人之手陆续完成,往往因所闻所录各异,加以整理方式不同,形成各种传本,有时还附以各种参考资料和心得体会,老师的东西和学生的东西并不能分的那么清楚,所以我们不能以今天的著作体例去衡量古书。"

从官学到私学,从"六经"之学下移到"诸子"之学的过程,这本身就是一部学术发展的历史。而阐释型经典的生成,它的前提就是将最早的一批汇编型经典提升为"经",也正是在对"经"的阐释过程中,才形成了"传"。在与"经"相辅相成的过程中,《易传》《春秋三传》《礼记》《毛传》等早期的"传"也逐渐提升为"经典"。"经"与"传"的互动与相辅相成,同样是学术史的核心内容。再从每部经典历时性的发展过程来看,经典文本的变异,固然受口传和书写等传承方式的影响,但是从根本上看还是由于时代的变迁和思想认识的变化。如《老子》一书,自郭店简《老子》发现之后,人们将其与马王堆帛书本和传世本相比较,发现三者之间均有差异。其中,帛书本与传世本的差异相对较小,而简本则与帛书本与传世本差异很大。这种差异表面上是文字的差异和分章的差异,简本《老子》的文字仅及帛书本的五分之二,内容和分编分章也存在着重大差别。但是最本质的差异则是思想观念的变化。也就是说,从简本《老子》到帛书本和传世本《老子》,它们之间的差异所反映的,正是老子思想或者说老子学派从战国早期到战国晚期再到西汉前期的发展历程。而《墨子》一书的形成,更为明显地印刻着墨学从初创期到后期墨家思想发展的过程,对此,学者已经有了比较深入的讨论。[1]

文本生成的历史就是学术的历史,这意味着我们再也不能满足于仅仅从文字校勘、训诂、版本比对等方面孤立、静止地来认识早期经典的形态,需要结合历史、思想和文化,结合中国古代的文化制度、传承方式,将中国早期经典的生成看成是一个动态的发展过程。一方面将传统的文献学提升到学术史的高度来建设,另一方面则通过文献学的研究将中国早期经典的学术史落到实处。文献学与学术史的统一,必将是中国早期经典阐释的根本途径。

(二)从文化建构的角度看早期文本生成的意义

近百年来对传统经典生成过程的考证,证明这些早期经典的生成大都晚于传统的说法。可以说,正是经过这些考证,才从根本上

---

[1] 按,此处可参考郑杰文《中国墨学通史》第一章,第1—111页。

动摇了传统学术的根基。从此"六经"不再神圣,"圣人"失去了光环,经学走向式微,传统学术开始向现代学术转换。但是另一方面,随着当代考古学的大发展和对中国早期文化认识的深入,我们也重新认识到,中国早期经典的最终定型虽然比传统的说法要晚,但是它的生成之始却可能很早,这说明它的生成本身就是一个动态发展的过程,也是一个文化建构和传统形成的过程。其中最重要的一条,就是近百年来发现的大量的出土文献,并没有从根本上否定传世文献的可靠性,反而从多方面不断证实中国早期传世文献的渊源有自。如甲骨文的发现证明了《史记》所记的殷王世系的基本可靠,郭店简《缁衣》的发现证明《礼记》中的许多文献源自于先秦并与孔门弟子有关,这已经成为学界的公论。在那些通过累积性的方式而形成的经典当中,我们更可以发现早期文化记忆在中华民族的文化建构中所起到的巨大作用。举例来讲,如《尚书·尧典》一篇,它的最终写定可能很晚,但是它里面所记载的观象授时,却得到了近年来陶寺、二里头等考古文化发现所证实。[①] 其中所描述的尧舜禅让的举贤任能制度,符合当代学者对人类早期社会的认识。它作为中华民族早期的文化记忆,有着悠久的历史传统。这说明,正因为中国早期经典是在动态发展的过程中逐渐形成的,所以才沉积了丰厚的文化内容,必将成为我们研究中国早期文化的最佳材料,成为重新建构中国文化传统的有机组成部分。我们考察中国早期经典文本生成的最终目的,并不仅仅是为了证明它的真和伪,证明它的生成如何复杂,更重要是确立它在文化中的价值。我们对先秦经典文本生成的研究,不仅仅属于文献学的研究,更属于文化史、思想史和传承史的研究。将早期经典的生成研究从训诂、校勘、比对等文本辨析提升到文化阐释,将静态的文本比对研究提升为动态的书写活动研究。结合这些经典本身所提供的丰富内容,综合当代出土文献,开创新时代的经典阐释学,重建中国早期文化,必将成为今后的学术发展方向。

[本文原刊于《中国文化》2021年春季号(总第五十三辑)]

---

① 冯时:《中国天文考古学》,中国社会科学出版社,2001年,第166页。

先秦史上的"私家著作"问题与西周春秋的学术格局

——兼谈李学勤先生关于先秦学术史的一个重要论断

宁镇疆

20世纪30年代,罗根泽先生曾有一篇著名的文章《战国前无私家著作说》,①该文认为"私家著作"在战国之前不会有,它们的出现都是战国以降才有的事。罗先生虽然笼统地说"私家著作",但此文其实主要针对的是《老子》这部书。罗先生认为《老子》不是"纂辑",而是"著作",而这样的"著作""战国前"没有。罗先生此文貌似是学术史或者说是一个诸子学的论题,但其中涉及的问题却很多。比如其中讨论周代官学的特征,这实际上属于西周、春秋史的范畴,而诸子之学与王官之学的关系,则又是思想史、诸子学探讨的重要问题;至于先秦子书到底是"纂辑"还是"著作",则又涉及古书体例这样的文献学话题。《老子》这样的"私家"之书何时出现,又是一个古书年代学问题,其结论也会连带影响其他古书的年代学判定,可谓牵一发而动全身。今天我们讨论先秦学术史,罗先生此文是很多领域都绕不开的。当然,就此文所涉上述学术领域而言,今天拥有的材料和对先秦学术史的认识水准已远非20世纪30年代可比,尤其是很多新材料特别是简帛古书的发现,为重新审视罗先生提出的问题提供了很好的条件。

作者简介:宁镇疆,上海大学历史系教授,博士生导师。
基金项目:本文系国家社科基金重大项目"出土简帛文献与古书形成问题研究"(19ZDA250)阶段性成果。
① 罗根泽:《战国前无私家著作说(附:跋)》,收入《罗根泽说诸子》,上海古籍出版社,2001年,第17页。

一、"王官之学"与"私家"

"战国前无私家著作"说有一个立论前提,那就是诸子之学出于王官,这也是其年代学判断的重要基础:孔子之前连"私学"都没有,何来"私家著作"呢?但这个前提存在两方面的问题:一是对"王官之学"的认识,二是把"私学"等同于"私家"。

先来说第一个问题。诸子之学出于王官,此为《汉志》之说,为不少学者采信,虽然也有学者对此激烈批评,但他们对周代官学的认识却差不多。他们认为周代的官学都是些操程仪轨的技术性知识,并无学术。胡适是反对"诸子之学出于王官"说的,但他也认为周代官学不过是"祀典卜筮之文,礼乐射御之末",[①]章太炎之说与之接近。沈文倬先生批评章说"可以解释秦始皇焚坑诏的'以吏为师',用来解释西周王官,真是拟不于伦了"。沈先生曾专门讨论"宗周的王官之学",他对王官之学的认识是:"官学教、学的内容是根据官责首明职掌的原则,确定每个官所担负的事务及履行之法。"[②]可以看出,沈先生虽然认为官学时代也有学问,但其"王官之学"全然以"官"为中心,依然是些职业性、技术性知识。

把"王官之学"都看成职业、技术性的知识,甚或认为官学时代无学术,这恐怕是过去我们对"前诸子"时代文化格局的最大误解。"王官之学"自然要以"官"事为中心,但要履行职守,还应有与之搭配的一整套关于操行修为、人格养成的规训和学问。《国语·楚语上》载申叔时傅楚庄王太子,其教本即有《春秋》等九类,何其丰富!《诗·定之方中》毛传云:"故建邦能命龟,田能施命,作器能铭,使能造命,升高能赋,师旅能誓,山川能说,丧纪能诔,祭祀能语,君子能此九者,可谓有德音,可以为大夫。"[③]这揭示周代官学其实需要多方

---

① 胡适:《诸子不出于王官论》,《古史辨》,上海古籍出版社,1982年,第4册,第1页。
② 沈文倬:《略论宗周王官之学》,《宗周礼乐文明考论》(增补本),浙江大学出版社,2006年,第111页。
③ 孔祥军点校:《毛诗传笺》,中华书局,2018年,第72页。

先秦史上的"私家著作"问题与西周春秋的学术格局

面的才能,可称贵族的"综合素质",绝非纯粹以"官"为依归,都是些职业性的知识。我们只能说"王官之学"就载体、内容、形式和服务对象来说,颇与战国的诸子之学不同,却不能说彼时无"学术"。难道只有私学兴起,诸子纷出才叫"学术",而郁郁斯文的贵族社会竟然没有"学术"?这从逻辑上也说不通。这里还要提到李学勤先生在清华简公布之初的一个精彩判断,他说:"一直以来都流传着一种错误的观点,即从孔子以来,中国才有学术。这个观点是不对的。……现在从清华简和其他传世文献结合起来研究,可以确知,孔子之前有很多学术思想。所以早在孔子之前,中国就有了学术。"当初清华简的很多内容还没有正式公布,但作为主持清华简收藏、保护并研究的第一人,李先生这个判断显然是有鉴于竹简里面丰富的内容。现在我们知道其中《诗》《书》《易》《礼》甚至近乎《春秋》、《乐》类文献可以说无所不包,更不要说还有不少思想性很强的诸子类文献。而且,其中有些文献明显是西周材料,明在孔子之前,故李先生的这个判断可以说是非常敏锐的。长期以来,先秦学术史总是从战国的诸子百家讲起,学者们似乎都默认诸子以来的思想文化才叫学术,遂谓西周、春秋的"王官之学"都是些职业、技术性的知识,故李先生的这个新的判断应该是对传统先秦学术史的拨乱反正,有着非常重大的学术意义。当前的清华简研究,学者们都忙于基础的字词疏解或单篇的思想研究,李先生揭示的这一重大学术命题应该说还没有得到很好的回应,窃以为这一命题对我们准确理解"王官之学"特别是西周、春秋的文化格局都是有着重大意义的。

再来看第二个问题。持诸子之学出于王官说的学者往往把"官学"与"私学"对立起来,胡适反对此说,但同样视"官学"与"私学"为对立物,且每每又把"私学"简单等同于"私家"或"私人"。他们似乎认为王官体制牢笼一切,个人都是官学机器上的一颗颗螺丝钉,毫无"私家"之事可言。实则官学体制下,夙夜在公之余,个人又何尝没有燕私之空间及私事呢?同样是李学勤先生,他的看法就很不一样,他说:"传说老子是周守藏室之史,但《老子》一书则是他离职之后的著作,所以可以看作是老子的个人学术活动，与职务无关。"①这里李先生不仅径谓《老子》为"著作"，明确与罗根泽先生的看法不同，而且说其书的性质是"离职之后""老子的个人学术活动，与职务无关"，这些意见都非常精辟。尤其说《老子》书为"老子的个人学术活动"，更是对传统"官学"体制认识的一个重大革新。再者，就字面衡之，即"私家"之"家"亦非王官体制所能牢笼。上博简《季康子问于孔子》记孔子之言："且夫列今之先人，世三代之传史。岂敢不以其先人之传志告？"②所谓"传史""传志"，说明官学之外，尚有士大夫之家的私史、家乘流传。《左传·襄公二十四年》范宣子述其家世，从"自虞以上，为陶唐氏"，历叙夏、商至周之唐杜氏，可谓原原本本；定公元年薛宰述薛之播迁，从奚仲居薛以为夏车正，到仲虺居薛为汤之左相，亦可谓曲尽其详。这些都当是有"私家"之史、乘以为依托，它们介于"私人"与"官学"之间，总之亦明显溢出王官体制者。当然，胡适虽主学在官府，但却并不同意罗先生"私家著作"只能出现于战国以下，他的反证是明显早于孔子的叔孙豹即提出"三不朽"，而其中有"立言"。③ 孔颖达径以《左传》臧文仲等人的言论比之老、庄等子书，童书业先生甚至将臧文仲"立言"之事，比之于私人讲学。④ 清华简《子产》记载，子产行政时排斥所谓"辛道、散语"，认为它们是"虚言无实"，⑤这也侧面说明彼时个人"立言"、论说的丰富程度，此与《左传·昭公七年》晋侯向伯瑕抱怨的"多语寡人辰而莫同"之"多语"却"莫同"适可参照。另外，从《左传》所载臧文仲的言论看，他所说的也多溢出惯常的"官学"范畴：并不是以某"官"为中心的职业性知识，而更接近学者讲的道德

---

① 李学勤：《清华简与先秦思想文化》，《清华简及古代文明》，江西教育出版社，2017年，第212页。
② 释文参侯乃峰《上博楚简儒学文献校理》，上海古籍出版社，2018年，第244页。
③ 胡适：《与冯友兰先生论老子问题书》，《古史辨》，第4册，第418页。李零先生有鉴于晚近出土文献中多见"语"类文献，提醒我们应该充分重视此类文体（即如《国语·楚语上》申叔时的"教之《语》"）在早期古书形态研究中的地位，是值得重视的意见。
④ 童书业：《春秋左传研究》，中华书局，2006年，第309、339页。
⑤ 李学勤主编：《清华大学藏战国竹简（陆）》，中西书局，2016年，第138页。

教训、嘉言规诫。巧合的是,上博简《季康子问于孔子》恰载孔子所闻臧文仲有言曰:"君子强则攘,威则民不道,严则失众,猛则无亲,好刑则不祥,好杀则作乱。"①不唯说明当时臧文仲其人言论之夥,而其所说又大多是道德教训、嘉言规诫,这些正是思想性子书的关键要素。而且,从《国语·周语下》"观之《诗》《书》,与民之宪言……"来看,像臧文仲这种"私人"性的所谓"民之宪言",就典范性来说,与《诗》《书》等处于同一水平。或者说由个人性言论,一跃而为典范性的公共知识,进而也成为官方认可的道德信条或伦理规约,这时候"官""私"之间的界限就更加模糊了。再者,即文书典策等"官书"的起草毕竟要落实到个人,而个人又是千差万别的,即便服务于官事,很多时候也有强烈的个人色彩。我们今天习惯认为的很多所谓"官书",恐怕也免不了"裨谌草创之,世叔讨论之,行人子羽修饰之,东里子产润色之"(《论语·宪问》)这种迭经"私人"之手的过程。②研究古代文学的学者,甚至径以青铜器铭文开创了中国的"私人写作"的传统,③明著"私人",或者以"作品"称之,已经从这些"官样文章"中嗅出鲜明的个人色彩。清华简有《芮良夫毖》,《大雅》之《桑柔》也是芮良夫此人之作,《逸周书》中还有《芮良夫解》,体裁多样,篇有短长,这些都是实实在在的"私家"作品。以此衡之,《老子》作为"私家"作品出现于春秋以前有什么可奇怪的呢?关于"官学"中的个人色彩,《左传·襄公二十六年》还曾记载了一件有趣的事:此年晋国要接待秦国使者,明明是轮到行人子朱"当御",但叔向偏偏让行人子员负责此事。面对子朱的诘问,叔向的理由是:"子员道二

---

① 释文可参侯乃峰《上博楚简儒学文献校理》,第244页。臧文仲此论与上博简《从政》之"七机"亦相合,即所谓"从政有七机:狱则兴,威则民不道,严则失众,猛则无亲,罚则民逃……"(释文参侯乃峰《上博楚简儒学文献校理》,第163页),《从政》篇此处又明谓"闻之曰",似乎亦暗示此乃出诸他人(臧文仲)的"立言"之说。
② 这恐怕也是很多中国早期作品著作权不明晰的原因:迭经众手之后,究竟是谁的作品就模糊了。或者说在古人那里,这些作品究竟归在谁的名下,本来就不是特别重要的问题。
③ 丁进:《青铜器铭文:开创中华私人写作的传统》,《中国社会科学报》2019年7月2日。

国之言无私,子常易之。"从这个例子我们就可知道,彼时像列国间使节往来这样的"官方"事件,绝非仅止于机械、照本宣科地读读双方的"命书"就完事,"临场发挥"应该也占相当的比重,这也是沟通彼此心志的常见途径。但正是在这样"自由发挥"的场合下,子朱却时常"夹带私货",乃至于其所"发挥"与君命时有乖违,这正是其人虽"当御"而叔向宁可"易之"的原因。这个例子对于我们思考"官学(书)"与"私家"的关系,也是个很好的启示:"官学"时代同样不会排斥"私家"或"私人"。

二、"著作"的概念及年代学

"私家著作"问题另一关键词是"著作",但对此罗氏并无严格定义。张岱年先生曾用"私人专著"来指称《老子》书,[1]罗氏同意张先生《老子》是"专著"而非"纂辑"之观点,[2]可知他对"著作"一词的使用大体与"专著"同。这类词汇显然是以后世对"专著""著作"的认识来度测《老子》的性质和体例。比如,内容上要有很强的系统性,论证上要"前后理论一贯,层层推出"等。其实,如果从"系统性"的要求看,即战国以下的庄、孟、荀之书,恐怕也不能算"著作",因为讨论的"单位"都太大。抛开明显带有后世概念的"著作"一语,古书中那么多臧文仲的个人言论,时人缀辑而成"书",其与《老子》何异?《左传》等书中还多见仲虺、史佚、叔向、子产、晏婴等名臣之言,依上述臧文仲所谓"三不朽"的"立言"之论,它们背后肯定有其言论结集的"书"(《论语》同样可视为因"人""立言",且汉以前仅是"诸子传记"),只是现在大多失而不传而已。有人可能会说这是"默证",但上博简有《景公疟》,清华简也有《管仲》及《子产》,由这些新材料我们一方面可以窥见今之子书如《晏子春秋》

---

[1] 张季同(岱年):《关于〈老子〉年代的一假定》,《古史辨》,第4册,第422页。即便郭店简本《老子》发现以后,张先生对《老子》为"专著"的观点还是坚持的,详情可参王博《张岱年先生谈郭店竹简〈老子〉》,《道家文化研究》第十七辑,生活·读书·新知三联书店,1999年。
[2] 罗根泽:《老子及〈老子〉书的问题》,《罗根泽说诸子》,第148页。

《管子》等形成的早期链条,①另一方面也说明《左传》《国语》中所在多有的管仲、晏婴、子产等人言论肯定有相关的"书"作为依托。依当前对《左传》一书的年代学认识看,其所记事大多为春秋甚至更早,然则这些结集名臣之言的"书"能出现于战国前,有什么可奇怪的呢?

当然,就书的性质及形成过程来看,我们认为《老子》与今本《晏子春秋》《管子》等书又有不同。晚近余嘉锡先生的《古书通例》流行,其概括的古书形成之例如不作于一人,成于众手之说,尤广为学者称道。我们认为此说针对《晏子春秋》《管子》这样的书可能颇有解释力,但施之于《老子》一书则恐怕又未尽符合。所谓不作于一人,成于众手,从古书形成的内容和过程来看,非常强调古书内容的庞杂和稳定性差(或很晚才达到较为稳定的状态),但由郭店楚简《老子》来看,《老子》一书应该从很早的时候起就达到相对稳定的状态,其内容的整体风格也相对统一。郭店楚简本《老子》当然在内容上与帛书本、汉简本、今本还存在一些差异,但那多是个别词句上的,我们不能想象《老子》此书当初也有个章句随意聚合,甚至出此入彼、分散无定的状态。现在学者论古书形成多言"历时"性,但我们需要弄明白这个"历时"究竟是就"流传"还是"形成"而言的。在我们看来,《老子》成书的"历时"性,主要还是指的"流传"领域。从很早时候起,《老子》一书的内容都应该是较为确定和稳定的,即便编订成书不出自老子本人,恐怕也不大可能存在后人大规模增补、续作的情况,其内容的稳定和"边界"的相对清晰,与《晏子春秋》《管子》等书不可同日而语。就此而言,前举张岱年、罗根泽先生说《老子》一书非"纂辑"还是颇有理致,陈鼓应先生也认为《老子》是"自著"的"专著",非"纂辑",②说得就更为明确。学者或以"原创者"而非"作者"指称老聃与《老子》一书的关系,③虽主要着眼于著

---

① 曹建国:《从上博六〈景公瘧〉看〈晏子〉早期文本形态》,《北京社会科学》2020年第5期;刘国忠:《清华简〈管仲〉初探》,《文物》2016年第3期。
② 陈鼓应:《老子注译及评介·修订版序》,中华书局,1984年,第14页。
③ 赵敏俐:《中国早期经典的作者问题》,《北京师范大学学报》2021年第6期。

作权问题,但在我们看来,这里的"原创者"恐怕也反映了《老子》一书内容上较早就达到的确定和稳定状态,从这个角度讲,又与今之"著作"非常接近。与《老子》内容上较早就达到的稳定状态类似,还要提到《孙子兵法》一书。《老子》的基本结构单位是"章",而《孙子兵法》则是"篇",无疑更像"著作"。值得注意的是,清人孙星衍虽然对于诸子书有与上举余嘉锡先生类似的看法,即"诸子之文,皆由没世之后门人小子撰述成书",也即成于众手,但惟独对《孙子兵法》说:"惟此(即《孙子兵法》,笔者按)是其手定,且在《列》《庄》《孟》《荀》之前,真古书也。"①所谓"手定"的"真古书",可以说很接近今天的"著作"了。我们认为这个感觉还是很敏锐的。当然,这样的"著作"年代如何呢? 由于《左传》未载孙武及其书,此前多有学者将《孙子兵法》的成书下拉至战国(罗根泽即以此指此书较晚),但晚近学者论证其成书当在春秋末期,②何炳棣先生更极证此书的"春秋属性",而且径称其为"最古的私家著述"。③ 何氏虽未引及罗根泽先生之说,④但这里的"私家著述"无疑与罗氏的"私家著作"接近,这样的"私家著述"又是形成于春秋时期,也说明罗根泽先生的旧说是有问题的。而且,《史记·孙子吴起列传》载太史公曰"世俗所称师旅,皆道《孙子》十三篇",临沂银雀山及青海大通上孙家寨汉简《孙

---

① (清)孙星衍:《孙子略解叙》,《问字堂集 岱南阁集》,中华书局,1996年,第80页。
② 黄朴民、魏鸿、熊剑平:《中国兵学思想史》,南京大学出版社,2018年,第61—64页。关于《孙子兵法》可能成书于春秋时,还有一旁证。晚近新出吴王余祭剑有铭文"有勇无勇,不可告人,人其知之",学者已经指出此与兵家之言如《六韬》的"大谋不谋,大勇不勇……故道在不可见,事在不可闻,胜在不可知"有关(参李家浩《攻敔王者彶房剑与者减钟》,黄德宽主编《安徽大学汉语言文字丛书·李家浩卷》,安徽大学出版社,2013年,第47页),吴王余祭即阖庐也,这反映当时类似的兵家之言观念所在多有,这些兵家言正是《孙子兵法》成书的"大背景"。
③ 何炳棣:《中国现存最古的私家著述〈孙子兵法〉》,《历史研究》1999年第5期。何氏认为《老子》亦袭《孙子》,此点恐非。
④ 《孙子兵法》既是春秋时期的"私家著述",何氏也说:"势将引起我国学术、思想,甚至书籍、目录学史上重定坐标的工作。"这种连锁反应也与《老子》是否为战国前"私家著作"对于先秦学术史研究的影响恰同。

子》佚文均提到"十三篇",①皆与今本篇目同,但汉志却记《吴孙子兵法》八十二篇,说明围绕此书虽然后世有不少衍生作品,但"十三篇"内容的稳定和边界的清晰是很早就达到的状态。这种内容的相对稳定和边界的相对清晰,都昭示了孙武"私著"此书的"著作权";②而衍生作品的大量出现,则是该书经典化过程中的惯常现象,与《老子》一样,它们也是《孙子兵法》"流传"中产生的问题。与这里讨论的《老子》《孙子兵法》之为"私家著述"的属性相应,这里还要提到李学勤先生的另一重要论断。李先生认为"诸子百家时代是从春秋晚期开始的",③这较之学者习惯认为的诸子百家起自战国,特别是战国中期以下,应该说大为提前。而且,李先生指称的春秋时代的"诸子"正包括老子、孔子、孙子等人。不过,李先生所持"春秋晚期"的具体时限很难界定。比如,如果老、孔等人已是"诸子",那比他们稍早的子产以及更早的臧文仲等人呢?如前所言,传世及出土古书多见这些人的言论,肯定有"书"作为依托,这些其实都是"个人"性质的,而臧文仲的时代已届春秋中期。这说明问题的本质还不仅仅在于提前"诸子百家"的时代,如前所言,关键还是要打破过去"王官之学"不能有"私家"或"私人"作品的认识窠臼。换句话说,如果我们能认识到如前所述李先生所主张的孔子之前也是有学术的,则很多问题都可以涣然冰释。

另外,现在我们大多都认识到,古书不必成于本人,多系后人编订而成,由此还要提到汉志开创的目录学术语——"依托"。《汉志》用"依托",有明确的著作权或年代学意识,即这类古书的成书多和题名作者无关,都系后人编订、汇辑而成。《汉志》所举"依托"之书,大多系战国晚期甚至秦汉,但就成书原理来说,其实管、晏甚至庄、孟之书与很多"依托"之作也不乏共性。这说明有必要重新审视"依托"这一暗含古书年代学判断的术语。从出土文献来看,"依托"不必晚到战国

---

① 李学勤:《〈孙子〉篇题木牍与佚文》,《简帛佚籍与学术史》,江西教育出版社,2001年,第334页。
② 李学勤先生亦认为《孙子兵法》十三篇系孙武"自著",参其《〈孙子〉篇题木牍与佚文》。
③ 李学勤:《清华简与先秦思想文化》。

或秦汉。《逸周书》有《官人》一篇，又见《大戴礼记》，晚近笔者曾撰文指出其中"官人"之术颇能与出土文献相参证，有较早来源。①但其内容以成王（大戴为"文王"）与周公对话展开，当非"写实"而近乎汉志的"依托"。清华简《管仲》以齐桓公与管仲对话的形式展开，学者已指出此与《管子》书（也包括《国语·齐语》）多篇也类似，②他如《逸周书·程寤》见诸清华简，措辞用语多有早初特征，③其内容主要讲文王及太子发以梦占喻克商的政治寓言，显系后人敷衍或依托者也。因此，从古书年代学角度看，"依托"只是点出了古书的"相对"年代，而其"绝对"年代可能并不晚。它们的"作者"可能确实非被托名之人，但对于托名者来说，这又何尝不是他们的"著作"呢？我们看《逸周书·官人》篇"周公"论所谓"六征"，不惟条理清晰、逻辑严谨，且每一"征"内部对各种情况又论列周详，修辞上还多用排比与对仗，这种宏观擘画甚至比《老子》的"整体感"还要强，我们能说它们不是"著作"吗？而这样的作品出现的年代其实并不晚，我们今天讨论古书年代学特别是所谓"著作"问题，这种所谓的"依托"类型也不应忽视。

三、所谓"离事而言理"

鉴于像《老子》一书思想上的超越性，罗先生在论证其相对晚出时，还经常借用源自章学诚的一个说法，即"离事而言理"，意谓战国前多具体的、形而下之思，战国以后才趋向抽象和超越。这种把思维的具体和抽象简单理解为时序上的代际进化也流于想当然。《诗》《书》屡称"哲王""哲人"，甚至说"靡哲不愚"，铜器铭文和文献

---

① 参见拙文《早期"官人"之术的文献源流与清华简〈芮良夫毖〉相关文句的释读问题》，《出土文献》第十三辑，中西书局，2018年，第97页。
② 刘国忠《清华简〈管仲〉初探》。另，上博简《季康子问于孔子》载孔子亦引及管仲之言："君子恭则遂，骄则侮……"云云，言语凝练、整饬，颇类前举臧文仲的道德教训，与清华简《管仲》似有不同，然此又适足以说明彼时与管仲有关言论所在多有。
③ 李学勤：《〈程寤〉〈保训〉"日不足"等语的释读》，《清华大学学报》2011年第2期。

还屡见"谋猷""远犹(猷)""小大猷"之类形容谋略的词汇,而且对谋略或言"密静",或言"塞渊",或言"克壮",总之都是措意于谋略的缜密、深远。这些有关心智词汇的锤炼和丰富性,说明彼时的思维水平已经达到很高的水准。从《左传》等书所载古人的议论来看,很多已经相当抽象了,此非"言理"而何?另外,"立言"本来就是"离事"的。"立言"传于后世,超越时代,其所据之"事"早已是过往云烟,但依然不妨碍其为后世的教训。春秋时"赋诗断章"早已司空见惯,"断章"取其"义",不但早已超出当时的语境,"离"了当时的"事",所讲之"理"也未必与《诗》之原义有关。推而论之,古人引仲虺、史佚、臧文仲、叔向、子产等先哲或"先大夫"之论,不也应该同样作如是观吗?而且,"言"即"语"也,《国语·楚语上》申叔时傅太子所谓的"教之《语》",目的就是"使明其德,而知先王之务用德于民也",所谓"明其德",显然着眼于道德教训,是"语"之形式的"思想"层面。因此,研究先秦"语"类文献的学者,径直以"语"类文献为"思想"的"背景和资源",[1]我们也可以说"教训""思想"只是附着在了"言"或"语"上。既然古人"立言"之传统由来甚早,怎么能说彼时没有"思想"呢?我们以兵学文献为例,学者总习惯视《孙子兵法》为孤立和突兀的,其实只要细读《左传》所引《军志》佚文、《逸周书》的《武称》《大武》等篇,以及上博竹书的《曹沫之阵》,就可以明白《孙子兵法》的出现绝不是偶然的,此前附着"思想"的兵学文献不但至夥(《曹沫之阵》甚至说"三代之阵皆存"),而且草蛇灰线伏笔千里。比如《左传》所引《军志》文"先人有夺人之心,后人有待其衰",[2]其凝练和概括,我们看不出与《孙子兵法》的"凡先处战地而待敌者佚"(《虚实》)、"后人发,先人至"(《军争》)有何不同。再如《逸周书·柔武》所谓"胜国若化,不动金鼓,善战不斗,故曰柔武",实质上不就是《孙子兵法》的"不战而屈人之兵"吗?而且,像《孙子

---

[1] 俞志慧:《古"语"有之:先秦思想的一种背景与资源》,华东师范大学出版社,2010年。作者对"语"类文献的"明德"功能有专门讨论,详见该书第12—16页。
[2] 文见《左传·昭公二十一年》。另,文公七年、宣公十二年亦见前一句。

兵法·军争》还引到"《军政》曰",①这种"书"中有"书"的现象,正是此前兵学思想在其中"沉淀"的绝好证明,只不过这些"言理"性很强的"书"今天大多没有保存下来罢了。《孙子兵法·军争》篇的"书"中有"书"的现象,其实是考察古书年代学及知识迭代的一个新的角度,像上述《左传》所引《军志》佚文,以及其他"志"的佚文,甚至上博、安大简竹书《曹沫之阵》所谓"《周志》是存"的《周志》(安大简又称之为"周室有戒言"②),都属此类。这种现象也提醒我们应对商周的文献累积及流传有全面的估计。前述《左传》所载仲虺、史佚等人的"立言",以时代论,仲虺相传为商汤时人,而史佚则时在周初,《尚书·盘庚上》甚至还引到迟任之言,他们都远在老子之前,现在学者动辄以貌似"粗糙"(其实亦非)的甲骨卜辞文例情况类比商代的文献水准,是很不客观的。既然更早的仲虺、迟任、史佚等人的言论都能流传下来,晚他们很多的老子有作品传世实在无足怪者。

受"离事言理"之论的影响,学者对古书形态的演进往往持单线进化的逻辑,以为早期只是档案式的"官书",后来才有思想性较强的"言理"之书。现在从大量铜器铭文及简帛古书来看,此说也颇可商榷。李零先生曾区分作为档案的"书"和作为典籍的"书",并以后者当"私人著述",而且说后者是对前者的"革命"。③ 不过,这种革命性变化,却并非一定要通过"历时性"沿革来达成,尤其像罗先生所云有战国"前""后"的代际分野。虽然李零先生对"私人著述"式的古书源于何时态度谨慎,但也提到铜器铭文中一些"非典型"模式,如墙盘、逑盘和豳公盨等。尤其指豳公盨铭文纯粹讲道德教训,"比较类似后世的古书"。④ 以时代来讲,这些可都是标准的"官学"时代的东西,但何以如此?这里要特别提到的是,清华简还有《命

---

① 李零先生推测此"军政"与《左传》所引"军志"概系同一类书。参《吴孙子发微》,中华书局,1997年,第82页。
② 黄德宽主编:《安徽大学藏战国竹简(二)》,中西书局,2022年,第53页。上博简《曹沫之阵》对应部分残缺。
③ 李零:《简帛古书与学术源流》,生活·读书·新知三联书店,2004年,第48页。
④ 李零:《简帛古书与学术源流》,第50页。

训》篇,见于今《逸周书》,此篇系围绕"命论"主题而作的专论,其抽象和"言理"都达到了很高的水平,学者甚至指此篇与豳公盨铭文在道德说教上颇有共性。① 行文上看,该篇更是"结构严谨,前后呼应"(刘国忠先生语),②恰如前述学者所讲"前后理论一贯,层层推出"。《命训》过去不少学者以文气指其年代很晚,现在清华简即有此篇,学者考订其年代当在春秋,③明属"战国前"。这充分说明"档案"之书与"言理"之书"共时"存在的可能性,前述《左传》所引思想性很强的"军志"(前志)佚文亦可为明证。晚近文学史研究者颇关注"文体学",④《命训》给我们的启示是,某一时代之"文体"是丰富多样的,前述"德音"大夫能作多种就是佳证。我们不能把古书"共时"的文体分类当成"异时"的时序进化,这是当前古书形成和年代学研究中,尤其需要注意的,其对于《老子》一书的文本性质及年代学判定同样不乏启示。

另外,《命训》这样思想性很强的篇目最终收录于《逸周书》也颇可玩味。就题材而言,《逸周书》一书是很博杂的,这一点前人早有定评。《左传·文公二年》载狼瞫引"勇则害上,不登于明堂"即出此书(今《大匡解》)却谓之"周志",而《左传》引上述仲虺、史佚的言论,或谓之"仲虺之志"(襄公三十年)、"史佚之志"(成公四年),俱以"人"称却又名"志"。《逸周书》被称为"周志",《汉书·艺文志》又称为"周史记",前举《曹沫之阵》所引"周志"甚至称为"周室"之"戒言",这些称呼无疑都强化了其"官方"的色彩。包括《国语·楚语上》申叔时傅庄王太子"教之故志"之"故志"(或即《左传》所谓"前志"),过去学者总习惯把它们都定位为"官书",这其实还是受传统泛化"官学"的影响。⑤ 持战国前无"私家著作"的罗根泽先生

---

① 张怀通:《〈逸周书〉新研》,中华书局,2013年,第355—356页。
② 刘国忠:《清华简〈命训〉初探》,《深圳大学学报》2015年第1期。
③ 刘国忠《清华简〈命训〉初探》及刘光胜《清华简〈命训〉的成书时代及思想史意义》(《出土文献综合研究集刊》第十三辑,巴蜀书社,2021年,第124页)。
④ 吴承学:《中国古代文体学研究》,人民出版社,2011年。
⑤ 前引赵敏俐先生认为中国早期的书写和撰述制度导致了"著作权"或"作者"意识不彰,因此多"群体撰述"而"个人"不显,但由仲虺、史佚二"志"俱以"人"称看,应该也有例外。当然,这么说并不意味着这些"志"(转下页)

也注意到了上述各种"志",但却将他们统统归为"史",明有官方色彩。刘起釪先生甚至将上述各种"志"一律归为《书序》百篇之外的逸篇,既与《书》视同一类,则性质亦可想见。① 清华简中有今《尚书·金縢》篇,但却自题"周武王有疾周公所作自以代武王之志",名为"书"篇却题名为"志",似乎能支持刘说,其实不过说明早期所谓"志"是很宽泛的称呼,它可以指称"书"篇,也可以涵盖仲虺、史佚这样的个人性质的言论。其实,这些文献中又何尝没有个人性质的东西呢?由《命训》一篇的特点及仲虺、史佚等人的言论俱可称"志"看,早期"志"类文献肯定有不少个人性质的作品。② 这再次说明,我们一定要打破官学时代没有"私家"或"私人"作品特别是没有学术的认识窠臼。有意思的是,《汉志》有"《尹佚》二篇"恰在代表个人性作品的"诸子略"之墨家,这就很值得我们反思。另外,即《逸周书》这样貌似"官书"的文献中,除《命训》之外可能还多有类似"仲虺之志""史佚之志"这样个人性质的作品,前举《官人》一篇即可算一个例子(托名成王与周公问,不过是形式上有所不同)。就像一般视为礼书之"传"的《礼记》,同样也有子思等人的个人作品一样。明

(接上页)一定是他们自己手定,但其"著作权"归属于特定个人之观念,还是非常清晰的。只不过就数量来看,这些"个人"性作品相对较少,且多为精英人士,此与战国以下诸子蜂起之势颇有不同,但这与前后两个时期知识垄断及下替民间的大环境有关,而早期亦有"个人"性作品则是无疑的。赵说参前揭《中国早期经典的作者问题》。

① 刘起釪:《尚书源流及传本考》,辽宁大学出版社,1997年,第19—20页的列表。其实我们看《左传》《国语》等书引"书"类文献的方式,与所谓"史佚之言"或《史佚之志》等厘然有别。另外,这种"官书"的认识恐怕也误导了伪《古文尚书》的作者,其中有《仲虺之诰》,即系采撷古书中的仲虺之言而成。

② 尽管它们可以被用来为官学服务,如作为贵族子弟的研习读物,但就著作性质来看,所谓《仲虺之志》《史佚之志》明显突出的是个人性质。顺便说一下,今文《尚书》中有些篇名不少也是以人称的,如《盘庚》《君奭》《文侯之命》等,但其内容、性质与所谓《仲虺之志》《史佚之志》还是明显不同。学者曾总括《左传》《国语》等书中的所谓"前志""故志""军志""礼志""仲虺之志""史佚之志"(张海波:《先秦志书篇名、体例问题补证》,《中国史研究》2016年第4期),倾向把它们看成一类东西,学界持此看法的学者不少,窃以为这太过笼统。仅就名称来看,它们虽都题名"志",但还是有所不同,对它们不加分别,其实还是受"官学"泛化的影响。

属个人性质的作品却厕身所谓"官书"之中,这恐怕也影响了前人关于"私家著作"出现时间的判断。其实《官人》一篇还见于今《大戴礼记》,而大戴记与小戴记一样西汉时犹是"诸子传记",《官人》一篇同时被别称"周志"的《逸周书》与所谓"诸子传记"的《大戴礼记》收录,其实都不同程度昭示了其与所谓"官书"还是有所不同的,或者说"王官之学"时代"官学"并非可以牢笼一切。且就篇幅来讲,《官人》篇《逸周书》所收为一千六百多字,而大戴所见则达两千多字(包括《命训》在内的"三训"也有千余字),前者几近《老子》"五千言"的三分之一,而后者甚至可达一半,《老子》又系集众章而成,而《官人》却单篇即可达这样的规模,然则战国前有《老子》这样的作品有什么可奇怪的呢?即以前述《孙子兵法》一书为例,其篇幅(今本约六千字)大略与《老子》同,且基本单位又是更大的"篇",晚近学者又论证其明为春秋时期的作品,则"战国前"有"私家著作"乃至"私家"之学术,就更不待言了。

补记:此文最初发表于《光明日报》2021年2月22日第13版。囿于报纸版面,篇幅曾大为压缩。文中笔者认为战国前即有"私家著作",且西周、春秋时代也应该是有学术的,还窃以为是自己的发明。近来纪念李学勤先生诞辰90周年,重读先生晚年论著,蓦然发现先生其实已早着先鞭,不由让人感佩先生之识见深远。虽然,先生是但开风气不为师,且观点发表的场合也不太正式,导致这一重要论断不太为世人所知。今借董理旧文的机会,补入李先生的看法,并略加推阐,不特向先生致敬,亦以明辨章学术、考镜源流之义。

古书年代学与语文学研究中的若干问题

王志平

一、古书年代学的辩证关系

（一）古书的作者、年代与真伪的辩证关系

顾名思义，古书年代学是对古书年代的研究。但在学术史上，早期辨伪学派往往把古书的年代与真伪视为一体。其实作者、年代与真伪，本非同一文献学层次：作者和时代是事实性判断，而真伪是价值性判断，不宜混为一谈。作者是作者，年代是年代，真伪是真伪；假冒的作者，托古的文章，未必不可用为真史料。把古书的年代与真伪问题捆绑在一起，其逻辑不通之处早已遭到了不少有识之士的极力批评。陈寅恪曾举例说明伪文献中也有真史料。① 其夫子自道曰：

> 以中国今日之考据学，已足辨别古书之真伪。然真伪者，不过相对问题，而最要在能审定伪材料之时代及作者，而利用之。盖伪材料亦有时与真材料同一可贵。如某种伪材料，若径认为其所依托之时代及作者之真产物，固不可也。但能考出其作伪时代及作者，即据以说明此时代及作者之思想，则变为一真材料矣。中国古代史之材料，如儒家及诸子等经典，皆非一时代一作者之产物。昔人笼统认为一人一时之作，其误固不俟论。今人能知其非一人一时之所

作者简介：王志平，中国社会科学院语言研究所研究员。
① 陈寅恪《梁译大乘起信论伪智恺序中之真史料》据佛典指出："真序之中可以有伪造之部分，而伪造之序中亦可以有真实之资料。"参见陈寅恪《金明馆丛稿二编》，上海古籍出版社，1980年，第132页。

作,而不知以纵贯之眼光,视为一种学术之丛书,或一宗传灯之语录,而龂龂致辩于其横切方面。此亦缺乏史学之通识所致。①

这与余嘉锡《古书通例·绪论》之说如出一辙:

不知家法之口耳相传而概斥为依托(《汉志》之所谓依托,乃指学无家法者言之,详见后),误一。不察传写之简篇讹脱而并疑为赝本,误二。不明古书之体例(王引之《经传释词》),而律以后人之科条,误三。不知学术之流派,而绳以老生之常谈,误四。将欲辨此歧途,归于真谛,其必稽之正例变例,以识其微;参之本证旁证,以求其合。多为之方,而不穷于设难,曲致其思,而不安于谬解。不拾前人之牙慧,而遽以立论;不执一时之成见,而附以深文。揆之于本书而协,验之于群籍而通。以著作归先师,以附益还后学。传讹之本,必知其起因;伪造之书,必明其用意。有条有理,传信传疑;如戴东原所谓十分之见者,则庶乎其可以读古书矣。②

清严可均《铁桥漫稿·书管子后》早已指出:"先秦诸子,皆门弟子或宾客或子孙撰定,不必手著。"古书往往是某一学派传习的言行汇编,并不是(或者不全是)某一个人的专著,常有后学附益及修改增饰之语。以银雀山汉简《孙子兵法》为例,简本《孙子兵法·用间》有"燕之兴也,苏秦在齐"等语,苏秦时代晚于孙子,此语就是孙子后学所增。如果按照"古史辨"派的看法,一定会以为这就是"作伪"的铁证。但是我们现在知道事实并不是这样的。李零《出土发现与古书年代的再认识》说:"先秦古书也像后世文集,往往是由后人搜集整理而成。但这个过程还要复杂得多。古书从思想酝酿,到口授笔录,到整齐章句,到分篇定名,到结集成书,是一个长过程。它是在学派内部的传习过程中经众人之手陆续完成,往往因所闻所录各异,加以整理方式的不同,形成各种传本,有时还附以各种参考资料和心得体会(笔记、注释、学案、传状),老师的东西和学生的东西并

---

① 陈寅恪:《冯友兰中国哲学史上册审查报告》,《金明馆丛稿二编》,第248页。
② 余嘉锡:《古书通例》"绪论",上海古籍出版社,1985年。

不能分得那么清楚。所以我们不能以今天的著作体例去衡量古书。"①

《淮南子·修务》早就发现:

> 世俗之人多尊古而贱今,故为道者必托之于神农、黄帝而后能入说。② 乱世闇主高远其所从来,因而贵之。为教者蔽于论而尊其所闻,相与危坐而称之,正领而诵之,此见是非之分不明。

因此,对于古书作者之真伪问题,只需要把托古的时代与著书的时代分开即可,不必一味究诘。陈寅恪也曾以史论为例,提出了独到见解:

> 故苏子瞻之史论,北宋之政论也;胡致堂之史论,南宋之政论也;王船山之史论,明末之政论也。今日取诸人论史之文与旧史互证,当日政治社会情势,益可借此增加了解,此所谓废物利用,盖不仅能供习文者之模拟练习而已也。③

按照陈寅恪的看法,那些借古讽今的史论,所关心的其实并不完全是古史的真实面貌如何,其讨论所聚焦的实际是对当世的讽喻。我们正可以借此窥见那些史论所反映的时代背景。他还曾自觉地分辨文献中的"古典"和"今典":

> 解释词句,征引故实,必有时代限断。然时代划分,于古典甚易,于"今典"则难。盖所谓"今典"者,即作者当日之时事也。④

事实上,时代背景很多都是不经意中流露出来的。梁启超《古书真伪及其年代》曾说起杨慎《杂事秘辛》,"其中有讲缠脚的地方,本是作者自不检点,所留下来的破绽。明时缠脚,因而想到汉人缠

---

① 李零:《出土发现与古书年代的再认识》,《九州学刊》第3卷第1期,1988年;又《李零自选集》,广西师范大学出版社,1998年,第30页。
② 高诱注:"说,言也,言为二圣所作,乃能入其说于人,人乃用之。"
③ 陈寅恪:《冯友兰中国哲学史上册审查报告》,《金明馆丛稿二编》,第248页。
④ 陈寅恪:《读哀江南赋》,《金明馆丛稿初编》,上海古籍出版社,1980年,第209页。

脚。若相信这部书是汉人作品，因而断定缠脚起自汉朝，不起自五代，岂非笑话！"①但从另外一个角度来说，由于作者及时代确定，如果把托古的《杂事秘辛》视为明代的选妃传闻貌似亦无不可。

（二）"言公"理论与"何为作者"

余嘉锡《古书通例》特别指出，古人"以道术为体，而以文章为用，文章特其道术之所寄而已"。② 道同则不妨言同，言同也不害道同。所以古人并不讳言文章雷同重复。如果说前者是无意为之的话，那么后者就是有意为之。明郎瑛《七修类稿》卷二十三《辩证类·秦汉书多同》云：

> 予尝反复思维，岂著书者故剽窃耶，抑传记者或不真耶？非也。二戴之于《礼记》，彼此明取删削，定为礼经，其余立言之士皆贤圣之流，一时义理所同，彼此先后传闻，其书原无刻本，故于立言之时因其事理之同，遂取人之善以为善，或呈之于君父，或成之为私书，未必欲布之人人也，后世各得其传焉，遂见其同似。于诸子百家偶有数句数百言之同者，正是如此耳，此又不能尽述。

章学诚《文史通义·言公上》："古人之言，所以为公也。未尝矜其文辞，而私据为己有也。"又："周衰文弊，诸子争鸣。盖在天子既殁，微言绝而大义之已乖也。然而诸子思以其学易天下，固将以其所谓道者，争天下之莫可加，而语言文字，未尝私其所出也。……诸子之奋起，由于道术既裂，而各以聪明才力之所偏，每有得于大道之一端，而遂欲以之易天下。其持之有故，而言之成理者，固将推衍其学术，而传之其徒焉。苟足显其术而立其宗，而援述于前，与附衍于后者，未尝分居立言之功也。"又《言公中》："古人所欲通者，道也；不得已而有言。……古人有言，先得我心之同然者，即我之言也。何也？其道同也。传之其人，能得我说而变通者，即我之言也。何也？其道同也。"

章氏的"言公"理论可以消除"古史辨"派对于古人"作伪"动机

---

① 梁启超：《梁启超全集》，北京出版社，1999年，第9册，第5010页。
② 余嘉锡：《古书通例》，第64页。

的怀疑。① 李零《出土发现与古书年代的再认识》："在我们看来，既然古代并没有如同后世一样的明确著作权，当时人很少想到借着书而自名，加上书籍传播的不易，则他们不仅应比后世更少作伪之动机，而且应比后世更少作伪之可能。"同样，以后代的"攘善无耻"观念批评先人，他们也是不会心服的，借用福柯的话来说，"何为作者"对古人而言根本就不是个问题。

二、"层累形成的古书"观念

（一）对古书的反思

李学勤先生这些年来大力提倡"重新估价中国古代文明"，主张"走出疑古时代"。对于"古史辨"以来的辨伪学发展也作了新的反思。他在《对古书的反思》中说：

> 以上十点，概括得恐怕不够完全，希望读者由此能认识到古书的形成每每要有很长的过程。总的说来，除了少数经籍早已立于学官，或有官本，古籍一般都要经过较大的改动变化，才能定型。那些仅在民间流传的，变动自然更甚。如果以静止的眼光看古书，不免有很大的误会。
>
> 通过这些年来整理出土简帛的经验，又使我们认识到古代发现佚书时，整理的要求和标准可能和今天不一样。历史上有两次发现大量古籍，一次是西汉时的"孔壁中经"，一次是西晋时的汲冢竹书。壁经以古文《尚书》为主，汲冢所出则有《纪年》《穆天子传》《师春》等等。古文《尚书》东汉末始多流传，今本出于晋代梅赜所献，自孔安国起的整理过程是很漫长的。清代学者批评今本古文《尚书》，其中有些问题也许就出于整理的缘故。至于今本《纪年》，有的疑难同样可能是当时整理方法的结果。这个问题，我们将另文讨论。
>
> 对古书形成和传流的新认识，使我们知道，大多数我国古代典

---

① 参见刘娇《言公与剿说——从出土简帛古籍看西汉以前古籍中相同或类似内容重复出现现象》，线装书局，2012年。

籍是很难用"真""伪"二字来判断的。在"辨伪"方面,清代学者作出了很大贡献,但是也有不足之处,其一些局限性延续到现在还有影响。今天要进一步探究中国古代文化,应当从这些局限中超脱出来。从这个角度看,对古书的第二次反思,在文化史研究上也有方法论的意义。①

"走出疑古时代",需要建立历时的和动态的古史观和古书观。简言之,就是要把某些古书"真伪"这种价值性判断转化为古书"年代"的事实性判断。古书的成书是一个历时的、动态的过程,从雏形到定本是极为漫长的,自始至终、从前到后可能历经几百、上千年的时间。从前期的散见篇章到后期的编纂成书,往往都要经历多次增益删重,涉及不同篇章之间复杂的排列组合。这些篇章单元的不同重组一旦固化定型,古书的成书即告完成。借用考古学术语来说,与古书最终定型年代的绝对性相比,古书漫长的编纂年代反而是相对的。

因此,我们应该把古书形成看成一个历时的和动态的过程,中间屡有某种叠加和层累的情况。单纯地顾头不顾尾、顾前不顾后或者顾尾不顾头、顾后不顾前都是要不得的。无论是忽略了古书中的"早起因素"还是忽略了古书中的"晚起因素",都过于绝对,对于正确认识和看待古书的形成过程都很不利。

余嘉锡先生最为熟悉古书体例,所作论断与考古发现若合符节。其《古书通例》卷一《案著录》有"诸史经籍志皆有不著录之书""古书不题撰人""古书书名之研究""汉志著录之书名异同及别本单行"诸例。卷二《明体例》有"秦汉诸子即后世之文集""汉魏以后诸子""古书多造作故事"诸例。卷三《论编次》有"古书单篇别行之例""叙刘向之校雠编次""古书之分内外篇"诸例。卷四《辨附益》有"古书不皆手著"之例。所作论断多为不刊之论。

李学勤先生在《对古书的反思》一文重新从出土文献角度总结

---

① 李学勤:《对古书的反思》,复旦大学历史系编《中国传统文化的再估计》,上海人民出版社,1987年;又《李学勤集——追溯·考据·古文明》,黑龙江教育出版社,1989年,第45—46页。

了古书的产生和传流过程中十种值得注意的情况：佚失无存；名亡实存；为今本一部；后人增广；后人修改；经过重编；合编成卷；篇章单行；异本并存；改换文字，等等。① 而李零《出土发现与古书年代的再认识》则又归纳为八种情况：古书不题撰人；古书多无大题，而以种类名、氏名及篇数、字数称之；古书多以单篇流行，篇题本身就是书题；篇数较多的古书多带有丛编性质；古书往往分合无定；古书多经后人整理；古书多经后人附益和增饰；古人著书之义强调"意"胜于"言"，"言"胜于"笔"等等。② 此后又有其他学者也继续从出土文献角度发扬余氏古书通例之说，③对于古书年代学研究大有裨益。

古书的体例与源流往往不易区分，但是前者重在形式变迁，后者重在内容流传。古书内容历经上千年流传，迭有损益。分聚离合，复杂之极，一言难尽。在纸张和印刷术发明之前，古书全都抄写在简帛上，因此与后世已经定型者相比面貌变化较大。其间有分合，有移位，有增删，有讹误，有篡改，篇章、文字的异同还尤其小者。尽管如此，仍然万变不离其宗。其中自有一贯之道。如果不熟悉古书的体例和源流，就会造成一些不必要的误解。"古史辨"派的误会就是这样形成的。诚如李零《出土发现与古书年代的再认识》所说："它往往是把古书本身的年代与古书内容的年代混为一谈，对古书形成的漫长过程也只取其晚而不取其早。这种偏颇，是由多方面的误解所造成。它实际上是把'层累造成'理解成'层累作伪'。"④

（二）"层累形成的古书"观念

我们今天已经不宜笼统断言某书的"真伪"与时代了，而应该更深入地研究具体的某篇甚至某段的"真伪"与时代。从出土古书中

---

① 李学勤：《对古书的反思》，《李学勤集——追溯·考据·古文明》，第42—45页。
② 李零：《出土发现与古书年代的再认识》，《李零自选集》，第27—31页。
③ [美]顾史考：《以战国竹书重读〈古书通例〉》，《简帛》第四辑，上海古籍出版社，2009年；李锐：《新出简帛与古书书名研究——〈古书通例·古书书名之研究〉补》，《文史哲》2010年第5期；李锐：《〈古书通例〉补论》，《人文中国学报》第十八期，上海古籍出版社，2012年。
④ 李零：《出土发现与古书年代的再认识》，《李零自选集》，第24页。

来看，古书也是层累形成的。其时代也存在早期、晚期混杂在一起的情景。我们在研究古书的时候，尤其要分清楚不同的时间层次。借用顾颉刚先生的话说，就是要形成一种"层累形成的古书"观念。比如《山海经》，就可以分出战国、秦汉等好几个层次。正如李零《出土发现与古书年代的再认识》一文所言：

> 如果说，前人对这种矛盾的揭发还往往是侧重于文句和词语的解释，那么顾先生就是有意要把它当作一种历史的发生过程来做全面处理。这特别表现在他的"层累造成"说上。这一说法十分形象，因为考古学正是从地质学中借用了同样的概念来建立它的年代序列。这个概念只要略做修改（应称为"层累形成"），对于古书年代的研究还是很有用的。①

自从李学勤先生倡导"走出疑古时代"以来，风气为之一变。很多"伪书"有不少已恢复了名誉。但是有些学者矫枉过正，他们连基本的文献考证都忽略了，就企图为"伪书"彻底翻案。对于某些已成定谳的"伪书"，他们不加分析，无视矛盾，一味翻案。这未免贱玉璞而宝燕石，贱周鼎而宝康瓠了。可是过犹不及，这种学风同样有失严谨。"走出疑古"，并不是要"回到信古"，而是要"释古"和"考古"，这是一个新的正反合的过程。现在有种风气，某本书只要出土了，那就是可信的，却完全无视出土本与传世本的差别。像有些学者对待《文子》就是这样，完全无视今本中的晚起因素。而且更普遍的现象是高估出土本的意义，文本阐释一以出土本为准。甚至出土本中明显的错简、错字，也不惜穿凿附会，曲为解说。对此裘锡圭先生《中国古典学重建中应该注意的问题》一文中特别强调：

> 疑古派以及其它做过古书辨伪工作的古今学者，确实"对古书搞了不少冤假错案"。不过他们也确实在古书辨伪方面取得了不少成绩，有不少正确的、有价值的见解。真正的冤案当然要平反，然而决不能借平反之风，把判对的案子也一概否定。对古书辨伪的已有成果，我们要给予足够的重视，决不能置之不理，或轻易加以否定。

---

① 李零：《出土发现与古书年代的再认识》，《李零自选集》，第23页。

可是现在有一些学者所采取的,却正是后一种态度。虽然他们多数只是对古书辨伪的一部分成果采取这种态度,在学术上的危害性也还是相当大的。

裘先生又说:

我们走出疑古时代,是为了在学术的道路上更好地前进,千万不能走回到轻率信古的老路上去。我们应该很好地继承包括古书辨伪在内的古典学各方面的已有成果,从前人已经达到的高度继续前进。只有这样做,古典学的第二次重建才能正常地顺利地进行下去。①

三、古书年代学研究中的语文学方法

研究古书年代学,不可避免会应用到语文学方法。过去学术界一度热衷于以语言学的方法研究文献的时代和作者。当年高本汉运用语言学方法研究《左传》以及其它中国古书的时代及地域,引起国内外学术界的震动,一时蔚然成风,景从者众。裘锡圭先生曾以《列子》为例谈到语言学论证的重要性:

过去大多数学者把《列子》看作伪书,②在七十年代以来出土的简帛古书中,也没有发现过《列子》的踪迹。但是近年来却颇有一些学者热心爲之翻案。③

辨《列子》之伪的,不但有文献学家,而且还有语言学家。后者根据《列子》语言的时代色彩,判断其成书年代不能早于魏晋,举证甚多。④ 主张《列子》非伪书的学者,必须把语言学家所举的那些证

---

① 裘锡圭:《中国古典学重建中应该注意的问题》,《北京大学中国古文献研究中心集刊》第二辑,北京燕山出版社,2001年;又《出土文献与古典学重建论集》,中西书局,2018年,第12、14页。
② 张心澂:《伪书通考》下册,商务印书馆,1957年,第818—833页。
③ 陈广忠:《〈列子〉非伪书考》,《道家文化研究》第十辑,上海古籍出版社,1996年。
④ 张永言:《从词汇史看〈列子〉的撰写时代》,李铮、蒋忠新主编《季羡林教授八十华诞纪念论文集》,江西人民出版社,1991年,第189—208页。

据驳倒,才有可能证明他们的见解是正确的。然而实际上并没有人认真这样去做。我们至少可以说,《列子》的真伪目前还难以断定。可是就在这种情况下,已有一些学者把《列子》当作真书,据以进行先秦思想史的研究了。例如有的学者就根据《列子》,得出了"列子学系稷下黄老学之先导"的看法。① 希望学术界对《列子》这部书继续采取审慎的态度,不要把它当作先秦的书来用。②

因此,象杨伯峻、葛瑞汉、张永言诸先生以语言学方法研究《列子》的真伪,最为人称道,他们的研究成果堪称定论。这是因为中古汉语与上古汉语差异已经很大了,因而在文献中也就相应地表现出较强的时代性。

但是,如果时代距离过近,从语言上是难以分辨出其差异的。这方面已经有教训存在。同样是用计算机分析《红楼梦》前八十回和后四十回的语言,国外学者得出了前后为一人所作的结论,而国内学者的结论正好相反。同样是研究《金瓶梅》《红楼梦》的方言词汇,南方学者得出了《金瓶梅》《红楼梦》属于江南官话的结论,而北方学者却得出了属于北方官话的结论。这都是因为时代太近的缘故。

因此,文本分析不妨作为某种判断时间及地域的辅助标准(请记住,是辅助标准而非绝对标准)。成功的比如前人分辨同为代词的"此"与"斯",实为齐鲁语之异。这就是适用于方言分区的一个极好的语法特征词。又如大西克也论殹、也之交替,③也是试图找出二者分别的重磅力作,其说颇为可信。

需要注意的是,利用语文学方法要格外慎重。梁启超《古书真

---

① 胡家聪:《〈列子·天瑞〉中"天、地、人"一体的常生常化论——兼论列子学系稷下黄老学之先导》,《道家文化研究》第十五辑,生活·读书·新知三联书店,1999年,第151—162页。
② 裘锡圭:《中国古典学重建中应该注意的问题》,《出土文献与古典学重建论集》,第10页。
③ [日]大西克也著,任锋译,宋起图校:《"殹""也"之交替——六国统一前后书面语言的一个侧面》,《简帛研究二〇〇一》下册,广西师范大学出版社,2001年。

伪及其时代·辨别伪书及考证年代的方法》"从文义内容上辨别"一节谈到"从文章上辨别",并分为四项:名词、文体、文法、音韵。但实际上这些辨别标准对于分析史料的时代来说,仔细考察之下都是有一定问题的。我们下面以此为例,逐条加以分析。

(一) 名词

首先来看梁启超所谓的"名词"部分:

从书名或书内的名词可以知道书的真伪,例如《孝经》,大家说是曾子做的,甚至说是孔子做好而传给曾子的。姚际恒辨之曰:"诸经古不系以经字,惟曰《易》、曰《诗》、曰《书》,其经字乃俗所加也。自名《孝经》,自可知其非古。若去经字,义非如《易》《书》《诗》之可以一字名者矣。班固似亦知之,曰:'夫孝,天之经,地之义,民之行也。举其大者言,故曰《孝经》。'此曲说也。岂有取'天之经'经字配'孝'字以名书,而遗去'天'字,且遗去'地之义'诸句者乎?"我们单根据这条,便可知《孝经》决不和孔子、曾子有直接的关系了。

清臧琳《经义杂记》卷十四《汉五经旧题》、清卢文弨《钟山札记》卷三《大题小题》、清钱大昕《十驾斋养新余录》卷上《大题在下》都谈到古书"小题在上,大题在下",大题指书名,小题指篇名。但是从出土古书来看,古书仅有"小题"而无"大题"。今天所见的出土战国古书多单篇别行,未见书名。因此,《孝经》之名后起是很有可能的,但这绝不意味着《孝经》之实与曾子无关,《孝经》的定名与《孝经》的时代本来不是一回事,被疑古派扯在了一起。

辨伪学家还曾以标志性词汇作为古书的断代标准之一。梁启超《评胡适之〈中国哲学史大纲〉》第六条证据认为《老子》中的"王侯""侯王""王公""万乘之君""取天下""仁义"等字样,也不像春秋时所有。[1] 张煦(怡荪)《梁任公提讼〈老子〉时代一案判决书》则指出,在对《老子》原文或改窜未改订以前,不能以文字定时代。[2]

---

[1] 梁启超:《评胡适之〈中国哲学史大纲〉》,《晨报副镌》1922年3月13—17日。
[2] 张煦:《梁任公提诉〈老子〉时代问题一案判决书》,《晨报副镌》1922年3月22—24日。

对此,陈鼓应先生特别从方法论角度加以批评:

> 我们再看《古史辨》中对《老子》成书时代提出怀疑的所有依据,无非是认为《老子》书中"王侯""仁义""尚贤""万乘"这几个名词术语是战国时才出现的。然而,这些论点当其提出之时,就已被张煦等人驳倒了。如"王侯"一词,早在老子出生几百年前的《易经》中就已使用:"不事王侯,高尚其事";如"万乘"一词,据《吕氏春秋·召类》篇、《荀子·子道》篇等的记载,孔子及其弟子就已使用;至于"仁义"和"尚贤",也在老子之前几百年的周代就已使用。因此,上述所有论点都不能成立。但是,我们在此要特别指出的是:不但上述论点不能成立,而且,更为严重的是,上述论点之所以被一些人用来否定《老子》成书的年代,主要是因为他们在考证的思想方法上犯了很严重的错误:抓住一些片语只字,或一些孤证,便对整本书进行论断,也就是以一些特称命题扩展而为对全称命题的论断,这在形式逻辑上是犯了"急速推广的谬误"(The Fallacy of Hasty Generaligation),然而,这种错误,恰恰是古史辨派辨伪者在辨伪时经常所犯的。①

(二) 文法

其次谈谈梁启超的"文法"部分:

> 凡造伪的不能不抄袭旧文,我们观察他的文法,便知从何处抄来。例如《中庸》说是子思做的,子思是孟子的先生,《中庸》似在《孟子》之前。但依崔述的考证,《中庸》却在《孟子》之后,证据很多,文法上的也有一个。崔述把《中庸》、《孟子》相同的"在下位不获乎上……"一章比较字句的异同、文法的好歹,说《孟子》"措语较有分寸……首尾分明,章法甚明",《中庸》所用虚字"亦不若《孟子》之妥适",可见"是《中庸》袭《孟子》,非《孟子》袭《中庸》"。又如《庄子》和《列子》相同的,前人说是《庄子》抄《列子》。前文已讲过庄子不是抄书的人,现在又可从文法再来证明。《庄子·应帝王篇》

---

① 陈鼓应:《论〈老子〉晚出说在考证方法上常见的谬误——兼论〈列子〉非伪书》,《道家文化研究》第四辑,上海古籍出版社,1994年,第415页。

曾引壶子说:"……是殆见吾衡气机也。鲵旋之潘为渊,止水之潘为渊,流水之潘为渊。渊有九名,此处三焉。"大约因衡气机很难形容,拿这三渊做象征。但有三渊便尽够了,伪造《列子》的因为《尔雅》有九渊之名,想表示他的博学,在《黄帝篇》便说:"……是殆见吾衡气机也。鲵旋之潘为渊,止水之潘为渊,流水之潘为渊,滥水之潘为渊,沃水之潘为渊,汎水之潘为渊,雍水之潘为渊,汧水之潘为渊,肥水之潘为渊,是为九渊焉。"竟把引书的原意失掉了,真是弄巧反拙,谁能相信《列子》在《庄子》之前呢?又如贾谊《新书》早已亡佚了,今本十之七八是从《汉书·贾谊传》抄来的。《贾谊传》的事实言论,《新书》拿来分做十数篇,各有篇名。前人说是《汉书》采各篇成传,其实如《贾谊传》的《治安疏》,全篇文章首尾相顾,自然是贾谊的作品。而《新书》也分做几篇,章法凌乱,文气不接,割裂的痕迹显然。贾谊必不致割裂一疏以为多篇,亦不致凑合多篇以为一疏。若是真的《新书》还存在,一定有许多好文章,不致如今本的疏陋。今本是后人分析《贾谊传》而成,我们可无疑了。

  梁启超所谓的"文法"与我们常说的"语法"概念不完全相同,其"文法"是文章学意义上的文章之法,①包含文字、语法、修辞等许多方面。现代语言学引进之后,高本汉《左传真伪考》首先从语法上证明《左传》非鲁人作,《左传》与《国语》确为用同一方言人所作,但决非一人之作品。冯沅君《左传与国语的异点》(附冯译《左传真伪考》后)一文又从"於""于"与"与""及"等字的用法上证明二书全不相干。但是诚如胡适所说,高本汉的工作,"虽然给了我们不少的有用的暗示,却不算是很精密的工作"。② 近来,何乐士先生发现,即使《左传》内部也存在语法差异。③ 因此,用语法分区断代并非绝不可行,但是,想用语法来辨明真伪则恐怕力有未逮了。

---

① 关于"文法",参见王志平《〈马氏文通〉与汉语文章学》,姚小平主编《〈马氏文通〉与中国语言学史》,外语教学出版社,2003年。
② 胡适:《〈左传真伪考〉的提要与批评》,[瑞典]高本汉著,陆侃如译《左传真伪考及其他》附录,商务印书馆,1936年,第97—120页。
③ 何乐士:《论〈左传〉前八公与后四公的语法差异》,《古汉语研究》1988年创刊号。

值得注意的是,由于近来古文字学研究进展迅速,古文字研究的分期、分域工作已经如火如荼地展开,为解决若干历史疑难提供了某些可能。我们某种程度上已经可以通过对传世典籍古文用字的考察分析,来反推传世古书的成书时代和地域,在个别局部一举厘清以往难以定谳的某些传世古书的篇章源流。这对以往仅凭史实、文献、思想、义理、文法等手段来进行的古书断代工作,是一个有力的补充。近来已有不少学者,充分利用现有的古文字学知识,与商周、秦汉文字作对比,辨别这些标志性用字的时间、地域,这对于弄清有关古书篇章源流有一定帮助,可以说是一种全新的断代手段。①

早在 20 世纪 70 年代,裘锡圭先生就已经指出,《尚书·君奭》:"割申劝宁王之德。"《礼记·缁衣》引作"周田观文王之德。"郑注:"今博士读为'厥乱劝宁王之德。'"其中的第二字即"䜌"字。我们今天已经看到了郭店和上博出土的两种战国《缁衣》简,其中郭店简作"䜌",证明裘先生的说法是正确的。② 从此误字可以看出,汉代时无论是今文经还是古文经,其释文都是宽式而非严式的。很多人以为汉代人讲的"隶古定"应该就像我们今天考释古文字时的那种严格的隶定,其实不然。汉代学者还是像我们今天大多数学者那样只是作了某种宽式的释文。我们是用简化字打印出来,而汉代人则不过是用隶书书写出来而已。应该说二者的特性都是趋时而非守旧,本质上并无什么不同。真正可以称为比较严格隶定的释文,还是从晋代荀勖等人整理汲冢古文时才开始的。

(三) 文体

下面再来谈谈梁启超的"文体"部分:

---

① 参见王志平《〈荀子〉古文举隅》,《中国典籍与文化》2019 年第 2 期。郭永秉:《由某些讹字的来源窥测秦汉〈尚书〉授受源流》,赵平安编《讹字研究论集》,中西书局,2019 年。
② 刘钊:《郭店楚简校释》,福建人民出版社,2003 年,第 64 页;臧克和:《楚简䜌䜌与"割申"、"周田"联系及相关问题》,《古文字研究》第二十六辑,中华书局,2006 年。

这是辨伪书最主要的标准，因为每一时代的文体各有不同，只要稍加留心便可分别。即使甲时代的人模仿乙时代的文章，在行的人终可看出。譬如碑帖，多见多临的人一看便知是某时代的产物。譬如诗词，多读多做的人一看便知是某时代的作品。造伪的人无论怎样模仿，都不能逃真知灼见者的眼睛。

这种用文体辨真伪或年代的工作，在辨伪学中很发达。《汉书·艺文志》"《大禹》三十七篇"下，班固自注云："传言禹所作，其文似后世语。"这类从文章辨说书的假冒，不止一条。后汉赵岐删削《孟子》外篇四篇，说："其文不能闳深，不与内篇相似。"晋郭象删削《庄子》许多篇，也从文体断定不是庄子做的。《伪古文尚书》最初何以有人动疑，也因为《大诰》《洛诰》《多士》太诘屈聱牙，而《五子之歌》《大禹谟》却可歌可诵，二者太悬殊了。如果后者确是夏初的作品，这样文从字顺，而前者是商周的作品，反为难读，未免太奇怪了。固然也有些人喜用古字古句，如樊宗师、章太炎的文章，虽是近代而也很难读，但我们最少可以看出是清朝人的文章。若指为汉文，则终不似。而除这些人以外，大多数人的文章总是时代越近越易懂。《伪古文尚书》便违反了这个原则，那几篇说是夏商的反较商周的为易懂，所以不能不令人怀疑而辨伪了。

此外，又如苏轼说《马蹄篇》和《庄子》他篇不似而以为伪，固未必是，但《庄子》内篇和外篇文体不同，可知必非一人所作。又如《孝经》《鹖子》《子华子》《亢仓子》，一望而知为秦汉之文，非秦汉人不能做到那样流丽。《关尹子》更可笑，竟把六朝人翻译佛经的文体伪托先秦。所以我们从文体观察，可使伪书没有遁形，真妙得很。

这是把史料与语料混为一谈了。以《史记·五帝本纪》为例，司马迁把《尚书·尧典》"允厘百工，庶绩咸熙"改写为"信饬百官，众功皆兴"，几乎是逐字翻译。袁宗道《白苏斋类集》卷二十《论文上》曰：

故《史记》五帝三王纪，改古语从今字者甚多，"畴"改为"谁"，"俾"改为"使"，"格奸"为"至奸"，"厥田""厥赋"为"其田""其赋"，不可胜记。

从历史研究角度来说,历史的真伪并未因语料的改变受到较大影响,无妨作为史料继续使用;但是对于语言研究来说,这种语言剧变却是极其失真的,再也无法作为上古语料使用了。以新旧《唐书》为例,清赵翼《陔余丛考》卷十一《新唐书文笔》云:

《旧唐书》列传之文,高下不等,其简当完善者类多国史原文。如《郭子仪传》本裴垍所撰是也,一经修史诸人之手,辄芜杂不伦。至有市井俗语亦一概阑入,绝不检点者。今略摘数条于此。如《王武俊传》:"武俊与朱滔、田悦、李纳一同僭号。"《高尚传》:"安禄山至东都,见官军四集,惧而责尚曰:'汝元向我道万全。今四边若此,向西至关,一步不通。万全何在?更不须见我!'"《史思明传》:"思明临死骂曹将军曰:'这胡误我。'"此等语直是戏曲中打诨,岂可施于文字!子京力矫其弊,宁简毋冗,宁僻毋俗。于旧书各传无一篇不改窜易换。大约事多而文省,语短而意长,过旧书远甚。一经对勘,优劣自见。①

《旧唐书》保留的口语被《新唐书》一扫而空,从语料上来说是失真的。但是即使文白有别,新旧《唐书》所记载的历史事实却毫无二致。从方法论角度来说,我们不能因为语言记录的失真来否定历史记载的可靠。与司马迁"改古语从今字"不同,更常见的则是"改今字从古语",如《新唐书·郑余庆传》记载郑余庆:"奏议类用古言,如'仰给县官''马万蹄',有司不晓何等语,人訾其不适时。"从语言角度来说也是失真的,但是其论述却是可靠的。语言的事实与历史的事实不是一回事,语料的真伪与史料的真伪也并不平行。

(四) 音韵

最后讨论一下梁氏的"音韵"部分:

先秦所用的韵和《广韵》有种种的不同,那不同的原则都已确定了。例如"为""离"今在"支"韵,古在"歌"韵。三百篇、《易》象辞都不以"为""离"叶"支","为"必读做"讹""禾","离"必读做"罗"。

---

① (清)赵翼:《陔余丛考》,中华书局,1963年,第197页。

以"为""离"叶"支"韵的,战国末年才有。《九歌·少司命》以"离"和"辞""旗""知"叶。《离骚》《东君》以"蛇"和"雷""怀""归"叶。《韩非子·扬权》篇以"离"和"知""为"叶。这些证据不能不令我们承认这个原则。我们翻回来看《老子》,却觉得奇怪了,那第九章:"明白四达,能无知乎?"竟把"知"字叶上文的"离""儿""疵""为""雌"。我素来不相信《老子》是孔子前的作品,这个证据亦很重要,从此可断定《老子》必定是战国末年的人做的。若是《老子》确是和孔子同时的老聃做的,便不应如此叶韵。可惜我们对于古语的变迁不能够多知道,若多知道些,则辨伪的证据越加更多。现在单举一例,做个嚆矢罢了。①

类似者如刘节《洪范疏证》从音韵上证明《洪范》是战国末期作品:

二十八篇自《尧典》至《汤誓》,诸篇多有韵句,惟《禹贡》与《洪范》最多,几全篇协韵。此成与明叶,及上文明与恭、从、聪、容叶,下文疆与同、逢协,皆非古,与《诗经》不同。同门息县刘盼遂精习古音,云:"战国时东、阳、耕、真诸韵多相叶,例在《荀子》最多,《老子》亦然,《诗经》则分别甚严。"……据上诸证,成与明叶,乃战国时叶韵之通例,亦可为《洪范》作于战国时之一证。②

事实上,这都是语文学方法使用不当的反面典型。因为语音发展史正是依赖文献才得以渐次复原的,与鸡生蛋还是蛋生鸡的问题类似,如果《老子》或《洪范》的成书时代是确定的话,要改写的反而是音韵史,而不应该反过来根据音韵史来推断《老子》或《洪范》的成书时代。音韵可以作为断代证据的,只有在长时段之下才有效,现有的音韵学理论还无法做到对上古音进行科学的分区断代,因而所谓的音韵学证据往往只能起到辅证的作用,如果以之作为主证据,证明力实际要大打折扣。

---

① 陈引驰编校:《梁启超国学讲录二种》,中国社会科学出版社,1997年,第180—183页。
② 刘节:《洪范疏证》,《东方杂志》第25卷第2期,1928年。

四、古书年代学研究中需要
注意的语文学问题

(一) 史料与语料的区别与联系

过去很多学者都搞不清楚史料与语料的区别与联系。顾名思义,史料就是历史资料,语料就是语言资料。史料一般是历时性的,而语料则既有历时性的,也有共时性的。例如各种语言的田野调查资料,当然就是共时性的。但是一旦进入语言史研究,那些共时性的语料也都是历时性的了。①

古代史料是用语言记录历史,古代语料是用历史记录语言,历史事实与记载历史所用的语言无关,无论文白,历史记载同样有效;而语言事实也与历史记载的真实与否无关,只要所记录的语言体现了时代的面貌和特性,无论是正史还是小说,地位都一视同仁。

考古学的地层学,有一句话,叫做"晚期地层可以出早期遗物,但是早期地层绝对不出晚期遗物"。但是实际上早期地层也可以出晚期遗物,行话叫"打破"。史料的时代就类似这种情况,晚期的古书往往包含有早期的事实,一定要机械地强调史料的"同时性",未免过于僵化。西方史学就不免此病。他们总以为商代史料只有甲骨文(吉德炜谈甲骨文的书就叫《商代史料》),西周史料只有金文(夏含夷谈金文的书叫《西周史料》)。研究殷商、西周历史,如果你使用了晚期的古书(比如《左传》《竹书纪年》等),在西方汉学家看来,这就是"犯规"。这是一种貌似科学的史料观念。

我们现在研究出土古书,尤其是那些技术性特强的数术、方技、兵书、医书等文献,在研究中往往要使用后代的史料。当然,其时代

---

① 从广义上来说,语言史研究也属于历史研究;但是又与普通的历史研究不同,而与专门史研究类似,需要专门的学科知识,具体来说就是语言学基础。因此,语言史研究是介于语言学研究和历史学研究之间的一个交叉学科。但是由于语言学的工具性特点,语言史研究在学科分类目录上往往置于语言学而非历史学的分支之下。

错位也不能太离谱。对于研究先秦历史来说,一般的史料下限不能超过两汉。但是,某些特殊情况也可以例外。比如不少出土《日书》的研究,往往要用到清代的《协纪辨方书》等,这在某些学者看来简直是不可思议。他们的史料观往往过于静止,只看到了绝对性而没有看到相对性,还没有自觉意识到古书其实是"层累形成的"这一观念。

随着古书绝对年代与相对年代概念的确立,古书的早晚与真伪其实就成了伪问题(pseudo question),一旦确立伪书的绝对年代,即成为可以参考的真史料。荣孟源也认为,"伪文献在历史上起着真作用或记载真实,应该用为史料"。①

虽然晚期史料也可以证明早期历史,但是对于语料来说,却只能各归各位。严格说来,语料的选择其时代性更强。晚期史料证明早期历史,并不算"犯规"。但是晚期语料证明早期语言,却是大大的"犯规"。这是因为历史的继承性和稳定性要超过语言的继承性和稳定性。可以说,语料强调"同时性",是绝对必要的。因此,从某种程度上说,语料对于古书的时代性依赖更强,不存在晚期语料证明早期语言的问题。就语言史研究来说,从时代上严格筛选和挑剔语料并不过分。我们语言史研究比历史研究更为关注古书的时代性。举个例子说明一下。元陶宗仪《说郛》卷七引宋吕居仁《轩渠录》,记载了宋代文字记录与方言口语的两个笑话:

族婶陈氏顷寓岩州,诸子宦游未归。偶族侄大琮过岩州,陈婶令代作书寄其子。因口授云:"孩儿要劣,奶子又阌阌(音吸)霍霍地。且买一柄小剪子来,要剪脚上骨茁(上声)儿肐胝儿也。"大琮迟疑,不能下笔。婶笑云:"原来这厮儿也不识字。"闻者哂之。因说昔时京师有营妇,其夫出戍,尝以数十钱托一教学秀才写书寄夫云:"窟赖儿娘传语窟赖儿爷:窟赖儿自爷去后,直是忔憎儿,每日根(入声)特特地笑,勃腾腾地跳,天色汪(去声)囊,不要吃温吞(入

---

① 荣孟源:《史料真伪谈》,《青海社会科学》1982年第2期,第86页。

声)蠥托底物事。"秀才沉思久之,却以钱还之,云:"你且别处请人写去!"①

由于中国古代长期的"言文分离",我们何曾在唐宋八大家的文章中看到过这种生动、活泼的语言!

至于史料及语料的真伪,属于时代性方面的"真伪"已如前述。但是属于性质方面的"真伪"则还有必要加以澄清。史料的"真伪"选择往往有一个观念标准,也即所谓"正史"/"野史"、"史书"/"子书"等。大致说来,过去总以为"正史"的可靠性要超过"野史","史书"的可靠性要超过"子书"等等。其根深蒂固的观念是所谓的"真实"与"虚构"的对立。

现在这种"真伪"观念已经受到现代史学观念的冲击。这种新观念认为,作为历史叙述来说,它们具有同等的价值。我们凭什么认为《史记》的可靠性要超过《庄子》?难道以司马迁的人格担保吗?当然,这种新观念从根本上消解了"真实"与"虚构",当然也就有可能解构整个"历史"。我们所谓的"历史",其实不过是各种叙述的综合,从这些不同的叙述中整合出一个线索来,就成了我们认可的"历史"。过去称赞出色的历史研究为"老吏断狱",这真是一个非常好的比喻。我们面对的是一堆有关"历史"表象的叙述,历史研究者的责任就是从这些杂乱无章的叙述中整理出一个头绪。这种分析过程中有综合,有取舍,有证实,有证伪。许多时候往往只是经验如此,并不意味着事实如此。既然大家谈论"历史"的事实上都只是叙述的、表象的"历史",而不是真实的"历史"。那么,对于叙述者的信赖程度当然会有不同。这就是为什么我们要有观念上的"正史"/"野史"、"史书"/"子书"之分。它们其实说的也不过是叙述的可信度问题。从这个角度来说,作为叙述的、表象的"历史",这些老的标准还是有其自身的价值的。

但是语料的真伪又与史料有所不同。即使是同时代的语料,由于文体有别,其所反映的语言的时代特性也有不同。同样是清朝小

---

① (明)陶宗仪等编:《说郛三种》,上海古籍出版社,1988年,第138页。

说,《红楼梦》和《聊斋志异》就有很大不同。由于中国历史上长期以来"言文分离",直到新文化运动以前,我们一直都是"文言"时代。所以,并不是所有的同时期文献都具有语料价值。只有那些能够反映语言的时代特性的文献,才是真"语料"。反之,就是伪"语料"。从这一点上来说,"语料"的取材范围更为狭窄。而且,与史料恰好相反,往往是谣谚、语录、话本、小说等这些为史料所抛弃的文学性文献保存语言的时代特性更强。因此选择和使用语料的困难往往要超过选择和使用史料的困难,有时甚至要取决于研究者对于其所研究的时代语言特性的整体认识。这真是一个悖论。造成这种困难的原因就在于中国历史上长期的"言文分离"。文言书面文献的超强稳定性使白话口语文献即使出现,也不能占据主流地位。而最具语言的时代特性的文献长期处于边缘化,对于我们后人研究以前的语料是极为不利的。这也是"语料"与"史料"的异同之一。

总之,史料辨伪与语料辨伪有同有异,尽管两者有极大区别,但是其时代及真伪研究仍然有共同之处。我们今后对此应该多加注意,并在研究中自觉地比较和分析二者的异同。

(二)古书年代学研究中的语文学正反作用

在古书年代学研究中,需要格外重视利用语文学知识疏通义义,以免误解。例如《礼记·中庸》里最著名的一段话:

> 子曰:"愚而好自用,贱而好自专,生乎今之世,反古之道,如此者,灾及其身者也。非天子不议礼,不制度,不考文。今天下车同轨,书同文,行同伦。虽有其位,苟无其德,不敢作礼乐焉;虽有其德,苟无其位,亦不敢作礼乐焉。"

《礼记正义》:"'今天下车同轨'者,'今'谓孔子时。……当孔子时,礼崩乐坏,家殊国异,而云'此'者,欲明己虽有德,身无其位,不敢造次作礼乐,故极行而虚己,先说以自谦也。"过去疑古思潮盛行时,曾有学者认为"车同轨,书同文"等是秦始皇统一中国之后才做到的,因此怀疑这段话不是孔子所说,而是秦汉之后人们伪造的。

但是也有学者认为这是反话,"实际上说的是车不同轨,书不同文,行不同伦"。① 按照这种理解,我们甚至可以把"今天下车同轨,书同文,行同伦"视为问句。还有的学者认为周代和秦代分别出现了两次"书同文"活动。类似说法还有很多。李学勤先生则认为,《中庸》此句的"今"字应训为"若","孔子所说,也是假设,并非当时的事实"。《经传释词》列举许多古书中的例子,如《礼记·曾子问》:"今墓远,则其葬也如之何?"《孟子·梁惠王上》:"今王与百姓同乐,则王矣。""今"都是作为假设的口气。不能因这段话怀疑《中庸》的年代。②

杨树达《词诠》卷四《今》列入"(四)假设连词",并云:

> 王念孙曰:"今犹若也。"树达按此乃说一事竟,改说他端时用之。王氏训为若,乃从上下文之关系得之,疑今字仍是本义,非其本身有若字之义也。③

我们曾经指出,王念孙说"今犹若也",是从语用角度着眼的;而杨树达说"疑今字仍是本义,非其本身有若字之义也",是从语义角度着眼的。从语义角度说,即使是说"今有人于此",其字面意义也是"现在"而不是什么"将来"。"今"字仍然有很明确的"现在"的含义。但是在这种语境中,"今"就附带具备了"假设连词"的功能。这种"今"相当于现代汉语的"比方说现在……""好比现在……"这种句子,"今"并没有丧失其表示"现在"的这一含义,而是多了打比方的这一含义。这是语境制约的,而不是语义包含的或者语法规定的。只有在这种语境中,"今"才具有"若"的含义。之所以用"今"而不用"若"等其他明确表示假设的连词,我想这是因为说话人企图造成一种现场感,使听话人能够设身处地进入说话人所预设的情境。这样做是为了能够达到演讲的效果,或者是企图打动人,或者

---

① 朱德熙、裘锡圭:《秦始皇"书同文字"的历史作用》,《文物》1973年第1期。
② 李学勤:《周易经传溯源》,长春出版社,1992年,第73页。
③ 杨树达:《词诠》,上海古籍出版社,1986年,第131页。周法高《中国古代语法·造句编(上)》("中研院"历史语言研究所,1961年)第217页也认为:"'今'表示现在,若所表示的为假设的现在,则该句有假设的意思。"

是企图说服人。这种表示假设意义的"今"既是语法的扩展,也是修辞的需要。可以认为这种"今"实际上表达的是一种虚拟语气。

《墨子》中也有很多"今"字打头的句子,但是我们却无法判定这些句子所说是真实的还是虚拟的,多数情况介于二者之间。我们既可以认为它们是真实的,同时也可以认为它们是虚拟的,因为它们没有明确的语法标记,因而模棱两可的情况就出现了。但是我们已经有确凿的证据证明"今"字可以有"若"字的用法,尽管这种用法是由语境造成的。而语境又是由很多因素制约的,甚至某种细微的语气差别,都可以造成"今"字的其他用法。①

因此,《礼记·中庸》的"今"其作用即相当于"若",这里的"今"应当视为虚拟语气而非真实语气。可以说《礼记》的"今"与我们这里讨论的"今"有类似之处。这是用语文学手段解决古书年代疑问的一个佳证。

当然,语文学方法也有武断的一面。我们在一篇书评中曾经批评郭沂先生《郭店竹简与先秦学术思想》一书中运用的语言学方法,郭沂先生书中多次以"复音词"为准来判断文献的时代先后。这种方法如果运用得当的话,是可以取得一定成效的。但问题是所举的"性命""仁义"一类的"复音词",其实只是并列词组,还不是"复音词"。而作者把《孝经》作为词组,却正好相反,《孝经》是专有名词而不是词组。如果分不清词和词组的界限,再以所谓"复音词"来判定文献的先后,就未免有蹈空之嫌。另外,作者还用联结词的差异来判断文献的时代先后,严格说来,在短期内这种差别是不足为据的。作者在引用王力先生的这段话时,还有些误解。王力先生所说的联结词产生较晚,并不是说晚至战国中期才出现,而只有这样才可以充当起判明战国不同时期文献的断代标准。拿早期的语言特点来说明晚期的现象,是否有些枘凿不入呢?②

同样,使用语文学方法判定某些古今版本的异同,有时也不无

---

① 王志平:《〈墨子〉中时间词"今"的假设用法》,待刊。
② 载刘东主编《中国学术2002》第3辑(总第十一辑),商务印书馆,2002年,第336—339页。

风险。过去王念孙《读书杂志余编》上"夫佳兵者,不祥之器"一条认为《老子》王弼本、河上公本、《想尔注》本"佳"是"佳"字的讹误:

> 佳当作佳,字之误也。佳,古唯字也。唯或作惟,又作维。……则今本作唯者,皆后人所改。此佳字若不误为佳,则后人亦必改为唯矣。

其校勘为大家盛赞,而卢文弨《"佳兵者不祥"解》却以为:

> 或曰:"佳"乃"唯"字之文脱耳。"唯"古文作"佳",故讹为"佳"也。曰:是不然。《老子》之文,凡云"夫唯"者众矣,其语势皆不若是也。今一一而数之……凡九见矣。今曰"夫唯兵者,不祥之器",类乎? 不类乎? 上章虽言兵,而此章义本不相属,文又不相类,不得谓之承上文也。承上文则语势当紧,而此下乃云"物或恶之",其节舒缓,与上所引亦不类也。①

宋翔凤又认为:

> 按"佳兵"当是"作兵"。《大戴礼·用兵篇》:"用兵者其由不祥乎!"又:"公曰:'蚩尤作兵与?'子曰:'否。蚩尤,庶人之贪者,何器之能作?'"此"作兵"之证。或以"佳"为"佳",古字通"惟"。篆文"佳"与"作"相近,与"佳"远,不当作"佳"。②

1974 年马王堆帛书《老子》甲乙本释文公布,作"夫兵者",没有"佳"字,陈鼓应、刘殿爵、严灵峰等皆认为王念孙说是而卢文弨说非。③ 而 2012 年公布的北大汉简《老子》则作"夫䏮美不善(祥)之器",整理者认为:"'䏮'(匣母支部)可读为'佳'(见母支部),'佳美'指有美丽装饰之物;《史记·扁鹊仓公列传》引《老子》:'美好者,不祥之器','美好'即'佳美',与汉简本属同一版本系统。另外一种读法是将'䏮'读为'画'(匣母锡部),'画美'是动词;'夫䏮(画)美不善(祥)之器也'应连读,指美化、装饰'不祥之器'的行为。'䏮

---

① (清)卢文弨:《抱经堂文集》,中华书局,1990 年,第 320—321 页。
② (清)宋翔凤:《过庭录》,中华书局,1986 年,第 221 页。
③ 陈鼓应:《老子今注今译》,商务印书馆,2003 年,第 195—196 页。

美',帛书作'兵者',王本等作'佳兵者',傅本作'美兵者'。疑早期版本原有'兵者'与'鮭(佳)美'两个系统,传世本'佳兵''美兵'乃糅合二本而成,'佳兵'之兵'亦有可能为'美'之讹。"①证明"佳"字也有古本依据,王念孙不汇通诸本,仅从训诂文法入手,只以小学辅助校勘,现在看来又未免自信过甚了。②

清吴汝纶《桐城吴先生日记》卷十三曾经批评王念孙的《史记》校勘:"其于《史记》,则校订之功多,而诂释之事少。其于文义,亦间有未合者。大抵搜引证之碎言,忽现行之常本,此汉学家之偏弊也。"张舜徽先生对此平议说:

按此言切中乾、嘉诸儒校书之病,不特高邮王氏然也。其通弊在于偏信类书及旧注所引,动辄改易本书,多以不误为误。盖昔人引书,不必悉检原书,一字无异。故校书者尤宜慎之。③

所言甚是。

(三) 从"阅读习惯"谈汉代的今古文差异

我们今天的古文字学人很容易认同汉代的古文经,因为它们都是出土文献。但是汉代人整理古文经,并不是无所依傍、凭空而来,相反,就像我们今天考释简帛文字需要参考今本一样,古文经的识读也是要有今文经的基础的。没有今文经,汉代人也不可能正确地识读古文经。为了便于阐述我们的观点,我们举几个例子加以说明。

目前我们所能够看到的汉代传世的古文字形主要有两种:第一种是《说文》中的古文,第二种是三体石经中的古文。但是这两种古文与今天我们看到的真正的战国文字相比字形都有些讹误。这与其说是因为汉代学者临摹古文字形的功底太差,倒不如说是由于这

---

① 北京大学出土文献研究所:《北京大学藏西汉竹书(贰)》,上海古籍出版社,2012年,第159—160页;又参见韩巍《西汉竹书〈老子〉的文本特征和学术价值》,《北京大学藏西汉竹书(贰)》,第221—223页。
② 参见王志平《"佳兵不详"新解》,待刊。
③ 张舜徽:《清人笔记条辨》,华中师范大学出版社,2004年,第347页。

些古文字形屡经辗转传抄才造成了失真。

我们今天已经知道,简牍帛书在出土后,非常不便保存。汉代人保存下来的这些古文字形肯定不是以原简形式流传的。那么他们为了保存这些古文经书,肯定需要煞费苦心。只有通过多次辗转传抄才能把原简上的古文字形保存下来。据我们对三体石经的研究,魏石经就是用这种战国古文的传抄本为底本,再分别注释篆、隶二体的。三体石经中的隶书体,其实是一种"隶古定"字体。汉代人释读古文,还是以今文本作为释读的依据。

我们曾在《中国学术史·三国两晋南北朝卷》[1]一书以及《上博楚简〈周易〉异文与汉晋经学研究》[2]等文中指出,大家公认的马融、郑玄、王肃诸古文家其解经的本子是今文本,而非古文本。这里的今文、古文是指书体而非学派。更准确地说,马、郑、王诸家解经的底本是"今字"(隶书)本,而非"古字"(古文)本。但是马、郑、王诸家解经时又是以古文本解释今文本的。

可以说,汉代的古文经学一开始就是服务于释读而非考字的。因此在文字隶定上都是宽式而非严式的。这一中国特色,李零称之为"阅读习惯"。[3] 不但历史悠久,还一直沿用到现在。

众所周知,古书用字迭经几变,但总的趋势是由草率随意向规范严格发展。以上博楚简《周易》为例,对比楚简《周易》与传世本的异同,就不难发现这一点。楚简用字,取其声而已,多为随意。后人为了规范的需要,多换读为同声的本字,尤其是同一声符的本字。古文字研究也是这样,考字以"严式"为主,释读则以"宽式"居多。从战国写本到今本这么长的一个时间基本上是一个"宽式"的释读过程。但是,你却不能因为"宽式"的释读而否认它们与"严式"的考

---

[1] 王志平:《中国学术史·三国两晋南北朝卷》,江西教育出版社,2001年。
[2] 王志平:《简帛拾零——简帛文献语言研究丛稿》,台湾古籍出版有限公司,2009年。
[3] 李零:《郭店楚简研究中的两个问题:美国达慕思学院郭店楚简老子国际学术讨论会感想》,《郭店楚简国际学术研讨会论文集》,湖北人民出版社,2000年;[美]夏含夷:《简论"阅读习惯"——以上博〈周易·恭〉为例》,《简帛》第四辑,上海古籍出版社,2009年。

字中间的关系。

我们前面已经说过,楚简文字与汉代以后经过整理的通行文字有很大不同,汉代以后的文字更强调"释读"的过程,也就是说,"宽式"释文是为了实用的需要。无论是口授转为笔录,还是早期竹帛转为晚期纸张,遵循的都是一个简易的原则:通行、规范。这也就是为什么我们要强调谐声、通假的重要性了。每一次文本从简帛到纸张等载体媒介的转化,都伴随着文字的通行化、规范化,也就伴随着更多的谐声和通假。诚如孙诒让《札逐序》所说:"竹帛梨枣,钞刊娄易,则有三代文字之通假,有秦汉篆隶之变迁,有魏晋正草之辊淆,有六朝唐人俗书之流失,有宋元明校椠之屡改,迻径百出,多歧亡羊。"但是它们并没有成为异质的成分,无论其释读如何的"宽",我们总能认出其源头的"严",千变万化,不离其宗。这就是我们研究上博楚简《周易》异文得到的启示。①

既然如此,我们不禁要问:今古文的差异究竟是能指的差异还是所指的差异?能指的差异是指意义区别不大的文字通假;所指的差异是指意义大相径庭的话语阐释。这种区别不仅仅是一个语言学或者语文学的问题。

问题是,中国的"阅读习惯"如此之强,以致于任何不同异文都可以谐声通假。裘锡圭先生曾以简本《老子》为例警告说:"不能滥用假借的方法去追求简本《老子》与旧本的统一,否则所有新发现的本子都可以通转到旧本上去了。"②事实上,如果抛开意义不谈,只从文字通假的角度来说,今古文的文字差异同样也可以追踪到某一共同的母本上去,也就是说今古文的差异也是对于某一母本的不同释读,这样一来,过分强调书写文字的区别就失去意义了。我们应该看到,随着以后出土简帛文献资料越来越多,大量的都会是我们前所未知的异文。如果我们不及时调整我们用以区分今文、古文标准的话,我们很快就会目迷五色,不知所措。所以现在我们就应该确

---

① 王志平:《上博楚简〈周易〉异文与汉晋经学研究》,《简帛拾零——简帛文献语言研究丛稿》,台湾古籍出版有限公司,2009年。
② 《美国"郭店〈老子〉国际研讨会"综述》,《中国哲学》第二十辑,辽宁教育出版社,1999年,第402页。

立一个最基本的观点——那就是书写文字的差别已经不是今后区分今文、古文的绝对标准了,话语阐释的区别才是判断今古文的根本依据。

出土文献对于经学的最大启发就是:我们现在应该完全消解汉代以来形成的今文、古文的争论了。以上博楚简《诗论》为例,由于《毛诗》是古文,其他三家诗是今文,过去为了二者的优劣,学者们聚讼纷纭,争论得不亦乐乎,以至抑扬褒贬,强分轩轾。现在我们已经知道这场争论只是浪费笔墨,毫无必要。如果在今天还要保守过去的陈见,过分强调今文、古文的差异,褒贬任意,抑扬随心,那就未免太不合时宜了。

过去顾颉刚先生"古史辨"派的做法是以西汉攘东汉,我们现在已经到了叶德辉所说"以战国诸子之学攘西汉"的时候了。① 其实,今文也好,古文也好都是先秦学术的孑遗。一出于秦汉初期的口传,一出于战国时代的笔录,二者不可偏废。从渊源上讲,我们今天的出土文献更近于古文一系,但就像我们今天整理出土文献要参照今本一样,汉代学者整理古文的基础也还是今文。同样,汉代人对于古文的怀疑也正像我们今天对于没有考古记录的盗掘品的怀疑一样,只有在经过较长时间的研究后,才能得出比较正确的结论。将今比古,今古一理。这就是新出简帛文献对于经学史研究的最大贡献。

---

① (清)叶德辉:《叶吏部与戴宣翘校官书》,(清)苏舆《翼教丛编》卷六,上海书店出版社,2002年,第174页。

论出土文献所见古书成书过程中的"篇组"

黄甜甜

古书构成的基本单位是研究古书生成、流传和结集的重要议题。自余嘉锡《古书通例》明确揭示古书可"单篇别行"的观点以来,特别是 20 世纪 90 年代出土文献大量涌现以后,学界已有不少新的探索,普遍意识到单章、单篇和整书都是古书构成的重要单元。① 近出清华简《四告》全篇有 50 支形制相同的简,简背有连续的编号,内容上却由四篇独立的文本组成。② 正式刊布之前,赵平安发文谈及

作者简介:黄甜甜,华中师范大学文学院副教授,研究方向为出土文献与中国古典学。

基金项目:本文系国家社科基金冷门"绝学"研究专项"基于出土文献的《诗经》文本用字研究"(19VJX123)阶段性成果。

① 相关研究参见:李学勤《对古书的反思》,《李学勤集——追溯·考据·古文明》,黑龙江教育出版社,1989 年,第 44—45 页;李零《出土发现与古书年代的再认识》,《李零自选集》,广西师范大学出版社,1998 年,第 28—30 页;宁镇疆《古书章次问题浅说——古书成书问题系列研究之一》,谢维扬主编《新出土文献与古代文明研究》,上海大学出版社,2004 年,第 312—317 页;来国龙《论战国秦汉写本文化中文本的流动与固定》,《简帛》第二辑,上海古籍出版社,2007 年,第 515—527 页;夏含夷《〈重写中国古代文献〉结论》,《简帛》第二辑,第 509—514 页;顾史考《以战国竹书重读〈古书体例〉》,《简帛》第四辑,上海古籍出版社,2009 年,第 425—442 页;冯胜君《从出土文献谈先秦两汉古书的体例(文本书写篇)》,《文史》2004 年第 4 辑(总第 69 辑),第 25—35 页;冯胜君《出土材料所见先秦古书的载体以及构成和传布方式》,《出土文献与古文字研究》第四辑,上海古籍出版社,2011 年,第 195—214 页;李锐《从出土文献谈古书形成过程中的"族本"》,《同文与族本——新出简帛与古书形成研究》,中西书局,2017 年,第 215—228 页;徐建委《牍与章:早期短章文本形成的物质背景》,《文献》2022 年第 1 期,第 123—138 页。

② 基本介绍参见清华大学出土文献研究与保护中心编、黄德宽主编《清华大学藏战国竹简(拾)》,中西书局,2020 年,第 109—125 页。

《四告》的文本形态对古书成书和流传问题带来的启示,认为一方面大量简帛古书证明了先秦古书最大的特点就是往往以单篇形式流传;另一方面,《四告》的文本形态说明"书"类文献在单篇流传和以整书流传之间,还有一种中间状态,即以篇组(或组篇)的形式流传。由"书"类文献推而广之,其他文献也是如此。①

赵先生文中提出的古书单篇和整书流传之间的中间状态"篇组"具有重要意义,这种中间状态的研究确实是学界以往研究较少涉及的。本文将围绕出土文献所见多种"篇组"的组成形态,分析古书成书和结集过程中"篇组"的几种类型及其特征,以此为基础重新解释传世先秦古书中一些复杂的文本形态问题。

一、出土简帛文献中所见"篇组"的类型和特征

古书存在文献单元和写本单元之别,前者以内容为依据,后者以物质形态的为依据,二者存在复杂的对应关系。② 在出土文献内部,想要确立几篇文本确实构成"篇组"的关系,物质形态上(codicological)的关联是必要条件,如简背划痕的连接、编绳位置的齐平、相同的字迹可以证明几篇之间的关联性。同时,内容上(textual)的关联性也是不可或缺的充分条件。以物质形态和文本内容两大要素为衡量标准,可将目前所见出土文献中的"篇组"初分为如下几类:

(一)内容相关,简序各自独立,有共同篇名,同一书手书写

第一类,代表性"篇组"是清华简《说命》三篇。《说命》三篇属于百篇《尚书》,传世的仅有伪古文《说命》三篇和《国语》《孟子》《礼记》少量引文。清华简《说命》三篇每一篇在简背写有单独的简序,

---

① 赵平安:《清华简〈四告〉的文本形态及其意义》,《文物》2020 年第 9 期,第 75 页。
② 肖芸晓:《"篇"与"卷":从〈子产〉与〈心是谓中〉的关系谈起》,第三届中国古典学会议论文,北京大学,2019 年 11 月。

但每一篇的末简会注明"傅说之命"①这一篇题,而且三篇字迹也可以确定是同一书手。② 三篇在内容上各自独立成文,整理者将其命名为《说命上》《说命中》和《说命下》。③ 李学勤较早已指出《说命上》与中、下两篇体裁和内容有差异,《说命上》主要是记事,讲述武丁命百工画像寻找傅说,在找到傅说后命傅说率军征伐失仲,获胜而不行杀戮,最后任傅说为公。《说命中》记傅说来到商朝的首都殷之后武丁对傅说的命辞。《说命下》也是武丁对傅说的命辞。④ 不仅内容和体裁不同,多位学者还发现《说命》三篇的成文时代存在明显差异,上篇的对贞卜辞和"我其已"句式合乎甲骨卜辞的习惯,"生二戊豕"可能源自商代习俗;但篇中对傅说以布衣为相的强调则可能是战国士人为鼓吹士人阶层的进阶而建构出来的说法,说明整篇既有商代的背景又有东周整合编撰的痕迹。⑤ 这些东周的时代印记可能就是编选者在整合编选时有意赋予的,目的是让文本产生当代的价值。中篇主体部分有反映西周金文用词和思想的"启乃心"等说法,其间也有较多东周时代的语言特征。下篇与中篇类似,主体部分虽有"经德配天""柔远能迩"等西周语言和思想的体现,其间也有东周时代编撰的痕迹。⑥ 中下两篇的训诰内容与许多其他源自西

---

① 为书写和讨论的便利,本文涉及简文释文一律用学界存在共识的宽式释文,恕不一一注明出处。
② 清华大学出土文献研究与保护中心编,李学勤主编:《清华大学藏战国竹简(叁)》,中西书局,2013年,页121。
③ 虽然学界对于清华简《说命》三篇是否即《书序》所言的《说命》三篇存在争议,但可以确定的是战国时期已经存在围绕"傅说"进行的一种"篇组"组合。
④ 李学勤:《新整理清华简六种概述》,《文物》2012年第8期,第68—69页。
⑤ 李学勤:《论清华简〈说命〉中的卜辞》,《华夏文化论坛》2012年第2期,第273—274页;罗琨:《〈说命〉"生二牡豕"解》,《出土文献》第六辑,中西书局,2015年,第169—175页;沈建华:《清华楚简〈说命〉与有关卜辞史迹》,《出土文献与中国古代文明:李学勤先生八十寿诞纪念论文集》,中西书局,2016年,第29—34页;甘岚、闫志:《傅说传说与战国"选贤"思想》,《中州学刊》2014年第11期,第133—134页;曹定云:《清华简〈说命上〉"二戊豕"解——兼论〈说命〉的真实性与传抄时代》,《中原文化研究》2019年第2期,第90页。
⑥ 曹娜:《清华简所见"书"类文献研究——基于〈尹至〉〈尹诰〉〈金縢〉〈说命〉的考察》,北京师范大学博士学位论文,2018年,第197—199页。

周的"书"类文献一样,在东周时代具有较大的教化意义。

据此可作推测的是,战国时代文本的"篇组"可能是主体部分成文时代不同的多篇文本之间的组合。组合的依据可以是相同的人物,如清华简《说命》的三篇;或者是相似的主题,如清华简《说命》中下二篇。而且,这种组合的行为既包括时人对三篇来源不同的文本的编选组合,也可能有时人在编选的同时予以的纂作加工,赋予时代特色。

(二) 内容相关,简序相连,同一书手书写

第二类,代表性"篇组"是清华简《四告》四篇。清华简《四告》的篇名是整理者所拟,每篇篇末有讫止符号,简背有以汉字书写的四篇连续简序。[①] 各篇内容可独立成篇,《四告(一)》讲述的是周公旦告皋繇之辞,《四告(二)》讲述的是周公长子伯禽受封鲁国之后赴任前对宾任、明典和司义的告辞,《四告(三)》讲述的是周穆王做太子时的一篇告辞,《四告(四)》讲述的则是西周晚期召伯虎针对望鸱来集的异象而对北方尸所作告辞。整理者认为四篇按性质类聚,以年代排列,体现了"书"类文献的编排原则。[②]

需要注意的是,虽然各篇文本中行为主体的时代较为明确,但文本的成文时代不一定就是篇中内容所述的时代。以《四告(一)》为例,整理者赵平安认为《四告(一)》表达的思想、具体表述和某些文句与《立政》相似,当为周初的文献。同时也指出篇末"宜尔祜福"的表述是春秋时期的典型用语,这反映出后人对《四告》加工整理的痕迹。[③] 马楠也持类似说法。[④] 程浩详文考证了《四告》的文本结构与性质,指出《四告(一)》有多处文句与不少《尚书》篇章的文句高度相似,该篇主体是周初周公践奄后告皋繇之辞的历史记录。[⑤] 我

[①] 黄德宽主编:《清华大学藏战国竹简(拾)》,第6—9页。
[②] 黄德宽主编:《清华大学藏战国竹简(拾)》,第109页。
[③] 赵平安:《清华简〈四告〉的文本形态及其意义》,《文物》2020年第9期,第72—76页。
[④] 马楠:《〈尚书·立政〉与〈四告〉周公之告》,《出土文献》2020年第3期,第37—42页。
[⑤] 程浩:《清华简〈四告〉的性质与结构》,《出土文献》2020年第3期,第21—32页。

们认为,《四告(一)》的确包含有西周早期的文献基础,这部分主要体现在"翌日"之前的第一节,第一节的语言风格与西周金文和《尚书》的早期篇章确实高度相似。但第一节的主体虽成文于西周,后人改动的痕迹还是较大的,最典型的是篇中出现了东周时代才惯用的"刑法""典律"两个复音词。其次,"翌日"之后第二节的成文时代也不会早至西周初年。其中有周公希望皋繇"骏保王身,广启厥心,示之明獸"一句,大量西周金文可以说明"广启+某身"或"广启+某心"是流行于西周晚期的一类嘏辞,①这是目前所见西周早期和中期金文未见的。因此,《四告(一)》虽然可能以周初周公践奄后告皋繇为故事背景,但是具体的文辞有多处西周晚期以后乃至东周时代的时代特征,其实际的成文时代应该不会和篇中行为主体周公是同一时代的。《四告(一)》极有可能是西周晚期以后,甚至晚到东周才最终完成编选和撰作。② 其他三篇与《四告(一)》相类似,各篇的实际成文时代不同于篇中内容的时代,篇中虽有西周的语言风格和习惯性话语,但最终成文的编撰成文可能晚至东周时代。

因此,《四告》这类"篇组"组合的依据是告辞这种共同的主题风格;各故事的发生时间明显有别,各篇编撰成文的时代却可能是接近甚至相同的。可能是四篇来源不同的文本因为共同的主题而被类聚为"篇组",甚至是有人在一些史料基础上同时编纂加工出了这几篇文献。

(三) 内容相关,物质形态相同,同一书手书写

第三类,组内各篇的物质形态相同,同一书手书写,而且内容存在一定关联性。根据内容关联性程度的不同,又可分为三个子类:第一个子类,诸篇内容各自独立,但主题和体裁高度相似。第二个子类,诸篇各自内容可独立成篇,但存在一定对应关系。第三个子

---

① 马承源主编:《商周青铜器铭文选(三)》,文物出版社,1988年,第225页。对该习语较为通达的解释参见杨树达:《积微居金文说》,上海古籍出版社,2013年,第163—164页。
② 详细分析参见黄甜甜:《论古书年代学中"同时资料"断代法的重要性——兼论两篇清华简的成文时代》,《中国文献学研究》待刊。

类,诸篇各自内容独立成篇,仅有少许相关性。

第一个子类,代表性"篇组"有清华简《周公之琴舞》《芮良夫毖》,《迺命(一)》《迺命(二)》,和《汤处于汤丘》《汤在啻门》三组。以《周公之琴舞》和《芮良夫毖》为例来说明,前者在首简简背标有篇题"周公之琴舞",而后者的篇名为整理者所拟。整理者已经指出二篇的竹简形制和字迹相同,而且《芮良夫毖》首简简背有被刮削的"周公之颂诗"五字痕迹,这可能是书手或书籍管理者据《周公之琴舞》的内容概况的标题,误入《芮良夫毖》首简简背。①《周公之琴舞》整篇包含十首诗,分周公所作和成王所作两部分,全部以"儆戒"为主题。篇中文辞古奥,留存了一些周初的思想观念,②但是典型用语和思想观念却具有西周中晚期的特征。该篇的成篇最有可能是战国时人以传世的西周诗篇为底本,补入序言性质的文字后综合而成的诗家教本。③《芮良夫毖》全篇以四言体为主,重点记述西周末年芮良夫对其他贵族大臣的"儆戒"之辞。整体而言,该篇主体部分可能成文于西周晚期,但全篇可能经历了后人在东周时期的整理和加工才最终定型。④

值得注意的是,这一子类的"篇组"内的不同篇,有的有明确的篇题,有的可能篇题缺失。甚至如《周公之琴舞》,既有简背的篇题"周公之琴舞",亦有误入《芮良夫毖》简背的篇题"周公之颂诗"。这种同一篇存在两种不同篇题的现象反映出战国时人在收集、选编

---

① 李学勤主编:《清华大学藏战国竹简(叁)》,第132页。
② 李守奎:《先秦文献中的琴瑟与〈周公之琴舞〉的成文时代》,《吉林大学社会科学学报》2014年第1期,第11—19页。
③ 姚小鸥、孟祥笑:《试论清华简〈周公之琴舞〉的文本性质》,《文艺研究》2014年第6期,第43—52页。
④ 曹建国主张《芮良夫毖》成文晚至战国中期,但其论证存在一定问题。对该篇成文时代的相关论证参见:曹建国《清华简〈芮良夫毖〉试论》,《复旦学报(哲学社会科学版)》2016年第1期,第28—29页;黄国辉《清华简〈厚父〉新探——兼谈用字和书写之于古书成篇与流传的重要性》,《清华大学学报(哲学社会科学版)》2016年第3期,第70—71页;宁镇疆《由清华简〈芮良夫毖〉之"五相"论西周亦"尚贤"及"尚贤"古义》,《学术月刊》2018年第6期,第121—132页;黄甜甜《清华简所见西周"德"观念发微》,《哲学与文化》2021年第3期,第60—72页。

和组合这些篇的时候，不仅有意识地根据内容的关联性进行编选，对于原本无题的篇也进行了概况和命名。

第二个子类，代表性"篇组"有郭店简《老子》丙篇与《太一生水》、马王堆帛书《五行》与《德圣》。郭店简《老子》甲乙丙三篇的竹简形制存在差异，各自独立成篇，但据李松儒从字迹风格和用字习惯所作研究，三篇仍是同一书手书写，只是写于不同时期。① 而丙篇的竹简形制和书体风格与《太一生水》相同，整理者推测两篇最初是合编一册的。② 《太一生水》与《老子》的内容又存在明显的关联性，"太一生水"章（即1—8号简）在论述宇宙生成，是对《老子》第四十二章"道生一、一生二、二生三，三生万物"的"引申解说"。③ "名字"章（即10—13号简）可能是对《老子》第一、三十二和第十一章有关道"无名"的引申解说。④ "天道贵弱"章（即9、14简）一般公认为对《老子》第十七章"天之道，损有余而补不足"的引申诠解。⑤ 马王堆帛书《老子》甲本后有《五行》《九主》《明君》和《德圣》四篇古佚书，五篇为同一抄手书写，共同抄写在同卷帛上。⑥ 最初的整理者已发现《德圣》的内容与《五行》有关。⑦ 邬可晶进一步论述认为《德圣》篇内各章的前身系选取《五行》"经""说"中的观点分别予以阐释和

---

① 李松儒：《郭店楚墓竹简字迹研究》，吉林大学硕士学位论文，2006年，第37—40页。
② 荆门市博物馆编：《郭店楚墓竹简》，文物出版社，1998年，第125页。
③ 李学勤：《荆门郭店楚简所见关尹遗说》，《重写学术史》，河北教育出版社，2002年，第28—29页。
④ 裘锡圭：《〈太一生水〉"名字"章解释——兼论〈太一生水〉的分章问题》，《裘锡圭学术文集》第2卷，复旦大学出版社，2015年，第351页。
⑤ 邬可晶：《马王堆帛书〈德圣〉篇研究——兼谈郭店简〈太一生水〉的分篇、分章及其与〈老子〉的关系》，载复旦大学历史学系、复旦大学出土文献与古文字研究中心编《简帛文献与古代史——第二届出土文献青年学者国际论坛论文集》，中西书局，2015年，第190页。
⑥ 详细介绍与注释参见裘锡圭主编、湖南省博物馆、复旦大学出土文献与古文字研究中心编纂《长沙马王堆汉墓简帛集成》，中华书局，2014年，第四册，第57—96、119—124页。
⑦ 国家文物局古文献研究室编：《马王堆汉墓帛书（一）》，文物出版社，1980年，第39页。

发挥而成,可以视作一种很独特的"传"。①

第三个子类,代表性"篇组"有上博简《孔子诗论》《子羔》《鲁邦大旱》、清华简《尹至》《尹诰》《赤鹄之集汤之屋》。《孔子诗论》和《鲁邦大旱》简背无篇题,今题为整理者所拟;《子羔》第5简简背有篇题"子羔"。② 李零指出三篇的简长、简形、字体和书风大致相同,最初可能是合抄在同卷上的三篇。③ 三篇大体都成文于战国时代,但在内容上差别明显,《孔子诗论》主题是孔子论"诗",《子羔》篇孔子与子羔讨论古之帝王事迹,《鲁邦大旱》则是鲁哀公向孔子求教御旱之策。战国时代的编选者将三篇合编,最大可能性当是三篇与孔子相关,都是阐发孔子思想。清华简《尹至》《尹诰》《赤鹄之集汤之屋》竹简形制相同,字迹出自同一人,④三篇的简背划痕线相连接,⑤内容虽存在差别,但确实都在讲伊尹事迹,这种编选思路与《孔子诗论》《子羔》《鲁邦大旱》相同。

(四) 内容相连,不同书手书写

第四类,代表性"篇组"是上博简《竞建内之》《鲍叔牙与隰朋之谏》和清华简《治邦之道》《治政之道》。上博简二篇的简长和简背契口位置都相同,但是书写风格差异明显,《竞建内之》简1背面有"竞建内之"四字篇题,《鲍叔牙与隰朋之谏》简9有"鲍叔牙与隰朋之谏"几字篇题,上博简最初的整理者因书风和篇题差异将其分别

---

① 邬可晶:《马王堆帛书〈德圣〉篇研究——兼谈郭店简〈太一生水〉的分篇、分章及其与〈老子〉的关系》,第189页。
② 《孔子诗论》基本信息的介绍参见马承源主编《上海博物馆藏战国楚竹书(一)》,上海古籍出版社,2001年,第121—122页;《子羔》和《鲁邦大旱》基本信息的介绍参见马承源主编《上海博物馆藏战国楚竹书(三)》,上海古籍出版社,2003年,第183、203页。
③ 李零:《上博楚简三篇校读记》,中国人民大学出版社,2007年,第6页。李松儒亦认为三篇具备合编的可能性,参见李松儒《战国简帛字迹研究——以上博简为中心》,上海古籍出版社,2015年,第208—209页。
④ 刘光胜:《同源异途:清华简〈书〉类文献与儒家〈尚书〉系统的学术分野》,《中国高校社会科学》2017年第2期,第118页。
⑤ 肖芸晓:《试论清华竹书伊尹三篇的关联》,《简帛》第八辑,上海古籍出版社,2013年,第471—476页。

整理。但有多位学者研究认为两篇的内容连读后文意才能畅通。①清华简《治邦之道》和《治政之道》原无篇题，现篇题是整理者所拟。《治邦之道》刊于清华简第八册，整理者最初认为简文可能存在缺失，导致文意不通。② 清华简第九册公布《治政之道》时，又指出《治邦之道》与《治政之道》编痕一致，文意可贯通，应当属于同一篇文献。③ 贾连翔专文分析了两篇在书风和形制上的差别，特别是各篇内部存在形制不同的竹简，但《治政之道》第 42 号简的字迹却与《治邦之道》相同。整体上，他称两文为"同篇异制"现象。④ 李松儒进一步探讨了两文竹简形制的差异，特别是《治政之道》的收卷方式前所未见，同时也指出两文由三个书手共同完成。整体上，两文呈现出"同篇分册"的特征。⑤

　　这一类的最大特点是内部各篇在文意上不能分割开而单独存在。特别是《竞建内之》《鲍叔牙与隰朋之谏》这种情况，《竞建内之》简 1 背面有"竞建内之"四字与正文书风亦不同，当属不同手书。陈剑指出"竞建"为楚人，与简文内容无关，"竞建内之"可能是当时整理者误加的篇题，没有被刮去，同时又保留了"鲍叔牙与隰朋之谏"另一个切题的篇名。⑥ 在这种背景下，不排除在流传过程中，新的传抄和整理者因为书风差异和两个篇题的存在，误将此篇分作不相连的二篇。在传世的早期古书中，是否还存在这种不该分立而误被分立的篇章，还有待深入研究，这种可能性是不能排除的。

---

① 陈剑：《谈谈〈上博简（五）〉的竹简分篇、拼合与编联问题》，《战国竹书论集》，上海古籍出版社，2013 年，第 168—173 页；郭永秉：《关于〈竞建〉和〈鲍叔牙〉的字体问题》，简帛网，2006 年 3 月 5 日；李松儒：《战国简帛字迹研究——以上博简为中心》，第 315—320 页。
② 清华大学出土文献研究与保护中心编，李学勤主编：《清华大学藏战国竹简（捌）》，中西书局，2018 年，第 135 页。
③ 清华大学出土文献研究与保护中心编，黄德宽主编：《清华大学藏战国竹简（玖）》，中西书局，2019 年，第 125 页。
④ 贾连翔：《从〈治邦之道〉〈治政之道〉看战国竹书"同篇异制"现象》，《清华大学学报（哲学社会科学版）》2020 年第 1 期，第 43—47 页。
⑤ 李松儒：《清华简〈治邦之道〉〈治政之道〉中的"隐秘文字"及其作用》，《文史》2021 年第 2 辑，第 5—26 页。
⑥ 陈剑：《谈谈〈上博简（五）〉的竹简分篇、拼合与编联问题》，第 172 页。

二、从"篇组"看传世古书若干早期文本形态

早期古书处于高度流动的状态,上述总结的简帛古书复杂的"篇组"形态,应当仅是战国时代古书类聚众多方式中的一些。尽管今天所见不少的早期古书经历了刘向等人的整理编订,但是上文归纳的这些"篇组"形态和特征或明或暗地保留在个别传世的早期古书中,最为明显的例子是《管子》。《管子》被分为"经言""外言""内言""短语""区言""杂篇""管子解""轻重"八组。近代以来不少学者认为这些分组杂乱不整,但冯友兰指出《管子》八组存在系统的形式,其他经过刘向父子整理的子书未见这种分组,因而这种分组可能是刘向之前的人所为。[①] 张固也根据刘向校书的通例分析《管子叙录》,推论认为《管子》大多数的分组是刘向努力保存古本旧貌的结果,所据的古本大致相当于今本中的某一组或几组。[②] 虽然目前未见与《管子》各组直接相关的出土文献,但是简帛古书明确可见的"篇组"形态和特征进一步可旁证《管子》的一些"篇组"应当是有较早来源的。这说明刘向整理古书时应该曾面临着对古本"篇组"的选择和保留问题,其他传世的早期古书有无这类现象,值得研究。

另一方面,上文归纳的这些"篇组"形态和特征也有助我们从物质形态给早期古书的篇数、篇与篇关系等文本形态问题做出合理的解释。以下以《尚书》为例,尝试解释其中若干问题。

(一) 从"篇组"看《盘庚》的篇数

《盘庚》历来有一篇和三篇的不同分法。据《汉书·艺文志》,伏生本"《尚书》经二十九卷",一般认为这是将《盘庚》视为一篇。[③] 而

[①] 冯友兰:《中国哲学史新编》上册,人民出版社,1998年,第116—117页。
[②] 张固也:《〈管子〉研究》,齐鲁书社,2006年,第50—58页。
[③] 或认为《汉书·艺文志》"欧阳章句三十一卷"相对二十九卷多出二篇即是《盘庚》三分造成的。参见顾颉刚、刘起釪《尚书校释译论》,中华书局,2005年,第965页;程元敏《尚书学史》,五南图书出版公司,2008年,第218页。

《书序》则言:"盘庚五迁,将治亳殷,民咨胥怨,作《盘庚》三篇。"①郑玄甚至对三篇有过分别概况:"上篇是盘庚为臣时事,中、下篇盘庚为君时事。"②郑玄说法相对较晚。伏生本流行于汉初。《书序》成文的时代下限据陈梦家考证,最迟不晚于秦代,③其成文上限,最早可能产生于孟子之后。④ 可见,战国至汉初时期,一篇本和三篇本是可能同时存在的。

参照简帛古书"篇组"的类型和特征来看,《盘庚》的一篇本和三篇本不存在实质的矛盾。一篇本可能接近前述以清华简《四告》为代表的第二类"篇组",各篇的内容相关,篇内故事发生时间不同,各篇之间简背存在连续编号,后人完全可以视作一篇。三篇本则可能接近以清华简《说命》为代表的第一类"篇组",内容相关、同一书手书写、简背有相同篇名,但每篇有独立的简序编号。因此,一篇本和三篇本从"篇组"的角度都可以得到解释,这反映的是先秦至汉初《盘庚》的不同流传形态,出土文献为这些不同的流传形态提供了物质层面的佐证。

(二) 从"篇组"看《酒诰》《康诰》《梓材》的关系

古今学界对《酒诰》文本争论的主要问题是《酒诰》《康诰》《梓材》三篇的关系。一方面,《书序》和《史记》在述及卫康叔受封之事的时候,都是并举《康诰》《酒诰》和《梓材》。《史记·卫康叔世家》记载周初平定武庚之乱后分康叔于卫地,周公代成王发布诰辞:

> 周公旦惧康叔齿少,乃申告康叔曰:"必求殷之贤人君子长者,问其先殷所以兴,所以亡,而务爱民。"告以纣所以亡者以淫于酒,酒之失,妇人是用,故纣之乱自此始。为《梓材》,示君子可法则。故谓之《康诰》《酒诰》《梓材》以命之。⑤

---

① (汉)郑玄注,(唐)孔颖达正义,黄怀信整理:《尚书正义》,上海古籍出版社,2007年,第335页。
② (宋)王应麟:《困学纪闻》卷二,上海古籍出版社,2008年,第205页。
③ 陈梦家:《尚书通论》,中华书局,2005年,第141页。
④ 李锐:《由近年出土文献论〈尚书序〉的有关问题》,清华大学出土文献研究与保护中心编《清华简研究》第一辑,中西书局,2012年,第370页。
⑤ (汉)司马迁:《史记》卷三七,中华书局,2013年,第1912页。

《书序》所述较为类似:

> 成王既伐管叔、蔡叔,以殷余民封康叔,作《康诰》《酒诰》《梓材》。①

另一方面,《韩非子·说林上》在引述见于《酒诰》"无彝酒"一句时,明言该句归属《康诰》篇。

对于上述矛盾,段玉裁主张:"此《酒诰》而系之《康诰》者,盖周时通以《酒诰》《梓材》为《康诰》也。"②皮锡瑞引述并且赞成段玉裁的说法:"据此则三篇实同一篇,韩非在焚书之前,其说可据。"③刘起釪根据《尚书》诸篇在先秦古书中被征引情形,认为《康诰》被引次数较多,而《酒诰》《梓材》一次也没有,或者是因为三篇都是对康叔的诰辞,所以都可以称为《康诰》;或者与《盘庚》等篇一样本来分为三篇,但没有另外两个篇题。至西汉时,今文家明确分为《康诰》《酒诰》《梓材》三篇。④马楠进一步指出:"分《康诰》为三而另加《酒诰》《梓材》两个篇名或始于伏生,本是今文传授系统的家法。"⑤从流传的角度,程浩认为韩非子看到的卷册可能是《康诰》《酒诰》《梓材》合编的版本,该卷仅有一个篇题《康诰》,因而《说林》引"无彝酒"一句,明言出自《康诰》。⑥

这三篇各自存在相对明确的主题,⑦俞樾等人甚至怀疑各有成文背景,后二篇原本也有单独的序,因为亡佚而侧目于《康诰》之序。⑧

---

① (汉)郑玄注,(唐)孔颖达正义,黄怀信整理:《尚书正义》,第529页。
② (清)段玉裁:《古文尚书撰异》卷十七,经韵楼丛书本。
③ (清)皮锡瑞:《今文尚书考证》,中华书局,1989年,第305页。
④ 顾颉刚、刘起釪:《尚书校释译论》,第1371—1372页。
⑤ 马楠:《周秦两汉书经考》,清华大学博士学位论文,2012年,第331页。
⑥ 程浩:《古书成书研究再反思——以清华简"书"类文献为中心》,《历史研究》2016年第4期,第140页。
⑦ 《康诰》除了篇首四十八字可能是错简羼入,其他部分先总结历史经验,而后强调"明德慎罚",明显可独立成篇。《酒诰》旨在告诫康叔要吸取历史教训,强调禁酒。《梓材》前半部分重在告诫如何治理人民,主张"罔厉杀人",也强调了"明德"的观念,后半部分相应地讲述臣下对王的期许。
⑧ 相关综述参见李振兴《尚书学述》,东大图书股份有限公司,1994年,第277—279页。

我们认为,三篇极有可能一开始即是独自成篇的,三篇之间的关系与简本《说命》的"篇组"模式相类似。

从"书"类文献的编选和流传的角度可对三篇的关系做出更为清晰和完整的解释:三篇经历了从最初被单独编选,到成为"篇组",再到有各自篇名三个阶段。第一个阶段,西周晚期是编纂古史的第一个高峰时段,王廷的史官开始有意识地整理编订前代流传下来的一些重大政治事件和重要典礼仪式上的档案,纂辑"书"类文献。[①] 在这一阶段,三篇的大部分内容从分封康叔的仪式长篇讲话中被摘选而来。这种摘选有许多表现,如《康诰》的两个"王若曰"之间省略了成王对康叔的赏赐品,这是史官依据册命铭文等历史文献编纂"书"类文献时常用的手法;[②]再如,《梓材》后半部分臣对王的言语不一定出自这个仪式上的讲话,可能因为"明德"的主题与前半部分主题接近,从他处选入后形成王言和臣言前后对应的篇章格局。第二个阶段,[③]如前文总结的清华简《说命》"篇组"模式,因三篇都属于对康叔的诰辞,史官将三篇组合在一起构成"篇组"。而且,当时被赋予了"康诰"这个共同的名称。而后,在相当长一段时间内,三篇常常作为一个整体一起流传。从简帛古书各种"篇组"形态可知,"篇组"在流传过程中可能有共同的篇名,也可能进一步分别被赋予篇名。因而,到了第三个阶段,早至战国时期,晚至西汉初年,又有人根据内容和主题,分别命名了另外两个篇名。韩非子看到的,应该是处在第二个阶段的三篇合编本,所以《酒诰》的语句被注明出自《康诰》。

三、结　　语

早期古书处在高度复杂的流动状态中,本文只是对出土文献所

---

① 葛志毅:《中国古代的记事史官与早期史籍》,《谭史斋论稿四编》,黑龙江人民出版社,2008年,第85—90页。
② 张怀通从康叔封建典礼程序的角度对《康诰》文本来源有详细考证,参见张怀通《大盂鼎与〈康诰〉体例》,北京大学出土文献研究所编《青铜器与金文》第二辑,上海古籍出版社,2018年,第100—110页。
③ 本文划分的三个阶段只是一种理想型,当然不排除第一和第二个阶段是同时发生的。

见战国时代"篇组"的类型和特征所作初步归纳,难免挂一漏万,此类问题在《管子》《尚书》之内和之外一定还有许多,①有待学界共同努力去发掘和探寻。"篇组"呈现出单篇和整书流传之间的复杂状态,有助今人了解早期古书从单篇到整书的发展历程,解决传世早期古书在文献层面的许多问题,也能间接认识刘向等人整理古书时对古本分合所作的各种工作。

此外,如本文所揭示的,古人对先前已存世文本的编选,往往伴随着对文本的再加工,②这在一定程度上揭示当时的书写制度与书写文化。在简帛古书大量涌现的今天,有必要继续对出土文献所见"篇组"的类型和特征予以深入研究,以期深入了解周秦汉时期丰富且复杂的书写制度与书写文化。

附记:新近刊布的出土文献又为古书来源和构成的研究提供了新材料,张家山汉简《盗跖》篇内容与传世本《庄子·盗跖》"子张问于满苟得"以前的部分极为接近,郭象注恰在传世本这部分的末尾称之为"此篇",整理者据此认为《盗跖》后半部分是后来编入的(荆州博物馆编、彭浩主编《张家山汉墓竹简〔三三六号墓〕》,文物出版社,2022年,第143页)。此外,在传世本《盗跖》篇"子张问于满苟得"以下两段的末尾,以及最后的"无足问于知和"两段末尾,郭象注皆称之为"此章",结合简本可进一步确知传世本《盗跖》的内部是由一篇加二章组合而成。

本文初稿完成于2021年暑期,初稿曾蒙孙飞燕和张峰等师友提出宝贵修改意见。亦曾在2021年10月举行的中华文明与早期书写学术研讨会上汇报,有幸得到李若晖、李林芳和徐建委等先生的指正,谨致谢忱。

---

① 例如李锐曾对《墨子》许多三篇并立的情况作出解释,参见李锐《从出土文献谈古书形成过程中的"族本"》,第222页。

② 写钞本时代"钞者"往往起到对文本改造的角色,初步的研究还有冯胜君《从出土文献看抄手在先秦文献传布过程中所产生的影响》,《简帛》第四辑,上海古籍出版社,2009年,第411—424页;程苏东《写钞本时代异质性文本的发现与研究》,《北京大学学报(哲学社会科学版)》2016年第2期,第148—157页。

清华简中两种乐书的文本复原与功能蠡测

程 浩

清华简第十三辑整理报告收录了两种写定于战国时期的乐书,是目前所见抄写时代最早的音乐文献,对于研究先秦音乐史、社会文化史均有重要价值。但由于这两种简书所录之文均极其简略,再加之流传至今的关于先秦乐制的知识又非常有限,其性质与功能如何,遂难以遽断。出于审慎考量,整理报告于此未置一辞,贾连翔先生虽然在介绍时给出了倾向性的意见,[①]或亦有可商之处。笔者不揣浅薄,尝试根据自己的理解将这两种乐书的文本进行复原,并对其功能作一推测,以期引起专研音乐史的专家的重视。

整理报告拟题为《五音图》的一种,虽然篇幅有 30 余支简,但抄字不多,是以近似图画的形式,记录了 5 组音名。整卷竹书的最中央绘有一个五角星,而五角星的每一角则各自延伸出与宫、商、角、徵、羽相关的数个音名。从最上的"宫组"开始,按逆时针为序,所录音名分别为:

上宫▅大宫▅少宫▅诃▅
逝商▅上商▅右商▅左商▅少商▅
逝角▅上角▅大角▅右角▅左角▅角反
上徵▅右徵[▅]少徵▅[巽]▅巽反

作者简介:程浩,清华大学出土文献研究与保护中心长聘副教授。
基金项目:本文系国家社科基金重大项目"清华大学藏战国竹简的价值挖掘与传承传播研究"(20&ZD309)、"出土简帛文献与古书形成问题研究"(19ZDA250)的阶段性研究成果。

① 贾连翔:《清华简〈五音图〉〈乐风〉两种古乐书初探》,《中国史研究动态》2023 年第 5 期。以下对贾连翔先生意见的引述皆据此文,兹不备注。

清华简中两种乐书的文本复原与功能蠡测

上羽▂大羽[▂]左羽[▂]终▂①

这 24 个音名,均是以五声为基础的变化音名,其中有不少可以与曾侯乙编钟、编磬之铭进行对应。关于简书与编钟磬音名之间的联系,贾连翔先生已经有了详尽的论述,兹不赘言。可以稍作补充的是"宫组"的"诃",其与分别见于"徵组""羽组"的"巽""终"类似,都是专门标识高音的异名。在曾侯乙编钟的标音系统中,角的高八度异名写作"飲"。"飲"从"夬"得声,"夬"是一个见母月部字,而简文的"诃"在晓母歌部,声母都是牙音,韵部则是对转关系。因此,我们把钟铭的"飲"与简文的"诃"看作同一个音名,大概不会有太大问题。但是需要指出的是,同样是作为高音异名,"诃(飲)""巽""终"在简文中对应的分别是宫、徵、羽,而于曾侯乙编钟则是角、宫、徵,这就说明两者的记音体系还不完全相同。

这里想重点讨论的是《五音图》的性质问题。贾连翔先生提出了一种猜想,即该篇所记音名或许与瑟的调弦有关,但同时又谨慎地表示"尚不足为据"。我们最初也是倾向于将之与瑟联系起来的。毕竟从考古发现来看,瑟在战国时期的楚国是行用最为广泛的乐器,而且瑟的弦制与简文涉及的音名之数也比较接近。然而把图中的音名理解为对瑟每弦之音的记录,却会面临一些难以逾越的障碍:

首先,先秦时期的瑟是按五声高低顺序调弦,与简文所反映的五声各自成组有着本质差别。音乐史专家曾对马王堆一号墓出土的相对完整的一把瑟(M1∶334－1)的调弦进行过测算,发现其外组的第二与第七弦和内组的第十七与二十二弦之间的两个八度都是相隔五根弦。② 换言之,至少在这把瑟的外、中、内三组各自内部,瑟弦所对应的音是按音程的高低进行排列的。例如根据复原,第十七至二十三弦所对应的音名就分别是"宫""商""角""徵""羽""少

---

① 黄德宽主编:《清华大学藏战国竹简(拾叁)》,中西书局,2023 年。释文采宽式,部分文字与符号为笔者拟补。
② 李纯一:《中国上古出土乐器综论》,文物出版社,1996 年,第 443 页。

83

宫""少商",①乃是按照音高依次排列,与简文的以音组为纲的方式决然不同。

再者,瑟的基本形制是 25 根弦,而简文所记的音名只有 24 个。《后汉书·礼仪志》载:"或鼓黄钟之瑟,轸间九尺,二十五弦。"②考古发现也已证实战国秦汉间的瑟确是以 25 弦为常制。③ 简文中记录的音名,由于规律性极强,经过拟补后基本可判定为 24 个。④

此外,如果简书单纯是为了记录瑟的每弦之音,用数支简的篇幅顺序书写即可,又何必郑重其事地画出如此铺张的一幅图?且不论整篇中大量的留白造成的简册浪费,中间的五角星起什么作用,大量的单独占一个字符位的墨块"▬"又表示着什么?这都是需要解答的问题。

在我们看来,与《五音图》配合使用的,应该是一种五弦的、与琴有关的乐器。

根据文献记载,古琴最早只有五弦,如《礼记·乐记》"舜作五弦之琴,以歌南风",⑤各弦所对应的即宫、商、角、徵、羽五声。现今流行的古琴皆为七弦,据说是由周文王、武王各加了一弦。但是在实际的考古工作中,出土的五弦琴却极少,战国古琴大部分都有 7~10 根弦。目前发现的唯一一把五弦的拨弦乐器,是 1978 年在曾侯乙墓出土的,时代属于战国早期。关于该器的属性,曾经有五弦琴还是筑的争论。⑥ 直到黄翔鹏先生根据该器不适宜演奏的特点将其定为见载于《国语》的编钟调准器"均钟",⑦基本上得到了学界的共同认可。

---

① 李纯一:《中国上古出土乐器综论》,第 444 页。
② 《后汉书》,中华书局,1965 年,第 3125 页。
③ 晏波:《古瑟研究——以楚瑟为中心》,华中师范大学硕士学位论文,2009 年,第 35 页。
④ 或以为"羽组"在"终"之后还有一个"终反",如此则可凑足 25 弦之数。但简 2、简 3 的残缺处虽然可以容纳此二字,简 1 最上端却并没有与音名固定搭配的墨块"▬",因而这种可能是比较小的。
⑤ 阮元校刻:《十三经注疏》,中华书局,2009 年,第 3325 页。
⑥ 张开镒、周敦发:《楚瑟、五弦琴、十弦琴的仿制》,《乐器》1984 年第 3 期;王成元:《公元前 500 年的古筝》,《中国音乐》1987 年第 3 期。
⑦ 黄翔鹏:《均钟考——曾侯乙墓五弦器研究》,《黄钟(武汉音乐学院学报)》1989 年第 1、2 期。

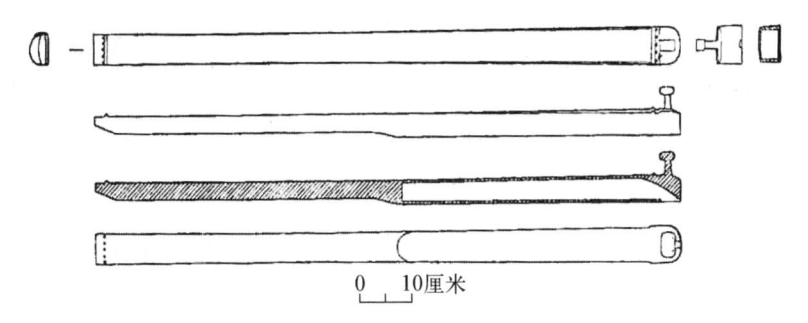

图一 曾侯乙墓五弦乐器形制图（《曾侯乙墓》第 164 页）

五弦琴或者说均钟，在使用时最大的特色便在于其每一弦对应的是一个基于五声的音组，而简文所记录的也正是五个音组。在同一个音组之内，存在不同的音高，如"宫"组有"上宫""大宫""少宫"等，其发音又是如何凭借一根弦来实现的呢？我们知道，在古琴演奏中是通过一只手按压"徽"所标志的琴弦分节振动节点，另一手拨动截取后的弦长来发出不同的音高。每截取二分之一弦长，发出的就是全弦长的高八度音。具体到简文所对应的五弦乐器，或许墨块"▬"代表的就是琴徽。根据简文音名前缀词使用的规律，推想其每弦原有七个徽位。[①] 拨动空弦所发出的音是该音组的最低音，每一个徽位截取当前弦长的二分之一，发出的则是高一个八度的音，依次类推。为方便观览，经过推算的徽位、弦长与简文各音名之间的关系可列表如下：

表一 《五音图》所记五弦乐器徽位、弦长与音名关系表

节点之弦长比	1	$\frac{1}{2}$	$\frac{1}{4}$	$\frac{1}{8}$	$\frac{1}{16}$	$\frac{1}{32}$	$\frac{1}{64}$	$\frac{1}{128}$
徽 位	空弦	七	六	五	四	三	二	一
一弦按音		上宫	大宫			少宫	诃(缺)	
二弦按音	逝商	上商		右商	左商	少商		

---

① 在简文的标音体系中，未见所谓"正音"，因此本文在推拟中不作考虑。

85

续　表

三弦按音	逝角	上角	大角	右角	左角			角反
四弦按音		上徵		右徵		少徵	[巽]	巽反
五弦按音		上羽	大羽		左羽		终	

由上表可知,简文记载的 24 个音名并没有全面覆盖整个音域,而每个音组中的音名、徽位也均不完整。这正可说明《五音图》的性质并不是关于乐律的理论推演,而是针对实用乐器的"使用说明"。

既然我们已经把简文的各组音名理解为五弦乐器每弦可以弹奏之音,把墨块"▬"看作截取弦长的徽位,那么简册中央的五角星又应当如何理解呢?从五角星的每一角联结一个音组——也就是一弦来看,它或许就是琴瑟上常见的结弦之枘。曾侯乙墓出土的五弦器首端即设有一个弦枘,原本五弦均是系于其上的。而到了简册之中,由于弦枘不容易表达,就抽象成了平面图形五角星,以展示其联结五根弦的功能。

明确了《五音图》是五弦乐器的"说明书"后,对于理解拟题为《乐风》的一组简书的性质也会有一定的帮助。

由于这组竹简在关键部分有脱漏残损,我们对相关问题的讨论依然从文本复原着手。简文可按照内容分为两个部分。第一部分共 5 支简,其上原有 18 个小墨点作为标识,将简文分为 18 个单元,依次为:

(1) 宫徵.(2) 宫羽.(3) 宫商.(4) 徵羽.(5) 商徵.(6) 徵地.(7) 商徵.(8) 徵角.(9) 商角.(10) 商羽.(11) 羽角.(12) 穆.(13) 商羽.(14) 羽角.(15) 宫羽.(16) 宫商.(17) 宫角.(18) 乐风.

这里面除了第(18)"乐风"可能是记述性的文字外,其他 17 个单元记载的应该都是音名。而这 17 组音名中的绝大部分,都是由两个正声组成的。其中略显违和,需要加以说明的是(12)"穆"与(6)"徵地"。

"穆"作为音名最早见于北宋时期在湖北安陆发现的楚王酓章钟,铭文记音为"商商穆"。对于钟铭中的"穆",过去基本上都按照律名来理解。最近方建军先生撰文指出,"穆"既然与"商"连用,说明其本身也是阶名,音级相当于传统阶名的"清角",①是非常值得重视的意见。准此,则此处"穆"的使用便并未游离于简文以五声为基础的阶名体系之外。

至于"徵地",根据简文中音名排布的规律判断(详下文),其实就是"徵宫"。在传统的五行配比中,与"宫"声相配的是"土",如《礼记·月令》于"中央土"就说"其声宫"。②或许正是出于这样的联系,"宫"声在简文中就有了"地"的另名。

由此可见,(12)"穆"与(6)"徵地"在记音方面相对于其他15个单元并没有特异之处,因而将其作为分割点把简文的第一部分划分为各有5组音名的三段,现在看来是缺乏依据的。

实际上,对于这组简册的第二部分,原抄写者是进行过分组的,可以作为参照来审视第一部分的情况。《乐风》第二部分的12个单元,贾连翔先生认为可等分为3段,每段4组。但是仔细观察这组简册,其上自有横贯简面的墨书长横" "作为分章符号。这种分章符号现存两个,分布于简10与简12。经推理可知,佚失的简8的上半部原本应该也有一个同样的符号。因此,第二部分简文原应由3个分章符号分为4章,每章则为3组。而各章之间、各组之间内容的排布,则有着严密的逻辑可循。依例拟补缺文后,简文的分组、排序可列示如下:

表二 《乐风》所记指法、弦位与音名关系表

章次	组次	上半句	下半句	记音(拟)
第一章	1	接:次之下	屈:次上	宫徵
第一章	2	接:次下	屈:大上	宫羽
第一章	3	接:少下	[屈:大下]	宫商

---

① 方建军:《楚王酓章钟"商商穆"试解》,《黄钟(武汉音乐学院学报)》2015年第1期。
② 阮元校刻:《十三经注疏》,第2970页。

续　表

章次	组次	上半句	下半句	记音（拟）
第二章	4	[接：次上]	[屈：大]上	徵羽
	5	次上	屈：大下	徵商
	6	次[上]	[屈：次]下	徵宫
第三章	7	大下	屈：大[上]	商羽
	8	大下	屈：次上	商徵
	9	大下	屈：次下	商宫
第四章	10	大上	屈：大下	羽商
	11	大[上]	[屈：次]上	羽徵
	12	[大上]	[屈：次]下	羽宫

这部分简文初看起来十分令人费解,但了解其规律后,其中玄妙也不难破获。

先看"大上""大下""次上""次下"等词汇。它们显然是用来表示位置关系的,贾连翔先生把这类词汇的等次序列复原为"大上—次上—[少上]—少下—次下—大下"。然而简文中并没有出现"少上",而且整体来看这类词的数量也只能是 4 个。简文的这 4 章,除第 1 章外,每章内部 3 组的上半句用以表示位置关系的词都是相同的,分别是"次上""大下""大上"。以此类推,第一章的"次之下""次下""少下",虽然文辞有异,其实一也,均是与"大下"相对的"次下"。值得注意的是,简文中表示位置关系的这 4 个词,只要其中一个在上半句中出现,同一章内的下半句就只能用其他三者,全篇无一例外。这种位置关系的排他性,很好地说明了上下半句整体表示的是一种位置上的变化。

至于"接""屈",则很可能与拨弦指法有关。在后代的琴谱类书籍中,常有对演奏指法的介绍。"接"大致相当于传统指法中的

清华简中两种乐书的文本复原与功能蠡测

"引",《新刊太音大全集》所收《左手指法》云:"引,按指后却曰引。"同书又谓:"屈,屈第二指节相看是也。"①因此,所谓"接次下""屈大上",其意都是用手指去按拨不同位置上的弦。也正是由于有"接""屈"先后两个动作在不同的弦上操作,每一组记录的便可以是两个音。

而在这一部分的12组中,每组所"接""屈"的究竟是哪跟弦呢?② 这个问题的答案,也只能到《乐风》的第一部分中去寻找。了解了第二部分的排布规律后,我们再来看第一部分,就会发现其中所记的音名亦有规律可循。比如(1)"宫徵"、(2)"宫羽"、(3)"宫商",前一个音都是"宫",后一个音分别为"徵""羽""商"。只需把它们与第二部分的第一章进行对应,便可知:"次下"对应的是"宫","大下"对应的是"商","次上"对应的是"徵","大上"对应的是"羽"。而把这样的结果再"代入"第二部分的第二章以及第一部分的(4)"徵羽"(5)、"商徵"、(6)"徵地"进行验算,基本上是可以吻合的。而且由第二部分第5组"次上"(徵)在先而"大下"(商)在后可知,第一部分(5)"商徵"原应作"徵商",简文在抄写时发生了颠倒。另外第二部分第6组先"次上"(徵)后"大下"(宫),亦可证实第一部分(6)所记之音"徵地"就是"徵宫"。

但是也必须承认,从第二部分的第7组开始,前后两部分的记录就不能一一对应了。这或是由于《乐风》简文的第一部分属于具体的音乐实践,而第二部分则是从理论出发的操作指南,因而会有一部分脱离实际的情形出现。

在这里还有一个最为关键的问题需要进行解释,那就是为什么"宫""商""徵""羽"分别对应着"次下""大下""次上""大上"? 这对于理解拟题为《乐风》的这组简册的性质极其重要。如果我们承认《乐风》与前述《五音图》在功能上有密切关联的话,便可知"次下""大下""次上""大上"等表示位置的词汇,标记的就

---

① 中国艺术研究院音乐研究所、北京古琴研究会编:《琴曲集成》第1册,中华书局,2010年,第91页。
② 从第5组开始,简文对"接"字作了从前省略的处理。

是"宫""商""徵""羽"等声在《五音图》所对应的五弦乐器上的相应弦位。

参照古琴的弦位分布,五弦乐器由近及远各弦对应的音亦应为由低到高排序,依次为:宫、商、角、徵、羽。其中"角"为第三弦,也就是最中央的一弦。音程低于"角"的"宫""商",从演奏者的视角来看弦位居于其下,故称"次下""大下"。而音程高于"角"的"徵""羽"弦位居于其上,故称"次上""大上"。这也可以解释为什么简文的第二部分没有出现可与"角"对应的弦位,实是由于它居于正中,与其他四者均有所不同。

表三　五弦乐器弦位与五声对应关系表

弦　序	弦　位	弦　音
第五弦	大上	羽
第四弦	次上	徵
第三弦	[中]	角
第二弦	大下	商
第一弦	次下	宫

言及于此,或许可以给《乐风》的功能下一个整体的判断:第一部分是以双音名的形式记录了17组调准时需要达到的音高,第二部分则是在说明如何操作五弦乐器可以得出此音。《乐风》所体现的这种在一个单元中出现两个音名的特点,很容易让我们联想到曾侯乙墓编钟所呈现出的"一钟双音"现象。[①] 而简文中的"接""屈"原字作"綾""綑",以"糸"为义符的字大量使用,又限定了其对应的一定是丝弦乐器。结合这两个因素来看,关于清华简这两种乐书的性

[①] 先秦编钟"一钟双音"现象是黄翔鹏先生的重要发现,详细论述参见黄翔鹏:《新石器和青铜时代的已知音响资料与我国音阶发展史问题》,《音乐论丛》第1辑、第3辑,人民音乐出版社,1978年、1980年。

质,很可能皆是配合类似曾侯乙墓所出编钟调准器"均钟"的五弦乐器使用的说明性文件。

以上这些想法,很多都停留在推想的阶段,特别是缺少简文以外的证据。清华简作为流散回归的文物,没有伴出的实物材料作为参证,可以说给我们留下了永远的遗憾。

(本文原刊于《出土文献》2023年第4期)

"以数为纪"观念刍议

章 宁

"以数为纪"是研究《洪范》《逸周书》等文献的结构问题时，前贤时彦共同认可并使用的一个概念。此概念或如黄沛荣先生称"纪数字",①或如庞朴先生称"数类法",②或如黄怀信称"数数之篇",③至赵伯雄先生专文论述,"以数为纪"的称呼④方固定下来，并为此后诸家沿用。诸家所使用的名目虽有差异，但对其内涵的定义则大体一致，即指"用序数词一二三四等将所要表达的内容分门别类地罗列出来",⑤并根据侧重点的不同，进一步细分为注重其总括的"以数为统"，如《左传》襄公四年："和戎有五利焉。戎狄荐居，贵货易土，土可贾焉，一也；边鄙不耸，民狎其野，穑人成功，二也；戎狄事晋，四邻振动，诸侯威怀，三也；以德绥戎，师徒不动，甲兵不顿，四也；鉴于后羿，而用德度，远至迩安，五也"，和注重其分述的"以数为纪",⑥如《逸周书•文酌》："九酌：一取允移人，二宗杰以观，三发滞以正民，四贷官以属，五人曰必礼，六往来取此，七商贾易资，八农人美利，九□宠可动。"

随着诸家对"以数为纪"内涵与外延的定义渐趋严谨，研究者对

作者简介：章宁，上海大学文学院讲师。
① 黄沛荣：《周书研究》，台湾大学博士学位论文，1976 年，第 159、163、173 页。
② 庞朴：《蓟门散思》，上海文艺出版社，1996 年，第 359—360 页。
③ 黄怀信：《〈逸周书〉源流考辨》，西北大学出版社，1992 年，第 94 页。
④ 赵伯雄：《先秦文献中的"以数为纪"》，《文献》1999 年第 4 期，第 25—32 页。
⑤ 周玉秀：《〈逸周书〉的语言特点及其文献学价值》，西北师范大学博士学位论文，2004 年，第 129 页。
⑥ 张怀通：《由"以数为纪"看〈洪范〉的性质与年代》，《东南文化》2006 年第 3 期，第 51 页。

这一观念的考察眼光也逐渐上溯,认为"以数为纪"在先秦时期是"口头语言程式"的表现,①甚至认为"作为行文与思辨方式的质变,更反映了两周时期知识传述与文献生成方式的变革",②给这一概念赋予了很强的文化意义,似乎认为这一后人为便研究而概括出的概念,在先秦两汉实际存在并流行。对此,笔者以为存在可商榷之处。窃以为这种认识似是在现象的自发出现和概念的自觉使用上有所混淆,同时,对"以数为纪""数纪"在先秦两汉时期的所指存在误解。

一

从立论基础看,诸家对"以数为纪"现象论证的出发点是姚鼐、汪中以及朱右曾三人对这一现象的讨论,三家说法兹胪列如下:

姚鼐:"《庄子》言'圣人之法,以参为验,以稽为决,其数一二三四也',此如箕子陈《九畴》及《周礼》所载庶官所守皆不容不以数纪者。若是书以数为纪之词,乃至烦复不可胜记,先王曷贵是哉?吾固知其诬也。"③

汪中:"周秦古书,凡一篇述数事,则必先详其目,而后备之。"④

朱右曾:"愚观此书虽未必果出文武周召之手,要亦非战国秦汉人所能伪托。何者?庄生有言:'圣人之法,以参为验,以稽为决,其数一二三四也。'周室之初,箕子陈畴、周官分职皆以数纪,大致与此书相似,其证一也。"⑤

汪中之说只纯粹描述文献所见现象,并不涉及观念来源。而姚

---

① 张怀通:《由"以数为纪"看〈洪范〉的性质与年代》,《东南文化》2006 年第 3 期,第 52 页。
② 张劲锋说,见《〈逸周书〉中"以数为纪"与"周公训典"的累积汇集》,《学术交流》2019 年第 1 期,第 147 页。
③ (清)姚鼐:《辨逸周书》,刘季高标校《惜抱轩诗文集》,上海古籍出版社,1992 年,第 68 页。
④ (清)汪中:《大学平义》,戴庆钰、涂小马校点《述学》,辽宁教育出版社,2000 年,第 87 页。
⑤ (清)朱右曾:《逸周书集训校释》,商务印书馆,1937 年,第 11 页。

鼐、朱右曾二家结论虽截然相反，但其所论皆基于所引庄子之说，认为庄子将之推为"圣人之法"，并将庄子之说与"箕子陈畴"之事相联系，认为其所言者即后来我们看到的"以数为纪"现象，从而将这一概念套用至先秦文献的相关叙述之中。然而循溯史源可知，庄子所言与后世所谓"以数为纪"并无关联，姚鼐之说系误引，而朱右曾在检讨姚氏之说时，并未检覈《庄子》原文，因其误引致误。

姚、朱二家所引《庄子》，见于《天下》篇，原文如下：

不离于宗，谓之天人。不离于精，谓之神人。不离于真，谓之至人。以天为宗，以德为本，以道为门，兆于变化，谓之圣人。以仁为恩，以义为理，以礼为行，以乐为和，薰然慈仁，谓之君子。以法为分，以名为表，以参为验，以稽为决，其数一二三四是也。百官以此相齿，以事为常，以衣食为主，蕃息畜藏，老弱孤寡为意，皆有以养，民之理也。①

察原文易知，《庄子》原文并无"圣人之法"四字，庄子也并未将"以参为验，以稽为决，其数一二三四是也"推许为"圣人之法"，甚至这句话所言说的对象也与"圣人"关系不大。《天下》前文言"以天为宗，以德为本，以道为门，兆于变化，谓之圣人；以仁为恩，以义为理，以礼为行，以乐为和，薰然慈仁，谓之君子"，庄子概念中的"圣人"较之"君子"而言更为务虚，相较于君子所行之"仁、义、礼、乐"，圣人所宗之"天、德、道"似更加形而上。而"法、名、参、稽"等，则相当切近人事，则其所言的对象，似不会越过前句之"君子"而直承"圣人"，即便主语承前省略，此"法、名、参、稽"所言者，也当是上句所谓"君子"。因此，"以参为验，以稽为决，其数一二三四是也"是君子的行事方式，并非"圣人之法"。既非"圣人之法"，则恐不能与"箕子陈畴"之事相联系。

另外，这里的"数"，所指也并非诸如"一二三四"之类的数目字，而当训为"度"，表"法度"之义。《天下》篇后文多见"数、度"并称，如"配神明，醇天地，育万物，和天下，泽及百姓，明于本数，

---

① （清）王先谦：《庄子集解》，中华书局，2012年，第344页。

系于末度……其名而在数度者,旧法世传之史尚多有之",又言"不侈于后世,不靡于万物,不晖于数度",这几处既有"数度"连用,又有"本数""末度"对举,可见在这里"数"与"度"的含义类似,并不指向具体的数目字。而《天下》所言"其数一二三四",郭庆藩言"即名法等是也",①也不指用数目字引领特定概念的文献组织形式。

综上,从《庄子·天下》的语境含义看,所引"以参为验,以稽为决,其数一二三四也"并非"圣人之法",与"箕子陈畴"之事并无关联。《庄子》所言之"数"也不指具体的数目字,而应训为"度",表"法度"之义。由此可见,姚、朱二家对《庄子》中"圣人之法"的相关论述存在理解偏差,这一偏差导致其讨论"以数为纪"观念的基础并不坚实。这段材料恐怕并不能作为"以数为纪"这一概念起源于先秦的过硬证据。②

二

不可否认,先秦文献中确实存在"以数为纪"或"数纪"之类的表述。《逸周书·周祝》言"天为故,地为久,察彼万物名于始,左名左,右名右,视彼万物数为纪",孔晁注曰:"名以左右则物以数为纪",也有专家据此认为《周祝》的作者对"以数为纪"很清楚,并在自觉运用,③将《周祝》所言"数为纪"等同于后人所谓"以数为纪",甚至"以数为纪"这一名词,可能即承此处孔晁注而来。

然而梳理先秦两汉文献中关于"数纪""以数为纪"的诸说可知,

---

① (清)郭庆藩:《庄子集释》,中华书局,2012年,第1062页。
② 至于张怀通先生指出卜辞所见"兆序"是目前所见最早"以数为纪"实例的看法,笔者并不认同。一来,兆序与其所标示的卜辞并无内容上的联系;二来,兆序之上并无总括之语来概括所标示诸项;三来,"兆序"更重要的功能在于标示各次占卜的先后次序,是序数词,而"以数为纪"所言者为概念的实际数目,是基数词。与"兆序"更接近者,或是书于竹简背面之简序。张说见《由"以数为纪"看〈洪范〉的性质与年代》,《东南文化》2006年第3期,第54页。
③ 周玉秀:《〈逸周书〉的语言特点及其文献学价值》,第132页。

时人观念中的"以数为纪"和后人在研究《逸周书》等文献中所使用的"以数为纪",含义截然不同,也没有太多承续的关系。造成这一现象的原因,主要是先秦两汉文献所言"数纪""以数为纪"的"数",在含义上存在特指,并非后世诸家所共识的"数目字"。

先秦两汉文献凡言"数为纪"者,为"纪"之"数"皆不指"数目字",①整体可大致分为两种:

其一,即《庄子》意义上的"数",可理解为"度",表法度之义。②如《左传·桓公二年》言"夫德,俭而有度,登降有数,文物以纪之,声明以发之,以临照百官",此处"登降有数"之"数"与"度"并举,杜注解为"尊卑各有数",孔颖达疏曰:"数之与度,大同小异,度谓限制,数谓多少,言其尊卑有节数也",③杨伯峻认为此"数"即各等级所用器物数量高低不同,皆如其命数,④亦即法度之义。

此"度"之义,又可引申为"定数、气数"。如《国语·晋语三》言"十四年,君之冢嗣其替乎?其数告于民矣",韦昭注曰:"数,谓二七。"⑤意指前文国人所诵之"岁之二七",亦即此处所言"十四年"。后文言"公子重耳其入乎?其魄兆于民矣。若入,必伯诸侯以见天子,其光耿于民矣。数,言之纪也。魄,意之术也。光,明之曜也",此三句明显一贯,则此"数",显然指"君之冢嗣"之"数"。韦昭将"君之冢嗣"理解为"太子",然从全篇看,显指"重耳"。后文言"其

---

① 郭店简《成之闻之》简 27"虽其于善道也,亦非有译,娄以多也",陈伟读"娄"为"数",以为表"疾切"之义(陈伟:《郭店简书〈德义〉校释》,丁四新主编《楚地出土简帛文献思想研究(一)》,湖北教育出版社,2002 年,第 82—83 页)。清华简五《殷高宗问于三寿》简 25"虐淫自嘉而不缕"之"缕"、清华简六《郑武夫人规孺子》简 10"其罪亦足娄也"之"娄"两处,整理者并读为"数",表"责数",罪过之意。上述各处皆非就"数纪"而言,姑存录于此备查。
② 清华简九《成人》简 25 有"一日折狱,断辞有謱",此"謱"字当读为"数",即"法度"之义。
③ (晋)杜预注,(唐)孔颖达正义,(清)阮元校刻:《十三经注疏·左传正义》,艺文印书馆,2011 年影印本,第 94 页。
④ 杨伯峻编著:《春秋左传注》,中华书局,2009 年,第 88 页。
⑤ 徐元诰撰,王树民、沈长云点校:《国语集解》,中华书局,2004 年,第 305 页。

魄""其光"亦皆指向公子重耳之魄、之光,则此"数"即是言重耳之定数或气数,意谓"十四年,先君之正嗣并未更替,始终是重耳,十四年这一定数已昭告于民"。

而"数,言之纪也",所谓"言"指前文所称引之"国人之诵",即此十四年之定数为国人所诵之纲,存在明显的语境含义,并非泛指概念。与之含义相似的还有《国语·周语上》:"若国亡不过十年,数之纪也。夫天之所弃,不过其纪。"此处之"数"亦指国之气数,犹《左传·宣公三年》言"卜世三十,卜年七百,天所命也",皆非用以领属概念之"数目字"。

总体来看,理解为"法度""定数"之"数",有这样一些共同特征:一般指礼制或社会历史层面的先定的"数";有特定的具体对象,如礼的节度或人的命数;一般不与"天地万物"等范畴连用,是一种切近人事的,可以被人的具体作为和规定影响的"数",一般不作具体的"数目"理解。

其二,亦即使用上更为普遍者,乃表示岁时之"历数"的省称。

所谓"历数",即岁时节候。《尚书·洪范》言"五纪:一曰岁,二曰月,三曰日,四曰星辰,五曰历数",即将"历数"归为"五纪"之一。先秦文献每以天地、日月、岁时等事言"数",皆为"历数"之省称。如《国语·越语下》范蠡谓"臣闻古之善用兵者,赢缩以为常,四时以为纪,无过天极,究数而止",言以四时为纲纪,无过天之常,穷其历数而止。又如《吕氏春秋·季冬纪·十二月纪》"是月也,日穷于次,月穷于纪,星回于天,数将几终"、《逸周书·周月》"夏数得天,百王所同"等亦然。

具体到《周祝》,原文言"天为故,地为久,察彼万物名于始,左名左,右名右,视彼万物数为纪",是句将天、地与左、右相联系,其用法如《逸周书·武顺》"天道尚右,日月西移;地道尚左,水道中(东)流",显然是在天、地范畴内讨论"数",则此"数"抑或为"历数"的省称。孔晁注言"名以左右则物以数为纪",理解为"物候以历数为纪"亦无不可,孔晁所指,亦未必即是"数目字"之义。

再者,是句将"名于始"与"数为纪"对举,这一关系又见于郭店简《语丛二》简44言"名,娄也"。是字刘钊读为"数",甚是,然其以

"名数"连读,解为"名称数量"则恐非是。① 名、数二者,如曹峰先生所言是无法由人力生成的,本质性、规定性的东西。② 名的合理性和权威性来源于天,故《周祝》强调天为故、地为久。③

因此,作为对"名"的解释,此"数"的含义也应指天地运行的规律,即"历数"。郭店简《语丛一》简90"娄不尽也",当读为"数不尽也",抑或表"历数"之义。这一相似的观念亦见于上博简七《凡物流形》简3—4:"天地立终立始,天降五度,吾奚衡奚纵?"此处强调天地立始终,则其所降之"度",即指天地的法度。这也反证了《周祝》所论与天地终始相关的"数"当指"历数"。故《周祝》及其孔晁注所言"数为纪""以数为纪",所言之"数"当特指"历数"。

此观念直至两汉犹然,两汉时人谈论"以数为纪"时,所言之"数",仍指"历数"。陆贾《新语·明诫》言:"'十有二月李梅实,十月殒霜不煞菽',言寒暑之气,失其节也。鸟兽草木尚欲各得其所,纲之以法,纪之以数,而况于人乎?"④言草木鸟兽之得法在于以法、数为纲纪,时节失序则国家动荡,此"数"显然指时节运转之"历数",这类思想在《礼记·月令》等先秦文献中亦有呼应。扬雄《太玄·玄图》言:"阴质北斗,日月畛营,阴阳沈交,四时潜处,五行伏行,六合既混,七宿轸转,驯幽历微,六甲内驯,九九实有,律吕孔幽,历数匿迹。"⑤将"四时、五行、六合"等事的运转沉潜,与"历数匿迹"相联系。《汉书·扬雄传下》言"其用自天元推一昼一夜阴阳数度律历之纪","数、度"与"律、历"连用,皆有其纪,可见西汉时人讨论"以数为纪"时,所言者亦是"以历数为纪"。

当然,"数纪"之"数"在西汉有时也引申出了具体数目的含义,如董仲舒《春秋繁露·阳尊阴卑》言:"天之大数,毕于十旬。旬天地

---

① 刘钊:《古文字考释丛稿》,岳麓书社,2005年,第275页。
② 曹峰:《郭店楚简"天生本,人生化"解》,《儒林(2011)》,山东大学出版社,2011年,第177页。
③ 曹峰:《〈语丛〉一、三两篇所见"名"的研究》,《中国古代"名"的政治思想研究》,上海古籍出版社,2017年,第232—233页。
④ (汉)陆贾撰,王利器校注:《新语校注》,中华书局,2012年,第173页。
⑤ (汉)扬雄撰,(宋)司马光集注:《太玄集注》,中华书局,2013年,第245页。

之间,十而毕举;旬生长之功,十而毕成。十者,天数之所止也。古之圣人,因天数之所止,以为数纪。"① 尽管董仲舒给"十"这一具体数目以很强的政治意涵,称之为"天数",但此"十"一来仍旧是"历数"的具体表现,来源于"天"。② 二来这种对事物的阐释方式源于阴阳术数的影响,有意义的是数字本身,不强调其与具体概念的结合,也不强调对多个概念的总结归纳。③《逸周书》所见,如"四戚""五和""八政"等概念,如果脱离后接的概念,数字本身并无特殊含义。④ 因此,董仲舒所论之"数纪",仍在"历数"的范畴之内,只是对其具体运作做了展开解释,与后人所论"以数为纪"也不相同。

通过以上分析可知,联系先秦两汉时期的思想背景,当时所谓的"以数为纪",并不指以具体数目统摄概念的行为,而是特指以"法度"或"历数"为纪。即便如董仲舒已将"天数"具体落实到个别数字,但具有思想意涵的仍是数字本身,而非其所领属的概念。因此,先秦两汉文献所见"以数为纪"之言,并非后世诸家所论"以数为纪"概念的来源,二者名虽同而实异。

---

① (汉)董仲舒撰,苏舆义证:《春秋繁露义证》,中华书局,1992年,第323页。
② 从清华简八《虞夏殷周之治》篇看,其言有虞氏用素,夏"作政用五(一释为'御')",殷人"代之以三",周人"代之用两",似乎存在对特定数字的崇尚。此处的"五""三""二"的说法又见于《逸周书·常训》"疑意以两,平两以参,参伍以权"、《逸周书·武顺》"人有中曰参,无中曰两,两争曰弱,三和曰强。男生而成三,女生而成五。五以室成,室成以生民,民生以度",其存在具体的对应概念,并非单纯地崇尚数字本身。
③ 庞朴先生指出:"(《洪范》)这些分列着的数,依类之不同而定其多寡,没有固定的格局,没有'本数'与'末度'的区分",虽认为这里概念的列举与排布体现了"数"的神秘含义,但总体仍认为其以概念的分陈为主,非为凸显特定数字的权威。说见庞朴《蓟门散思》,第358页。
④ 故张劲锋所言"通过数的同构和转换,将礼法文物与天经地义对应起来,赋予其不可置疑的神圣性与经典性,甚至认为相比于物质本身来说,数才是本质的,用'天之大数'作为制礼作乐的总则",非是,先秦两汉所讨论的"以数为纪",其重点在于"纪",从《逸周书》等处文本看,这些具体数目更多是一种对理论条目的概括,未必具有多少特定的神圣性。张说见《〈逸周书〉中"以数为纪"与"周公训典"的累积汇集》,《学术交流》2019年第1期,第142页。

三

综上，笔者认为先秦两汉时期所流行的"以数为纪"观念与后世研究《洪范》《逸周书》诸家所使用的"以数为纪"概念截然不同的内涵，在研究中不应简单地加以混淆，也不应过度拔高"以数为纪"的文化意义。以现有材料来看，《洪范》《逸周书》等文献研究范畴中使用的"以数为纪"概念，是由后人为研究方便概括而成的，并非先秦两汉时期的原生概念。

以数字统合概念的做法，在春秋战国文献中大量存在，但似乎并未被概括和接受为自觉的、具有特定文化意义的观念，而仅作为一种统筹知识体系、概括特定观念的手段而为文献编撰者所用。值得注意的是，《逸周书》中运用类似手法的篇章，篇末多有"无违严戒"（《程典》）、"戒后人，后人其用汝谋"（《酆保》）、"戒后人其用汝谋"（《大开》）、"后戒后戒"（《程寤》《小开》《文儆》）、"后戒维宿"（《寤敬》），可见此类篇章的撰写目的多在令后人引以为戒。相似的用法及体例亦多见于"箴戒"一类的出土文献中。

例如，云梦秦简《为吏之道》言："吏有五善：一曰忠信敬上，二曰清廉毋谤，三曰举事审当，四曰喜为善行，五曰恭敬多让。五者毕至，必有大赏。"又言"吏有五失"，并陈其条目，且言"戒之戒之，财不可归；谨之谨之，谋不可遗；慎之慎之，言不可追；綦之綦之，食不可偿"。[①]另岳麓秦简《为吏治官及黔首》亦有"吏有五善……一曰忠信敬上……二曰清廉无谤……三曰举吏审当……四曰喜为善行……五曰恭敬多让"，详略虽与《为吏之道》有所不同，所论事体大致不差，[②]且亦有"戒

[①] 睡虎地秦墓竹简整理小组编：《睡虎地秦墓竹简》，文物出版社，1990年，第168—169页。

[②] 此处之繁简不同，可以王家台秦简《政事之常》与《为吏之道》的关系来解释。《政事之常》是对《为吏之道》相关内容的补充和丰富，并通过图表的形式，建立了明确的对应和解释关系。相关论述见王明钦《王家台秦墓竹简概述》，(美)艾兰、邢文编《新出简帛研究》，文物出版社，2004年，第40页。

之慎之"等语。① 而北大藏秦简有《从政之经》其中也有"一曰不察亲,不察亲则怨数至;二曰不知所使,不知所使则权衡利;三曰兴事不当,兴事不当则民伤矣;四曰善言惰行则士毋比;五曰喜非其上,喜非其上则身及于死",又见"武之材不可归,谨之谋不可遗,慎之言不可追,羍羍之食不可尝也","武之"即"戒之"之讹,"羍羍"即"綦綦",相似的内容亦见于前述云梦秦简《为吏之道》、岳麓秦简《为吏治官及黔首》。②

可见不论在文献组织形式,还是最后的"戒之戒之"等习语,都与《逸周书》中典型的"以数为纪"篇章大为重合。而此类文本通常被视作"官箴"一类,可见这种"以数为纪"且"戒之戒之"的文本,在当时流布甚为普遍。《逸周书》"以数为纪"的篇章也有可能受此影响,甚至即为此类文本。若肯定这一相似,则其性质及功用亦应类似,是某种对特定人群"箴戒"性质的文本,其形成恐不能追至过早,也不宜附会过多文化意义。对此文体问题,笔者拟另文讨论,此限于篇幅,不更赘述。

因此,这类"以数为纪"的文本或与"周公训典"等问题并无直接关系,所涉周公事迹,更多的是为增加箴铭的权威性而附会的史事背景。这一附会上的背景也未尽为实,其主人公也未必尽是《逸周书》所见的周公,亦可如《六韬》、上博简《举治王天下》所见为文王、太公。另外,这种行文方式更多的是某种对既有经验的整合,目的在于便于记忆及流传,与所谓较早文本的"口头传统"似不能混同,而应理解为一种对后人成系统的箴戒,具有相当确定的知识背景和编纂目的。

综上,《逸周书》中实际使用以数目统合概念的做法,不应被概括为"以数为纪"。由上引秦简材料可知,使用这一手法所编纂的篇章具有极强的目的性,主要在箴戒后人,其记数只是出于统筹知识体系、概括主要观点的便利,不涉及"口头传统"的影响,对此现象的讨论,宜从概念的使用以及文本本身出发,不宜过度估计其文化意义。

---

① 朱汉民、陈松长主编:《岳麓书院藏秦简(壹)》,上海辞书出版社,2010年,第121—127页。
② 朱凤瀚:《北大藏秦简〈从政之经〉述要》,《文物》2012年第6期,第77、76页。

书·诗

问道于天：《尧典》"观象授时"部分的知识传承

——兼论《书》学之"三代损益"①

赵　培

引　言

　　文献记载中关于三代制度文化之关系的论说者，多为孔子。《论语·为政》中孔子言："殷因于夏礼，所损益，可知也；周因于殷礼，所损益，可知也。"②言三代文化之传承损益。《卫灵公》中颜渊问孔子如何治国，孔子言："行夏之时，乘殷之辂，服周之冕，乐则韶舞。"孔子主张为政当取三代文化之精华。又《礼记·表记》载孔子言："夏道尊命，事鬼敬神而远之，近人而忠焉，先禄而后威，先赏而后罚，亲而不尊。其民之敝，蠢而愚，乔而野，朴而不文。殷人尊神，率民以事神，先鬼而后礼，先罚而后赏，尊而不亲。其民之敝，荡而不静，胜而无耻。周人尊礼尚施，事鬼敬神而远之，近人而忠焉，其赏罚用爵列，亲而不尊。其民之敝，利而巧，文而不惭，贼而蔽。"③夏之人"忠"，但其民之敝在于"蠢而愚，乔而野"，即愚昧而又粗野无礼；殷人改其朴野而更之以尊神敬鬼，"先鬼神而后礼"；周人则"事鬼敬神而远之""尊礼尚施"。司马迁认同这种讲法，其在《高祖本纪》后之赞语云："夏之政忠，忠之敝，小人以野，故殷人承之以敬。

作者简介：赵培，中国社会科学院文学研究所副研究员。
基金项目：本文系国家社科基金项目"《尚书》经典化研究"（18BZW035）阶段性成果。
① 我们结合甲骨刻辞来讨论《尧典》部分内容经三代而传的特征，选篇虽属《虞书》，其流传轨迹则关乎三代。
② 《论语》卷二《为政》，《十三经古注》，中华书局，2014年，第1959页。下文《论语》内容据此本，不再一一出注。
③ 《礼记》卷一七《表记》，《十三经古注》，第1085页下—1086页上。

敬之敝,小人以鬼,故周人承之以文。文之敝,小人以僿,故救僿莫若以忠。三王之道若循环,终而复始。"①依照司马迁的讲法,则周道之"文",其弊在"僿",②而当以夏之"忠"治之。如是,三代文化循环往复,终而复始。

据孔子之言,则三代之别在其人"尊命"(忠)、"尊神"(敬)与"尊礼"(文)。夏之"尊命",言其顺天之道,循其自然,其缺点是民生过于原始素朴。商之"尊神",则其对应文献多为祭卜之类即颇为合理。周之"尊礼",但较夏"多文"。就文献言之,夏简而周繁。故孔子又云:"夏道未渎辞,不求备,不大望于民,民未厌其亲。殷人未渎礼,而求备于民。周人强民,未渎神,而赏爵刑罚穷矣。"郑玄注:"未渎辞者,谓时王不尚辞,民不亵为也。"③此处郑注或明孔子之义,但未得其实旨。所谓之"未渎辞",或据早期多借口传无文献而言,而非言时王之较后来者擅长辞令与否。孔子认为"虞夏之文不胜其质,殷周之质不胜其文"正与此意相合。④孔子对三代文化因循与嬗变的框架性判断,应有所据。王国维先生讨论周代礼乐制度较商之尊奉鬼神巫风之意义,其言:"文武周公所以治天下之精义大法,胥在于此。故知周之制度典礼,实皆为道德而设。而制度典礼之专及士大夫以上者,亦未始不为民而设也。周之制度典礼,乃道德之器械。"⑤殷商变革后,道德高扬,贯通天人,《书》篇多与之相关

---

① (汉)司马迁:《史记》卷八《高祖本纪》,中华书局,2014年,第493—494页。
② 裴骃《集解》:徐广曰:"一作薄。"骃案:《史记音隐》曰"僿音西志反"。郑玄曰:"文,尊卑之差也。薄,苟习文法,无悃诚也。"司马贞《索隐》:郑音先代反,邹本作"薄",音扶各反,本一作"僿",而徐广云一作"薄",是本互不同也。然此语本出《子思子》,见今《礼·表记》,作"薄",故郑玄注云"文,尊卑之差也。薄,苟习文法,不悃诚也。"裴又引《音隐》云"僿音西志反",僿塞声相近故也。盖僿犹薄之义也。《史记》卷八《高祖本纪》,第494页。
③ 《礼记》卷一七《表记》,《十三经古注》,第1086页上。
④ 《礼记》卷一七《表记》,《十三经古注》,第1086页上。
⑤ 按:商周文化实因循大于变革,但就道德观而言,则属于其不同之处。《殷周制度论》言:"中国政治与文化之变革,莫剧于殷周之际。……殷周间之大变革,自其表言之,不过一姓一家之兴亡与都邑之移转;自其里言之,则旧制度废而新制度兴,旧文化废而新文化兴。"参见王国维《殷周制度论》,《观堂集林》卷一〇,中华书局,1959年,第451—477页。按:王(转下页)

问道于天：《尧典》"观象授时"部分的知识传承

的言与事之记载。《书》篇文本中的历时信息层上，即可见文化迁变的痕迹，下面以《尧典》为例，考察《书》学是如何历三代而变化的。

《尚书·尧典》，顾颉刚先生认为其为战国秦汉间的伪作，①屈

（接上页）氏言殷商制度变化剧烈，不合新旧材料所呈现之样貌，故屡遭批判，如陈梦家在《〈殷周制度论〉的批判》中言："此文之作，乃借他所理解的殷制来证明周公改制的优于殷制，在表面上似乎说周制是较殷制为进步的，事实上是由鼓吹周公的'封建'制度而主张维持清代的专制制度。此文在实际上是王氏的政治信仰，它不但是本末颠倒的来看周代社会，而且具有反动的政治思想。"参见陈梦家《殷虚卜辞综述》，中华书局，1988年，第630页。董作宾亦言："过去大家把殷周两代看作两种不同的文化，这是错误的，我们就新旧史料看，他们之间，多见其同，少见其异。孔子说：'殷因于夏礼，所损益，可知也；周因于殷礼，所损益，可知也。'孔子所说，着重在'因'，意思是'损益'的有限，就是同的多，异的少。试把甲骨金文比较，就可以明白这一点。"参见董作宾《中国古代文化的认识》，原刊《大陆杂志》1951年第3卷12期；收入《董作宾先生全集》乙编第3册《平庐文存》卷三，艺文印书馆，1977年，第349页。按：实际上，王氏言殷周制度变革的三个主要方面虽不合于出土之材料，其关于殷周礼制变革之剧烈的讲法不能成立，但此文搭起的架子实有开创意义。另外，王氏据《尚书》诸篇并结合出土材料讨论周人之"道德"不同于殷商时期，则亦可见证于地下。此篇相关问题，涉及到史料年代的辩证，实不宜遽断。陈梦家先生的材料批判深受古史辨派风气之影响，王氏则不然，从他们对《尚书》诸篇年代的判定上即可见出。所以，我们认为关于王氏此篇的讨论首先应该是一个经典年代学的问题，次之才是其他问题。

① 顾颉刚先生于1923年给胡适先生去函中分今文28篇为3组："第一组：（十三篇）这一组在思想上，在文字上，都可信为真。盘庚 大诰 康诰 酒诰 梓材 召诰 洛诰 多士 多方 吕刑 文侯之命 费誓 秦誓；第二组：（十三篇）这一组，有的是文体平顺，不似古文，有的是人治观念很重，不似那时的思想。这或者是后世的伪作，或者是史官的追记，或者是真古文经过翻译，均说不定。不过决是东周间的作品。甘誓 汤誓 高宗肜日 西伯戡黎 微子 牧誓 洪范 金縢 无逸 君奭 立政 顾命；第三组：（三篇）这一组决是战国至秦汉间的伪作，与那时诸子学说有相连的关系。那时拟书的很多，这三篇是其中最好的；那些陋劣的（如孟子引"舜浚井"一节）都失传了。尧典 皋陶谟 禹贡。"所分第二组中，《无逸》《君奭》《立政》《顾命》划入东周时期始成篇，并不恰当。顾颉刚先生在此信中又言："我虽列出这个表，一时还不能公布。因为第三组我可以从事实上辩它们的伪，第一组与第二组我还没有确实的把握把它们分开。我想研究古文法，从文法上指出它们的差异。"知顾先生当时并不能完全确定前两组之可靠性，姑存于此，且备一说。参见顾颉刚《论今文尚书著作时代书》，《古史辨》上海古籍出版社，1982年，第一册，第201—202页。

万里先生定其成篇时间在孔子之后,孟子中晚年以前。① 陈梦家先生认为出自战国人之手。② 三氏皆留心于此篇中晚出的痕迹,此为古史辨派,或古书辨伪者惯常的研究视角和研究方法。陈梦家先生认为关于夏、商、周三代之书的保存与拟作,应该分属晋、宋、鲁三国所为。周书多是鲁国太史所藏,而夏、商之书所谓晋、宋两国之人所拟作。并认为这些拟作,也应有所本,因之也保存了许多史料。③

结合《左传》引《书》来看,三家关于《尧典》之说皆仍可商。文公十八年(前609年)《左传》载季文子使大史克对鲁宣公曰:"故《虞书》数舜之功,曰'慎徽五典,五典克从',无违教也。曰'纳于百揆,百揆时

---

① 屈万里先生判定今文28篇成篇时间:(虞夏书)1. 尧典:孔子之后,孟子中晚年以前;2. 皋陶谟:约与《尧典》同时而稍后;3. 禹贡:春秋末年;4. 甘誓:战国中晚叶;(商书)5. 汤誓:战国时,孟子之前;6. 盘庚:殷末人.或西周时宋人追述古事之作;7. 高宗肜日:战国之世;8. 西伯戡黎:战国时;9. 微子:战国时人述古之作;(周书)10. 牧誓:战国时人述古之作;11. 洪范:战国初叶至中叶时;12. 金縢:战国时;13. 大诰:西周初年;14. 康诰:康叔封于康时武王告之之辞;15. 酒诰:武庚之乱平后,康叔已封于卫,周公以成王命告之之辞;16. 梓材:武王诰康叔之书;17. 召诰:周公归政成王时(有脱简);18. 洛诰:成王至洛,周公献卜,成王命周公时;19. 多士:成王七年三月甲子日;20. 无逸:史官记周公戒成王之语;21. 君奭:周公时史官所记;22. 多方:成王三年,伐奄归后;23. 立政:成王亲政之初,周公告以设官之事,而史官记之;24. 顾命:成王将崩,命召毕公率诸侯相康王时;25. 费誓:鲁僖公十六年十二月(前644年);26. 吕刑:或为平王因吕侯之请而作之命书;27. 文侯之命:周平王十一年;28. 秦誓:秦穆公三十三年(前627年)殽之战败绩后誓词。参见屈万里《尚书集释》,联经出版公司,1983年。
② 陈梦家先生推断今文《尚书》之时代:一、西周初期的命书。周书:《康诰》(1)(2),《酒诰》,《洛诰》,《君奭》,《立政》(1)(2),《梓材》,《无逸》,《多士》(1)(2),《多方》(1)(2),《康王之诰》,《召诰》,《大诰》。二、西周中期以后的命、誓。周书:《吕刑》,《文侯之命》,《秦誓》。三、约为西周时代的记录。周书:《金縢》,《顾命》,《费誓》。四、战国时代拟作的誓。夏书:《甘誓》;商书:《汤誓》,《盘庚》;周书:《牧誓》。五、战国时代的著作。虞书:《尧典》、《舜典》、《皋陶谟》、《益稷》;夏书:《禹贡》;商书:《高宗肜日》,《西伯戡黎》,《微子》;周书:《洪范》。参见陈梦家《尚书通论》,中华书局,2005年,第108页。
③ 但是陈先生认为夏书当中,《甘誓》为战国时代之拟作,而《尧典》则为战国时期的著作,则似不在保留史料篇章之考虑范围内。参见陈梦家《尚书通论》,第108页。

问道于天：《尧典》"观象授时"部分的知识传承

叙'，无废事也。曰'宾于四门，四门穆穆'，无凶人也。舜有大功二十而为天子，今行父虽未获一吉人，去一凶矣。于舜之功，二十之一也，庶几免于戾乎。"①里克言舜举"十六相"、去"四凶"，来训释《虞书·尧典》②所载之"慎徽五典，五典克从；纳于百揆，百揆时序；宾于四门，四门穆穆"。舜臣尧，举八恺，使主后土，以揆百事，莫不时序，而无废事。因四凶已去，故宾于四门，四门穆穆。此类附事以解经，借经以言理的诠释方法对后来经典注释颇有影响。郑玄所注五十八篇古文有《舜典》，梅本《尚书》中此部分在《舜典》之中。公元前476年已入战国，《左传》止于哀二十七年（前468年），是知《左传》成书于战国。如此据鲁太史克引《尧典》可知此篇写定至迟在文十八年以前。③

结合甲骨文中相关记载，能够发现《尧典》中实多祖述之内容，就其"观象授时"部分而言，应该是跨越了漫长历史，经历过多种流传形态（口传、记录、写定、流传改移等）。下面我们结合"观象授时"经文及其历代"传解"分析其"三代损益"之过程，揣摩《尚书》相关篇章的早期形态。《尧典》观象授时部分内容为：

> 乃命羲和，钦若昊天，历象日月星辰，敬授人时。分命羲仲，宅嵎夷，曰旸谷，寅宾出日，平秩东作，日中星鸟，以殷仲春。厥民析，鸟兽孳尾。申命羲叔，宅南交，（曰明都，）平秩南讹，敬致，日永星火，以正仲夏。厥民因，鸟兽希革。分命和仲，宅西，曰昧谷，寅饯纳日，平秩西成，宵中星虚，以殷仲秋。厥民夷，鸟兽毛毨。申命和叔，宅朔方，曰幽都，平在朔易，日短星昴，以正仲冬。厥民隩，鸟兽氄毛。帝曰："咨！汝羲暨和，期三百有六旬有六日，以闰月定四时成岁。允厘百工，庶绩咸熙。"④

---

① 《春秋经传集解》卷九《文公下》，《十三经古注》，中华书局，2014年，第1277页。
② 今本《舜典》原来在伏生本之《尧典》中，故可知此处为引《尧典》。
③ 另外，《左传》隐公六年（前717年）君子评论陈桓公时已引《商书》，则《书》篇依类整编或更早，其实或亦有《虞书》《夏书》之类。
④ （汉）孔安国传，（唐）孔颖达正义：《宋本尚书正义》，国家图书馆藏宋两浙东路茶盐司刻本（4523号），卷七、卷八、卷一九、卷二〇配日本影抄本，第1册，国家图书馆出版社，2017年影印本，第90—94页。本文下文所引《尚书》经文、孔传、书大小序及正义内容据此本，不再一一出注。

一、"寅宾出日,平秩东作"与"寅饯纳日,平秩西成"的传统传解

《尚书大传·略说》言:"古者帝王躬率有司、百执事,而以正月朝迎日于东郊,以为万物先而尊事天也;祀上帝于南郊,所以报天德。迎日之辞曰:'维某年某月上日,明光于上下,勤施于四方,旁作穆穆,维予一某人敬拜迎日东郊。'迎日,谓春分迎日也。《尧典》曰:'寅宾出日。'此之谓也。"①此处大传所引"迎日之辞"见《大戴礼记·公冠》。《大传》解"寅宾出日"为迎日于郊之礼,但是关于行礼的时间,兼存"正月"与"春分(在二月)"两说。又《唐传·尧典》言:"中春辩秩东作,中夏辩秩南讹,中秋辩秩西成,中冬辩在朔易。"②此处则主"春分"说。

又《唐传·尧典》传"寅饯入日,辩秩西成"曰:"天子以秋,命三公将率,选士厉兵,以征不义,决狱讼,断刑罚,趣收敛,以顺天道,以佐秋杀。"皮锡瑞疏证曰:《春秋感精符》曰:"霜,杀伐之表。季秋霜始降,鹰率击。王者顺天行诛,以成肃杀之威。"《明堂之制》曰:"秋治以矩,矩之言度也。肃而不勃,刚而不匮,取而无怨,内而无害,威厉而不慑,令行而不废。杀伐既得,仇敌乃克。矩正不失,百诛乃服。"《洪范五行传》曰:"仲秋之月,乃令农隙民畋酿,庶氓毕入于室,曰时杀将至,毋罹其灾。季秋之月,除道成梁,以利农夫也。孟冬之月,命农毕积聚,系牛马,收泽赋。"《王居明堂礼》亦与《五行传》略同。③ 据《春秋感精符》则"寅饯入日"当在季秋,而《明堂之制》《洪

---

① (清)皮锡瑞撰,吴仰湘点校:《尚书大传疏证》,中华书局,2022年,第329页。此条见《礼仪通解续》卷二二《天神》。又《礼记·玉藻》正义引"祀上帝于南郊,即春迎日于东郊",作《书传·略说》。又《毛诗·噫嘻》正义、《礼记·郊特牲》正义、《宋书·礼志》、《玉海》。皮锡瑞按语:《玉烛宝典》引《大传》,"以为"上多"所"字,"祀上帝"作"礼上帝","天德"下多"也"字,"某年月上日"作"其月上日","迎日东郊","日"下多"于"字。

② (清)皮锡瑞撰,吴仰湘点校:《尚书大传疏证》,第7页。此条《周礼·冯相氏》贾公彦疏引《书传》。《史记·五帝本纪》索隐亦引作"辩秩东作"。

③ (清)皮锡瑞撰,吴仰湘点校:《尚书大传疏证》,第9—10页。

范五行传》和《王居明堂礼》则并无明确区分孟秋、仲秋、季秋。更需留意的是,对"寅饯入日,辩秩西成"的解释,无论是《孔传》还是皮疏所引,皆已不关涉郊祀送日,而是以秋季之政事与农事(仲秋之田猎、会饮,季秋之修治道路建加架桥梁等)解之。

辑本所见记载皆明确标记出自《大传》,但在此句的解释上有相异的三说,显示出《大传》传本经过补益。①《大传》所展示的三种说法皆有其传承与流传脉络。

(一) 迎日于郊之礼

《礼记·玉藻》载:"玄端而朝日于东门之外,听朔于南门之外。"郑玄注:"朝日,春分之时也。东门、南门,皆谓国门也。"②《正义》曰:"按:《书传·略说》云:'祀上帝于南郊',即春迎日于东郊。彼谓孟春,与此春分朝日别。"③又《郊特牲》载:"郊之祭也,迎长日之至也。"郑注云:"《易说》曰:'三王之郊,一用夏正。'夏正,建寅之月也。此言'迎长日'者,建卯而昼夜分,分而日长也。"《正义》按语:"《书传》云:'迎日,谓春分迎日也。'即引'寅宾出日',皆为春分。知此迎长日非春分者,此云'兆于南郊,就阳位',若是春分朝日,当在东郊,故知非也。"④依据孔疏,则古天子迎日之礼有二:一建寅之月,迎日于南郊;一春分,迎日于东郊。但据《大传》所言,"正月朝迎日于东郊,以为万物先而尊事天也;祀上帝于南郊,所以报天德。"当是正月迎日在东郊,郊天在南郊,春分亦如之,而非言迎日与郊天分属立春与春分两节。

郑玄主春分朝日说,《尚书正义》引郑玄注云:"寅宾出日"谓春分朝日,又以"寅饯纳日"谓秋分夕日也。又《周礼·冯相氏》:"冯相氏掌十有二岁、十有二月、十有二辰、十日、二十有八星之位,辨其叙事,以会天位。"郑玄注:"辨其序事,谓若仲春辨秩东作,仲夏辨秩

---

① 抑或存在误辑的情况。
② 《礼记》卷九《玉藻》,《十三经古注》,第989页。
③ 《礼记注疏》卷二九《玉藻》,《十三经注疏》南昌府学本,艺文印书馆,2001年影印本,第543页。
④ 《礼记注疏》卷二六《郊特牲》,《十三经注疏》南昌府学本,第497页。

南讹,仲秋辨秩西成,仲冬辨在朔易。"①《南齐书·礼志》载东昏侯萧宝卷永元元年(499)何佟之议礼:

> 盖闻圣帝明王之治天下也,莫不尊奉天地,崇敬日月,故冬至祀天于员丘,夏至祭地于方泽,春分朝日,秋分夕月,所以训民事君之道,化下严上之义也。故礼云"王者必父天母地,兄日姊月"。《周礼·典瑞》云"王搢大圭,执镇圭,藻藉五采五就以朝日"。马融云"天子以春分朝日,秋分夕月"。《觐礼》"天子出拜日于东门之外"。卢植云"朝日以立春之日也"。郑玄云"端当为冕,朝日春分之时也"。《礼记·朝事议》云"天子冕而执镇圭,尺有二寸,率诸侯朝日于东郊,所以教尊尊也"。故郑知此端为冕也。《礼记·保傅》云"三代之礼,天子春朝朝日,秋暮夕月,所以明有敬也"。而不明所用之定辰。马、郑云用二分之时,卢植云用立春之日。佟之以为日者太阳之精,月者太阴之精。春分阳气方永,秋分阴气向长。天地至尊用其始,故祭以二至,日月礼次天地,(敬)〔故〕朝以〔二〕分,②差有理据,则融、玄之言得其义矣。③

如此,马融同于郑玄,而卢植主立春说。何佟之认为当从马、郑,用二分之说。《国语·周语上》"于是乎有朝日、夕月以教民事君",韦昭注:"礼,天子搢大圭、执镇圭,缫籍五采五就,以春分朝日,秋分夕月,拜日于东门之外。然则夕月在西门之外也。"④则韦昭同于马、郑。

"日中星鸟,以殷仲春"孔颖达疏解孔传云:"王肃亦以星鸟之属为昏中之星。其要异者,以所宅为孟月,日中、日永仲月,星鸟、星火为季月,以殷、以正,皆总三时之月。"王肃虽未明言郊日之礼,但依此当亦从正月说。又《魏书·儒林传》载孝静帝天平四年(537)李业

---

① 《周礼》卷二六《宗伯礼官之属》,《十三经古注》,中华书局,2014年,第502—503页。
② 整理本校刊记云:(敬)〔故〕朝以〔二〕分,据殿本改。按南监本、毛本、局本作"敬朝以二分",通典礼典作"朝敬故以二分"。
③ (南朝梁)萧子显:《南齐书》卷九《礼志上》,中华书局,1972年,第140页。
④ 上海师范大学古籍整理组校点:《国语》卷一《周语上》,上海古籍出版社,1998年,第37页。

兴使梁与梁武帝的经学问对,萧衍问:"'寅宾出日',即是正月。'日中星鸟,以殷仲春',即是二月。此出《尧典》,何得云尧时不知用何正也?"①据此及李业兴之对答可知问对双方均从正月说。

(二) 立春(正月)春耕说

《尚书大传》中另有一说将"寅宾出日"和"寅饯纳日"同政事和农事联系起来分析。此类讲法亦常见。《尚书帝命验》载:"春夏民欲早作,故令民先日出而作,是谓'寅宾出日'。秋冬民欲早息,故令民候日入而息,是谓'寅饯纳日'。春迎其来,秋送其去,无不顺。"②此类传解,不言或忽略迎日之祀,偏重讲春耕之起。相较而言,伪孔传和孔疏基本上属于这一系统。虽然表面上讨论东方之官的导引,实则更偏重解释"东作"与"西成",即言农事。

孔传:"寅,敬;宾,导;秩,序也。岁起于东而始就耕,谓之东作。东方之官敬导出日,平均次序作之事,以务农也。"

经文孔疏:"既主东方之事,而日出于东方,令此羲仲恭敬导引将出之日,平均次序东方耕作之事,使彼下民务勤种植。"

传文孔疏:"'寅,敬',《释诂》文。宾者主行导引,故宾为导也,《释诂》以'秩'为'常',常即次第有序,故'秩'为序也。一岁之事,在东则耕作,在南则化育,在西则成熟,在北则改易,故以方名配岁事为文,言顺天时气以劝课人务也。春则生物,秋则成物。日之出也,物始生长,人当顺其生长,致力耕耘。日之入也,物皆成熟,人当顺其成熟,致力收敛。东方之官,当恭敬导引日出,平秩东作之事,使人耕耘。西方之官,当恭敬从送日入,平秩西成之事,使人收敛。日之出入,自是其常,但由日出入,故物有生成。虽气能生物,而非人不就。勤于耕稼,是导引之;勤于收藏,是从送之。冬夏之文无此类者,南北二方非日所出入,'平秩南讹'亦是导日之事,'平在朔易'

---

① (北齐) 魏收:《魏书》卷八四《儒林列传》,中华书局,2017 年,第 2013 页。此事亦见(唐)李延寿《北史》卷八一《儒林列传》,中华书局,1974 年,第 2724 页。
② (清) 赵在翰辑,钟肇鹏、萧文郁点校:《七纬(附论语谶)》,中华书局,2012 年,第 223 页。此条辑自《路史·陶唐纪》注。

亦是送日之事。依此春、秋而共为宾、饯,故冬、夏二时无此一句。劝课下民,皆使致力,是敬导之;平均次序,即是授人田里,各有疆埸,是平均之也。耕种、收敛,使不失其次序。王者以农为重,经主于农事,'寅宾出日'为'平秩'设文,故并解之也。言'敬导出日'者,正谓平秩次序东作之事以务农也。"

(三) 甲骨刻辞中的相关记载

甲骨文中有"宾日""出日""入日""出入日""各日"的记载,如:

乙巳卜,王宾日。(《合》32181)
辛未卜,侑于出日。辛未侑于出日 兹不用。(《合》33006)
丁巳卜,侑出日。丁巳卜,侑入日。(《合》34163)
戊戌卜,内乎雀蔑于出日于入日宰。(《合》06572)
卯各日,王受佑。(《合》29802)

此类卜辞,前辈学者多以祭祀日神解之。如陈梦家先生言:"卜辞习见之'王宾某某',罗、王以来皆作名词,至郭沫若始改易为动词,其说至确无可易(原注:《卜通》39)。《说文》:'宾,所敬也。'此谓宾日者敬日也,《尧典》:'分命羲仲宅嵎夷曰旸谷寅宾出日。'"[①]后又于《殷虚卜辞综述》中关于"日神"部分言:"所祭者是日、出日、入日、各日、出入日,入日、各日即落日。祭之法曰宾、御、又、叔、岁等等,也都是祭先祖的祭法。《说文》'暨,日颇见也',于日暨叔日,即日出以后祭日。《鲁语下》'是故天子大采朝日……少采夕日',大采在天明之后,约当于'暨'。《尧典》'寅宾出日''寅饯入日',与卜辞之称'宾日'相同。《史记·封禅书》齐有八神主,'七曰日主,祀成山……以迎日出云'。"[②]

郭沫若先生在《殷契粹编考释》中言:"殷人于日之出入均有祭。《殷契存佚》四○七片有辞云'丁巳卜,又(侑)出日。丁巳卜又入日。'(原注:原释误为'廿日''六日'。)此之'出入日,岁三牛'为事

[①] 陈梦家:《古文字中之商周祭祀》,原载《燕京学报》1936年第19期;收入《陈梦家学术论文集》,中华书局,2016年,第26—27页。
[②] 陈梦家:《殷虚卜辞综述》,第573—574页。

正同。唯此出入日之祭同卜于一辞,彼出入日之侑同卜于一日。足见殷人于日,盖朝夕礼拜之。《书·尧典》'寅宾出日','寅饯入日'(原注:此据今文,伪古文改入为纳),分属于春秋。礼家有'春分朝日,秋分夕月'之说,均是后起。"①丁山先生在此基础上认为:

然则,《月令》说"立春之日,天子迎春于东郊;立夏之日,天子迎夏于南郊;立秋之日,天子迎秋于西郊;立冬之日,天子迎冬于北郊",都自殷商"又出日""又入日"的典礼演变而来。尧典的"宾日"于东,"饯日"于西,真是叙述天子祭日的礼仪,决无所谓"以乘四时,节授民时"的意味。古代的统治阶级,只顾自己享受,谁管人民的死活。从卜辞"日出""入日"看尧典成书时代虽晚在周秦之际,里面却网罗了不少殷商遗闻逸事。是很值得现代史家重新研讨的。②

胡厚宣先生《殷代之天神崇拜》一文中第三部分讨论"日神",其言:"卜辞祭日者,始见于祖庚、祖甲时:丙子卜即贞王宾日叙亡尤。(明义士藏)。宾读为傧,《礼运》'礼者,所以傧鬼神。'盖有礼敬之意。祭名也。至廪辛、康丁时期所见最多,或言宾日:乙巳卜,王宾日。弗宾日。(佚八七二)。或言既日:于既日(粹四八五)。既亦祭名,当为禝省,亦即《论语·八佾》'子贡欲去告朔之饩羊'之饩。……或言又出日……或言又入日……又亦祭名,读为侑。或言御各日……御祭名,读为御,祀也。各及落,落日犹言入日也。或言出入日,岁三牛:出入日,岁三牛(粹一七)。至帝乙、帝辛时亦尚有之:贞今日,□奴日王其藁□雨(菁一〇·一)。可知殷人有祭日之礼,且于日之出入朝夕祭之。《尧典》'寅宾出日''寅饯入日',《史记·封禅书》'齐有八神,七曰日主,祀成山,以迎日出。'《鲁语下》'天子大采朝日,小采夕月。'大采之祭亦见卜辞,惟多用为求雨之祭耳。"③胡先生释"既"为禝(饩),不同于陈梦家先生依据《说文》所释

---

① 郭沫若:《殷契粹编考释》,文求堂书店,1937年,第七叶;收入郭沫若全集编辑出版委员会编《郭沫若全集·考古编》第3卷《殷契粹编》,科学出版社,2002年,第362—363页。
② 丁山:《中国古代宗教与神话考》,龙门联合书局,1961年,第80—81页。
③ 胡厚宣:《殷代之天神崇拜》,《甲骨学商史论丛初集》,齐鲁大学国学研究所,1944年,第301—304页。

的"日颇见"。另外,董作宾亦在综述殷商宗教信仰时提及"(殷代)有日神,于日出日入时祭祀,如'出入日岁,三牛'"。①

　　以上诸家之论,奠定了商代"祭祀日神"说的基础,后来者,如常玉芝、赵诚、艾兰、具隆会,等等,皆信从此说。② 与此同时,亦见有不同的讲法,如岛邦男释"宾"为"由外至于家室或祠室",③而认为"王宾"为省去神名之辞:

　　囟本义为"由外至于家室或祠室"。囟字与㞢(往)、入(入)、步(步)、各(格)、彳等字用义正相符合。……囟字,不论在字义或其它用例上都说明了它有"由外而至"之意。因此,"王囟"是"王至祭场"之意。……如从上诸说(即诸家释宾为傧):以下王宾卜辞是卜王傧大甲举行㲋祀可否事。续1.10.2 ㄨ㔾王用十㐄王囚囟坎㲋彡囟 如占卜得吉则行之,如占卜不得吉则不行之。先王的祭祀在

----

① 董作宾:《中国古代文化的认识》,《董作宾先生全集》乙编第3册《平庐文存》卷三,第339页。
② 常玉芝:《商代宗教祭祀》,《商代史》(第8卷),中国社会科学出版社,2010年,第92—94页;赵诚:《甲骨文简明词典——卜辞分类读本》,中华书局,1988年,第4页;[美]艾兰著,汪涛译:《龟之谜——商代神话、祭祀、艺术和宇宙观研究》(增订版),商务印书馆,2010年,第68页;[韩]具隆会:《甲骨文与殷商时代神灵崇拜研究》,中国社会科学出版社,2013年,第130页。
③ 罗振玉释"囟"为"宾",释"囟"为"嫔"(《考释》中二一)。有关"宾"字从贝,王国维始说:"为从贝者乃后起之字,古者宾客至,必有物以赠之,其赠之事谓之宾,故其字从贝。"(《观堂集林·与林浩卿博士论洛诰书》)诸家从罗、王两说,释宾。《洛诰》有"王宾杀禋",卜辞的"王宾"与典籍相印证,故谓"王囟"即"王宾"是妥当的。囟又作囟、囟、囟、囟、囟诸字形通用……第一期卜辞"太囟"习见,亦用囟以外各字体(囟用作贞人名)。第二期以后固定为囟、囟两体,故囟、囟是早期字形。后省口作囟,省乃作囟,省冘作囟,由此可知,囟是囟的繁体。囟又作囟,如贞人名囟作"囟"(《文》五九四、《簠天》四),"于囟囟"(《铁》二五七·四)又作"于囟囟"(《前》一·三〇·七),故囟从宀从冘,与"囟"从宀从冘是同义。囟即"家"字,囟亦与家同类。"彳囟"(《文》五四八)作"彳囟"(《佚》一一五)、又"于囟囟"(《前》一·三〇·七)作"于囟囟"(《后》上七·一一),由此可知,囟应该是家室或祠庙之义。囟从口是由外至内意,罗振玉谓:"囟之从口,亦象人自外至。"叶玉森谓:"囟,象足迹在室外,主人跽而迎"(《集释》一·九)。参见[日]岛邦男著,濮茅左、顾伟良译:《殷墟卜辞研究》,上海古籍出版社,2006年,第587—589页。

116

客观上是固定的,是按照祀序与五祀的顺序进行,如认为上辞占卜候祀的先王,或占卜祭祀的祭名,于事实是无意义的。因此,上辞一定是卜"🀄🀄🀄"其事。这样解释正确与否,由以下诸辞可证。……由上可知,王宾是神所喜爱的,文与授佑有关系。然在频繁、规律的祭祀以及临时的祭祀中,每次都由王亲自参与,这是极为烦琐的事,因此,这就会每当祭祀时要向祖神问有无王宾的必要,而王仅在有必要的情况下举行祭祀。王宾卜辞即卜问有关这种祭祀的王宾事。①

又言"王宾日"为省去神名之辞,②曰:

"王宾日"是王出御某神的日祀(🀄日、🀄日、🀄日祀)之意,而把日看作祭祀日神只不过是附会。辞二的"又于出日""出入日岁三牛"的"又""岁"是祭名。郭沫若始释为祭祀出日、入日。……《佚》四〇七版有与"丁巳卜又出日,丁巳卜又入日"的同日占卜辞"丁巳贞酒🀄岁于伊",此辞卜"伊尹"之祭祀,"卜又出日;卜又入日"当是卜问对伊尹祭祀的时间,这样解释是妥当的,因此不能草率从郭说。认为辞三的"御各日王受又"为祭祀日之说,亦是根据郭沫若所谓的"各日殆犹出日""卯各日"犹"寅宾出日"也(《粹释》一二七八)。有关"各日"者又有"🀄兄辛岁于各日🀄"(《甲》二四八九)、"兄辛岁🀄🀄各于日🀄"(《甲》二五八九),"各日"用于祭祀兄辛卜辞中,可知"各日"不是祭祀出日的意思,应是"各于日"。因此,郭氏的出日、陈氏的落日说都是错误的。辞四的"日既""既日",他辞有"贞于既日二月"(《明》六六八)、"于日既"(《京》四一九四),由"于既酒"(《南明》六二九)例可知将日作为日神是不妥当的。……由此看来,陈、胡二氏所举的任何日神都不能成立。③

岛邦男先生通过辞例汇析,指出"宾"的本义,彻底否认了卜

---

① [日]岛邦男著,濮茅左、顾伟良译:《殷墟卜辞研究》,第589—592页。
② 《卜》五三五、《南明》三三八,岛邦先生认为此二例当是省略神名。并认为祭神名之下的"🀄",如《京》四〇二九版是"🀄🀄"之意;若根据《甲》三六五二卜辞,则《粹》二八五版中的日是"🀄日"之意。
③ [日]岛邦男著,濮茅左、顾伟良译:《殷墟卜辞研究》,第429—430页。

辞中存在日神。其关于宾的解释，赵诚、刘源等先生皆信从。① 关于商代无日神说，则得失参半。其关于"王宾日"非祭日之说可从信；但认为商代无祀日，与"出日""入日"非祭祀太阳的讲法，则不能成立。

岛邦男先生否定"出日""入日"为祭祀日出与日入，所据为《佚》四〇七除了有"出日""入日"相关内容外，同版中还有祭祀伊尹的卜辞。宋镇豪先生发现，此片甲骨可以与《殷契粹编》第 68 片拼合，即《合》34163+34274，自下而上卜辞为：②

表一　《合》34163+34274 拓片及释文

释　　文	《合》34163+34274
[1] 丁巳贞，庚申夋于兇，二小宰，宜大牢。 [2] 丁巳贞，酒乍岁于伊…… [3] 丁巳卜，又出日。 [4] 丁巳卜，又入日。 [5] 己未贞，庚申酒夋于……宰，宜大牢，雨。 [6] ……酒……	

---

① 刘源：《商周祭祖礼研究》，商务印书馆，2004 年，第 40 页。赵诚：《甲骨文简明词典——卜辞分类读本》，第 232 页。按：赵诚先生《甲骨文简明词典》中既存日神说，亦从王入祭祀场参与祭祀说。
② 宋镇豪：《甲骨文"出日""入日"考》，文化部文物局古文献研究室编《出土文献研究》，文物出版社，1985 年，第 33 页。

问道于天：《尧典》"观象授时"部分的知识传承

可见在丁巳日，所占实为三事，而"出日""入日"之占同禘祭之占和伊尹之占并不相涉，属于"同版异事"，①而岛邦氏认为"出日""入日"为占祭祀伊尹时间之说则难以成立。如此，则卜辞中又（侑）祭的对象则为"出日"与"入日"无疑。系统分析刻辞中相关材料，能够发现，殷人祭"出日""入日"，"通常采用牛牲，或一牛二牛三牛以至多牛，有时用宰。祭仪有戠、用、又、裸、岁、酒、卯，早期多用戠祭，晚期以又（侑）祭为多。这些祭仪常见于殷代，也用于祭祖神或自然神等其他场合，可知殷代的日神信仰，是多神信仰之一。"②但是"出日""入日"之本义，或即单纯的迎送日出、日入，如金祥恒先生即认为：

出日、入日本为日出日没之义，甲骨文"又（侑）于日出"，"又（侑）于日入"，"出日福"，"出入日岁"，并无其他意义。至鲁语天子大采朝日，小采夕月，所以教民事君。尚书郑京[康]成谓春分朝日，秋分夕月。……至于迎日送日之礼，我国西北民多有此俗。《汉书·匈奴传》"单于朝出营，拜之始生，夕拜月"。《仪礼·觐礼》"天子乘龙载大旆，象日月，升龙降龙出拜日于东门之外，反祀方明，礼日与四渎于北门外"。其习俗之原始必甚久远，与《尚书》之"寅饯日月"、甲骨文之"福侑出入"，或有因革之关系。详细情形，尚待研究考证。③

---

① 六组卜辞可以分为三组：[1][5]，[2][6]，[3][4]，前两组属于相间刻辞，[1][5]为"异日同事"，[2][6]残缺，但同卜酒祭之事；[3][4]特别以细线框起，叙词用"干支卜"异于别组的"干支贞"，自成一系。参见宋镇豪《甲骨文"出日""入日"考》，《出土文献研究》，第33页。

② 宋镇豪：《甲骨文"出日""入日"考》，《出土文献研究》，第35页。此外，殷契刻中亦见其他祭日之辞：乙巳卜，帝（禘）日，惠丁？□□卜，帝（禘）日，惠丁？（《库方二氏藏甲骨卜辞》985）贞，比（祉）日？（《甲骨卜辞七集》P102）按：《库方二氏藏甲骨卜辞》《甲骨卜辞七集》均为方法敛先生所撰。）丙戌卜，□贞：裸日于南，告？（《合》12742），等等。可知，殷人祭日，以之为神党无疑问。

③ 金祥恒：《甲骨文出日入日说》，台湾大学文学院古文字学研究室《中国文字》第26册，1967年，第7、8页；收入《金祥恒先生全集》，艺文印书馆，1990年，第102—103页。文章标点句读一如其旧，典籍原未加书名号。

另外，如宋镇豪先生所指出的那样，甲骨文中的"出日""入日""出入日"作为受祭格而具有专业名词的性质，因此祭祀"出日""入日""出入日"的意义就不单单是在日出、日落时举行，应有一个比较固定的行祭日期。数十万片甲骨中只发现十数片这类的材料，大概一年中举行的次数并不多。加之这些材料又跨越了武丁到文武丁时期，基本上可以看作是殷商后期的一种传统礼俗。所以，宋先生结合后世或在春秋，或在春分、秋分礼拜日出、日入，认为似可反推殷代的祭祀时间亦同之。①再者，记载"出日""入日"材料的一版武丁时期卜辞（即《合》06572相关卜辞），可与同版中伐基方的卜辞合观，进而推定"出日"的月份当在二、三月之间，如果用传统的殷历（殷正建丑）来衡量，刚好在春季。②

然而，问题是，后世"三正"中的"殷正建丑"，即以农历十二月为岁首，是否为甲骨文所反映的殷人实用之历法？据张培瑜、冯时等先生根据甲骨文中的天象和农事活动记录，将殷历岁首推定在农历的九月至十月，③依此标准，则殷历的二、三月之交便只能在冬至前后，④而六、七月之交则当在春分前后。

综上所述，我们可以得出如下结论：甲骨刻辞中同日相关者不能混杂处理，当分而言之："王宾日"类非祭日之辞，当从岛邦男之说为同类卜辞的省略形式；"又（侑）日""帝（禘）日""比（祕）日""祼日"等确属祀日神之祭；"出日""入日"等迎日相关祭礼中的日或同日神无关，并非日日祭祀，而是有固定的行祭季节（或言日期），这一系列卜辞同《尧典》等典籍中关于礼送太阳的记载相关联。

---

① 宋镇豪：《甲骨文"出日""入日"考》，《出土文献研究》，第37页。
② 宋镇豪：《甲骨文"出日""入日"考》，《出土文献研究》，第38—40页。
③ 张培瑜、孟世凯：《商代历法的月名、季节和岁首》，《先秦史研究》，云南民族出版社，1987年；冯时：《殷历岁首研究》，《考古学报》1990年第1期；冯时：《殷代农季与殷历历年》，《中国农史》1993年第12卷第1期。
④ 冯时：《殷历岁首研究》，《考古学报》1990年第1期，第39页；冯时：《中国天文年代学研究的新拓展——读〈三千五百年历日天象〉》，《考古》1993年第6期；冯时：《百年来甲骨文天文历法研究》，中国社会科学出版社，2011年，第30页。

（四）《尧典》"寅宾出日""寅饯入日"天文历法背景追索

通过梳理结合传世文献与甲骨中"出日""入日"相关刻辞的研究，我们注意到几个明显的问题。

第一个问题，据文献所载，迎送日之礼有两大类，一为同日中朝夕祭祀，一为春分、秋分祭祀。前一种如《礼记·祭义》云"周人祭日以朝及闇"。① 又《国语·周语上》云："古者先王既有天下，又崇立上帝、明神而敬事之，于是乎有朝日、夕月，以教民事君。"韦昭注："礼，天子搢大圭、执镇圭，缫藉五采五就，以春分朝日、秋分夕月，拜日于东门之外。然则，夕月在西门之外也。"②《鲁语下》亦云："天子大采朝日，……日中考政……少采夕月。"韦昭注："《礼》：'天子以春分朝日，示有尊也。'……冕服之下则大采，非衮织也。……夕月以秋分也。……或云：'少采'黼衣也。昭谓：'朝日以五采，则夕月其三采也。'"③ 韦昭即已混淆两种形式，以春分、秋分之祭来训诫同日朝夕之祭。大采、少采（小采）见于卜辞，据董作宾《殷历谱》、陈梦家《殷虚卜辞综述》之说，④大采、少采（小采）乃上午7—9点、下午5—7点。大采即《礼记·祭义》所谓朝，少采（小采）即《礼记·祭义》所谓闇，亦即夕。后一种如前引《尚书大传·略说》言："迎日，谓春分迎日也。"郑玄注《尚书》《周礼》《礼记》皆主此说。马融、韦昭、何佟之等皆主此说。

第二个问题，主春秋说者，往往径直将春秋说等同于春分、秋分

---

① 《礼记》卷一四《祭义》，《十三经古注》，第1053页。
② 上海师范大学古籍整理组校点：《国语》卷一《周语上》，第37页。
③ 上海师范大学古籍整理组校点：《国语》卷五《鲁语下》，第205—206页。
④ 董作宾《殷历谱》上编卷一第二章《时与日》一《纪时法》云武丁时期分白天为7段：明（5—7点），大采（7—9点），大食（9—11点），中日或日中（11—13点），昃（13—15点），小食（15—17点），小采（17—19点），夕（19—5点）。祖甲时期分10段：大采、小采改名朝、暮。夕分昏（19—22点）、妹（昧，22—2点半）、兮（曦，2点半—5点）。周代则分12段：日出（5—7点），食时（7—9点），隅中（9—11点），中日（11—13点），日昃（13—15点），餔时（15—17点），日入（17—19点），黄昏（19—21点），人定（21—23点），夜半（23—1点），鸡鸣（1—3点），平旦（3—5点）。参见董作宾《殷历谱》，《董作宾先生全集》乙编第1册，艺文印书馆，1977年，第30—35页。陈梦家说参见《殷虚卜辞综述》，第231—232页。

说，而忽略掉尚有孟春之说。孟春说亦有其脉络，如《尚书大传·略说》云"以正月朝迎日于东郊"，《尚书帝命验》、卢植、王肃、伪孔传、萧衍、李业兴等皆持此论。就《尧典》而言，以农耕说来解释者基本上都从正月说。

第三个问题，《尧典》所载能否同卜辞所刻简单对应。首先，无论其行卜与祭祀的时间是否仅在春秋二节，甲骨中所载实际上仅为一日之事。《尧典》所反映的礼制则是在不同的时间（春分、秋分）来祭礼出日、入日。其次，诸家讨论"出日""入日"刻辞同《尧典》关系时，基本上皆为简单比附，观其核心词近同而已。复次，这样的机械比较实则忽略了《尧典》"观象授时"部分的系统性。

就"出入日"相关刻辞内容来看，殷人实际上要在（春分、秋分）一日之内早晚完成日出与日入的全部祭祀活动，参照《尧典》"观象授时"部分，这意味着出日、入日的祭祀恐怕并不仅仅是为着敬日之宗教目的，应当是一种测日影、定四方、判知四时的测量活动。① 只是在当时人的眼中，测量活动，可能具有科学实验与宗教情感的双重属性。《大戴礼记·五帝德》记载孔子言黄帝"厤离日月星辰"，王聘珍解诂："《史记·厤书》索隐云：'《系本》及《律厤志》，黄帝使羲和占日，常仪占月，臾区占星气，伶伦造律吕，大桡作甲子，隶首作算数，容成综此六术而著《调厤》也。'聘珍谓：离者，别其位次。"② 又曰：帝喾"厤日月而迎送之"，解诂："厤读曰歷。《尔雅》曰：'歷，相也。'相日月之出而察之，若寅宾寅饯然，故曰迎送之。"③ 可知，在东周人的记忆当中，确有先王历象日月星辰之事。又《墨子·节用中》载："古者尧治天下，南抚交址北降幽都，东西至日所出入，莫不宾服，逮至其厚爱。"④ 则"出入日"之用法至战国尚在使用，可见其事

---

① 常正光：《殷人祭"出入日"文化对后世的影响》，《中原文物》1990 年第 3 期。
② （清）王聘珍撰，王文锦点校：《大戴礼记解诂》卷七《五帝德》，中华书局，1983 年，第 119 页。
③ （清）王聘珍撰，王文锦点校：《大戴礼记解诂》卷七《五帝德》，第 121 页。
④ （清）孙诒让撰，孙启治点校：《墨子间诂》，中华书局，2001 年，第 164—165 页。

其文之流传自有统序。

关于测影定方，需结合"平秩东作"句来看。"平秩"，《周礼·冯相氏》郑玄注引作"辨秩"；平、辨音通。①"秩"又作"䶒"，如《说文·豐部》"䶒，爵之次弟也，从豐从弟。《虞书》曰：'平䶒东作。'"②是则"平秩"者，辨别秩序、次第也。"东作"与"西成"相对。"作"者起也，如《论语·先进》"舍瑟而作"句，何晏《集解》引孔安国曰"置瑟起对"，刘宝楠《正义》云"作，起也"。③起与始义相近，故"作"又有始义，如《诗·鲁颂·駉》"思无斁，思马斯作"句，毛传"作，始也"。"东作"之义，如陈寿祺言："作，训始也……言日月之行于是始"。④"平秩东作"即辨察太阳自东方开始升起时日影之次第。"西成"之成，终也。如《益稷》《箫韶》九成"句，孔传疏引郑玄注"成，犹终也，每曲一终，必变更奏"。"平秩西成"即辨察太阳在西方终末时日影之次第。

蔡沈《书集传》云："此下四节言历既成，而分职以颁布，且考验之，恐其推步之或差也。……嵎夷，即《禹贡》'嵎夷既略'者也。曰'旸谷'者，取日出之义，羲仲所居官次之名。盖官在国都，而测候之所则在于嵎夷，东表之地也。寅，敬也。宾，礼接之如宾客也，亦帝誉历日月而迎送之意。出日，方出之日，盖以春分之旦朝方出之日，而识其初出之景也。平，均；秩，序；作，起也。东作，春月岁功方兴，所当作起之事也。盖以历之节气早晚均次其先后之宜，以授有司也。"⑤又曰："西，谓西极之地也。曰昧谷者，以日所入而名也。饯，礼送行者之名。纳日，方纳之日也，盖以秋分之莫夕方纳之日而识

---

① 按：《尧典》"平章百姓"句中的平章，或作辩章、便章。平，并纽耕部。辩、便，皆并纽元部。声纽同，韵则"支锡耕，歌月元"，韵部相邻而可阳声旁转，故音通也，辩为其本字。《后汉书·刘恺传》谓部刺史"职在辩章百姓，宣美风俗"句李贤注引"郑玄注云：辩，别也。章，明也。"（南朝宋）范晔撰，（唐）李贤等注：《后汉书》卷三九《刘恺传》，中华书局，1965年，第1307页。
② （汉）许慎撰，（宋）徐铉校定：《说文解字》，中华书局，2013年，第97页下。
③ （清）刘宝楠撰，高流水点校：《论语正义》，中华书局，1990年，第475页。
④ （清）陈寿祺：《左海文集》卷四下《答仪征公书》，《续修四库全书》，上海古籍出版社，2002年，第1496册，第177页。
⑤ （宋）蔡沈撰，王丰先点校：《书集传》，中华书局，2018年，第3页。

其景也。西成,秋月物成之时,所当成就之事也。"①可见,宋学越过旧传古疏,寻本追源,已有测影之说。此说亦遭质疑,沈彤尝为之申辨,其《尚书小疏》"寅宾出日 寅饯纳日"条云:

> 或云:从来考景之法,揔在日中,若初出方纳之景,则太长而不可测。蔡谓春分之旦朝方出之日而识其初出之景,秋分之莫夕方纳之日而识其景,乃误会《考工》及《周髀》之文而有是说。不知彼以正四方,故须视出入之景。此以定二分,则必于日中较其景之长短,各有当也。彤按:蔡传固不精凿,而此说则尤谬。本文明有出日、纳日之文,不得云定二分亦在日中矣。且宾饯之定二分,其要在推测日出入之方位,以验其所在次舍耳。于景之长短,故无与也。何必于日中测之哉?旸谷立表,正当卯位,昧谷立表,正当酉位。故必出日之景当表西,入日之景当表东,于南北皆无少欹邪。则日躔正值卯酉之中,而春秋分可定。此宾饯二句确疏也。②

或以为宾、饯二句所言在于正二分,当视日中之影来判断,而非出入之影。沈彤认为此说较蔡传更谬,《尧典》此二句明言出入之时,则自当是测其时之影。只是沈彤认为,所察看者或不在影长而在影向,结合日出之所,立表之地及其方位,"故必出日之景当表西,入日之景当表东,于南北皆无少欹邪"。然后再以日躔是否合于卯酉线来判定二分之正日。③ 因为蔡沈和沈彤皆以为此句为历法既成之后核验之举,故有是说。此句中关于测初入之影以定方定时的信息不容忽视。

古人所以辨察日影者,以之定时。《周礼·大司徒》"以土圭之法测土深,正日景以求地中。日南则景短,多暑。日北则景长,多

---

① (宋) 蔡沈撰,王丰先点校:《书集传》,第 4 页。
② (清) 沈彤:《尚书小疏》,杜松柏主编《尚书类聚初编》第 7 种第 2 册,新文丰出版股份有限公司,1984 年,第 222 页上。
③ 日躔,指太阳运动的位置。《汉书·律历志上》:"日月初躔,星之纪也。"意谓日月的运行从十二次的星纪起算。从唐代开始,我国历算家将"步日躔术"设为历法中之一篇,其内容包括推算任意一日太阳位置及定朔时的太阳改正。卯酉线,指与地球晨昏线(地平线)相差 23°26′并与地轴同方向的假想线圈,连接地球两极的 90°—270° 经线圈,与 0°—180° 经线圈的子午线圈互相垂直。

问道于天：《尧典》"观象授时"部分的知识传承

寒。日东则景夕，多风。日西则景朝，多阴。"郑玄注引郑司农云："测土深，谓南北东西之深也。日南，谓立表处大南，近日也。日北，谓立表处大北，远日也。景夕，谓日昳景，乃中立表之处大东，近日也。景朝，谓日未中而景中，立表处大西，远日也。"①又"尺有五寸"，郑玄注引郑司农云："土圭之长，尺有五寸，以夏至之日，立八尺之表，其影适与土圭等。"②则古人立八尺之臬表以测日影。结合前论，古人视太阳为日神，故殷人定日有祭祀，周人有朝日夕月之礼。因日影转瞬即逝，不易精确捕捉，故测量前需预先敬候日之出、入，此或为《尧典》"寅宾""寅饯"之原始意义。又因测影长短之准确否，系于所测地点之方向是否为正位，故测影亦兼带"辨方正位"，二者密切相关，互为因果。

"辨方正位"之法，③《周礼·冢宰》"惟王建国，辨方正位"，郑玄注云"《考工》：'匠人建国，水地，以县置槷，以县视。以景为规，识日出之景与日入之景。昼参诸日中之景，夜考之极星，以正朝夕，④是'别四方'。"⑤贾公彦疏云"水地以县者，谓水平之法……既平得地，欲正其东西南北之时，先于中置一槷，恐槷下不正，先以县正之。槷正乃视以景，景谓于槷端自日出画之，以至日入。即得景，为规识

---

① 《周礼》卷一〇《司徒教官之职》，第406页。
② 《周礼》卷一〇《司徒教官之职》，第406页。
③ 笔者在四川大学读硕士阶段，刘长东师曾在"文史名著导读"课堂上带我们精读《尧典》，此处"辨方正位"之法，多据当年课堂笔记整理，特此说明。
④ 《考工记》此处郑注"日中之景，最短者也。极星，谓北辰"，贾疏："前经已正东西南北，恐其不审，犹更以此二者以正南北。言朝夕，即东西也。南北正，则东西亦正，故兼言东西也。……极，中也。以居天之中，故谓之北极也。"（此文亦见《周礼·冬官考工记》，因冬官佚，后人以《考工记》补之）
⑤ "水地"，先置盛水之器于地，以校正地面是否水平；"以县置槷"，县即悬，谓圆锥形之悬锤也。槷即臬之异体字，谓臬表也。以线绳挂置悬锤于臬表顶端，使臬表之顶端、下端均与线绳悬锤密合，以校正臬表是否90°垂直于地。"以县视"，以悬锤视日出入时太阳、臬表、日影三者是否处于一条直线上。若臬表不正，即非90°垂直，则三者不会在一条直线上而成三角形，因此日影端点会变短而有误差，所得日影长度就会不准确；"识日出之景与日入之景"，以影长为半径而画圆，圆与日出入之影的端点交会成二点，此二点连线即正东正西的方向线。东西线之中点与臬表的连线即正南正北之方向线。此句古人句读有误，据此处分析正之，后引贾疏句读亦误。

125

之,故云'为规识日出之景与日入之景'。规之交处即东西正也,①又于两交之间中屈之,指槷,又知南北正也。"②欲得东西方之正位,所以必在春分、秋分者,如《唐开元占经》卷一引陆绩《浑天仪说》所云"春分,日在奎十四少强。秋分,日在角五度少弱。此黄赤二道之中交也……故日亦出卯入酉",③因卯、酉为东西方之正位,故日景亦得其正位也。前引沈彤所论卯酉线,正为此意。

古人之生产、生活有赖于授时,而授时之准确否又系于定方,故古人甚重方位,以至于有方位神之宗教信仰,且能否"辨方正位",亦视为古帝王有无德政之标准,如《大戴礼记·五帝德》言黄帝"治五气,设五量,抚万民,度四方",④即以其为黄帝德政之一;又《周礼》于天、地、春、夏、秋五官之篇首皆重复"惟王建国,辨方正位,体国经野,设官分职,以为民极"之文句,⑤亦以此也。

古人甚重居处之方位,于经传实例尚多,如《大雅·公刘》言周先公公刘自邰迁豳,曰:"笃公刘,既溥既长,既景乃冈,相其阴阳,观其流泉。"⑥"既景乃冈",毛传:"考于日景,参之高冈。""既溥既长",郑笺"既广其地之东西,又长其南北,既以日景定其经界于山之脊,观相其阴阳寒暖所宜,流泉浸润所及,皆为利民富国。"孔疏:"既以日影定其经界,乃复登彼山脊之冈,而视其阴阳寒暖所宜。又观其流泉浸润所及,知天气宜其禾黍,地利足以生物,乃居处其民焉。……'考

---

① 圆与日出入之影的端点交会成二点,二者相连即正东正西的方向线。
② 《周礼注疏》,《十三经注疏》南昌府学本,艺文印书馆,2001年影印本,第11页。"于两交之间中屈之",即求东西线之中点。"指槷",谓东西线中点连线于臬表。注疏,古人句读注疏有误,今据常正光说正之,参见常正光《殷代授时举隅——"四方风"考实》,《中国天文学史文集》编辑组编《中国天文学史文集》第5集,科学出版社,1989年,第44—46页。
③ 瞿昙悉达:《唐开元占经》卷一《天地名体》,《景印文渊阁四库全书》,台湾商务印书馆,1986年,第807册,第175页。
④ (清)王聘珍撰,王文锦点校:《大戴礼记解诂》卷七《五帝德》,第118页。
⑤ 需要指出的是,冬官已亡,今本乃以《考工记》补入者,故无此文句。
⑥ (汉)毛亨传,(汉)郑玄笺,(唐)孔颖达疏,(唐)陆德明释文:《附释音毛诗注疏》卷一七《公刘》,日本足利学校遗迹图书馆藏宋建安刘叔刚刻本,足利学校遗迹图书馆后援会影印,汲古书院,1974年,第1877页。本文下文所引《毛诗》经文、毛传、郑笺、诗谱、大小序及正义内容据此本,不再一一出注。

于日影'即上'既溥既长',以日影考之也。……日影定其经界者,民居田亩,或南或东,皆须正其方面,故以日影定之。"又鲁闵公二年,赤狄灭卫,卫懿公死,齐桓公复其国,立卫戴公,暂居于卫邑曹,旋卒,卫文公立,鲁僖公二年齐桓公为卫建筑楚丘城,楚丘之建筑事则见《墉风·定之方中》序,其云:"《定之方中》,美卫文公也。卫为狄所灭,东徙渡河,野处漕邑。齐桓公攘戎夷而封之。文公徙居楚丘,始建城市而营宫室,得其时制,百姓说之,国家殷富焉。"郑笺:"《春秋》闵公二年,'冬,狄人入卫'。卫懿公及狄人战于荧泽而败。宋桓公迎卫之遗民渡河,立戴公以庐于漕。戴公立一年而卒。鲁僖公二年,齐桓公城楚丘而封卫,于是文公立而建国焉。"诗云:"定之方中,作于楚宫。"毛传:"定,营室也。方中,昏正四方。楚宫,楚丘之宫也。"郑笺:"楚宫,谓宗庙也。定星昏中而正,于是可以营制宫室,故谓之营室。定昏中而正,谓小雪时其体与东壁连,正四方。"①"揆之以日,作于楚室。"毛传:"揆,度也。度日出日入,以知东西。南视定,北准极,以正南北。室犹宫也。"郑笺:"楚室,居室也。君子将营宫室,宗庙为先,厩库为次,居室为后。"孔疏:"毛以为,言定星之昏正四方而中,取则视之,以正其南,因准极以正其北,作为楚丘之宫也。度之以日影,度日出之影与日入之影,以知东西,以作为楚丘之室也。东西南北皆既正方,乃为宫室。别言宫、室,异其文耳。……郑以为,文公于定星之昏正四方而中之时,谓夏之十月,以此时而作为楚丘之宫庙。又度之以日影而营表其位,正其东西南北,而作为楚丘之居室。室与宫俱于定星中而为之,同度日影而正之,各于其文互举一事耳。……引《曲礼》曰'君子将营宫室,宗庙为先,厩库为次,居室为后',明制有先有后,别设其文也。《绵》与《斯干》皆述先作宗庙,后营居室也。"②

---

① 按:定星即营室,属二十八宿之北宫玄武,《尔雅·释天》"星名"载"营室谓之定",郭璞注:"定,正也。作宫室皆以营室中为正。"《史记·天官书》载"营室为清庙,曰离宫、阁道"。
② 据《定之方中》,可见毛传、郑笺虽有以定星确定方位与时间之别,然则度日影以定四方则同;这得注意,毛传所言以定星、北极星定南北,与前述《考工记》"昼参诸日中之景,夜考之极星,以正朝夕"相合,可见正四方之法至少有二,除昼测日影之外,尚有夜观定星、极星之法,古人参用之以求准确。

127

（五）结论

　　董作宾先生尝举五事，并引诸家说，以证"《尧典》成于秦汉说"之误。其一为四中星之观测年代。卢景贵《高等天文学》据黄道附近星座二十八宿宫度，推算尧元年前2357年甲辰（按所据为《皇极经世》之尧年）下距民国十五年（1926）为4280余年，以为："彼时黄经较现时约少六〇度，故冬至日约在虚七度三十二分，春分在昴一度三四分，夏至日在星三度四一分，秋分日在氐一五度五三分，是《尧典》之记事于时于天均相合。"卢氏用岁差求尧时的日躔，尧时冬至日躔在虚七度三二分，日落时昴星正在南天，合于"日短星昴，以正仲冬"，其余全同。其二为冬至夜半之天象。卢氏推定尧时冬至夜半青龙七宿在东，朱雀七宿在南，白虎七宿在西，玄武七宿在北，是二十八宿分为四象的创始。其三是纪日法与置闰法。《尧典》"期三百有六日有六旬"的纪日法，已有甲骨文中武丁时纪日法可资证明。"以闰月定四时成岁"，也可以由殷代行用的"四分术"，证明置闰之法来源甚古。其四是"平秩东作""厥民析"在甲骨文中有"卯于东方析"。其五为甲骨"四方风"与《尧典》《夏小正》《山海经》《国语》的互证。其六为"出日"、"入日"、鸟星、火星均见于殷人祭祀。[①] 实际上，据岁差推测《尧典》所载"鸟、火、虚、昴"四中星之观测年代，能田忠亮推算为约公元前2000年，[②] 新城新藏推算为大约公元前2500年，[③] 而竺可桢先生ʰ推算为星昴乃距今4 000多年前，鸟、火、虚乃距今3 000年前，折中而推测"盖殷末周初之现象也"。[④] 结合卢氏所证，各家之说有异，然均定在距今4 000年前后。从《尧典》

---

① 董作宾：《中国古代文化的认识》，《董作宾先生全集》乙编第3册《平庐文存》卷三，第384页。

② ［日］能田忠亮：《东洋天文学史论丛》，恒星社厚生阁，1943年，第526—562页。

③ ［日］新城新藏：《东洋天文学史研究》，弘文堂书坊，1932年；译本有［日］新城新藏著，沈璇译《东洋天文学史研究》，中华学艺社，1933年，第265页。

④ 竺可桢：《论以岁差定〈尚书·尧典〉四仲中星之年代》，《科学》第11卷第12期，1927年；又载《史学与地学》第2卷第2期；收入《竺可桢全集》第1卷，上海科技教育出版社，2004年，第552—560页。

问道于天：《尧典》"观象授时"部分的知识传承

"观象授时"部分的系统性上来看，测影定方定时的时间当亦不晚。山西省襄汾县新石器时代陶寺文化城址发现有 4 100 多年前（相当于帝尧时期）的古观象台遗址，经实测确实有观象授时功能。[①] 如此，作为《尧典》观象授时核心部分的宾日、饯日（测影定方定时）与四方仲星（昏中星定季）所搭起来的时间框架，让我们不能不认为当时的"记载"通过口述或者其他辅助形式传承了下来，这构成了"观象授时"文本的第一个信息层。

正如蔡沈言，"历既成，而分职以颁布，且考验之，恐其推步之或差也"，测影定方定时，作为分时制历的步骤之一，在后者既定以后，剩下的就是核准与校定的工作。据甲骨刻辞所记，则在春秋二分礼日出入的同时，常伴有不同种类的祭祀活动。另外，如果我们进行机械比较，能够发现"寅宾出日""寅饯入日"，所对应之"宾"和"饯"在卜辞中均非祭名。依照前文对"宾"的分析，结合"出日"的相关辞例，则"寅宾出日"或为省略了祭名的刻辞，而"寅饯入日"当亦同之。春秋二分的这种祭祀活动一直延续，未曾断绝。[②] 马融、郑玄等注经

[①] 关于陶寺遗址观象台的情况，详参中国社会科学院考古研究所山西工作队、山西省考古研究所、山西省临汾市文物局《山西襄汾县陶寺城址发现陶寺文化大型建筑基址》，《考古》2004 年第 2 期；中国社会科学院考古研究所山西队、山西省考古研究所、临汾市文物局《山西襄汾县陶寺城址祭祀区大型建筑基址 2003 年发掘简报》，《考古》2004 年第 7 期；中国社会科学院考古研究所山西工作队、山西省考古研究所、临汾市考古研究所、临汾市文物局《山西襄汾县陶寺中期城址大型建筑 Ⅱ FJT1 基址 2004—2005 年发掘简报》，《考古》2007 年第 4 期；中国社会科学院考古研究所山西工作队、山西省考古研究所、临汾市文物局《山西襄汾县陶寺城址发现陶寺文化中期大型夯土建筑基址》，《考古》2008 年第 3 期。观象台遗址功能的探讨，详参江晓原、陈晓中、伊世同等《山西襄汾县陶寺城址天文观测遗迹功能讨论》，《考古》2006 年第 11 期；武家璧、陈美东、刘次沅《陶寺观象台遗址的天文功能与年代》，《中国科学（G 辑：物理学 力学 天文学）》2008 年第 38 卷第 9 期。

[②] 按：殷代有出日、入日之祭，亦有东母、西母之祭，《山海经·大荒南经》云"羲和者，帝俊之妻，生十日"，帝俊（帝喾）为殷人之高祖，故此卜辞之东母盖即羲和也。而《大荒西经》云"帝俊妻常羲，生月十有二"，则西母盖即常羲也。是以陈梦家先生以东母、西母为日月之女神（参见陈梦家《殷虚卜辞综述》，第 574 页）。出入日与东西母之二祭，或同为后世春分朝日、秋分夕月之礼之滥觞。

笺传实得此脉络，形成了《尧典》经传的第二个信息层次。

《礼记·月令》载："立春之日，天子亲帅三公、九卿、诸侯、大夫以迎春于东郊。还反，赏公卿、诸侯、大夫于朝。命相布德和令，行庆施惠，下及兆民。庆赐遂行，毋有不当。乃命大史守典奉法，司天日月星辰之行，宿离不贷，毋失经纪，以初为常。"①此为天子迎春之礼。又《乐记》云："春作夏长，仁也；秋敛冬藏，义也。"②《墨子·三辩》程繁问于子墨子云："昔……农夫春耕夏耘，秋敛冬藏，息于聆缶之乐。"③春耕夏耘秋敛冬藏与天子迎四季之礼，前引丁山说，以为亦当肇端自甲骨文中"迎日"之礼，实则二者区别明显。就《墨子》载程繁追述"昔"以及《月令》所载，结合周人始祖后稷为农业之始祖，则此礼周已有之当无可怀疑，其同天子籍田之礼一样，当同为重视耕作而设。迎春与耕作由立春始，故后世以孟春（正月）、以农耕解《尧典》者当在此脉络之中，而《大传》又当为后来者之先导。此可谓《尧典》经传的第三个信息层。

从这三个信息层当中，我们看到了早期知识经"三代损益"的轨迹。如果仅仅为了研究的方便，粗暴地将《尧典》定为战国或秦汉人的"作品"，我们就可能忽略掉了对其所涵蕴之信息层（其中包括早期的"实录"）的开掘，以及对先民辛苦传述过程的追寻与体味。与此同时，经典的丰富程度也就大打折扣了，这将会是令人遗憾之事。

二、甲骨刻辞中"四方凤"与《尧典》所载之"四时厥民"

《尧典》中"厥民析"，当与下文"厥民因""厥民夷""厥民隩"合观，古人多以农事说之。如春分之"厥民析"，伪孔传曰："言其民老壮分析"。《史记·司马相如传》司马贞《索隐》引如淳曰："析，中分也。白藏天子，青在诸侯也。"④《吕氏春秋·仲春纪》高诱注引"《尚书》曰'厥民析'，散布在野"，孙星衍《尚书今古文注疏》据以言春分

---

① 《礼记》卷五《月令》，《十三经古注》，第933页。
② 《礼记》卷一一《乐记》，《十三经古注》，第1016页。
③ （清）孙诒让撰，孙启治点校：《墨子间诂》，第38—39页。
④ （汉）司马迁：《史记》卷一一七《司马相如列传》，第3691页。

"使民分散耕种"。① 江声注:"厇,读若厥,其也。析,散也。将治农事,散布在野。"②再如夏至之"厥民因",伪孔传曰:"因,谓老弱因就在田之丁壮,以助农也。"孙星衍曰:"盖谓民相就而助成耕耨之事"。③ 又如秋分之"厥民夷",伪孔传曰:"夷,平也。老壮在田与夏平也。"孙星衍曰:"《谥法解》云:'安心好静曰夷。'时无农功也。"④ 又如冬至之"厥民隩",伪孔传曰:"隩,室也。民改岁入此室处,以辟风寒。"蔡沈《书集传》曰:"隩,室之内也。气寒而民聚于内也。"⑤段玉裁《古文尚书撰异》认为本当作"厥民奥":

> 今本作隩。此字本作奥。故孔云:"室也。"《正义》引《尔雅》"室西南隅为奥"。经文断不作隩字。考《尔雅·释宫》,《音义》虽云"奥,本或作隩",然又云"《尚书》并《说文》皆云'奥,室也'"。可以证《尚书》经传本作奥。卫包见陆氏云"于六切",谓隩音则然,奥音不尔,因改为隩。抑知奥何嫌于耗、于六二反乎?《集韵》"一屋"云"奥,乙六切,室中",此取诸《释文》也。马云:煖也。此读奥为燠。奥自可引伸兼暖义,不俟加火旁。《洪范》说庶征,字本作"奥",《史记》《汉书》《公羊传》注皆尔。《尧典》经文倘作"隩",则无缘马训为暖矣。今作"奥"以复其旧。⑥

据此,经文当本作"奥",如马融注,为暖义。另外,据《老子释文》"奥,暖也",则奥亦有暖义。此处句意为其民取暖。

　　实际上,古注均后起,多同农事相关,当为受到重视农耕的周文化及其后续之影响所致。与"出日""入日"一样,"析""因""夷""奥"四字背后亦包涵着丰富的信息层。

---

① (清)孙星衍撰,陈抗、盛冬铃点校:《尚书今古文注疏》,中华书局,2004年,第17页。
② (清)江声撰,曲文、徐畅校点:《尚书集注音疏》,北京大学《儒藏》编纂与研究中心编纂《儒藏(精华编)》,北京大学出版社,2017年,第36页。
③ (清)孙星衍撰,陈抗、盛冬铃点校:《尚书今古文注疏》,第19页。
④ (清)孙星衍撰,陈抗、盛冬铃点校:《尚书今古文注疏》,第21页。
⑤ (宋)蔡沈撰,王丰先点校:《书集传》,第4页。
⑥ (清)段玉裁:《古文尚书撰异》,七叶衍祥堂刊本,大化书局,1986年影印,第21页上。

据甲骨文,析、因、夷、隩当为四神之名。甲骨文有四方名与四方风名之辞,见《合》14294 和《合》14295+3814+13034+13485+《乙》5012 号,①前者为武丁时胛骨拓片,后者为腹甲拓片,均记载有四方神名和风名,与《尧典》之厥民析、因、夷、隩相关。《山海经》中亦见有关于四方神名与风名的记载。两者与《尧典》内容对勘如下:

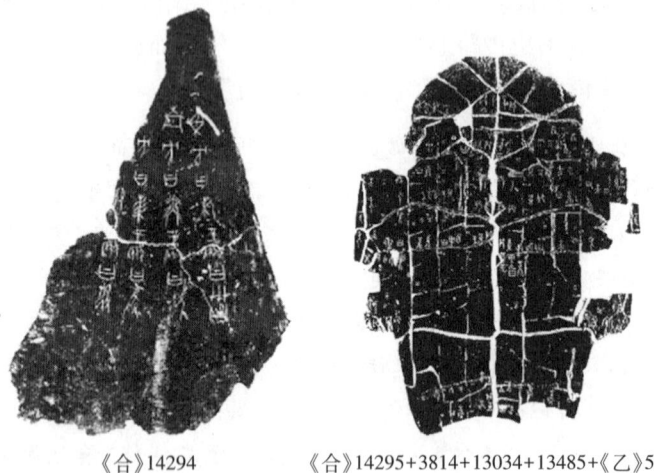

《合》14294　　　《合》14295+3814+13034+13485+《乙》5012

图一　《合》14294、《合》14295 缀合拓片

---

① "四方风"祈年卜辞是学者们积半个世纪之功缀合而成。胡厚宣最初揭示的武丁时期的大龟,其实只有 3 条关于东方、西方和北方神名的残辞,为 1936 年殷墟第 13 次发掘所得,编为《殷虚文字乙编》第 4548 版。1953 年,胡厚宣先后完成了《战后京津新获甲骨集》第 428 版与大龟(《乙》4548)的缀合,增加了南方神名的内容。与此同时,郭若愚也意识到《殷契拾掇》二集的第 6 片(与《京津》428 版为一版两拓)可以与大龟缀合,他又同时增缀《殷虚文字乙编》第 5161 版,陈梦家续缀《殷虚文字乙编》第 4794 与 4876 两版,使大龟的缀合迈出了关键性的一步。1956 年,胡厚宣重新研读四方风卜辞又有新的收获,他将《殷虚文字乙编》第 6533 版与大龟拼兑,补足了南方及西方风名。六十年代,张秉权补缀《殷虚文字乙编》第 4883 版及第 13 次发掘所获的编号为 13.0.13777、13.0.13778 和 13.0.13780 三版碎甲,后更缀以《殷虚文字乙编》第 5047 版,使大龟的内容更趋完整。其后桂琼英撮拾《考古研究所精拓契文》(未刊)第 53 版缀成大龟,收入《甲骨文合集》第 14295 版;而台湾学者林宏明又补缀《殷虚文字乙编》第 4882、4890 和 5012 版,遂成今貌。参见冯时《百年来甲骨文天文历法研究》,第 273—275 页。此龟版图片据冯书。

《合》14294号乃牛骨大字,为记事刻辞,其全文为:

东方曰析,凤(风)曰劦(协)。
南方曰夹(因),①凤(风)曰𢆶(微)。
西方曰𢆀,凤(风)曰彝。
[北方曰]夗(宛),凤(风)曰伇(役)。

缀合版大龟(《合》14295+3814+13034+13485+《乙》5012)中关于四方神及四方风部分释文:

辛亥卜,内贞,帝于北,方曰夗(宛),凤(风)曰伇(役),牢年?一月。一二三四

辛亥卜,内贞,帝于南,方曰𢆶(微),凤(风)夷,牢年?一月。一二三四

贞,帝(禘)于东,方曰析,凤(风)曰劦(协),牢年?一二三[四]
贞,帝于西,方曰彝,凤(风)曰丮,牢年。一二三四

《山海经》亦有四方名与四方风名,与《尧典》及甲骨文所载相关:②

《大荒东经》曰:大荒之中,有山名曰鞠陵于天、东极、离瞀,日月所出。["有人"或"有神"]名曰折丹,东方曰折,来风曰俊,处东极以出入风。

《大荒南经》曰:有神名曰因[因]乎,南方曰因[乎],夸(来)风曰[乎]民,处南极以出入风。

《大荒西经》曰:有人名曰石夷,[西方曰夷],来风曰韦,处西北隅以司日月之长短。

《大荒东经》曰:有女和月母之国。有人名曰鹓,北方曰鹓,来[之]风曰狻,是处东极隅以止日月,使无相间出没,司其短长。

---

① 《合》14294中"南方"的"𡗥"(夹)字,裘锡圭先生释为"因"。参见裘锡圭《甲骨文考释(续)》,《裘锡圭学术文集》,复旦大学出版社,2012年,第一册,第177—179页。

② 按:分别见《大荒东经》《大荒南经》《大荒西经》。文中增补损益据郝懿行笺疏及袁珂校注补。参见(清)郝懿行撰,沈海波点校《山海经笺疏》,上海古籍出版社,2019年;袁珂校注《山海经校注(最终修订版)》,北京联合出版公司,2014年。

表二 《尚书·尧典》、甲骨卜辞、《山海经》文句对照表

东方	《尚书·尧典》	厥民析,鸟兽孳尾。
	《合》14294	东方曰析,凤曰卷(协)。
	《合》14295 缀	内贞,帝于东,方曰析,凤(风)曰劦(协)。
	《大荒东经》	日月所出,名曰折丹。东方曰折,来风曰俊,处东极以出入风。
	《北山经》	鐇于毋逢之山,北望鸡号之山,其风如飂。①
南方	《尚书·尧典》	厥民因,鸟兽希革。
	《合》14294	南方曰夹(因),凤(风)曰叔(微)。
	《合》14295 缀	内贞,帝于南,方曰岧(微),凤(风)夷。
	《大荒南经》	有神名曰因[因]乎,南方曰因[乎],夸(来)风曰[乎]民,处南极以出入风。
西方	《尚书·尧典》	厥民夷,鸟兽毛毨。
	《合》14294	西方曰夷,凤(风)曰彝。
	《合》14295 缀	贞,帝于西,方曰彝,凤(风)曰号。
	《大荒西经》	有人名曰石夷,[西方曰夷],来风曰韦,处西北隅以司日月之长短。
北方	《尚书·尧典》	厥民隩,鸟兽氄毛。
	《合》14294	[北方曰]㐄(宛),凤(风)曰殴(役)。
	《合》14295 缀	内贞,帝于北,方曰㐄(宛),凤(风)曰殴(役)。
	《大荒东经》	有女和月母之国。有人名曰鹓,北方曰鹓,来[之]风曰狯,是处东极隅以止日月,使无相间出没,司其短长。

---

① 《说文解字》"飂"字下,引此句作"惟号之山,其风曰飂"。

134

表三 《尧典》、甲骨卜辞、《山海经》四方风名对照表

		《尧典》	《合》14294	《合》14295 缀	《山海经》
东	方名	析	析	析	折
	风名	鸟兽孳尾	旮（协）	劦（协）	俊、飓
南	方名	因	夾（夹、因）	岺（微）	因
	风名	鸟兽希革	叔（微）	夷	民
西	方名	夷	束	彝	夷
	风名	鸟兽毛毨	彝	丏	韦
北	方名	隩	九（夗）	九（夗）	鋭
	风名	鸟兽氄毛	殳（役）	殳（役）	狻

三者之异同，有讹传、误抄所致者，亦有受其他意义系统如后世之八风说等影响所致者，不足为异。刻辞四方风的研究肇端于胡厚宣先生，其于1941年撰《甲骨文四方风名考证》，首次揭示甲骨文有四方名及四方风名，并将其与《尧典》《山海经》对比研究，条理出方名与风名之演变轨迹；又认为四风之名反映四时之气候特征，并联系典籍中的"八风"进行比较，给予后来研究者很大启发。① 胡文刊发后，此问题引起学界广泛关注。四方名及四方风名之义，学界迄尚无定论，综述诸家之说，约略可归为六类：

1. 自然物候。杨树达认为四方及风名与草木盛衰相关，为职司草木之神名。② 杨先生先论方位神名，东方曰析者，杨先生言认为"此殆谓草木甲坼之事也"。因为据甲骨字形，析作 𣂺，《说文》训破木。南方之夹，《尧典》《山海经》作因。杨先生读夹为荚之初文，

---

① 胡厚宣：《甲骨文四方风名考证》，《甲骨学商史论丛初集》，第369—382页。
② 杨树达：《甲骨文中之四方风名与神名》，《积微居甲文说》，上海古籍出版社，1986年。

《说文》云"荚,艹实也,从艹,夹声",故谓"盖南方为夏方,夏为草木着荚之时,故殷人名其神为荚也"。西方曰𣏟,杨先生以为即段注本《说文》𣎵字,隶定作"𣎵,艹木垂华实也,从木丂,丂亦声"。"盖西为秋方,故殷人名其神为𣎵也。"北方夗,杨先生疑即宛,《说文》云"宛,屈草自覆也",宛,影纽元部;《尧典》之奥,影纽觉部,一声之转,古音可通。"盖北为冬方,冬时阳气闭藏,万物潜伏,有蕴郁覆蔽之象,故殷人名其神曰宛。"

后定四方风名。东风曰劦,《国语·周语》"有协风至"、《郑语》"虞幕能听协风",韦昭注均言"协,和也";协风亦即谷风,《诗·邶风·谷风》"习习谷风"句,毛传:"习习,和舒貌。东风谓之谷风,阴阳和而谷风至。"协风谷风,名异而义一,均东方之和风也。南风𢍰,胡厚宣先生读为微,杨树达先生读为岂、凯,《邶风·凯风》云"凯风自南",《尔雅·释天》云"南风谓之凯风"。凯风又曰巨风,《吕氏春秋·有始览》"南风曰巨风",高诱注:"一曰凯风。"《淮南子·墬形》亦云"南方曰巨风",高诱注:"一曰恺风。"俞樾《诸子平议》校《吕览》《淮南》二巨字并岂字形坏之误,杨树达从之。《诗·邶风·凯风》"凯风自南",毛传:"南风谓之凯风,乐夏之长养。"义谓凯即恺,快乐、和乐也。西风曰彝,即泰风、大风,《尔雅·释天》云"西风谓之泰风",《诗·大雅·桑柔》"大风有隧",毛传:"隧,道也。"郑笺:"西风谓之大风,大风之行,有所从来,必从大空谷之中。"[①]北风伇,杨先生言未详。

于省吾先生补论西方夷、北方风伇,[②]以为夷乃杀伤意,言万物收缩也;西风之字非韦,乃契,读为介,大也。北方宛,从杨树达以及陈邦怀《殷代社会史料征存》"四方风名"[③]之说,以为万物蕴藏之义。北方风伇音通洌,寒风也。即伇为以纽,喻母四等字,古读既归定,亦有读来纽者,如药、籥属喻四,栎、砾、躒、轹属来纽;再如《论语》"八佾舞于庭",马融训佾为列,乃声训;《楚辞·大招》"清馨冻

[①] "彝"为以纽,据曾运干之说,喻四归定,故与"泰""大"音通。
[②] 于省吾:《释四方和四方禜的两个问题》,《甲骨文字释林》,商务印书馆,2010年。
[③] 陈邦怀:《殷代社会史料征存》"四方风名"条,天津人民出版社,1959年。

饮,不歠役只",言饮轻淡馨香凉爽之酒,而不饮酷烈之酒。庄二十年《公羊传》"大瘠者何？㾌也",何休注"㾌者,民疾疫也",㾌与疫以声为训。① 胡厚宣先生后从杨氏四方名之解。② 郑慧生先生亦承杨说,然有异同,如东方析、东风协、南风凯之解,同杨说;南方"夹"则读为"因",草木高长也;西方夷,谓芟夷草木也,此近同于于先生之说,西风之韦者束也,束薪以芟也;认北方为"氐"字,与"宛""㚔"同为草木生机伏于根柢之义,役者草木弃旧易新也。③ 曹锦炎先生读北方名为伏,从于说读风名为役,通洌,寒也。④ 诸家所论大体就自然物候立说,可归为一类。

2. 分至节气。常正光先生认为八风、八方及八卦之风实质表示八节(分、至与四立),四风实质亦即四时之形象化代称。凤当如字读,而不必读为风,四风八风即四凤八凤,帝使也,其义即四时八时。东方析即禘祭于东方之祭名曰析之意,析即昕,天将明也,为测东西方向线而日出前作准备。后世把春之帝附会为太皞也是与"析"有关,太皞,《说文》曰"皓旰也",段曰"洁白光明之皃",知其名亦出于此。西方曰夷,为测日影而芟夷平地也。于南北二方之名夹(或因,微、凯)、㚔、宛、勹等,则阙疑。⑤ 冯时《殷卜辞四方风研究》言八风与八节相关,为候气法,与常正光说略同;四风为分至四节,说近连劭名;四方神即司分至之神,四方风则分至之候;东方为析,析者中分也,日中即春分,昼夜中分,故曰析;东风协为合,交合也,阴阳交合,亦即"鸟兽孳尾";南方因、夷、迟,均长也,夏至日长至也,故以名其神也;南风名微、凯者,凯亦微、小、少也;南方暑热,故鸟毛稀少也;西方名彝、夷音通,夷为正字,平也,言秋分昼夜平分也;西风名束者,含而待盛也,鸟毛待盛以御寒也;北方宛、㚔音通,屈折短屈也,冬至日

---

① 于先生所举之外,《诗·大雅·生民》"禾役穟穟",毛传"役,列也。穟穟,苗美好也",亦当为声训。
② 胡厚宣:《释殷代求年于四方和四方风的祭祀》,《复旦学报》1956年1期。
③ 郑慧生:《商代卜辞四方神名、风名与后世春夏秋冬四时之关系》,《史学月刊》1984年第6期。
④ 曹锦炎:《释甲骨文北方名》,《中华文史论丛》1982年第3期。
⑤ 常正光:《殷代授时举隅——"四方风"考实》,《中国天文学史文集》第5集,第51—55页。

短至,故以名神,风名役,役读为燊,燊盛也,言鸟兽毛盛以御寒也。羲和四子即析、因、夷、𠔼四神,分至四节之神,后为四季之神。①

3. 四方帝。陈梦家《殷墟卜辞综述》以为东方析即少皞挚,四方名乃四方帝名。② 值得注意的是,因陈梦家先生认为《尧典》晚出,所以认为:"《尧典》虽然保存了卜辞四方之名,而因为它已杂入了四星之说,是较晚的;反之,《山海经》还保存了卜辞四方神名的最朴质的遗传。我们由此理解到卜辞中的若干材料,不能仅向较正经的典籍中寻找对照,也要像《山海经》一类书中去寻找保存原始的素料。"③

4. 四方图腾说。郑杰祥先生言四方神名之东方神析即少昊挚,此同陈梦家说;南方长(前人多读为㣇、凯)即长离亦即朱鸟和謹朱、丹朱;西方彝即鸡亦即玄鸟或秦人祖先孟戏;北方勹即勼即北强、伯强即禺强神,四者均四方原始部族方国之图腾神。④

5. 地名说。严一萍先生认为甲骨文中地名有析、因等四字,故解四方名为地名。⑤

6. 八卦方位说。连劭名先生言甲骨四方名之义,与后天八卦图之东方震、西方兑、南方离、北方坎之四方名义相关。⑥

此外,亦有不以解四方、四方风之名义为目的,而言四方、四时与四方风三者之关系者,如李学勤先生以为候四方之四方风,可定四时之节气;候风后发展为风角之占术,卜辞贞协风于腊月、正月,与汉魏鲜之候风术同。⑦ 饶宗颐先生言候四方之风,以律吕可占四时。⑧

四方、四方风之名义,诸家歧说各有理据,难以遵从。但结合前文对宾饯"出日""入日"的分析,其解释系统之逻辑顺序并不难窥知。杨树达先生的考证,即以四季草木盛衰及气候特点来训释方名与风名之义,实际上是将四方、四风名之本义理解为反映了农人耕

---

① 冯时:《殷卜辞四方风研究》,《考古学报》1994 年第 2 期。
② 陈梦家:《殷虚卜辞综述》,第 589—594 页。
③ 陈梦家:《殷虚卜辞综述》,第 594 页。
④ 郑杰祥:《商代四方神名和风各新证》,《中原文物》1994 年第 3 期。
⑤ 严一萍:《卜辞四方风新义》,《大陆杂志》15 卷 1 期,1957 年。
⑥ 连劭名:《商代的四方风名与八卦》,《文物》1988 年第 11 期。
⑦ 李学勤:《商代的四风与四时》,《中州学刊》1985 年第 5 期。
⑧ 饶宗颐:《四方风新义》,《中山大学学报》1988 年第 4 期。

问道于天：《尧典》"观象授时"部分的知识传承

作的农事活动。这种后起形态，绝非刻辞所展示出的神化四方与四风。杨先生的思路，没有超越传统的春生夏长秋收冬藏的季节与物候划分模式。与之相较，《山海经》四方之神的职司已明确规定为掌管日月之短长，《尧典》之四方名又被放在了"观象授时"的整体系统当中。所以，就草木荣枯与气候变化来分析四方、四风名义之源似失之偏颇，而常正光、冯时等以"古老纪时体系的原始模式"来解释当更达其源头，如冯时先生所论：

胡厚宣将卜辞四方风与传统的八风系统的综合考察极富创见，这意味着人们有理由将卜辞四方风与殷代的授时系统加以联系。事实上，卜辞的东方神名"析"与西方神名"彝"都有平分、平齐的意义，表示春分与秋分时昼夜平分；南方神名"因"（迟）与北方神名"凡"（宛）又分别意蕴长短，表示夏至日长至和冬至日短至。这个解释不仅可与《尧典》羲和四子分主春分（日中）、夏至（日永）、秋分（宵中）和冬至（日短）的记载吻合，也同时可与《山海经》四神司掌日月短长的文意相贯通。因此，卜辞的四方神实际就是分至四神，而四方风与分至四中气相配，则应反映了四气的物候征象。东风协意为交合，南风微意为稀少，西风彝意为含盛，北风役意为丰盛，分别喻指东风至则鸟兽交尾，南风至则鸟兽脱毛，西风至则鸟兽蓄毛，北风至则鸟兽毛盛，借以象征二分二至之物候征象，这显然又与《尧典》四方神之后复以鸟兽之变应四时的记载若合符契。显然，卜辞的四方神与四风神实际构成了完整的标准时体系，也就是殷代的历制体系。①

---

① 冯时：《百年来甲骨文天文历法研究》，第280页。按，冯时认为：殷代析、彝为司分至之神，析属东方，主春分，意训分；彝属西方，主秋分，意训平，均指二分之日昼夜平分。因、凡（宛）为司至之神，因属南方，主夏至，意同训长；凡（宛）属北方，主冬至，意训短；分别指夏至日长至和冬至日短至。殷代东风协、南风微、西风彝、北风役为分至四节之候，协训交合，微训稀少，彝训含盛，役训丰盛，以鸟兽之变应四节。这些内容在《尧典》中得到了充分留存。殷代四方神与四风神构成了完整的标准时体系，也就是历制体系。四方神为分至之神，四风神则为四节之物候征象。四时本为分至四节，非四季。四节构成标准时体系，季节则源于农业周期。殷代已建立四节体系，同时并行适应农业生产的冬、春两季，但这两个体系尚未最终结合形成四季。参见冯时《殷卜辞四方风研究》，《考古学报》1994年第2期。

139

冯时先生认为卜辞的四方神实际就是分至四神,而四方风与分至四中气相配,则应反映了四气的物候征象。如此,《尧典》中的授时记载显然来自一个与刻辞同时,甚或更早的记时系统。但是《尧典》中以"鸟兽某某"来对应四方风名,更有可能是流传过程中的误读所致。

胡厚宣《甲骨文四方风名考证》云:"甲骨文曰'凤曰汸',《尧典》则由凤皇引申而为鸟兽,不知甲骨文凤之义,乃假借为风也。"① 此说遭严一萍质疑,后者《卜辞四方风新义》以为胡先生之"此其所论,若作《尧典》者必已知有甲骨文之契刻四方风名也,胡君治契学,明知此为不可能之事",故以胡先生之说未足信。② 严一萍先生的讲法逻辑未周。《尧典》作者不需要知道甲骨文,亦可知四方风,因为甲骨所载传世典籍亦有之,前举《山海经》之例即是。《尧典》作者所据或许正是它书,遂致原本之方神、风神讹变为鸟兽。另外,甲骨文、《山海经》均四方与四方风合称之,《尧典》则只言方名而无风名,并且其所言四季"鸟兽"之物候独特,与《大戴礼记·夏小正》《礼记·月令》《吕氏春秋·孟春纪》等十二纪所载物候明显有别,却与甲骨文、《山海经》之风名更相关,则其渊源所自,基本上可以确定。据此而言,胡先生之说是可以成立的。

然而胡先生于劦风与孳尾、微风与希革、㝸风与毛毨、役风与氄毛之关系,其训诂则似牵强附会。③ 如此,甲骨文中之风某某,以何途径而讹变为《尧典》之鸟兽某某?蔡哲茂先生有一个讲法或能有所启发。其以为《尧典》"鸟兽孳尾"等四语,由误读协风等四风之合文字形而来。《尔雅·释鸟》言雉,"南方曰鹭,东方曰鶛,北方曰鵗,西方曰鷷",蔡哲茂以为四方之雉名来源于四方风名之合文。④ 似较

---

① 胡厚宣:《甲骨文四方风名考证》,第373页。
② 严一萍:《卜辞四方风新义》,《大陆杂志》15卷1期,1957年。
③ 如斯维至《殷代风之神话》云:"由凤衍变而为鸟兽,正甚自然,而胡氏'阴阳交接'云云,则失之迂曲矣"。参见斯维至《殷代风之神话》,《中国文化研究汇刊》1948年9月第8卷。
④ 蔡哲茂:《甲骨文四方风名再探》,《甲骨文论文集》;收入宋镇豪、段志洪主编《甲骨文献集成》,第32册,四川大学出版社,2001年,第465页。按:四风之中,其论东风最有启发,北风阙疑,南风、西风则比较迂曲:(转下页)

问道于天：《尧典》"观象授时"部分的知识传承

胡氏之说更具启发意义。

相较于认为这些流传中出现的变化为文字误训或误读所致，我们更倾向于这些变化体现了经典写定时代的文化特质。早期观象授时、记时的记录，以口传的方式传承下来，待其写定之时，原始意涵或已难为人知。用以解释农耕文化的需求超过了对其原始纪时定节义涵的追讨，于是我们看到了《尧典》从寅饯出入日到四方、四方名的传解系统的"农耕化"。"农耕化"的过程，实为"周化"的过程。我们由此可以窥见《尧典》"观象授时"部分三代损益之一斑。甲骨刻辞中所载之四方与四风神名，属于一种巫祀文化中的记录。《山海经》中所载之四方与四风神名，则属于一种神话形态的记录，而神话同早期口传关系密切。武丁时代之前，刻辞中应该已经有关于四方与四风的知识，结合传世文献记载，占卜习惯或可早至夏后时期，如张秉权先生即认为殷墟出土的卜用甲骨，无论在攻治与占卜的技术上；在文字的书契与使用上，都已经达到了极为成熟的阶段。在此以前，这一习俗的发生成长与流传沿革，似乎还应该有着一段极长期的历史背景：

这个历史背景，根据较早的一些文献上的记录，只能追溯到夏后之世的龟卜为止，例如《墨子》的《耕柱篇》说："昔者夏后开，使蜚廉采金于山川，而陶铸之于昆吾。是使翁难乙卜于白若之龟。"《史记·太史公自序》说："三王不同龟，四夷各异卜，然各以决吉凶。"又《龟策列传》也说："自古圣王，将建国受命，兴动事业，何尝不宝龟策以助善。唐虞以上，不可记已。自三代之兴，各据祯祥。涂山之兆

（接上页）东风之劦风、《尔雅》"东方曰鹠"、《尧典》"孳尾"，三者之讹变过程为：劦风之甲骨文合文或写作"㠭"（蔡先生假设者），盖为今"飑"字之来源，飑字见《山海经·北山经》"錞于毋逢之山，北望鸡号之山，其风如飑（郭璞注"飑，急风貌也，音戾。或云，飘风也"）"。"飑"之劦，甲骨文或下有口而作"㕣"之形（见《合集》14294号），㕣与甾形近；"飑"之风，甲骨文作凤，与鸟形近，故"飑"（即蔡先生假设之甲骨合文"㠭"）讹变为"鹠"；而甾与孳音通，故由㕣而形讹为甾，由甾而音讹为孳，由孳而生"孳尾"之说。

141

从,而夏启世;飞燕之卜顺,故殷兴。"①

张氏更从李济先生之说,以骨卜为龟卜习惯之前导,②而夏后之世,即便有龟卜,似已不能算是此一习俗之最早阶段。③ 实际上,结合考古发现,早在距今9 000~7 500年的河南舞阳贾湖遗址中就已经发现有龟甲、骨器和石器刻符。④ 可见,骨卜、龟卜之所兴,当远在夏以前。另外,由考古所见及天文学史的研究可知观象授时的活动确实更早,例如安徽含山县凌家滩新时期时代遗址,发掘出大汶口文化晚期墓地,出土了一件绘有奇特图案的方形玉版,据武家璧先生考证,可能与八卦方向以及日出方位授时有关。⑤ 以上梳理结合出土证据,如何取舍,当已清楚。

三、余　　论

《论语·尧曰》载尧之言:"咨,尔舜,天之历数在尔躬。"可见尧

---

① 张秉权:《甲骨文的发现与骨卜习惯的考证》,"中央研究院"历史语言研究所中国上古史编辑委员会编《中国上古史待定稿(殷商编)》(第2本),"中央研究院"历史语言研究所,1985年,第57页。
② 按:据张秉权先生当时的统计,龙山文化或其他新时期文化时期的卜骨,以及殷商文化时期的卜骨与卜龟之出土地点,已有74处,分布在10多个省份。参张秉权《甲骨文的发现与骨卜习惯的考证》,《中国上古史待定稿(殷商编)》(第2本),第60—67页。
③ 张秉权:《甲骨文的发现与骨卜习惯的考证》,《中国上古史待定稿(殷商编)》(第2本),第57页。
④ 河南省文物考古研究所编:《舞阳贾湖》,科学出版社,1999年,第984页。
⑤ 此玉版中的大圆被放射状直线及圭叶纹相间划分出16等份,玉版四隅的四个圭叶纹位于16等分夹角的中分线上,指向二至的日出入方向,由此日出入方位构成的地平昼夜弧之比值,与秦简"日夕分"冬夏二至的地平昼夜弧之比完全吻合,即冬至昼夜弧为5/11,夏至昼夜弧为11/5。这与秦汉日晷的冬(夏)至日出入方位也是符合的。凌家滩玉版的发现,说明我国先民早在距今5 000多年前,就已经掌握根据日出方位确定时节这种简便的授时方法。参见安徽省文物考古研究所《安徽含山凌家滩新石器时代墓地发掘简报》,《文物》1989年第4期;安徽省文物考古研究所编《凌家滩玉器》,文物出版社,2001年,第125页;武家璧《含山玉版上的天文准线》,《东南文化》2006年第2期。

问道于天：《尧典》"观象授时"部分的知识传承

舜相传的一个重要方面就是"天之历数"。刘宝楠《正义》引《尧典》观象授时部分，言"历数""历象"词义并同。又引《洪范》，言其"五曰历数"中的"历数"是岁、月、日、星辰运行之法。又引《曾子·天圜》："圣人慎守日月之数，以察星辰之行，以序四时之顺逆，谓之历。"又引《史记·历书》言："黄帝考定星历，建立五行，起消息，正闰余，于是有天地神祇物类之官。"（《历书》）又言："尧复遂重黎之后，立羲和之官，明时正度。年耆禅舜，申戒文祖云：'天之历数在尔躬。'舜亦以命禹。由是观之，王者所重也。"据《史记》之文，则"咨舜"云云，乃尧禅位语。舜不陟帝位，故当尧之世，但摄政也。王者，天之子，当法天而行，故尧以天之历数责之于舜。① 据此可知，《尧曰》此句当为尧禅位于舜时所言，而"天之历数"，则指的是由观象而得的日月星辰运行、四时更迭之规律，也即早期的纪时系统。

《尧典》曰："正月上日，受终于文祖，在璇玑玉衡，以齐七政。"此句中的"璇玑玉衡"，汉代以来多以浑天仪解之，孔颖达疏引马融注："浑天仪可旋转，故曰玑。衡，其横箫，所以视星宿也。以璇为玑、以玉为衡，盖贵天象也。"此事《史记》言："于是帝尧老，命舜摄行天子之政，以观天命。舜乃在璇玑玉衡，以齐七政。"② 如此，在尧舜禅让前，尧曾命舜掌管天文观测事宜。

《尧曰》与《尧典》记载合观，可知尧舜等古帝王重视观象授时之学，春秋时人依旧印象深刻。司马迁在《天官书》的"赞语"中总结古圣先王同"天学"之关系："自初生民以来，世主曷尝不历日月星辰？及至五家、三代，绍而明之，内冠带，外夷狄，分中国为十二州，仰则观象于天，俯则法类于地。天则有日月，地则有阴阳。天有五星，地有五行。天则有列宿，地则有州域。三光者，阴阳之精，气本在地，而圣人统理之。"③ 依照司马迁所论，则天学又不仅仅在于纪时，州域之别、万类之法均与之相关。如此，古人之重"天学"，在所必然，而见于经典所载与出土所见者，证其确然。

---

① （清）刘宝楠撰，高流水点校：《论语正义》，第756页。
② （汉）司马迁：《史记》卷一《五帝本纪》，第238页。
③ （汉）司马迁：《史记》卷二七《天官书》，第1599页。

回到《尧典》"观象授时"的经传上来,早期天学重要但并不意味着其一定同农事相关联。事实上古代中国的天学与农业的关系并非我们认为的那样密切。① 另外,上古农事之实际同《尧典》古注所言并不相合。夏至,今为农闲期,商周却为农忙期,然非伪孔传所谓"因,谓老弱因就在田之丁壮,以助农也",或孙星衍所谓"盖谓民相就而助成耕耨之事",而为开荒"衰田"之农忙期。冬至,今为农闲期,蔡沈亦以为"气寒而民聚于内也"之农闲期,然在商周却为开荒"衰田"之农忙期。② 天学之关紧,农耕季节之有异同,导致经典传解的"以今例古"与"郢书燕说"。正是这种郢书燕说让我们可以从广义"经传"的角度来审视《尧典》"观象授时"部分"三代损益"的脉络。这种对经典文本经传层次的考析远较遽定是非更有价值。

---

① 就《尧典》的传解系统来看,有着明显的"天文为农业服务的倾向",这种倾向同经文本身并不相合。近代以来,关于天文为农业服务的认识可以导源自恩格斯的《自然辩证法》,其言"首先是天文学——游牧民族和农业民族为了定季节,就已经绝对需要它"。江晓原先生曾辨此说之非,认为农业之所起远远早于天文学,天文学未起之前,农业已经发生、发展着;天文学产生之后,也并未有使得农业因此有什么突飞猛进。相较于天文学,农业生产更多依赖的是物候学。天文学的抽象、精密非农业生产所需要。详参江晓原《天学外史》第 2 章《古代中国什么人需要天学》,上海交通大学出版社,2016 年,第 16—19 页。
② 甲骨文有䰟字,张政烺先生读为衰,并详解古代"衰田"之制,认为:"二、卜辞衰田的主要工具是捎,用以捎杀林莽,皆于夏至月、冬至月行之,与《周礼》柞氏、雝氏职同。三、衰田是开荒,大约分三个阶段,须要三年完成,即周人所谓菑、畬、新田。菑才耕,畬火种,最后作疆畎,聚埒亩,成为新田。"详参张政烺《卜辞"衰田"及其相关诸问题》,《考古学报》1973 年第 1 期;收入《张政烺文集·甲骨金文与商周史研究》,中华书局,2012 年。

清华简《命训》的成书时代及思想史意义

刘光胜

人性论是儒家政治学说展开的基石,但由于孔子未言性善,并未曾构建人性与天命之间的理论衔接。那么,子思、孟子的人性论从何而来?儒家人性论的来源问题,一度成为学界关注的焦点所在。清华简《命训》与《逸周书·命训》文本内容基本相同,乃先秦时期形成的不同传本。清华简《命训》的出现,意味着《逸周书·命训》成书于东汉以后说法的破产。这就为我们重新考察儒家人性论的来源,提供了新的线索与契机。

一、清华简《命训》成书时代考

关于《逸周书·命训》的成书年代,学者们之间的分歧很大。我们按照时间先后,将学界的意见梳理如下:

1. 商末周初说。《逸周书·序》说:"昔在文王,商纣并立,困于虐政,将弘道以弼无道,作《度训》。殷人作教,民不知极,将明道极以移其俗,作《命训》。纣作淫乱,民散无性习常,文王惠和化服之,作《常训》。"[1]商代末期,纣王无道,文王作"三训"以教化无道。根据《周书序》,黄震、潘振等学者将《命训》定为周文王时所作。

朱右曾说得更为具体:"文王出为西伯,入为三公,陈善纳诲,固

作者简介:刘光胜,山东大学儒家文明省部共建协同创新中心教授、博导,"古文字与中华文明传承发展工程"团队成员,主要研究出土文献与先秦史。

基金项目:本文系国家社科基金冷门绝学研究专项学术团队项目"先秦两汉出土易类文献汇纂通考与话语体系建构研究"(23VJXT002)的阶段性成果。本文原刊于《出土文献综合研究辑刊》第13辑(2021年),此次收录略有改动。

[1] 黄怀信等:《逸周书汇校集注》(修订本),上海古籍出版社,2007年,第1117—1118页。

其职分。然以纣之昏闇,犹惓惓乎欲牖其明,则忠之至也。'三训'盖皆为三公时所作。"①他认为是文王担任三公时期,向纣王"陈善纳诲"之作。② 唐大沛云:"此序似未达作训之本旨,而以己意序之,不足信也。"③唐大沛持否定意见,他主张《周书序》作者不了解作训的主旨,据己意撰作,不可尽信。

2. 春秋时期说。刘起釪认为"三训"等十余篇"保留了西周原有史料,其文字写定可能在春秋时"。④ 黄怀信强调三篇《序》文辞不古,"其原作亦必不早至文王",并提出《度训》中提到的"爵"为西周政权建立以后方有,故不会早至西周之前。⑤ 黄怀信从文献引文入手,他发现《左传·桓公二年》《国语·晋语》《左传·昭公二十六年》中的三段文字出自《常训》,《左传·昭公二十五年》子大叔之言出自《度训》,据此黄怀信认为"'三训'有可能出自西周。不过以文字观之,似当为春秋早期的作品"。⑥

罗家湘把《逸周书》分为史书、政书、兵书和礼书四类,而"三训"连同《大匡》《程典》均被归入政书一类,他据"三训"以数为纪的特点,将之归为春秋时期。⑦ 刘国忠指出,从清华简《命训》看,传世本《命训》中的"丑"都应当训为"耻",才符合原义。《命训》篇并没有人性恶的观点,更不能据此来讨论《命训》篇的写作年代。《左传》《老子》等文献中顶针格的句式早已存在,并得到很多的运用,如果仅依据顶针格手法的运用,判断文献的写作时代为战国时代,不免失之偏颇。他将"三训"的时间,定在春秋中期以前。⑧

---

① 黄怀信等:《逸周书汇校集注》(修订本),第1118页。
② 朱右曾的观点,前后有矛盾之处,他说"虽未必果出文武周召之手,要亦非战国秦汉人所能伪托"。参(清)朱右曾《逸周书集训校释·序》,商务印书馆,1940年,第11页。
③ 黄怀信等:《逸周书汇校集注》,第1119页。
④ 刘起釪:《尚书学史》,中华书局,1989年,第95—97页。
⑤ 黄怀信:《〈逸周书〉源流考辨》,西北大学出版社,1992年,第92页。
⑥ 黄怀信:《〈逸周书〉源流考辨》,第92页。
⑦ 罗家湘:《逸周书研究》,上海古籍出版社,2006年,第12页。
⑧ 刘国忠:《清华简〈命训〉初探》,《深圳大学学报(人文社会科学版)》2015年第3期,第37—41页。

3. 战国时代说。王连龙从"三训"的相互关系、文辞时代特征及思想观念主张对其进行考证,断定"这些文辞的出现时间不早于战国时期"。① 张怀通主张"三训"语言文字较为通俗,是典型的战国时代风格,用以论述的概念,有明显的儒家色彩,因此三篇的作者可能是战国时代处于非主流地位的儒家。② 周玉秀以《尚书·洪范》为例,认为《逸周书》在"以数为纪"的用法方面承接了《洪范》,《洪范》改定于春秋末战国初,因此《命训》当在此之后。《命训》大量使用顶针格,是"议论文体由简单的雏形向严密的成熟形过渡的体现",因此当为战国早期的作品。③ 张海波从耻辱观发展的线索入手,强调"三训"应是以平民阶层为主体的战国时代的产物,而不可能发生在以贵族阶层为主体的春秋时代。④

祝中熹认为《命训》写作时间,当在战国中、后期。⑤ 梁涛认为,《逸周书》应由子夏的西河学派编订于战国前期的魏国,"三训"的作者可能是子夏后学中的某位不知名学者。⑥ 经碳十四等技术测定,清华简的时代为公元前 305±30 年,即战国中期偏晚。竹书的撰作年代一般要早于这个时期,即战国前期是清华简《命训》的下限。学者或将《命训》归为东汉、魏晋时期的作品,或将该篇看作伪书,在今天看来,这些意见已经没有讨论的必要。由于文献记载匮乏,《命训》的作者难以稽考,因此强把它归为子夏后学或战国中、后期的意见,恐不足取。

《逸周书》各篇成书年代不同,我们主张按照"分组",对该书各篇的年代予以考察。《逸周书》中"三训",即《度训》《命训》《常训》,

---

① 王连龙:《〈逸周书〉研究》,社会科学文献出版社,2010年,第101页。
② 张怀通:《〈逸周书〉新研》,中华书局,2013年,第379页。
③ 周玉秀:《〈逸周书〉的语言特点及其文献价值》,中华书局,2005年,第233页。
④ 张海波:《〈逸周书〉"三训"成书年代考辨》,《史志学刊》2019年第3期,第72—80页。
⑤ 祝中熹:《〈逸周书〉浅探》,《青海师范大学学报(社会科学版)》1989年第2期,第57—65页。
⑥ 梁涛:《清华简〈命训〉"大命""小命"释疑——兼论〈逸周书〉"三训"的成书及学派归属》,《哲学动态》2021年第4期。

它们均以"训"名,同讲为政牧民之道,性质相同,文气相类,内容相贯,①其成书时间应该大致接近。因此,我们主张将"三训"作为一个整体(一组文献)进行考察,相关引文见下表:

表一 《逸周书》"三训"与早期文献内容对照表

出处 内容	《逸周书》"三训"	早 期 文 献	相似 程度
1	《常训》:"<u>慎微以始而敬,终乃不困</u>。"	《左传》襄公二十五年:"《书》曰:'<u>慎始而敬终,终以不困</u>。'"注:"逸《书》。"	直接 引用
2	《度训》:"凡民生而有好有恶。小得其所好则喜,大得其所好则乐;小遭其所恶则忧,大遭其所恶则哀。<u>凡民之所好恶,生物是好,死物是恶</u>。"	《左传》昭公二十五年:"哀有哭泣,乐有歌舞,喜有施舍,怒有战斗。喜生于好,怒生于恶。是故审行信令,祸福赏罚,以制死生。<u>生,好物也;死,恶物也。好物,乐也;恶物,哀也</u>。"	直接 对应
3	《常训》:"古者<u>因民以顺民</u>。"	《国语·晋语二》:"夫固国者,在亲众而善邻,<u>在因民而顺之</u>。"	明显 对应
4	《常训》:"民生而有习、有常。<u>以习为常,以常为慎(顺),民若生于中。习常为常</u>。夫习民乃常,为自血气始。"	《左传》昭公十六年:"<u>将因是以习,习实为常</u>。"	语意 密切
5	《常训》:"六极不赢,八政和平。八政:<u>夫妻、父子、兄弟、君臣</u>。"	《左传》昭公二十六年:"君令臣共,父慈子孝,兄爱弟敬,<u>夫和妻柔</u>,姑慈妇听,礼也。"	内容 相关

其一,传世文献引文,是判定《逸周书》"三训"成书年代的重要基点。我们将"三训"引文分为三类:

(1)直接引用。《左传》襄公二十五年:"《书》曰:'慎始而敬

---

① 黄怀信:《逸周书源流考辨》,第91页。

148

终,终以不困。'"杜预注:"逸《书》。"① 张怀通认为《常训》的词语与《左传》引《书》篇略同,或许是由于整理加工自"同一原材料"的原因造成的。② 春秋时代,《逸周书》与《尚书》尚未分开,两者都称为"《书》"。《左传》襄公二十五年卫大叔文子之言,内容见于《逸周书·常训》,并称来自"《书》",而《逸周书·常训》属于"《书》",两者的先后、源流关系是很明确的。因此,一定是《左传》引"《书》"——《逸周书》,而不可能是两者共同引用另外一批材料。

(2) 内容明显对应。《左传》昭公二十五年:"生,好物也;死,恶物也。好物,乐也;恶物,哀也。"③此句见于《度训》。《国语·晋语二》重耳说:"夫固国者,在亲众而善邻,在因民而顺之。"④"因民而顺之"对应的语句,见于《常训》。

(3) 内容相关。《左传》昭公十六年:"将因是以习,习实为常。"内容相似语句见于《常训》。《左传》昭公二十六年:"君令臣共,父慈子孝,兄爱弟敬,夫和妻柔,姑慈妇听,礼也。"⑤其中"君令臣共,父慈子孝,兄爱弟敬,夫和妻柔",即是《逸周书·常训》所说的"八政"。

张海波认为,由于古书同文现象的存在,仅凭《逸周书·常训》中的一句话见于《左传》,就断定《常训》《命训》等篇为春秋时代作品,未免有孤证立说之嫌。⑥ 实际上,《逸周书》"三训"内容见于《左传》《国语》5次,其中直接引用1次,明显对应2次,内容相关2次。大叔文子,卫国大夫,生卒年代不详,但他是卫灵公(前540年—前493年)在位期间的人物。重耳,公元前697年至前628年在位。如果是一次,可能存在偶然,但《左传》《国语》多次引用,所以我们猜测《命训》很可能属于春秋时期的作品。

---

① 《春秋左传正义》卷三六,(清)阮元校刻《十三经注疏》,中华书局,1980年,第1986页。
② 张怀通:《〈逸周书〉新研》,第354—355页。
③ 《春秋左传正义》卷五一,(清)阮元校刻《十三经注疏》,第2108页。
④ 徐元诰:《国语集解》卷八《晋语二》,中华书局,2002年,第292—293页。
⑤ 《春秋左传正义》卷五二,(清)阮元校刻《十三经注疏》,第2115页。
⑥ 张海波:《〈逸周书〉"三训"成书年代考辨》,《史志学刊》2019年第3期,第72—80页。

其二,一个时代有一个时代的用语习惯,像虚词"迺""乃""厥""其"等,皆有较为明确的时代特征。清华简《命训》没有被后世修改过,保存着先秦时期的原貌。因此,用语习惯也是考察《命训》时代的重要参照。我们借鉴虚词断代分析法,用具有明确时代性的虚词,为清华简《命训》断代。于、於的使用规律是,"于"字出现较早,商周时期"于"字流行;春秋时期"於"字出现,"于""於"混用;春秋之后"於"字普及,"于"字基本被取代。

清华简《命训》曰:

夫明王昭天信人以度功,功地以利之,使信人畏天,则度至于极。

又:

福莫大于行[义],祸莫大于淫祭,耻莫大于伤人,赏莫大于让,罚莫大于多诈。①

清华简《命训》"于"字出现了7次,"於"字7次,正处于"于""於"混用的春秋时期。"厥"字、"其"字出现的规律,与上述"于""於"同。清华简《命训》中"厥""其"两字混用,亦说明其时代在春秋时期。

以个别虚词为证,可能缺少代表性。我们在更大范围内对于《命训》中的虚词展开比较,见下表:

表二 清华简《命训》虚词对照表

殷周时代虚词	其	于	不	乃	之	弗	兹	亦	咸	及	厥	克	曷	俾
《命训》	√	√	√	√	√						√			
春秋时代虚词	肯	未	犹	而	且	尽	常	虽	再	彼	此	所	焉	者
《命训》				√							√	√		√

---

① 李学勤主编:《清华大学藏战国竹简(伍)》,中西书局,2015年,第125—126页。

清华简《命训》的成书时代及思想史意义

殷周时代14个虚词,清华简《命训》出现7个;春秋时代14个虚词,清华简《命训》出现4个。这说明该篇保存着早期文献的特征。虚词断代只取其晚,不能取其早。4个春秋时代虚词的出现,说明清华简《命训》成书上限是春秋初期,而不能早至殷周时期。

卜辞、金文、《尚书》中无"也"字,《诗经》"也"字在句末出现了60多次。"也"字具有句读标识功能,在春秋时期已经出现,并伴随着《左传》《国语》《国策》以及诸子散文的出现,渐次增多。① 清华简《命训》:"凡此,物厥权之属也。"②"也"作为句末语气词,它的出现,说明《命训》的年代上限为春秋初期。简本《命训》"也"字虽然出现,但仅此一例,③与战国时期"也"字大量出现的情形也有所不同。

《逸周书·度训》:"人众,赏多罚少,政之美也;罚多赏少,政之恶也。"④"三训"之中,《常训》"也"字出现2次,与《命训》近似。而《度训》"也"字出现6次,出现的频率偏高。春秋末期"也"字大量出现,以此为参照:《命训》《常训》时代较早,约在春秋中期;而《度训》相对略晚,可能在春秋晚期以后。

其三,从思想发展线索看清华简《命训》的成书时间。传世本《命训》:

夫民生而丑不明;无以明之,能无醜乎？若有醜而竞行不丑,则度至于极。⑤

《说文·醜部》曰:"醜,可恶也。"王连龙先生将"三训"中的"醜"理解为"恶",认为其反映了人性恶的观点,因此将《命训》所主张的人性论理解为荀子性恶论的初级发展阶段。⑥ 传世本"醜"字,

---

① 钱宗武:《〈尚书〉无"也"字说》,《古汉语研究》1994年第2期,第56—59页。
② 李学勤主编:《清华大学藏战国竹简(伍)》,第126页。
③ 传世本《命训》"也"字两见,一是"凡此六者,政之始也",简本作:"凡厥六者,政之所殆。"无"也"字。二是"凡此,物攘之属也",简本同。
④ 黄怀信等:《逸周书汇校集注》(修订本),第15页。
⑤ 黄怀信等:《逸周书汇校集注》(修订本),第24页。
⑥ 王连龙:《〈周书〉三〈训〉人性观考论》,《辽东学院学报(社会科学版)》2009年第1期,第80—83页。

151

简本作"耻"。清华简《命训》出现之后，证明《逸周书·命训》中的"醜"字当作"耻"，自然不是什么性恶论。以性恶论证明《命训》晚出的观点，当然也不能成立。①

清华简《命训》："天有命，有福，有祸；人有佴（耻），有市冕，有斧钺。"②上天有命、祸、福；人有耻、绋絻、斧钺。简本《命训》又说："命司德正以祸福……夫司德司义而赐之福……或司不义而降之祸。"③人行善，司德降之以福；人作恶，司德降之以祸。《国语·周语中》说"天道赏善而罚淫"，④上天奖励善举，而惩处恶行。《左传》成公五年云"神福仁而祸淫"，⑤神灵福佑仁人，而降祸于不仁之人。《命训》上天具有奖善惩恶的绝对权力，与《国语》《左传》同。

清华简《命训》："福禄在人。"⑥祸福取决于自己。又说："小命日成，成则敬，有常则广。"⑦如果坚持行善，则日有所成，最终获得福报。《左传》僖公十六年曰"吉凶由人"，⑧又《左传》襄公二十三年云"祸福无门，唯人所召"，⑨实际上，《命训》"福禄在人"的观念，早在春秋时期已经出现。另外，"度"是儒家"中庸之道"的源头，简本《命训》以"度"作为明王治民的方法，详加阐发，也是其早出的证据。⑩

总之，近年来，《逸周书》的篇目屡见于出土文献：《程寤》《皇门》《祭公》《命训》见于清华简，郭店简、上博简《缁衣》引用《祭公》等篇的语句，《大武》篇佚文见于湖南慈利楚简，《王佩》篇佚文见于银雀山汉简，《周祝》篇与马王堆帛书《黄帝四经·称》篇内容存在

---

① 参见刘国忠《清华简〈命训〉初探》，《深圳大学学报（人文社科版）》2015年第3期，第40页。
② 李学勤主编：《清华大学藏战国竹简（伍）》，第125页。
③ 李学勤主编：《清华大学藏战国竹简（伍）》，第125页。
④ 徐元诰：《国语集解》，第68页。
⑤ 《春秋左传正义》卷二六，（清）阮元校刻《十三经注疏》，第1901页。
⑥ 李学勤主编：《清华大学藏战国竹简（伍）》，第125页。
⑦ 李学勤主编：《清华大学藏战国竹简（伍）》，第125页。
⑧ 《春秋左传正义》卷一四，（清）阮元校刻《十三经注疏》，第1809页。
⑨ 《春秋左传正义》卷三五，（清）阮元校刻《十三经注疏》，第1977页。
⑩ 夏含夷：《清华五〈命训〉简传本异文考》，《古文字研究》第31期，2016年，第378页。

一定关联。北大汉简《周驯》亦引用《逸周书》的部分篇名与语句。这些情形,说明《逸周书》在先秦、两汉时期曾产生过广泛而深远的影响。

关于《命训》的成书年代,有西周说、春秋说及战国说等不同看法。先秦时期《尚书》《逸周书》一体,皆称为"《书》"。《左传》襄公二十五年引《书》曰"慎始而敬终,终以不困",则只能是引《逸周书》,而不是《左传》《逸周书》两者同引另外一批材料。4个春秋时代的虚词在篇中出现,可知清华简《命训》成书上限是春秋初期,而不会早至殷周时期。"也"字在春秋末期普遍使用,而清华简《命训》只有一处"也"字。"福禄在人""鬼神赏善罚恶"等思想观念,早在春秋时期已经出现。种种迹象表明,《命训》的成书时代当以春秋中期为宜。

二、清华简《命训》与儒家人性论的建构

在《论语》中,谈及人性仅有两处。《阳货》孔子曰:"性相近也,习相远也。"[①]每个人的人性相近,但后天习染(生活习惯)却相差悬殊。《公冶长》子贡曰:"夫子之文章,可得而闻也;夫子之言性与天道,不可得而闻也。"[②]孔子所传《诗》《书》《礼》《乐》,可以得到、了解。但孔子讲性与天道,子贡则从未听说。孔子承认人性,也坦言天命,但他并未明确构建人性与天命之间的理论连接,揭示天命为人性的本源。

孔子之后,世硕、漆雕开、公孙尼子、闵子骞等言人性有善有恶,告子主张人性无善无不善,《中庸》说"天命之谓性",孟子主张人性善。可以说,孔孟之间关于人性论的争论,已经成为一次空前规模的学术思潮。我们的疑问是,郭店简《性自命出》说"性自命出,命自天降",如果天命与人性之间的理论连接不是出自孔子,那么它的源头究竟何在?

---

① 《论语注疏》卷一七,(清)阮元校刻《十三经注疏》,第2524页。
② 《论语注疏》卷五,(清)阮元校刻《十三经注疏》,第2474页。

春秋时期的命论,是战国时期人性论的思想源头。清华简《命训》曰:

□[天]生民而成大命,命司德正以祸福,立明王以训之,曰:"大命有常,小命日成,日成则敬,有常则广,广以敬命,则度□□[至于]极。"①

简本《命训》说"□[天]生民而成大命",上天生民众之时,同时已经将命赋予了每一个人。清华简《命训》作者将"命",分为"大命"和"小命"。大盂鼎铭文:"丕显文王受天有大命。"(《集成》2837)"大命",是指天子、诸侯等受民、受疆土之命,涵盖国家、宗族的命运。"小命"主要是指个人的命运。而所谓"大命有常",是指大命的必然性、客观性。大命是个人无法改变的,终生不易,也即我们常说的"命由天定"。

所谓"小命日成",是说凭借自己后天的努力,可以改变自己的境遇。清华简《命训》又云"大命世罚,小命命身",②违背了大命则世世代代接受处罚(包括宗族),而"小命"只关乎自己一人。清华简《命训》大命、小命的区分,其重要的意义在于承认个人的主观能动性,只要努力,就能改变自身的命运。《逸周书·命训》孙诒让注:"日成,谓日计其善恶而降之祸福也。"③即日日积善行德,福佑自会从天而降。

郭店简《性自命出》:"性自命出,命自天降。"④《礼记·中庸》:"天命之谓性。"郑玄注:"天命谓天所命生人者也,是谓性命。"⑤人性出自天命,是战国时期诸子的共识。郭店简《性自命出》又说:"凡人虽有性,心亡奠志,待物而后作,待悦而后行,待习而后奠。"⑥人人皆有性,如果心无定志,那么外物、喜悦、习性皆可改变人之性。天命出自上帝,是不可改变的;人性出自人,是可以改易的,"教使然

---

① 李学勤主编:《清华大学藏战国竹简(伍)》,第 125 页。
② 李学勤主编:《清华大学藏战国竹简(伍)》,第 125 页。
③ 黄怀信等:《逸周书汇校集注》(修订本),第 21 页。
④ 荆门市博物馆编:《郭店楚墓竹简》,文物出版社,1998 年,第 179 页。
⑤ 《礼记正义》卷五二,(清)阮元校刻《十三经注疏》,第 1625 页。
⑥ 荆门市博物馆编:《郭店楚墓竹简》,第 179 页。

清华简《命训》的成书时代及思想史意义

也"。如果没有清华简《命训》所说的"小命",那么可变的人性与不可变的天命之间的理论连接,则为不可能。清华简《命训》作者自天命中剥离出"小命",以之属于个人,在不可改变的天命中生发出可以改变的理论空间,此乃儒家人性论建构不可或缺的基点与链环。

《逸周书·度训》说:"凡民生而有好有恶,小得其所好则喜,大得其所好则乐;小遭其所恶则忧,大遭其所恶则哀。"①民众自出生之日,便有好恶之欲,即是郭店简《性自命出》所言"好恶,性也"。② 人有所得或者遭受厄运时,会产生喜、乐、忧、哀等不同情绪。《度训》作者强调民众有欲,因欲望满足的程度,会产生不同的感情,此为儒家人性论展开的理论基础。

清华简《命训》云:"民生而耻不明。"③民众初生,不知道羞耻,所以上天设立明王。《常训》说"明王自血气耳目之习以明之丑",④明王借助人之血气耳目等后天习染,让人产生羞耻之心。《性自命出》:"圣人比其类而论会之,观其之(先)逯(后)而违(逆)训之。"⑤民众不能主动向善,需要圣人的教化。从施教者的设立看,儒家的圣人等同于《命训》之明王。

"丑明乃乐义,乐义乃至上",⑥明王教化民众,自其私欲始。民众知耻则好义,好义则归于教化。《常训》民众由欲到义的迁善过程,即是《性自命出》所言"教,所以生德于中者也"。⑦

清华简《命训》曰:

抚之以惠,和之以均,敛之以哀,娱之以乐,俳(训)之以礼,教之以艺,正之以政,动之以事,劝之以赏,畏之以罚,临之以中,行之以权。⑧

---

① 黄怀信等:《逸周书汇校集注》(修订本),第8页。
② 荆门市博物馆编:《郭店楚墓竹简》,第179页。
③ 李学勤主编:《清华大学藏战国竹简(伍)》,第125页。
④ 黄怀信等:《逸周书汇校集注》(修订本),第45页。
⑤ 荆门市博物馆编:《郭店楚墓竹简》,第179页。
⑥ 黄怀信等:《逸周书汇校集注》(修订本),第45页。
⑦ 荆门市博物馆编:《郭店楚墓竹简》,第179页。
⑧ 李学勤主编:《清华大学藏战国竹简(伍)》,第126页。

明王教化的内容,像礼、乐、艺等,已经与儒家较为接近。民生而有欲、有情,明王调整民众喜、乐、忧、哀的情绪,进而规范、约束其行为,使民众迁于善。顺民欲以化万民,而不是逆民欲戕害万民,《逸周书》"三训"明王借助抚、训、教、赏、罚等政教手段,引导民性之举,奠定了儒家教化之学的基调。

综上,战国时期广泛流行的人性论,是以春秋时期的命论为思想源头。但天命是不变的,人性是可变的,难以衔接。《命训》作者将天命分为大命和小命,强调人的主观能动性能改变自己的命运,为战国时期人性论的构建开辟出了理论空间。[1]《逸周书》"三训"主张民众生而有欲、有情,要顺民欲而不是逆民欲,明王借助政教手段使民众向善等,这些理论阐发为儒家人性论的出场做好了伏笔与铺垫。

三、简本《命训》与早期宿命论的两次突破

《诗经·商颂·玄鸟》曰:"天命玄鸟,降而生商。"[2]商人立国,乃天命所致。商代末期,西伯戡伐黎国,祖伊非常恐惧,他奔告于纣王。纣王回答说:"呜呼!我生不有命在天?"[3]纣王自认"天命在我",周人不会构成致命威胁,他有恃无恐。纣王便是笃信宿命论的典型。在上古社会,命运是由上帝和鬼神决定,"死生有命,富贵在天",宿命论占据着思想界的主流。大多数人在命运面前,无可奈何,只能无条件地服从和默默地接受。

武王克商,小邦周战胜大邦殷,现实社会的巨大变迁,促使周人进行反思。《尚书·蔡仲之命》周公说:"皇天无亲,惟德是辅。"孔传:"天之于人,无有亲疏,惟有德者则辅佑之。"[4]上帝对于人,没有亲疏之别,只辅佐有德行之人。在周公看来,"天命靡常",天命是转移的,唯有德者居之,不会永远眷顾殷人。周公的天命转移论,是对

---

[1] 《逸周书·常训》"不改可因,因在好恶",亦有此种理论功用。
[2] 《毛诗正义》卷二〇,(清)阮元校刻《十三经注疏》,第622页。
[3] 《尚书正义》卷一〇,(清)阮元校刻《十三经注疏》,第177页。
[4] 《尚书正义》卷一七,(清)阮元校刻《十三经注疏》,第227页。

宿命论的第一次迎击与挑战。但周公所言,仅局限于国家政权命运的转移,与个人命运无涉。

《左传》僖公二十三年说"天之所启,人弗及也",①又《左传》襄公二十三年曰"天之所废,谁能兴之",②《国语·晋语六》云"国之存亡,天命也",③上天对于国祚的长短、政事的兴废,享有绝对的主导权。清华简《命训》是在坚持天命的神圣性,即大命不变的前提下,强调"小命"的可以改变。它对个人主观能动性给予充分的肯定,可谓是即周公之后,对宿命论的第二次突破与重构,具有重要的价值与意义。

积善则有福佑降临,积恶则有祸患降临,清华简《命训》作者从行为善恶的角度,诠释个人吉凶祸福产生的原因。这种以"大命"和"小命"的区分,引导人们汲汲追求道德境界的提升,以主观能动性来改变个人命运的走向,标志着春秋时期命论的成熟与新进展。

清华简《保训》云:

> 昔舜旧(久)作小人,亲耕于鬲茅,恐(恭)救(求)中,自诣厥志,不讳于庶万姓之多欲,厥有施于上下远迩,乃易位设稽,测阴阳之物,咸顺不逆。舜既得中,言不易实变名,身兹备,惟允。翼翼不解(懈),用作三降之德。④

清华简《保训》文王向武王讲述舜求中、得中,上甲微借中、归中,其思想核心是中道。《易经》相传为文王所作,以"中"为尚:阳爻居中处阳位,称"刚中",阴爻居中处阴位,称为"中正"。简言之,中道是文王思想的核心价值理念。

《逸周书·度训》:"天生民而制其度,度小大以正,权轻重以极,明本末以立中。"⑤《度训》对"中"极为重视,也指向文王。我们认为,《度训》中的"度",处于大小、轻重的不偏不倚处,与"中正""刚

---

① 《春秋左传正义》卷一五,(清)阮元校刻《十三经注疏》,第1815页。
② 《春秋左传正义》卷三五,(清)阮元校刻《十三经注疏》,第1976页。
③ 徐元诰:《国语集解》,第395页。
④ 李学勤主编:《清华大学藏战国竹简(壹)》,中西书局,2010年,第143页。
⑤ 黄怀信等:《逸周书汇校集注》(修订本),第2页。

中"含义颇为接近。《逸周书》重要的篇目很多,如《世俘》《商誓》《皇门》等,为何以"三训"居首?《逸周书·序》曰:

> 昔在文王、商纣并立,因于虐政,将弘道以弼无道,作《度训》。殷人作教,民不知极,将明道极以移其俗,作《命训》。纣作淫乱,民散无性习常,文王惠和化服之,作《常训》。①

《逸周书》作者将《命训》《常训》《度训》置于全书之首,归为文王所作绝非偶然,随意为之。我们虽然不认为"三训"真为文王所作,但"三训"倡导的中道思想,其最初源头或许滥觞自文王,因此不能完全割裂它们与文王之间的理论关联。文王是西周的缔造者,天命因文王而降,在周人的思想世界里,文王居于极为重要的位置。《逸周书》"三训"可能是春秋时期人们尊崇文王,追叙、阐发其思想的产物。

综上所述,从文献引文、虚词使用规律及思想线索看,清华简《命训》成书时间约在春秋中期。战国时期的人性论的建构,是以春秋时期的命论为前提。将天命分为大命与小命,充分肯定人的主动性,民众生而有欲、有情,明王顺民欲以化万民,《逸周书》"三训"是由命论向人性论转进的关键学术链环。《易经》、清华简《保训》及"三训"都非常重视中道,且指向文王,绝非偶然。《逸周书》"三训"虽非文王自作,但春秋时期的人们撰作"三训",追述、阐发文王传授中道,其中或许有些真实的素地。而清华简《命训》《保训》等篇的发现,无疑能为文王中道研究,开辟出不同于以往的新境界。

---

① 黄怀信等:《逸周书汇校集注》(修订本),第1117—1118页。

《度邑》与武王"徵会"

——兼论殷商周初的王政

张怀通

《度邑》是今本《逸周书》的第四十四篇,是可信的西周文献。①古今学者一致认为,《度邑》记载了武王临终前意欲传位周公、规划洛邑城址的史实。例如清人陈逢衡云:"此牧野既事之后,武王相视商邑,虑四方未定,欲效殷人传及之法,叔旦涕泣弗敢受。武王于是图度有夏之居,为营洛邑而去。"②再如当代学者黄怀信先生说:"此篇主要记武王决定让周公继承大位,以及规度洛邑、确定天保之事。"③学者对于《度邑》内容的归纳基本正确,但尚不全面。

其实,《度邑》还记载了一项重大史实,即武王于伐纣胜利之后紧接着举行了"徵会"诸侯方国的活动。对此,古今学者都没有注意。本文尝试着对这个被历史尘埃长期遮蔽的史实进行初步抉发,以就教于方家。

一、"维王克殷国"校订新验

武王"徵会"诸侯方国的史实,记载于《度邑》开头一句话之中。为了便于研究,现将这一句话及其所在段落一起抄录于下。

维王克殷国,君诸侯,乃厥献民,徵主九牧之师,见王于殷郊。王乃升汾之阜,以望商邑,永叹曰:"呜呼,不淑充天对,遂命一日,维

作者简介:张怀通,河北师范大学历史文化学院教授,博士生导师,研究方向为先秦史、"尚书"学。
① 刘起釪:《尚书学史》,中华书局,2017年,第95页。
② (晋)孔晁注,(清)陈逢衡补注:《逸周书补注》,宋志英、晁岳佩选编《〈逸周书〉研究文献辑刊》,国家图书馆出版社,2015年,第3册,第404页。
③ 黄怀信:《逸周书校补注译》,三秦出版社,2006年,第215页。

显畏弗忘。"王至于周，自□【麂】至于丘中，具明不寝。王小子御告叔旦，叔旦亟奔即王，曰："久忧劳，问周【害】不寝？"曰："安，予告汝。"王曰："呜呼！旦，维天不享于殷，发之未生，至于今六十年。夷羊在牧，飞鸿过【满】野。天自幽（删"自幽"）不享于殷，乃今有成。维天建殷，厥徵天民名三百六十夫，弗顾，亦不宾成【灭】，用庚于今。呜呼！于【予】忧兹难近，饱于恤，辰是不室。我来【未】所（删"所"）定天保，何寝能欲。"①

这段话的原文抄录自明代嘉靖二十二年（1543）章檗本《逸周书》（原名《汲冢周书》），这是今天所见较早《逸周书》版本之一。由于《逸周书》自西晋初年以后一直没人整理，所以字词语句的错讹衍夺较为严重。到了清代，才开始有学者进行校订，经民国到现在，学者的不断努力使得篇章文句基本上能够通读。上引《度邑》文本中用【】、（）标示的文字，就是历代学者校订的结果。

但是，对于其中第一句话，即"维王克殷国，君诸侯，乃厥献民，徵主九牧之师，见王于殷郊。王乃升汾之阜，以望商邑"的校订，学者之间至今仍然歧见纷出，莫衷一是。代表性的观点主要有两种：（1）朱右曾说："旧作'乃厥献民徵主九牧之师'，今依《史记》及《玉海》订。"校订后的文句作"维王克殷国，君诸侯，乃徵厥献民九牧之师，见王于殷郊。王乃升汾之阜，以望商邑"。② 这是将"献民"也看作是"徵"的对象。（2）庄述祖认为："乃"应是"及"。③ 孙诒让说："案《史略》……'乃'字正作'及'。后文云'维天建殷，厥徵天民名三百六十夫'，则此'徵主'二字不误。"④校订后的文句作"维王克殷国，君诸侯及厥献民，徵主九牧之师，见王于殷郊。王乃升汾之阜，

---

① （晋）孔晁注，（明）章檗校刻：《汲冢周书》，《四部丛刊初编》影印本，商务印书馆，1922年。
② （清）朱右曾：《逸周书集训校释》，宋志英、晁岳佩选编《〈逸周书〉研究文献辑刊》，第8册，第117页。
③ 黄怀信等：《逸周书汇校集注》（修订本），上海古籍出版社，2007年，第465页。
④ （清）孙诒让：《周书斠补》，宋志英、晁岳佩选编《〈逸周书〉研究文献辑刊》，第8册，第406页。

以望商邑。"

朱、孙二氏校订所据《史记》《玉海》《史略》的文字是这样的：

《史记》卷四《周本纪》："武王徵九牧之君，登豳之阜，以望商邑。"①

《玉海》卷十五《地理》："维王克殷国，君诸侯，乃厥献民九牧之师，见王于殷郊。"②

《史略》卷六《竹书·周书》："维王克商邑，君诸侯及厥民。"③

将这三条材料综合起来看，较为顺畅的文句应是："献民"与"诸侯"并列，是"君"的宾语，连接词是"及"。"徵"是"徵主"的简省。武王"徵主"的对象是"九牧之师"，即"九牧之君"；"师"与"君"文意互见。由此可知，三位学者的校订，以孙诒让先生的主张较为优长。但优长只是合理推测，没有除上述三条依据以外的其他材料作旁证。现在，到了重新对学者校订结果进行检验的时候，这是因为我们有了新资料，即近年刊布的战国中晚期之间的上博简《容成氏》。

《容成氏》记载了卢氏、赫胥氏、轩辕氏、神农氏；尧、舜、禹、汤、文、武等上古帝王的事迹。其中有一节专记商汤征伐夏桀的史实，可以划分为伐桀前的静待时变与积聚力量、伐桀中的鸣条之战等多次攻战、伐桀后的徵会诸侯方国与处理政务三个部分。在第一部分中有"汤……慎戒徵贤，德惠而不假，柔三十夷而能之"的内容，④这与上引《度邑》中武王所讲"维天建殷，厥徵天民名三百六十夫"相对应。在第三部分中有"汤于是乎徵九州之师，以略四海之内，于是乎

---

① （汉）司马迁：《史记》，中华书局，1982年，第128页。
② （宋）王应麟：《玉海》，《景印文渊阁四库全书》，台湾商务印书馆，1986年。
③ （宋）高似孙撰，张艳云、杨朝霞校点：《史略》，辽宁教育出版社，1998年，第90页。
④ 李零：《〈容成氏〉释文考释》，马承源主编《上海博物馆藏战国楚竹书（二）》，上海古籍出版社，2002年，第280页；孙飞燕：《上博简〈容成氏〉文本整理与研究》，中国社会科学出版社，2014年，第20、89—90页；单育辰：《新出楚简〈容成氏〉研究》，中华书局，2016年，第28页。

天下之兵大起,于是乎亡宗戮族,残群焉服"。① 这与本节所要校订的《度邑》第一句话相对应(商汤的"徵贤"与"徵九州之师"的问题下文详论)。由此可见:第一,《度邑》所载商汤"徵天民"的史实可信;第二,《度邑》《史记》所载武王"徵主九牧之师"的史实,与商汤在伐桀之后"徵九州之师"一脉相承,也真实可信。第三,孙诒让先生对于"维王克殷国"所领一句话的校订,既合理,又正确,可以成为我们探讨武王"徵会"史实的前提条件与坚实基础。

那么,我们将《度邑》开头由"维王克殷国"领起的一句话的正确字词与句读,可以确定为:"维王克殷国,君诸侯及厥献民,徵主九牧之师,见王于殷郊。王乃升汾之阜,以望商邑。"

二、"九牧"新解

"维王克殷国,君诸侯及厥献民,徵主九牧之师,见王于殷郊。王乃升汾之阜,以望商邑"一句话中有许多关键词语,需要逐一探讨,如"九牧""徵主""殷郊"等,下面分几节进行解释考证。现在首先对"九牧"作解。

古今学者对于"九牧"的解释,以卢文弨、黄怀信最有代表性。卢氏说:"九牧,九州之牧也。郑康成注《尚书》云:'州立十二人为诸侯师,以佐牧。'"②黄先生云:九,同旧;牧,即领;师,即众;大意是殷贤民以前所统领的民众。③ 二位学者的解释,都以大家熟知的古代职官"州牧"为依据,离着实际含义较为迂远。

商代晚期与西周初年的甲骨文、金文中有"牧"。这些"牧"字,有的从"牛",有的从"羊";甲骨文中从"牛"的"牧"较多,金文中从"羊"的"牧"较多;有的"牧"字还加"彳""辶"的偏旁,呈现了字形仍

---

① 李零:《〈容成氏〉释文考释》,马承源主编《上海博物馆藏战国楚竹书(二)》,第282页;孙飞燕:《上博简〈容成氏〉文本整理与研究》,第20、89—90、100—101页;单育辰:《新出楚简〈容成氏〉研究》,第28页。
② (晋)孔晁注,(清)卢文弨校:《逸周书》,宋志英、晁岳佩选编《〈逸周书〉研究文献辑刊》,第1册,第154页。
③ 黄怀信:《逸周书校补注译》,第215页。

然变动不居的状态。由于内容较为丰富,情形较为繁多,"牧"可以细分为多种类型,主要有:作为职官的"牧"、与军事有关的"牧"、以方位或地域标示的"牧"、用数字统领的"牧"等。

1. 作为职官的"牧"。例如:

(1) 亚牧。　　(亚牧鬲,殷,《集成》456)
(2) 牧正。　　(牧正尊,殷周之际,《集成》5575)
(3) 牧正。　　(牧正父己觯,殷周之际,《集成》6406)

亚,即《酒诰》所载商代职官"惟亚惟服"、《牧誓》所载周初职官"亚旅师氏"[①]中的"亚",一种内服武官。正,是正长、君长。[②] 宋镇豪先生说:"商王朝除了有封边地土著国族君长为'边侯田'外,还有'牧'的别置,如甲骨文有'戈田牧'(《屯南》4033),'牧'殆亦指与商有结盟关系的边地部落,唯牧与商王朝之间的依附性似更胜于'边侯田',然两者亦有若干共性,即其称号的意义,皆并非中原王国对它们有土地民人诸实质上的封赐。"[③]意思大概是说"牧"的性质类

---

① 杨筠如:《尚书覈诂》,陕西人民出版社,1959年,第190、132页。
② 笔者按,《左传·哀公元年》云:"昔有过浇杀斟灌以伐斟鄩,灭夏后相,后缗方娠,逃出自窦,归于有仍,生少康焉。为仍牧正"(杨伯峻编著:《春秋左传注》,中华书局,1990年,第1605页)。这是追溯传说中的古史,其中的"牧正"与正文所举例证中的"牧正"完全符合。再,《后汉书·西羌传》注引《竹书纪年》云:"太丁四年,周人伐余无之戎,克之。周王季命为殷牧师。"[方诗铭、王修龄:《古本竹书纪年辑证》(修订本),上海古籍出版社,2005年,第36页]甲骨卜辞有一条可能记载:"□□卜,扶:令丮□匕䚄牧伯【弜】"(《合集》20017)。两条材料中的"牧师""牧伯"与"牧正"的关系不明确,或为王朝官员,或为地方大员,但大致可以反映商代的王朝格局与政治结构。
③ 宋镇豪:《论商代的政治地理架构》,《中国社会科学院历史研究所学刊》第一集,社会科学文献出版社,2001年。笔者按:裘锡圭先生对于商代"牧"的起源及其在后世的流变有过论述,他说:"田的驻地有一些在侯、伯的封域内,牧也是这样。……牧也应该是率领着族人以及其他从属于他的人为商王服役的。"又说:"一般认为诸侯称'牧',取牧民之意。其实很可能跟'田(甸)'成为诸侯的称号相类,是由于较早的牧官往往发展成为诸侯而产生的现象。不过,'牧'并没有成为诸侯的正式封号,这是它跟'田(甸)'不同的地方。"见氏著《甲骨卜辞中所见的"田""牧""卫"等职官的研究——兼论"侯""甸""男""卫"等几种诸侯的起源》,《裘锡圭学术文集》,复旦大学出版社,2012年,第五册。裘先生的论述,足资取法。

163

似于侯、甸。亚牧鬲出土于河北丰宁,牧正尊出土于陕西陇县,牧正父己觯出土于四川彭县。由此可见,商代的"牧"分布于广大的疆域之内。林欢先生说:"(甲骨卜辞)各期材料中,'牧'的地点出现了由近及远的发展过程,也就是说从近畿向外服区的外围地带转移。'牧'的性质发生了变化,由实质性的放牧场所转化为一种控制外服附属国族的方式——牧官制。"①三例铭文反映的正是商代末期"牧"在疆域边缘地带的分布情况,而"亚牧"则较为典型地折射了"牧"由内服向外服转移的基本态势。

2. 与军事有关的"牧"。例如:

(4)丁亥卜,□贞:牧□再册曹□【王】……　　(《合集》7424)
(5)□□卜,宾贞:牧再□【册】……登人,敦……
　　□□【卜】,宾贞:惟今秋……牧其来自……(《合集》7343)

两例中的"牧□再册""牧再□【册】"之"再册"是一种册命典礼仪式。齐文心先生说:"当时商王的命令就书写在简册之上,以册命的形式发布。'再册'意为举册,双手举册以示郑重,实意即接受册命,当是商朝册命之礼的最简单的表述。"②"牧"所受册命可能是一项军事职官,与征伐有较大关系。例(5)中的"登人"即徵发民众;"敦"即《世俘》中的"凡憝国九十有九国"之"憝",宗周钟(西周晚期,《集成》260)"敦伐其至"之"敦",都是征伐的意思。这两个词语可以成为观察此处"牧□再册"内容与目的的参照。

3. 以方位或地域标示的"牧"。例如:

(6)薶鹿其南牧擒?吉。
　　其北牧擒?吉。　　　　　　　　　　　　(《合集》28351)
(7)戊戌贞:又【右】牧于爿,攸侯叶酋。
　　……中牧于义,攸侯叶酋。　　　　　　　(《合集》32982)

---

① 林欢:《甲骨文诸"牧"考》,宋镇豪、肖先前主编《殷商文明暨纪念三星堆遗址发现七十周年国际学术研讨会论文集》,社会科学文献出版社,2003年。
② 齐文心:《释读"沚戜再册"相关卜辞——商代军事制度的重要史料》,王宇信、宋镇豪、孟宪武主编《2004年安阳殷商文明国际学术研讨会论文集》,社会科学文献出版社,2004年。

(8) 壬申卜,在攸,贞:又【右】牧毘告启。王其呼戍从 ▨ 伐。弗悔。利。

(《合集》35345)

(9) 甲辰卜,在爿,牧遂启有……邑……在瀺,弘吉。
癸酉卜,戍伐,又【右】牧毘启人方,戍有毕,弘吉。

(《屯南》2320)

(10) 辛未,贞:在万,牧来告,辰卫其比【吏】,受祐。

(《合集》32616)

"牧"分南北,分右中(左)等,说明其分布可能呈现"丛"或"簇"的状态。裘锡圭先生说:"田的驻地有一些在侯、伯的封域内,牧也是这样。"①大概是这种分布状态形成的主要原因。林欢先生认为:"南牧北牧在晋中南汾水流域原台骀族住地,万牧则在晋南长子族住地西北面山西祈【祁】县一带。爿牧、义牧在殷南攸侯领地附近。"②例(8)、(9)中的"牧"后面有人名毘,这个"人"在甲骨卜辞中被冠以多种称号,如亚、小臣等。张亚初先生说:"毕在甲骨文中出现的次数非常频繁,是商代最重要的人物之一。毕是人名,也是族名。从其称'子毕'和他'告于丁''祭于河'等卜辞看,他是商王的同姓贵族。他时常随王左右,经常带兵出征。他的职官名称是小臣,有时省称为'臣毕'。毕的后裔在四期卜辞中又担任过亚职,称为'亚毕'。"③张先生所说的"毕"就是此处所引甲骨卜辞中的"毘"。由此可知,商代担任"牧"的官职的人,有的可能来自王室,有较高的宗法政治地位。

4. 用数字统领的"牧"。例如:

(11) 乙丑卜,宾贞:二牧又……用自……至于多后。

(《甲编》1131)

(12) ……爰兹三牧,……于唐。 (《合集》1309)

---

① 裘锡圭:《甲骨卜辞中所见的"田""牧""卫"等职官的研究——兼论"侯""甸""男""卫"等几种诸侯的起源》,《裘锡圭学术文集》,第五册。
② 林欢:《甲骨文诸"牧"考》,宋镇豪、肖先前主编《殷商文明暨纪念三星堆遗址发现七十周年国际学术研讨会论文集》。
③ 张亚初:《商代职官研究》,《古文字研究》第十三辑,中华书局,1986年。

(13) 辛未贞：……三牧告。
　　　辛未贞：于大甲告牧。　　　　　　　　（《屯南》1024）
(14) 王其祈，弜祈？惟九牧告。　　　　　　（《天理》519）

例(12)中的"三牧"近于"唐"，唐是一个古老的国族，位于今山西南部地区。林欢先生说："'三牧'应该就是商人在汾水流域台骀族住地设立的三个牧。"①地望大致不误。将"牧"编以数目的原因，应当与"牧"分南北、右中左一样，其驻地处于侯伯的封域之内，分布呈现"丛"或"簇"的状态。② 林欢先生说，"这一类的'牧'大多近于王都"。③ 宋镇豪先生说，"商王朝利用周围隙地辟为牧场、据点或田猎地，用数目加以编次"。④ 这可能是此类"牧"的最初性质。后来"牧"如同"甸"一样，逐渐发展成为拥有强大政治军事权力的地方组织，⑤但这些"牧"保持了传统做法，继续编以数目，以便统计与号令。此处必须强调，这些离王都较近的"牧"与《尔雅·释地》"邑外

---

① 林欢：《甲骨文诸"牧"考》，宋镇豪、肖先前主编《殷商文明暨纪念三星堆遗址发现七十周年国际学术研讨会论文集》。
② 笔者按：商代不惟"牧"以数目统领，方国的"邦"、宗法的"族"也是如此，例如甲骨文卜辞中有一邦、二邦方、三邦方、四邦方、南邦方、多方；一族、三族、五族、左族、右族。分别见宋镇豪《论商代的政治地理架构》，《中国社会科学院历史研究所学刊》第一集；王震中《商代都鄙邑落结构与商王的统治方式》，《中国社会科学》2007年第4期。这可能是一个与联盟或集团有关的政治军事现象，值得深入研究。
③ 林欢：《甲骨文诸"牧"考》，宋镇豪、肖先前主编《殷商文明暨纪念三星堆遗址发现七十周年国际学术研讨会论文集》。
④ 宋镇豪：《论商代的政治地理架构》，《中国社会科学院历史研究所学刊》第一集。
⑤ 笔者按，裘锡圭先生说："由职官发展成为诸侯的可能性，是受地理条件的限制的。在担任斥候保卫以及田、牧等工作的职官里，大概只有驻地离商都较远的那些人，才有可能发展成为诸侯。在商都范围内或离商都较近的地方担任这些工作的职官，其情况约略相当于周代所谓侯人、甸人、牧人等官，他们一般不会有发展成为诸侯的可能。"见氏著《甲骨卜辞中所见的"田""牧""卫"等职官的研究——兼论"侯""甸""男""卫"等几种诸侯的起源》，《裘锡圭学术文集》，第五册。裘先生的观点可资借鉴。"牧"能否发展成为诸侯，应具体问题具体分析，不可一概而论。

谓之郊。郊外谓之牧。牧外谓之野"①中的"牧",或仅有起源意义上的关系,而在现实中的性质与作用已经大相径庭,不可同日而语。

总之,商代"牧"的特点,可以简要概括为七项:(1)"牧"起源于畜牧业。(2)"牧"最初处于侯伯的封域之内。(3)离商都较远的"牧"如同"甸"一样逐渐发展成为一方诸侯。(4)有的"牧"的首领可能是王室成员。(5)外服中的一些"牧"担负控制附属国族的责任。(6)边疆地区设有"牧正"。(7)离商都较近的"牧"以数目编排;这类"牧"不是诸侯,但实力与诸侯接近,地位也大致相当。

大家请注意,例(14)中有"九牧"。"九牧"与"二牧""三牧"并列,表明"九"不是虚数,而是实数。"九牧"的行为是"告",表明"九牧"不仅可以是九个"牧"的单位,而且可以指代九牧之长,或称九牧之君、九牧之师。"九牧告"之前是"王其祈",表明"九牧"与商王的关系很密切,二者的互动很频繁。这个"九牧"与《度邑》"徵主九牧之师"中的"九牧"正相对应,这不是偶然的巧合,而是以现实为根据的不同载体对于相同事物的相同表述。结合商代"牧"的情况,我们可以大致确定,"九牧"或"九牧之师"的含义,是九个离着商都较近的"牧"的君长。②

---

① (清)邵晋涵撰,李嘉翼、祝鸿杰点校:《尔雅正义》,中华书局,2017年,第595页。笔者按,甲骨卜辞中有一条记载了"牧鄙",作"癸酉卜,㱿贞:呼沚取梌于牧鄙"(《合集》11003),"鄙"即"野","牧鄙"即"牧野"。这个"牧"与职官的"牧"或也仅有起源意义上的关系。

② 笔者按,宋镇豪先生说:"此'九牧'原本当是与商王朝盟好的边地大小土著部落,其倒向周国,率所部之师助周伐商,进入商郊见周武王,说明当时的国际关系中,轻名义而看重实际,实力的较量,外交上的拉拢争夺和利害交割,以至兵戎交攻,时在摆移变化中,介于大国和邦方之间的大小地方部落,在各种政治力量纠葛交织背景下,自不得不审时度势频频作出关乎自己存亡的政策调整和倒向抉择。"见氏著《论商代的政治地理架构》,《中国社会科学院历史研究所学刊》第一集。这是古今学者对于《度邑》中"九牧"的最好的解释,足资取法借鉴。再,清华简《殷高宗问于三寿》云:"殷邦之妖祥并起。八纪则紊,四严将行。四海之夷则作,九牧九矣【有】将丧。惶惶先反,大路用见兵。龟筮孚忒,五宝变色,而星月乱行。"见清华大学出土文献与保护中心编,李学勤主编《清华大学藏战国竹简(伍)》,中西书局,2015年,第150页。李均明先生注云:"九牧,九州之牧。《左传》宣公三年'贡金九牧',杜注:'使九州之牧贡金。'矣,读为'有',皆匣母之部字。九矣,即九有,指九州。《诗·玄鸟》'方命厥后,奄有九有',毛传:(转下页)

167

三、"徵主"新释

"九牧"或"九牧之师"是离着商都较近的九个"牧"的君长。将这一认识放到《度邑》的"维王克殷国,君诸侯及厥献民,徵主九牧之师,见王于殷郊。王乃升汾之阜,以望商邑"的语境之中,可以发现"九牧"是与"诸侯""献【贤】民"前后并列的一类人物。但武王对于三者采取的行动却很不一样,"君诸侯及厥献民",即成为诸侯以及献【贤】民的君主,是"王克殷国"的自然结果。《克殷》云:"(牧野之战当日)武王乃手大白以麾诸侯,诸侯毕拜,遂揖之。商庶百姓咸俟于郊。群宾佥进曰:'上天降休。'再拜稽首,武王答拜。"①讲的就是这个意思。而"徵主九牧之师,见王于殷郊",相对而言,是在"克""成为……君"的前提之下,对没有参与牧野之战的"九牧"主动采取的进一步军政措施。其中"见"的含义很明显,不必作解;"徵主"则意蕴深长,值得特别关注。

首先看"徵"。对于"徵"的解释,古代学者主要有两种代表性观点。潘振云:"徵,召也。"陈逢衡云:"张惠言曰:'徵,进也。'"②所谓徵召,就是召而致之;所谓徵进,就是进而用之。当代学者黄怀信、周宝宏、张闻玉等大致不离这两种说法,不必具引。这只是就字面做出的解释,没有深入到"徵"所赖以产生的时代背景之中,因而并不正确。

"徵"的含义应该是"徵会"。"徵会"是先秦时代新崛起的政治人物,为确立自己的权威,以武力为依托,以讨伐不服从者为目的,一般在重大战争前后举行的大会诸侯方国的活动。已知最著名的"徵会",由春秋霸主晋文公于公元前 632 年举行。

(接上页)'九有,九州也。'《荀子·解蔽》杨倞注:'九有、九牧,皆九州也。抚有其地则谓之九有,养其民则谓之九牧。'"见清华大学出土文献与保护中心编,李学勤主编《清华大学藏战国竹简(伍)》,第 154 页。李先生的注释由传世文献而来,不太准确。《殷高宗问于三寿》作为所谓"商书"有"九牧",说明据以成篇的材料有一定的根源。
① (清)朱右曾:《逸周书集训校释》,宋志英、晁岳佩选编《〈逸周书〉研究文献辑刊》,第 8 册,第 90 页。
② 黄怀信等:《逸周书汇校集注》(修订本),第 465、466 页。

《春秋》《左传》用较大篇幅分三个阶段详细记载了晋楚城濮之战及战后晋文公为确立自己霸主地位而举行"徵会"等典礼活动的过程。首先是鲁僖公二十八年四月的城濮之战，其次是五月的名义上由周襄王主导的献俘、饮至、盟誓等一系列典礼活动，第三是五月到十月的晋文公于晋都、温等地举行的盟誓、献俘、徵会、讨贰等一系列典礼活动。为了条理清晰，便于考察，现将三个阶段的典礼内容作成表格形式如下：

表一　城濮之战及战后晋文公为确立霸权而
先后举行的各类典礼活动对照表

日期（夏正）	日历	晋文公向周襄王献俘等典礼	晋文公为确立霸权而举行的献俘、徵会、讨贰等典礼
夏四月己巳	二日	《春秋》：晋侯、齐师、宋师、秦师及楚人战于城濮，楚师败绩。	
（四月）癸酉	六日	《左传》：晋师三日馆、谷。及癸酉而还。	
（四月）甲午	二十七日	《左传》：至于衡雍，作王宫于践土。	
五月丙午	九日	无	《左传》：晋侯及郑伯盟于衡雍。
（五月）丁未	十日	《左传》：献楚俘于王。	无
（五月）己酉	十二日	《左传》：王享醴，命晋侯宥。	无
五月癸丑	十六日	无	《春秋》：晋与鲁、齐、宋、蔡、郑、卫、莒盟于践土。
（五月）癸亥	二十六日	《左传》：王子虎盟诸侯于王庭。	无
（六月）壬午	十六日	无	《左传》：济河。
秋七月丙申	？	无	《左传》：振旅，恺以入于晋，献俘、授馘、饮至、大赏、徵会、讨贰。

169

续　表

日期（夏正）	日历	晋文公向周襄王献俘等典礼	晋文公为确立霸权而举行的献俘、徵会、讨贰等典礼
冬	？	无	《春秋》：冬，晋与鲁、齐、宋、蔡、郑、陈、莒、邾、秦会于温。《左传》：会于温，讨不服也。……执卫侯……是会也，晋侯召王，以诸侯见，且使王狩。
（十月）壬申	七日	无	《春秋》：公朝于王所。
（十月）丁丑	十二日	无	《左传》：诸侯围许。

从上表可知，"徵会"出现在第三个阶段之中，举行于献俘饮至等典礼之后，是晋文公确立霸权的一个重要步骤。这次"徵会"的通知时间可能是在七月，具体举行是在十月；参加者不仅有鲁、齐、宋、蔡、郑、陈、莒、邾、秦，还有周襄王，目的是"讨贰""讨不服"，实际行动就是"执卫侯""围许"。所谓"执卫侯"，就是"归之于京师，寘诸深室"，这是因为卫成公先是"出奔楚"，回国后又杀掉代表卫国参加践土之盟与王庭之盟的摄政的叔武，逼走了辅佐叔武的元咺。[①] 所谓"围许"，就是围困讨伐许国，这是因为"从楚诸国，郑自子人九行成而从晋，卫以叔武受盟而从晋，陈以陈侯如会而从晋，独许负固不至；襄王在践土、河阳，相距不远，亦不朝，因而伐之"。[②] 卫成公的表现是"贰"，许国的表现是"不服"，因此晋文公徵召诸侯予以讨伐。这次"温之会"与此前的"践土之会"都是会，但前者是征会，后者是盟会。二者性质的不同，彰显了征会相对于盟会确实有自己的独特意义。

在晋文公的"徵会"之外，春秋时代还有几次"徵会"，例如公元前681年（鲁庄公十三年）的北杏之会。《春秋》云："十有三年春，齐侯、宋人、陈人、蔡人、邾人会于北杏。夏六月，齐人灭遂。"《左传》云："十

[①] 杨伯峻编著：《春秋左传注》，中华书局，1990年，第466、468—470、472—473页。
[②] 杨伯峻编著：《春秋左传注》，第451页。

三年春,会于北杏,以平宋乱。遂人不至。夏,齐人灭遂而戍之。"①所谓"不至",就是不认可、不服从、不参会,所以齐国将其消灭。主持这次"徵会"的是春秋霸主齐桓公,杨伯峻先生注云:"以诸侯而主天下之盟会,以此为始。"②再如公元前592年(鲁宣公十七年)的断道之会。《左传》云:"十七年春,晋侯使郤克徵会于齐。"《春秋》云:"(六月十五日)己未,公会晋侯、卫侯、曹伯、邾子同盟于断道。"《左传》又云:"夏,会于断道,讨贰也。盟于卷楚。"卷楚即断道。③ 所讨之"贰",杨伯峻先生说:"《传》未言何国,是时宋已与楚平,郑、陈、蔡亦皆附楚,贰或指诸国也。"④这次"徵会"的举行,可能是晋景公想乘去年(前593)春晋国消灭赤狄甲氏及留吁铎氏、三月向周定王献狄俘的形势而称霸诸侯。其他"徵会",大家请见《春秋会要》,⑤此不赘述。

由《春秋》《左传》记载的"徵会"可知,"徵会"的举行都是在战争胜利之后,发起人是战争的主导者胜利者,时机既可以在盟誓之前,也可以在盟誓之后,也可以与盟誓同时进行,视具体情况而定,目的是为了讨伐怀有贰心者与不服从者。⑥

其次看"主"。古代学者有两类解释:一,认为是动词。潘振云:"主,守也。"二,认为是名词。分为两个亚型:(1)将"主"单独作解,陈逢衡云:"主,即《周礼》所谓主以利得民者,主谓大夫。"(2)将"主"与"徵"看成一个名词,庄述祖云:"徵主,未仕者。"⑦当代学者多数沿袭旧说,只有黄怀信先生认为:"主,当作'及'。"⑧这些解释多数没有展示证据,只有陈逢衡摆了证据,但并不充分。再

---

① 杨伯峻编著:《春秋左传注》,第193、194页。
② 杨伯峻编著:《春秋左传注》,第193页。
③ (晋)杜预:《春秋经传集解》,上海古籍出版社,1988年,第627、628页。
④ 杨伯峻编著:《春秋左传注》,第773页。
⑤ 王贵民、杨志清:《春秋会要》,中华书局,2009年,第389页。
⑥ 笔者按:《周礼·春官·司常》:"凡军事,建旌旗;及致民,置旗,弊之。"郑玄注:"始置旗以致民,民至仆之,诛后至者。"(郑玄注、贾公彦疏、彭林整理:《周礼注疏》,上海古籍出版社,2010年,第1060页)可以作为正文所论"征会"的参照。
⑦ 黄怀信等:《逸周书汇校集注》(修订本),第465—466页。
⑧ 黄怀信:《逸周书校补注译》,三秦出版社,2006年,第215页。

者,由于对字词语句的校读存在较大差异,学者都是根据自己的主张做出解释,难免有较大的随意性,因而分歧较大,准确率较低。

其实,这个"主"是名词动用,与前面"君"的含义相近,词性、用法相同,是"成为……主"的意思。从与"主"相对的一方来说,就是"以……为主",如《国语·晋语八》云:"三世事家,君之;再世以下,主之。"①因此,所谓"徵主"就是"徵而主之"。

在先秦时代盟誓典礼中,主盟者被参盟者称为"主"。例如,侯马盟书有旧称"宗盟类"的一类盟书,黄盛璋先生说:"此字不是'宗',而是'主'。"进而认为此类盟书开头一句话"敢不剖其腹心,以事其宗"之"宗"应是"主",这个"主"就是盟主。②上举北杏之会、温之会、断道之会既可以称为"徵会",也可以因有结盟之举而称为"盟会",那么与这些"徵会"或"盟会"性质相同的武王"徵主九牧之师",使用了"主"字,并且与"徵"组成一个词语,非常符合这次"徵会"的性质。

在先秦的王室玺印中,有一枚玺文作"王又【有】主正",何琳仪先生说:"玺文'主正'可读'主政'。《管子·禁藏》'故主政可往于民,民心可系于主。'注'谓系属于主。'玺文与《管子》互证,可知'主政'应是先秦习见成语。……'王又主正'……是罕见王室之玺。"③上古时代军政合一,正、政、徵三字的意思相通,可以互换互用,因此"主正"既可以释读为"主政",也可以释读为"主徵"。"徵而主之"与"主而徵之",语序不一样,侧重点不一样,但意思大体接近,可证《度邑》使用"徵主"一词,有其时代语言的根源。④

辨析、明确了"徵""主""徵主"的含义,再回过头来看《度邑》《世俘》记载的武王事迹。"征主九牧之师"之前是"克殷国,君诸侯

---

① 上海师范大学古籍整理组校点:《国语》,上海古籍出版社,1988年,第451页。
② 黄盛璋:《关于侯马盟书的主要问题》,《中原文物》1981年第2期。
③ 何琳仪:《古玺杂释再续》,《中国文字》(新十七期),中国文字社,1993年。
④ 笔者按:裘锡圭先生说:"《大戴礼记·五帝德》也说禹'主名山川'。同篇又说禹'巡九州,通九道,陂九泽,度九山,为神主,为民父母'。看来'主名山川'的'主名'大概是并列结构,'主'指为山川之神的祭主,'名'指为山川定名。"见氏著《说"格物"——以先秦认识论的发展过程为背景》,《裘锡圭学术文集》第5卷,复旦大学出版社,2012年。主与名并列,可以互倒,"征主"的情形与之类似。

及厥献民",之后是回到镐京举行隆重的献俘盟誓典礼,①那么《度邑》的这个"徵"应当就是"徵会","徵主九牧之师"就是强力徵召九牧的君主前来参加由武王主持的大会,承认武王为自己的新君主,以表输诚,以示臣服。② 由此,一位英武君主在大战胜利后,志得意满、雄视天下的姿态,跃然而出。

与《春秋》《左传》所载"徵会"不同的地方,是《度邑》没有记载"讨贰""讨不服"的内容。其实,武王"徵主九牧之师"之后紧接着进行了"讨贰""讨不服",只不过这项史实记载于《商誓》《世俘》之中,需要专门研究,为此留待后面的节目再进行探讨。

四、"见王于殷郊"新考

武王"徵主九牧之师"之后,紧接着的行动,是让他们"见王于殷郊",即在殷郊朝拜武王,以结成君臣关系。其中的"殷郊"是武王举行这次"徵会"的地点。

与"殷郊"紧密相连的还有两个地点,即下文继续交代的"王乃升汾之阜,以望商邑"中的"汾之阜"与"商邑"。这三个地点应该是武王举行"徵会"活动的大致场域。那么,"殷郊""汾之阜""商邑"是在什么地方呢?

古今学者解决这个问题的思路既有所同,也有所异。认为"商邑"是朝歌,"殷郊"是朝歌郊外,是相同点。不同点是对"汾之阜"的看法,张守节认为《周本纪》"武王徵九牧之君,登豳之阜,以望商邑"中的"豳",在陕西豳州的黄土高原之上,是周先祖公刘的都城。③ 豳即汾。陈逢衡认为在山西蒲州的汾河之滨。④ 卢文弨、潘

---

① 张怀通:《〈世俘〉与武王献俘盟誓典礼》,《古代文明》2022 年第 3 期。
② 笔者按:癲钟(西周中期,《集成》251—6)云:"雩武王既伐殷,微史烈祖来见武王,武王则令周公舍寓,以五十颂处。"微史烈祖在武王克殷之后来见武王,或与这次"徵会"有关。
③ (汉)司马迁:《史记》,第 129 页。
④ (晋)孔晁注,(清)陈逢衡补注:《逸周书补注》,宋志英、晁岳佩选编《〈逸周书〉研究文献辑刊》,第 3 册,第 406—407 页。

振认为"汾之阜"即"汾丘",在黄河以南的河南襄城。① 这些学者的思路都是围绕着"汾"而展开,对于"商邑"顾及不周。试问:相隔数百里,怎么可能在"汾之阜"上"望商邑"呢?当代学者黄怀信、周宝宏、张闻玉不拘泥于"汾"的含义,而是着眼于"殷郊"与"商邑"的关系,一致认为:"汾之阜"是殷郊的土丘、小山,然后指出"商邑"是朝歌,"殷郊"是"朝歌郊外"。② 相对于古代学者,当代学者的解释,较为顺畅,也较为圆融。首先,当时当地类似于"汾之阜"的地名还有"康丘",见清华简《系年》,③可知"汾之阜"可能就是一个很普通的小地名。其次,照顾了"殷郊""汾之阜""商邑"三个地点在同一个场域的地理情势。第三,符合了《度邑》记载"徵会"之后"王至于周,自□【鹿】至于丘中,具明不寝"的叙述文势。④ 因而是一个很好的思路,值得借鉴。但笔者同时也认为,三位先生将"商邑"看作"朝歌"仍然不确切。朝歌是离宫别馆,地位如同邯郸、沙丘,商邑是都城,二者判然有别,不可混为一谈。⑤

---

① (晋)孔晁注,(清)卢文弨校:《逸周书》,宋志英、晁岳佩选编《〈逸周书〉研究文献辑刊》,第1册,第154页;潘振:《周书解义》,宋志英、晁岳佩选编《〈逸周书〉研究文献辑刊》,第2册,第56页。
② 黄怀信:《逸周书校补注译》,第215、216页;周宝宏:《〈逸周书〉考释》,社会科学文献出版社,2001年,第134页;张闻玉:《逸周书全译》,《张闻玉文集(经学卷)》,贵州大学出版社,2020年,第315、316页。
③ 清华简《系年》云:"周成王、周公既迁殷民于洛邑,乃追念夏商之亡由,旁设出宗子,以作周厚屏,乃先建卫叔封于康丘,以侯殷之余民。卫人自康丘迁于淇卫。"见清华大学出土文献研究与保护中心编,李学勤主编《清华大学藏战国竹简(贰)》,中西书局,2011年,第144页。
④ 笔者按,李零先生说:"《逸周书·度邑》:'王至于周,自□至于丘中,具明不寝。'所缺字,卢文弨据《文选》卷四十六王融《三月三日曲水诗序一首》李善注补'鹿',各家从。学者推测,此'鹿'即《左传·昭公十七年》之甘鹿,在今河南嵩县东北。"见氏著《〈容成氏〉释文考释》,马承源主编《上海博物馆藏战国楚竹书(二)》,第286页。从商都,经管(今河南郑州)、鹿(今河南嵩县),到镐京,是武王胜利班师的路线,表明武王"徵主九牧之师"是在商都。再,武王班师经过了"管",可以参见于省吾《利簋铭文考释》,《文物》1977年第8期;杜勇《武王伐纣日谱的重新构拟》,《古代文明》2020年第1期,此不赘述。
⑤ 笔者按,张守节《史记·殷本纪》正义云:"《括地志》云:……《竹书纪年》自盘庚徙殷至纣之灭二百五【七】十三年,更不徙都,纣时稍大其(转下页)

《度邑》与武王"徵会"

朝歌在今河南淇县东北淇河沿岸,①至今那里仍有鹿台、钜桥等地名;商邑在今河南安阳洹河的南岸,即大家熟知的今河南安阳的殷墟,二者相距大约五六十公里。张国硕先生说:"尽管朝歌在商代末年已具有都城性质,但这时的安阳殷都并未废弃,仍是商王朝的都城,纣王并未明确提出要废弃殷都而迁都朝歌。只是由于纣王在朝歌居留时间较长,又曾率领军队在朝歌南郊的牧野与周人决战,兵败后又在朝歌之鹿台自杀,周武王又在朝歌斩纣王首示众,故后人错把朝歌当作当时商王朝惟一的都城。殊不知,商王朝真正的都城仍是在殷,朝歌在扮演着名义上为离宫别馆实际上为辅都的角色。"②在甲骨文、金文,以及传世文献中,商都称商、兹商、大邑商、天邑商、商邑、王邑等。③ 朝歌称沫、沫邑、妹、妹邦等,④唐兰先生为沫司徒疑簋(西周早期,《集成》4059)中的"沫"作解云:"沫是殷纣所都,一作妹,《书·酒诰》'明大命于妹邦',郑玄注:'纣之都所处也。'《诗·桑中》:'沫之乡矣',毛苌传:'卫邑。'《水经·淇水注》引《晋书地道记》说:朝歌城'本沫邑也'。据赵一清《水经注释》说,当在今河南省浚县与淇县交界处。"⑤此地正是今天淇河北边的鹿台、钜桥一带。

(接上页)邑,南距朝歌,北据邯郸及沙丘,皆为离宫别馆。"见(汉)司马迁《史记》,第106页。再,《史记·殷本纪》记载:"(纣王)益广沙丘苑台,多取野兽蜚鸟置其中。慢于鬼神。大聚乐戏于沙丘,以酒为池,县肉为林,使男女裸相逐其间,为长夜之饮。"(第105页)不能据此说沙丘是商都,情形与朝歌同。

① 夏商周断代工程朝歌遗址调查组:《1998年鹤壁市、淇县晚商遗址考古调查报告》,《华夏考古》2006年第1期。
② 张国硕:《论夏商时代的离宫别馆》,宋镇豪、肖先进主编《殷商文明暨纪念三星堆遗址发现七十周年国际学术研讨会论文集》。
③ 王震中:《商代都鄙邑落结构与商王的统治方式》,《中国社会科学》2007年第4期。
④ 笔者按:"沫"与"妹"二字所从"末"与"未",学者的认识有所差异,晁福林先生说:"一为指出枝叶为木之末端,义即'末',一为指出枝叶尚未成长为木之主干,寓有未成之意,义即'未'。"见氏著《殷卜辞所见"未(沫)"地考》,《中国史研究》2019年第2期。为了准确引述学者主张,笔者对学者的隶定不作改动,而本文表述一律采用"沫"字。
⑤ 唐兰:《西周青铜器铭文分代史徵》,中华书局,1986年,第28页。

甲骨卜辞也可以证成朝歌与商邑是两地,例如花东卜辞第36片:①

(15) 丁卜,在✤:其东狩。

(16) 丁卜,其。

(17) 不其狩,入商。在✤。

(18) 丁卜:其涉河,狩。

(19) 丁卜,不狩。

(20) 其涿【遂】河狩,至于✚。

(21) 不其狩。

晁福林先生对这几条卜辞中的地点及其相互关系进行了深入考证,然后说:"✤地往东可以狩猎,再往东就是'河',若不狩猎,在一天之内即可到'商',若沿河而行,则可以到'✚'。"又说:"✤是未(沫),即牧野;✚是其(淇),即朝歌;商应当就是卜辞所载的'大邑商',即后来的殷墟之地。"② 仔细体会晁先生的考证结果,我们似可认为:朝歌与牧野,密迩相连,自内言之,一城一郊,是两个地方,自外言之,城郊可以统称为朝歌;③从朝歌到商都大约是一天的路程。这就更加坐实了笔者所持朝歌与商邑是两个地点的主张。

其实,在传世文献及古代学者的注释中,对于武王与纣王决战于朝歌、胜利后进入商都的史实,有所记载与说明。例如《吕氏春秋·仲夏纪·古乐》云:"武王即位,以六师伐殷。六师未至,以锐兵克之于牧野。"高诱注云:"未至殷都而胜纣于牧野。"④这是说牧野与殷都是两地。再如《礼记·乐记》记载孔子的话说:"武王克殷反

---

① 中国社会科学院考古研究所编著:《殷墟花园庄东地甲骨》(第一分册),云南人民出版社,2003年,第136、137页。
② 晁福林:《殷卜辞所见"未(沫)"地考》,《中国史研究》2019年第2期。
③ 张守节《史记》正义:"《括地志》云:'卫州城,故老云周武王伐纣至于商郊牧野,乃筑此城。'郦元《注水经》云自朝歌南至清水,土地平衍,据皋跨泽,悉牧野也。'《括地志》又云:'纣都朝歌在卫州东北七十三里朝歌故城是也。本妹邑,殷王武丁始都之。'"见(汉)司马迁《史记》,第123页。由此可见,古代学者也是将朝歌与妹邑当作一地。
④ (汉)高诱注:《吕氏春秋》,《诸子集成》,上海书店出版社,1986年,第6册,第53页。

【及】商。未及下车而封黄帝之后于蓟,封帝尧之后于祝,封帝舜之后于陈;下车而封夏后氏之后于杞,投殷之后于宋,封王子比干之墓,释箕子之囚,使之行商容而复其位。"①孔子将"克殷"与"及商"并列,明显表示这是两件先后发生的事情。再如《尚书大传》云:"武王与纣战于牧之野,纣之卒辐分,纣之车瓦裂,纣之甲鱼鳞下。贺乎武王,纣死。武王皇皇若天下之未定,召太公而问曰:'入殷奈何?'"然后询问召公、周公,得到满意的答复之后,于是"武王旷乎若天下之已定,遂入殷。封比干之墓,表商容之闾,发钜桥之粟,散鹿台之财,归倾宫之女,而民知方"。② 众所周知,武王在牧野之战的甲子日傍晚已经进入朝歌,对在鹿台之上披玉自焚的纣王的尸首射、击、斩、折,并且在第二天乙丑日又在朝歌城内举行了隆重的祭社典礼,③怎么这里却是"入殷""遂入殷"呢? 只有一种可能,那就是这个"殷"不是朝歌,而是往北距离朝歌五六十公里的"大邑商"。

"商邑"是"大邑商"的落实,就可以确定"维王克殷国,君诸侯

---

① 王文锦:《礼记译解》,中华书局,2001年,第555页。笔者按:郑玄注《礼记·乐记》云:"'反'当为'及'字之误也。'及商'谓至纣都也。《牧誓》曰'至于商郊牧野'。"孔颖达疏云:"'反商'者,'反'当为'及',言武王牧野克殷已毕,及至商纣之都也。"[《礼记正义》,(清)阮元校刻《十三经注疏》,中华书局,1980年,第1542、1543页]郑玄注中的"《牧誓》曰'至于商郊牧野'",似乎表明郑玄把"及商"当作了武王到达牧野,而孔颖达疏中的先"牧野克殷已毕",后"及至商纣之都",表明孔颖达认为是连续发生的两件事情。笔者采孔颖达说。再,"封夏后氏之后于杞,投殷之后于宋",或是成王时代的史实,孔子的话是为一定的目的而讲,不免有将不同时期的性质类似的史实放在一起述说的情况发生,对此我们应该灵活看待。

② (汉)郑玄注,王闿运补注:《尚书大传》,王云五主编《万有文库》,商务印书馆,1937年,第33页。笔者按:其中的"贺乎武王,纣死",通常理解为以纣死贺武王,若果如此,武王所入是朝歌。但由《克殷》所载武王入朝歌之后对纣王尸首的处理方式看,武王不可能在入朝歌之前从容地询问太公、召公、周公如何对待殷遗等善后事宜,伏胜的解释可能糅合了多种史实。但关于武王曾慎重对待"入殷"的说法,或有一定的根据。再,《大聚》云:"维武王胜殷,抚国绥民,乃观于殷政,告周公旦曰:'呜呼!殷政总总若风草,有所积,有所虚,和此如何?'"[(清)朱右曾《逸周书集训校释》,商务印书馆,1940年,第62页]记载的大约是"徵会"期间武王与周公观察殷政的史实。

③ (汉)司马迁:《史记》,第125页。

及厥献民"之后"徵主九牧之师,见王于殷郊"的"徵会"典礼活动,不是举行于牧野决战之地朝歌,而是举行于没有被战事波及的商都"大邑商",也就是我们熟知的今河南安阳的殷墟。

五、武王"徵会"与《世俘》《商誓》关系新证

武王在商都"大邑商"的郊外举行"徵会"典礼活动,与今本《逸周书》的第四十篇《世俘》、第四十三篇《商誓》所载史实,无论在时间上,还是在事件上,都相互衔接、洽合。

据《世俘》记载可知,武王从牧野之战到班师西归,在商都只停留了五天。这五天的行程是:甲子日,牧野之战、命令太公望抵御方来;乙丑日,祭社;丙寅日,(?);丁卯日,听取太公望的俘获报告;戊辰日,祭祀文王、立政、命令吕他讨伐越戏方。[1] 大家请注意,丙寅日这一天是空白,没有记载武王的任何活动。这不免令人生疑,大战刚刚结束,戎马倥偬之际,武王怎么可能闲着无事呢?笔者推测,丙寅日武王没有休息,而是行进在赶往"大邑商"的路途之上。

从朝歌到商都,即从今淇县东北淇河北边鹿台、钜桥一带到今安阳小屯殷墟,大约五六十公里,"晚商王朝以殷墟王邑为中枢的道路交通网络,已适应于王权统治而规模大备"。[2] 上节所举花东卜辞第 36 片显示,从"沫"到"商"是一天的路程。那么,武王凭王者的车马装备,以战时的紧急状态,从朝歌出发,于丙寅日一天到达"商邑",在路况、速度等方面,完全没有问题。

武王于丙寅日到达商都,意味着接下来的两天,即丁卯日听取太公望的俘获报告;戊辰日祭祀文王、立政、下达讨伐命令等,是在商都进行。丁卯日的活动较少,或与丙寅日的车马劳顿有关。戊辰日的活动较多,"立政"是主题,其中包括了下达讨伐命令、封建圣王之后、褒扬贤能、赈济百姓、立武庚续守商祀等。这些活动有的不必

---

[1] 张怀通:《〈逸周书〉新研》,中华书局,2013 年,第 244 页;张怀通:《〈尚书〉新研》,中华书局,2021 年,第 61—62 页。
[2] 宋镇豪:《论商代的政治地理架构》,《中国社会科学院历史研究所学刊》第一集。

武王亲历亲为,只要派遣公卿将佐即可;有的则必须由武王亲自主持不可。

在"立政"的活动中,笔者推测有武王亲自主持的"徵会"的内容。参加"徵会"的人员,有"九牧之师",当然还应有已经接受武王成为君主事实的"诸侯"与"献【贤】民"。武王在"徵会"上对"诸侯""献【贤】民""九牧之师"的讲话,应该就是《商誓》。① 李学勤先生说:"《商誓》之作,是在武王居于殷都的时候。"② 张怀通先生说:"《商誓》之作当以'王立政'的戊辰日有较大可能性。"③ 现在以二位先生的判断为基础,为《商誓》是戊辰日"徵会"之上武王的讲话,作两点论证。

其一,参加人员基本相同。《商誓》开头云:"告尔伊旧何父□□□几、耿、肃、执,乃【及】殷之旧官人序文□□□□,及太史比【友】、小史昔【友】,及百官、里居【君】、献【贤】民。"其中的"几、耿、肃、执"是"殷之世家大族";"殷之旧官人"是"职官主事之人";"太史比【友】、小史昔【友】"是毛公鼎中的"太史寮、内史寮";"百官、里居【君】、献【贤】民"是百姓、基层组织管理者、民众中的贤良。李学勤先生说:"武王讲话的对象包括殷的贵族、朝臣、民众。"④ 大致不误。

这句话的文字多有遗漏,笔者推测,武王讲话对象在上面三类人员之外,还应有诸侯一类的人物,《商誓》的下文一次提到"比【友】冢邦君",两次提到"尔冢邦君"。邦君就是诸侯。这表明诸侯

---

① 笔者按:张利军先生说:"克商之后,周与诸侯关系发生了微妙变化。武王曾大会四方诸侯君长,重申四方诸侯君长的义务,《逸周书·度邑》云:'维王克殷国,君诸侯,乃徵厥献民,九牧之师,见王于殷郊。'此句明显与《度邑》内容不相干,可能原在《商誓》篇首。"见氏著《商周服制与早期国家管理模式》,上海古籍出版社,2016 年,第 203 页。张先生的调整不妥,但敏锐地感知二者有一定的关系,很值得肯定、称赞。
② 李学勤:《〈商誓〉篇研究》,《古文献丛论》,中国人民大学出版社,2010 年。
③ 张怀通:《〈逸周书〉新研》,第 254 页。笔者按:《商誓》与《牧誓》都是以宣誓地点为标题,由此说明《商誓》发布于商都,而不是牧野或朝歌,这也证明武王征会确实举行于商都。
④ 笔者按:此处所引《商誓》文句,以及对文句的隶释,采用的是李学勤先生的观点,见氏著《〈商誓〉篇研究》,《古文献丛论》,中国人民大学出版社,2010 年。

也是武王"徵会"讲话的对象。① 那么《商誓》中的诸侯、贵族、朝臣、献【贤】民,与《度邑》中的诸侯、献【贤】民、九牧之师,大致上能对应起来。也就是说,参加武王"徵会"的人员与恭听武王讲话的人员,大约是同一批人。

其二,"徵会"的目的是"讨贰""讨不服"得到了印证。《商誓》中武王对诸侯、贵族、朝臣、献【贤】民等殷遗,进行了恫吓,即"肆予明命汝百姓,其斯弗用朕命,其斯尔冢邦君,商庶百姓,予则□刘灭之"。在恫吓之外,还有乘胜追击敌人的宣誓,即"尔冢邦君,无敢其有不告,见于我有周,其比【友】冢邦君,我无攸爱。上帝曰:必伐之。今予惟明告尔,予其往追□纣,遂臻集之于上帝"。② 其中的"予其往追□纣",尽管有一个字缺失,但意思很明白,就是我将继续追击讨伐商纣王的余孽帮凶。很显然,这就是"讨贰"。《世俘》记载戊辰日"吕他命伐越戏方",就是武王发出的第一道"讨贰""讨不服"的命令。③ 那么,《度邑》记载的武王"徵会"典礼活动,与《商誓》记载的武王"讨贰""讨不服"宣誓,以及《世俘》记载的武王下达的第一道"讨贰""讨不服"命令,便相互连接贯通起来,从而为我们还原了长期淹没于各种文献中的气势磅礴、场面壮观的商周鼎革之际的部分历史景象。

《商誓》的主题与性质,古今学者都有讨论。朱右曾说:"'誓'读为'哲',篇中有'商先誓王',故以'商誓'名篇。"④李学勤先生说:"朱氏之说是不对的,推想他是由于《尚书》的誓多系誓师,所以认为

---

① 笔者按,李学勤先生说:"'其友邦冢君'指与纣朋党的诸侯,故武王对之无所顾惜,宣称即将追伐。"见氏著《〈商誓〉篇研究》,《古文献丛论》,中国人民大学出版社,2010年。笔者不认同李先生的看法。"邦冢君"的前面有"尔",且出现了两次,是"你""你们",第二人称,指对面的人,因此应是讲话对象,而不是不在现场的纣之朋党。再,"冢邦君"早期版本皆是如此,暂且从之。
② (清)朱右曾:《逸周书集训校释》,宋志英、晁岳佩选编《〈逸周书〉研究文献辑刊》,第8册,第116、115页。
③ 笔者按,戊辰日"吕他命伐越戏方"是受命讨伐,此前甲子日"太公望命御方来"是受命抵御。抵御的是纣党方来的反扑,这是牧野之战的组成部分;讨伐是敌友界限已明之后对敌人的主动出击,二者性质有很大不同。
④ (清)朱右曾:《逸周书集训校释》,宋志英、晁岳佩选编《〈逸周书〉研究文献辑刊》,第8册,第113页。

《度邑》与武王"徵会"

此篇不合誓体。实际誓不限于誓师，《礼记·曲礼》记诸侯之礼，云'约信为誓'，可见凡确定约束之辞都可称誓。《牧【商】誓》作于克殷之后，宣布约束，正合于誓体。"①由上文的论述可知，李先生的主张也有可商之处。武王向诸侯、朝臣、献【贤】民表达继续征讨纣王的余孽帮凶的决心，就是宣誓。这既是《商誓》的主题，也是"徵会"的宗旨，与《尚书》中以《牧誓》为代表的"誓"的体裁、性质完全符合，不必再为《商誓》之"誓"作另外的解释。

上文说到《世俘》中的戊辰日"吕他命伐越戏方"是武王下达的第一道"讨贰"的命令。之所以强调是"第一道"，是因为紧接着下面一连几天还有数道，即"壬申，……侯来命伐靡"，"甲申，百弇以虎贲誓，命伐卫"，"庚子，陈本命伐磨，百韦命伐宣方，新荒命伐蜀"，"乙巳……百韦命伐厉"。② 这些命令是武王在班师的路途上连续发出的，都是接续戊辰日"吕他命伐越戏方"而来，因此其性质都是"讨贰""讨不服"。据《周本纪》记载，武王伐纣之前，有两次诸侯集会："十一年十二月戊午，师毕渡盟津，诸侯咸会"；"二月甲子昧爽，武王朝至于商郊牧野，乃誓。……誓已，诸侯兵会者车四千乘"。③ 经过战前的两次集会，又经过战后的"徵会"，服从天命、接受周家统治的诸侯基本上都来了，剩下没有来的，分明是有贰心者、不服从者。此时，敌我界限已经非常分明，正是"讨贰""讨不服"的恰当时机。于是，武王便携伐纣之威、发雷霆之怒、挥正义之师，对纣王的同盟与国等残敌进行大肆讨伐。

武王讨伐的对象，有越戏方、靡、卫、磨、蜀、厉等，地点多数不能确定，但有少数地望可以大概估计，《世俘》云："乙巳，陈本新荒蜀磨至，告禽【擒】霍侯、艾侯，俘佚侯小臣四十有六，禽【擒】御八百有三十两，告以馘俘。"④其中的"霍"，或在霍太山一带，即山西霍州。⑤

---

① 李学勤：《〈商誓〉篇研究》，《古文献丛论》。
② （清）朱右曾：《逸周书集训校释》，宋志英、晁岳佩选编《〈逸周书〉研究文献辑刊》，第8册，第94、96页。
③ （汉）司马迁：《史记》，第121、122、123页。
④ （清）朱右曾：《逸周书集训校释》，宋志英、晁岳佩选编《〈逸周书〉研究文献辑刊》，第8册，第96页。
⑤ 黄怀信等：《逸周书汇校集注》（修订本），第431页。

181

佚,甲骨文作"失",罗琨先生说,商末的失"一直是商王朝的与国",今山西临汾浮山桥北商代五座大墓,出土青铜器上有多个"失"字,或是失侯的墓葬。① 这意味着"佚"可能位于今山西南部地区。林欢先生说,商末甲骨卜辞中的"'三牧'应该就是商人在汾水流域台骀族住地设立的三个牧",②与霍、佚在地望上大致重合。这表明,受召参加武王"徵会"的"九牧之师",确实驻防于包括今晋南在内的离商都较近的地区,同时,受到检验的诸侯方国也肯定在这一地区,那些因不服从而遭受讨伐的诸侯方国当然也在这一地区。③ 这就是武王伐纣第二期战事"讨贰"的大致范围。④

---

① 罗琨:《殷墟卜辞中的"先"与"失"》,《古文字研究》第二十六辑,中华书局,2006年。笔者按:在这个主张之外,还有在今河南洛阳的观点。赵平安先生说:"从河南洛阳马坡成批出土失的铜器看,马坡一带当是佚侯故地。把马坡一带看做佚侯故地,和卜辞所反映的失的地理特征适相吻合。"见氏著《从失字的释读谈到商代的佚侯》,《中国社会科学院历史研究所学刊》第一集。罗琨先生认为,马坡当为迁往洛邑殷遗民的遗存。本文采罗琨先生说。
② 林欢:《甲骨文诸"牧"考》,宋镇豪、肖先前主编《殷商文明暨纪念三星堆遗址发现七十周年国际学术研讨会论文集》。
③ 笔者按:《世俘》对于将领受命征伐商纣与国的记载,有的颇为耐人寻味,例如:"庚子,陈本命伐磨,百韦命伐宣方,新荒命伐蜀。乙巳,陈本新荒蜀磨至,告禽霍侯、艾侯,俘佚侯小臣四十有六,禽御八百有三十两,告以馘俘。百韦至,告以禽宣方,禽御三十两,告以馘俘。"(朱右曾:《逸周书集训校释》,宋志英、晁岳佩选编《〈逸周书〉研究文献辑刊》,第8册,第96页)其中的"陈本新荒蜀磨至",没有擒获,也没有告俘,似说明蜀磨虽未参加徵会,但已在赶往徵会的路上,因此陈本新荒与之相遇后,共同返回武王驻军之处。这能较为顺畅地解释"九牧"距离商都确实较近,但路途又互有参差的实际情况。这个发现,由我的博士生侯传峰指出。特此说明。
④ 笔者按,武王伐纣经过了三期战事:一是牧野之战,二是"徵会"之后的"讨贰",三是"徵四方"(《世俘》)。第一期战事,世人都熟悉;第二期战事,就是本文揭示的内容;第三期战事,请见张怀通、薛孟佳《矢令方彝与〈世俘〉"武王遂徵四方"新解》,《青铜器与金文》第十二辑,上海古籍出版社,2024年(待刊)。再,武王"讨贰"的范围不太大,可由受命讨伐将领的命、至、告的时间推测得出,请见张怀通《乖伯簋与〈世俘〉文例》,《中国史研究》2018年第3期。

六、从武王"徵会"看商汤"徵会"

武王于牧野之战胜利之后在商都郊外举行"徵会"典礼活动,在西周开国史上是一大盛举。但"徵会"却不是武王的独创、独有,在武王之前有商汤的"徵会",在武王之后,有上举齐桓公、晋文公的"徵会"等。这些"徵会"先后相连,形成源远流长的文化传统。

商汤的"徵会"记载于上博简《容成氏》之中。《容成氏》云:

> 桀不述其先王之道……起师以伐岷山氏,取其两女琰、琬,妖北去其邦,墮为倾宫,筑为璿室,饰为瑶台,立为玉门,其骄泰如是状。汤闻之,于是乎慎戒徵贤,德惠而不假,柔三十夷而能之。如是而不可,然后从而攻之……桀乃逃之鬲山氏,汤或从而攻之……桀乃逃之南巢氏,汤或从而攻之,遂逃去,之苍梧之野。汤于是乎徵九州之师,以略四海之内,于是乎天下之兵大起,于是乎亡宗戮族,残群焉服。[①]

《容成氏》是战国诸子的作品,某些词汇、观念有战国时代特点,如"九州"等,但对于史实梗概的叙述,却很值得仔细体会。这段引文叙述商汤征伐夏桀的经过是:一、"慎戒徵贤",积聚力量;二、鬲山之战、南巢之战、苍梧之战;三、"徵九州之师,以略四海之内"。这个过程对于今人来说,存在很大疑点。敌人已经消灭,战事已经结束,怎么"汤于是乎徵九州之师,以略四海之内,于是乎天下之兵大起,于是乎亡宗戮族,残群焉服"呢? 整理者、研究者虽然按照简序文势将文本如此安排了,但并没有对这个问题作出相应的说明,致使学者大惑不解。例如罗琨先生说:"'殷革夏命'主要的军事行动结束于伐桀,此后见于记载的仅有扫灭残余势力的伐三朡,没有大战,所以桀亡于苍梧后,'天下之兵大起'说也是没有根据的。"[②]现在由上

[①] 李零:《〈容成氏〉释文考释》,马承源主编《上海博物馆藏战国楚竹书(二)》,第280页;孙飞燕:《上博简〈容成氏〉文本整理及研究》,第20、22—23、89—101页;单育辰:《新出楚简〈容成氏〉研究》,第28页。笔者按:个别字词句读,间以己意。

[②] 罗琨:《商代战争与军制》,宋镇豪主编《商代史》第9卷,中国社会科学出版社,2010年,第47页。

文揭示的武王"徵会",以及《春秋》《左传》记载的齐桓公、晋文公"徵会"可知,商汤于消灭夏桀之后"徵九州之师",其实是"徵会","以略四海之内"其实是包括"伐三朡"在内的"讨贰""讨不服",以及之后扩大战果的行为,即第二、三期战事。① 至于"天下之兵大起""亡宗戮族""残群焉服"则是总括伐桀、徵会、讨贰之后的结果。

由此可见,《容成氏》虽然是战国时代诸子的作品,所用词汇也有战国时代的特征,但对于商汤伐桀史实的叙述基本符合实际,有历史素地存于其间,那么商汤于伐桀胜利之后,"徵九州之师,以略四海之内",应该可以视为武王"徵会"的源头。②

《容成氏》对于商汤事迹的记载,在"徵会"之外,还有"慎戒徵贤,德惠而不假,柔三十夷而能之",也可以与《度邑》相照应。

《度邑》记载武王在"徵会"之后回到镐京对周公讲述想要仿效商汤以定天保的话说:"维天建殷,厥徵天民名三百六十夫,弗顾,亦不宾成【灭】,用戾于今。"③其中的"徵天民",《周本纪》作

---

① 笔者按,《多士》云:"我闻曰:上帝引逸,有夏不适逸;则惟帝降格,向于时夏。弗克庸帝,大淫泆有辞,惟时天罔念闻,厥惟废元命,降致罚,乃命尔先祖成汤革夏,俊民甸四方。"(杨筠如《尚书覈诂》,第226—227页)其中的"甸四方"与《世俘》所载武王的"徵四方"意思相同,都是第三期战事。

② 笔者按,《史记·五帝本纪》云:"蚩尤作乱,不用帝命。于是黄帝乃徵师诸侯,与蚩尤战于涿鹿之野,遂禽杀蚩尤。而诸侯咸尊轩辕为天了,代神农氏,是为黄帝。天下有不顺者,黄帝从而征之,平者去之。"(第3页)黄帝已经成为"天子",之后对"不顺者"予以征伐,这与汤武"徵会"的时机与目的相同。尽管描述有些模糊,但大致可知是"徵会",那么这应是"徵会"的源头。之所以如此,当是因为有类似的国家结构与天下格局。鉴于黄帝事迹有较为强烈的传说色彩,不是信史,本文将其放在注释中予以说明。

③ 笔者按:《墨子·非攻下》云:"王既已克殷,成帝之来,分主诸神,祀纣先王,通维四夷,而天下莫不宾,焉袭汤之续"。[(清)孙诒让撰,孙启治点校:《墨子间诂》,中华书局,2001年,第152页]笔者推测,其中的"焉袭汤之续"大约指的是《度邑》"维天建殷,厥徵天民名三百六十夫"这句话所表露的武王意愿。理解这句话的意思,《史记·周本纪》司马贞《索隐》可作参考。《索隐》云:"言天初建殷国,亦登进名贤之人三百六十夫,既无非大贤,未能兴化致理,故殷家不大光昭,亦不即摈灭,以至于今也。亦见《周书》及《随巢子》,颇复脱错。"见(汉)司马迁《史记》,第130页。再,顾颉刚先生说:"徐中舒同志面告:'《周本纪》说殷有"名民三百又六十夫"(按此语系据《逸周书·度邑》),疑即殷商三百六十个小氏族;后来分(转下页)

《度邑》与武王"徵会"

"登名民",①与《容成氏》的"徵贤",李零先生隶释为"登贤",③是一样的意思。杨树达先生说:"以声类求之,登盖当读为徵。《说文》八篇上𢆉部云:'徵,召也。'登徵古音同在登部,又同是端母字,声亦相同,故得相通假也。"③这个"徵"或"登"与"徵会"之"徵"都有"徵召"之义,但仔细分辨起来,却有较为明显的区别。"徵会"是为了检验诸侯方国是否臣服,目的是"讨贰""讨不服",树立巩固权威,而"徵贤"是徵召贤良,目的是擢而用之,以共同治理国家天下。商汤如何"登天民",详情已不得而知,但可以由后世文献的一些记载进行初步窥测。

(23)《鹖子·汤政》云:"汤之治天下也,得庆辅、伊尹、湟里且、东门蜺、南门蛭、西门疵、北门侧。得七大夫佐,以治天下,而天下治。"④

(24)《尚书·立政》云:"亦越成汤陟,丕釐上帝之耿命,乃用三有宅,克即宅;曰三有俊,克即俊。严惟丕式克用三宅三俊,其在商邑,用协于厥邑;其在四方,用丕式见德。"⑤

(25)《尚书·多士》云:"自成汤至于帝乙,罔不明德恤祀。亦惟天丕建,保乂有殷,殷王亦罔敢失帝,罔不配天其泽。"⑥

(26)《尚书·多方》云:"我有周惟其大介赉尔。迪简在王庭,尚尔事,有服在大僚。"⑦

(接上页)鲁公以殷民六族,康叔七族,疑即此三百六十个小氏族中的一部分。《周礼疏》说"六族,三十姓",疑此所谓"族"即胞族,所谓"姓"即小氏族。'也可以作为参考,见氏著《〈逸周书·世俘篇〉校注、写定与评论》,《文史》第二辑,中华书局,1963年。
① (汉)司马迁:《史记》,第129页。
② 李零:《〈容成氏〉释文考释》,马承源主编《上海博物馆藏战国楚竹书(二)》,第281页。
③ 杨树达:《释登》,《积微居甲文说》,上海古籍出版社,2013年,第38页。
④ 鹖熊撰,(唐)逢行珪注:《鹖子》,《景印文渊阁四库全书》,台湾商务印书馆,1986年。
⑤ 杨筠如:《尚书覈诂》,第267页。
⑥ 杨筠如:《尚书覈诂》,第227—228页。
⑦ 杨筠如:《尚书覈诂》,第262—263页。

例(22)(23)(24)讲的是商汤选拔贤良担任职官以治理天下的事迹。在"七大夫"中，只有伊尹为后人所熟知，其他六人的作为已湮没不彰，但大体上可知他们都是商汤的得力辅佐。"三宅三俊"，是"王左右常伯常任准人"，即"三司"或"三有事""三事大夫"。[①] 例(25)(26)讲的是历代商王获得天佑的德政，以及周家予以效法、选拔服从者担任王朝职官的政策。其中的"惟天丕建"与《度邑》的"维天建殷"大致照应，表明出自同一话语体系，同一思想体系。

《多士》《多方》《立政》都是周公发布的政治文告，在一些字词语句、思想观念等方面与《度邑》的贯通，向我们昭示了一个长久以来不为学者注意的重大史实：周公在完成武王的拥立太子诵继承王位（后来确定为嫡长子王位继承制）、建筑洛邑以经营天下两项遗嘱之外，还不遗余力地贯彻执行武王的登进贤良以确定天保、维护周家统治的第三项遗嘱。鞠躬尽瘁，死而后已，后世的儒家将周公树立为公卿典范，良有以也！

现在回过头来，再看本文第一节所引《度邑》开头一个段落，就会体悟到，无论是记叙武王的"徵会"，还是记叙武王的讲话，表面看似乎有些散乱、多有跳跃，实质上都围绕着一个主题进行，这个主题就是如何治理诸侯、方国、天下。也就是《世俘》所载戊辰日的"立政"。这表明，武王的思想已经从伐纣克商，经过"徵会"的枢纽，转变为"定天保"，即确保上天护佑、国祚永昌。这一思想状态与《度邑》下文所载武王的意欲传位周公、规划洛邑地址的意图，不仅性质相同，而且前后一贯。因此，三项内容由"徵会"领起，放在一篇文章中叙述，并且以"度邑"来概括。足见《度邑》结构的精巧，含义的深刻。真是一篇匠心独运的好文章！

七、"有限权力的中国王政"说

上文以《春秋》《左传》所载齐桓公、晋文公的"徵会"为参照，对《度邑》记载的武王于伐纣胜利之后在殷郊举行的"徵会"典礼

[①] 杨筠如：《尚书覈诂》，第264页。

《度邑》与武王"徵会"

活动,进行了初步考察与探讨。现在以此为基础,结合《牧誓》《世俘》《周本纪》等文献,以及学者对于武王伐纣史实及商周国家形态问题的研究,对武王"徵会"显示的殷商周初的王政问题,进行简要论述。

牧野之战是商周两大阵营的生死对决,在此前后双方力量经历了此消彼长的过程。周人阵营中与武王结成君臣或同盟关系的诸侯方国依次是,西方八国、相会于孟津的诸侯、相会于牧野之战前的诸侯。商人阵营中的成员与纣王关系的亲疏程度依次是,牧野之战中反扑的方来、因未参加武王"徵会"而遭到讨伐的越戏方、靡、卫、磨、蜀、厉等诸侯方国。处于中间地带、采取骑墙态度的诸侯方国是,牧野之战当天在胜负局势已定的前提下接受武王成为君主事实的诸侯方国、戊辰日被召集而来参加武王"徵会"的"九牧之师"。纣王、武王与各自阵营中的诸侯方国的关系,不是秦汉以后君主对将帅、官员的绝对支配的关系,而是在道义、实力之上的"松散"联合的关系。更为奇特的是,在两大阵营之间还有一批见风使舵的政治军事实体。

《周本纪》记载武王伐纣的情形,第一次是"诸侯不期而会孟津";第二次出发前是"遍告诸侯",渡过孟津是"诸侯咸会",牧野决战时是"诸侯兵会"。[1] 前者的"不期"说明,大家虽然同仇敌忾,但彼此缺乏联系,竟至于"有未至者";[2]后者的前后两次"会"说明,彼此方向一致,但步调不一致,相互之间缺乏硬性约束。

将商周两大阵营及介于二者之间的诸侯方国都纳入视野之中,我们看到的是一幅当时天下的基本格局。这样的天下格局建立在商周王朝的复合型国家结构之上。[3] 王震中先生说:"商代的国家结

---

[1] (汉)司马迁:《史记》,第 121、121、123 页。
[2] 笔者按,《后汉书·刘玄刘盆子列传》云:"论曰:周武王观兵孟津,退而还师,以为纣未可伐,斯时有未至者也。"[(南朝宋)范晔撰,(唐)李贤等注:《后汉书》,中华书局,1965 年,第 476 页]这是"不期"的真实含义。
[3] 笔者按,学者对于"王朝""国家"两个概念的使用较为纷纭,王朝是天下观之下的政治观念,国家是世界观之下的政治观念,使用时间大约以鸦片战争为界,分为前后两个阶段。本文引用学者观点,对于所使用的概念予以照录,自己表述商周天下格局、政治形态时则尽量使用王朝。但有时为了避免重复,也将二者按照相同的意思来交替使用。

构和形态,既非一般所说的'统一的中央集权制国家',亦非所谓'邦国联盟',而是一种'复合制'国家结构,它由'内服'与'外服'所组成。内服亦即王邦之地,有在朝的百官贵族;外服有诸侯和其他从属于商王的属邦。内、外服关系亦即甲骨文中'商'与'四土四方'并贞所构成的结构关系。维系内、外服'复合制'结构的是商的王权及其'天下共主'的地位。商的王权既直接统治着本邦(王邦)亦即后世所谓的'王畿'地区,也间接支配着臣服或服属于它的若干邦国。王邦对于其他属邦就是'国上之国';其他属邦则属于王朝中的'国中之国'。这是一种以王为天下共主、以王国(王邦)为中央、以主权不完全独立的诸侯国即普通的属邦为周边(外服)的复合型国家结构。"王先生还说:"王国是由邦国发展而来的,它在上升为王国之前,原本就是邦国。例如商王国在商灭夏之前,对于夏而言它只是一个邦国;周王国在周灭商之前,也是一个邦国。由邦国走向王国,就是由普通的属邦即庶邦地位走向了天下的共主地位。"[1]我们在"徽会"前后的武王各种政治军事举措之中,看到的是商周鼎革之际复合型国家结构以新主人为核心进行重新塑造的情形。

复合型国家结构的重新塑造,为我们观察殷商周初王权运作方式即中国王政的具体细节,提供了条件。

其一,王在本邦拥有绝对权威,这是王立足本邦、进而夺取并统治天下的基础。[2] 其二,在本邦之外,王对于"不完全独立"的诸侯

---

[1] 王震中:《论商代复合制国家结构》,《中国史研究》2012年第3期。笔者按,刘家和先生说:"古代大多数地区性国家是在失去自己的独立的情况下被并入他人的帝国的,而建立起帝国的国家也不过是具有特权的国上之国,对被征服国家实行压榨和统治。"又说:"埃及在公元前两千年代下半叶形成为一个地跨北非西亚的奴隶制国家。……在叙利亚巴勒斯坦则任命原来各小王国的统治者继续统治,不过他们要将自己的儿子送到埃及作为人质(当那些老的统治者死后,这些人质就送回去担任总督)。埃及还派遣驻防军控制这些地方。"见氏著《世界上古史》,吉林人民出版社,1984年,第382、64页。刘先生描述的上古时代包括古埃及在内的一些"帝国"的国家结构及统治方式,可以成为我们认识殷商西周"王国"形态的借鉴。

[2] 笔者按,针对西周时代有边地异姓小国之君称王的现象,王震中先生说:"西周时期,某些边远地区的小邦邦君也有称王的旧俗。……仅就西周而言,王朝的最高统治者称王,这样的'王'体现的是王朝的王权;个(转下页)

方国是"间接支配",这既需要有强大的军事政治实力,也需要有强大的道德感召力。孟子说,"以德行仁者王,王不待大——汤以七十里,文王以百里"。① 墨子说,"汤奉桀众以克有【夏】"。②《吕氏春秋·离俗览·用民》说,"汤武非徒能用其民也,又能用非己之民"。③ 讲的是商汤、文王的初兴态势,忽略了壮大的过程,显然与实际有较大距离,但想要说明的本邦力量不足、若成为天下共主、须让诸侯方国乃至敌方属国前来归附的道理,却符合实际。其三,王与诸侯方国建立在实力与道义之上的政治关系,以盟誓的形式进行确认与巩固,形成各自的权利与义务。"用小牲羊犬豕于百神水土,于誓社"(《世俘》),是克商之后武王与诸侯方国的盟誓。殷商周初虽然是复合型国家结构,而不是方国联盟,但由立誓而结盟,确实是维系王朝统治的重要手段,这表明殷商周初的王权具有较大的"有限"性。④ 其四,新王朝的崛起,以成为天下共主为目的,而不是以消灭敌人的本邦为目的。顾炎武说:"武王伐商,杀纣而立其子武庚,宗庙不毁,社稷不迁,时殷未尝亡也。所以异乎曩日者,不朝诸侯,不有天下而已。"⑤这是很中肯的看法。与此同时,对于不承认自己共主地位的诸侯方国,则予以大肆挞伐,以扩大本邦的领土与势力范围。其五,在不消灭敌人本邦的同时,对于先圣王之后给予充分的尊重,"兴灭国,继绝世"(《论语·尧曰》),以汲取文化传统中的政

(接上页)别的边远小国也自称为王,这样的'王'体现的是小国的邦君君权。"见氏著《中国王权的诞生——兼论王权与夏商西周复合制国家结构之关系》,《中国社会科学》2016年第6期。王先生的论述很中肯,对于我们认识西周时代所谓诸侯称王问题的实质有很大助益。

① 杨伯峻:《孟子译注》,中华书局,2005年,第74页。
② (清)孙诒让撰,孙启治点校:《墨子间诂》,第149页。
③ 许维遹撰,梁运华整理:《吕氏春秋集释》,中华书局,2009年,第525页。
④ 笔者按:宁镇疆先生从早期"民本"思想的角度论证商周时代的王权是"有限"王权。见氏著《中国早期"民本"思想与商周的有限王权》,《人文杂志》2019年第1期。与本文的论证,异曲同工,可作参考。
⑤ (清)顾炎武撰,(清)黄汝成集释,栾保群校点:《日知录集释》,中华书局,2020年,第77—80页。

治合法性的资源。① 其六,天命有决定王朝兴亡的巨大威力,登进贤良以扩大统治基础,是"定天保"(《度邑》)的首要条件。②

综合以上六点可知,处于文明早期的殷商周初王权已经有了较大发展,具备了很大威势,但相对于后世的最高统治权力,在许多方面仍然受到了历史阶段、社会条件的强力制约。侯外庐先生说,"'王者不绝世'指的是本身生产力消化不了对方的氏族"。③《度邑》记载的武王虽然念念不忘"我图夷兹殷",但又不得不将三项宏大遗愿谆谆嘱托给周公的情景,是对侯先生观点的很好注解。因此笔者认为,"有限王权"的性质决定了殷商周初的王政是"有限权力的中国王政"。④

---

① 笔者按,《史记·五帝本纪》云:"舜子商均亦不肖,舜乃豫荐禹于天。十七年而崩。三年丧毕,禹亦乃让舜子,如舜让尧子。诸侯归之,然后禹践天子位。尧子丹朱,舜子商均,皆有疆土,以奉先祀。服其服,礼乐如之。以客见天子,天子弗臣,示不敢专也。"(第44页)武王的做法当以此为源头,是对舜禹开创的文化传统的效法。

② 笔者按,晁福林先生说:"《史记·周本纪》载武王灭商后'追思先圣王,乃褒封神农之后于焦,黄帝之后于祝,帝尧之后于蓟,帝舜之后于陈,大禹之后于杞'。这类'褒封'的着眼点在于兴灭国、继绝世。与其说武王此举是在实施分封制,无宁说它只是招徕天下诸侯的姿态。戎马倥偬之中,武王所注目的是灭商大业和政局的稳定,并没有真正把分封诸侯提到议事日程上来。《逸周书·度邑》载武王灭商以后曾经夜不能寐,所担心的是'维天建殷,厥徵天民名三百六十夫,弗顾亦不宾灭,用戾于今',考虑如何对待殷商遗留势力。史载表明,武王所走的依然是传统的路子,竭力以周王朝为核心组成新的方国联盟。武王封神农、黄帝、尧、舜、禹的后裔,又封纣子武庚禄父'以续殷祀',都是以方国联盟领袖的形象出现的。"见氏著《试论西周分封制的若干问题》,陕西历史博物馆编《第二次西周史学术讨论会论文集》,陕西人民教育出版社,1993年。除了借用的"方国联盟"的概念或可商榷之外,晁先生对于武王于克商成功后采取的政治举措的分析与论证很中肯,可以成为借鉴。

③ 侯外庐:《中国古代社会史论》,河北教育出版社,2000年,第191页。

④ 笔者按,刘泽华先生说:"从甲骨文与文献看,王的确拥有至上的权力","王同一切人对立起来,成为人上人,故自称'余一人'","'余一人'的政治内容,表示天下之大,四海之内,'余一人'为最高"。见氏著《中国古代政治思想史》,南开大学出版社,1992年,第4—5页。由本文的论证看,刘先生的看法显然是夸大了王权的威力。但同时我们也应看到,殷商周初的王权中蕴含着后世君主专制的内核,例如殷商时代作为方国代表而(转下页)

由汤武"徵会"所折射的殷商周初的王政,是中国王政的典型形态。① 成王以后的西周王政,由于王邦的拓展,宗法分封制度的实行,王权得到了较大扩张,诸侯方国仍然是"国中之国",但独立性已大为减弱。这种王朝结构、政治形势在思想观念上的集中体现,就是最高统治者的称号在"王"之外又增加了"天子"。王对应的是殷商周初的四方观,天子对应的是西周早中期以后的天下观。四方观具有个体性、分散性,而天下观具有整体性、统一性,后者是秦始皇以后中国帝政的思想根源。②

春秋时代也属于王政时代,但天命与军政权力已经二分。周王仍然是天子,是天命的人间代理人,实际军政权力则归于不同时期的霸主齐桓公、晋文公等。霸主号令诸侯方国,在军政权力之外,还需借助周王的名义,这种情形就是霸政。例如《左传》庄公十四年云:"十四年春,诸侯伐宋,齐请师于周。夏,单伯会之,取成于宋而还。"杜预注:"齐欲崇天子,故请师。假王命以示大顺。"③再如《左传》僖公二十四、二十五年记载,周襄王被王子带逼迫,出居于郑国的泛,向诸侯求救,晋文公抓住这个机会,纳襄王于王城。狐偃给出的理由是:"求诸侯,莫如勤王。诸侯信之,且大义也。"④侯外庐先生说:"如果说'王者不绝世'指的是本身生产力消化不了对方的氏族,那末,'霸者无强敌',便只是企图消化对方却又做不到的一种不顺利地妥协。"⑤也就是说,霸政是在没有获得天命且实力不足的条件下的变通的结果。从这个角度看,霸政实际上是王政在特殊历史

(接上页)在王朝中任职者称"小臣",西周初年的召公,作为王之匹偶的公卿,开始在王面前自称"小臣"(《召诰》)。"臣"本是奴仆,身份卑贱,再加"小"字,以示更加卑贱,标志着王邦内部王与公卿关系的蜕变。

① 笔者按,商汤之前有王政,夏启将"邦国联盟的盟主权"据为己有,是中国王权形成的标志。见王震中《中国王权的诞生——兼论王权与夏商西周复合制国家结构之关系》,《中国社会科学》2016年第6期。笔者赞同王先生的观点。但鉴于是传说时代的历史,不是信史,因此本文暂且存而不论。
② 张知远:《从四方观到天下观——商周王朝政治观念的递进》,待刊。
③ (晋)杜预:《春秋经传集解》,第160、161页。
④ 杨伯峻编著:《春秋左传注》,第430页。
⑤ 侯外庐:《中国古代社会史论》,第191页。

条件下的一种演化形式。①

战国时代是郡县制基础上的霸政。秦始皇统一六国,开创了帝政,王政时代结束。但历史的进程不是一条直线,在秦汉之间经历了帝政——霸政——郡国交织基础上的不完全帝政等几个阶段,直到汉武帝实行推恩令等政治措施,才最终完成并巩固了帝政。② 从此,王政隐含于中国人的记忆深处,成为革命家、思想家汲取精神力量与思想资源的无尽宝藏。

---

① 笔者按,孟子说:"以力假仁者霸,霸必有大国"。又说:"尧舜,性之也;汤武,身之也;五霸,假之也。"(杨伯峻:《孟子译注》,第74、314页)霸主之所以"假仁",当时人的说法是"未有代德",所谓代德,"谓取周室代有天下之德"(杨伯峻编著:《春秋左传注》,第433页),这个解释可作参考。
② 笔者按,李开元先生说:"秦末历史回到战国,从秦楚之间一直到西汉初年,历史进入后战国时代,列国并立纷争,诸子百家、游侠豪杰重现,王业—霸业—帝业转移的种种历史特点,延续变迁约有六十年之久。直到汉武帝即位,第二次统一完成,历史才又进入新的统一帝国时代。"见氏著《秦崩——从秦始皇到刘邦》,生活·读书·新知三联书店,2015年,第171页。李先生的观点很中肯,值得借鉴。

出土文献与《诗经》早期书写

曹建国

随着出土材料的增多,早期中国经典书写日渐成为学术界关注的热点。而《诗经》尤为学者所关注,其原因大抵有三:一是出土《诗经》材料多;二是出土《诗经》显示出文本形态的多样性,尤其是异文丰富;三是《诗》基于讽诵所呈现出的文体特征。缘此,有学者认为中国早期诗歌文本缺乏稳定性。他们认为,单个诗歌文本是理念和表达之"共享整体"的诸多具体表现之一,诗歌创作则是利用主题和表达之"诗歌材料"和"素材库"来不断生成新的文本。不仅如此,我们平常所认为的文本族谱只是基于总体上相似的主题、意象以及一套有限范围的表述所构成的一组平行文本,它们中没有所谓的唯一原初文本(亦即"祖本"),也没有与之相关的原初"作者"及"诗歌创作时间"。这不仅消解了作为独立文本的诗以及文本间关系,也使包括《诗》在内的早期经典文本形成及形态充满不确定性。但事实果真如此吗?

众所周知,关于早期诗歌文本具有较大流动性的判定多是依据口头诗学理论得出的。诚然,口头诗学理论对于早期文本的分析具有重大的实践价值,尤其是长篇叙事性的史诗的分析。因而也有学者借助口头诗学理论研究早期中国文本,比如王靖献的《钟与鼓》。我们同意《诗经》中的某些作品具有口头属性,尤其是《风诗》《小雅》中的部分作品,但这并不等于说口传诗学对于《诗经》中所有作品都具有绝对的解释力。比如作为仪式文本的《颂诗》常常和具体的仪式行为相关联,关乎身份认同,并借助表演性的"重复"等方式保持其作为神圣性文本的一致性和排他性。再比如《诗》中和具体历史事件相关联的诗(亦即"献诗")也不适合用口传诗学理论来分

作者简介:曹建国,绍兴文理学院鲁迅人文学院教授。

析,如《十月之交》。这样的文本一般不见程式化套语和共享型主题,因而其文本独特性特征是显而易见的。此外,因为《诗》是音乐性文本,其四言构型和周代以"乐悬"为主体的雅乐制度密切相关,四言代表的是编钟四声调式结构及其规定性,也涉及大师"审诗商"等其他周代乐官制度。因而《诗》是非常复杂的文本工程,单一阐释模式并不能解释早期《诗》本所有问题。

口传诗学之外,鲍则岳提出了"模块理论",用"合成文本"的思路解释中国早期文本的形成。他举证的文本是《周易》《老子》《礼记·缁衣》等,而他所谓的"模块"其实就是中国传统术语"章"。对于《老子》《缁衣》这样的文本来说,"章"既是文本的构件,其本身也是一个独立的意义单元。所以即便改变文本内部"章"的顺序,并不会对整个文本的表达产生太大影响。但对于同样称"章"的《诗》来说,"章"意义单元的大小及其组合要求并不一致。换言之,某些《诗》的"章"不仅是构成文本的单位,也同时需遵从"秩序"的规定。我们以《诗·绸缪》为例,与《毛诗·绸缪》相比,安大简《绸缪》第三章少了两句,也调换了第二、第三章的顺序。这显然有悖于常理。《绸缪》是一首咏唱婚姻的诗,并以"在天""在隅""在户"等词语标明婚姻时间。诗中的"三星"为作为晋星的参三星,其"在天""在隅""在户"分别对应黄昏始见于东方、深夜见于东南方和夜半见于南方三个时辰,或十月、十一至十二月、正月等月份,是合理的空间标识。而安大简《绸缪》的空间顺序为"在天""在户""在隅",是无序的移动,显然是误书或误记。我们并不能因此断定《绸缪》是合成文本,而"模块理论"和"合成文本"并不适合分析《绸缪》这样有秩序的文本。

概言之,我们并不认为《诗》篇是一种可以借助"公共素材库"随意拼合的文本,它具有高度稳定的文本形态以及稳定的意义所指。如果诗能随意拼合,就不仅是文辞共享问题了,也将消解诗主旨的确定性。如此,我们几乎无法理解春秋时人赋诗如何达到交流的目的。事实上,春秋赋诗恰恰证明《诗》是有确定所指的文本。《左传》记载晋国先蔑入秦迎公子雍,荀林父以同寮尽心相助为由劝阻之,并赋《板》之三章。试想,如果诗不是稳定的文本,则《左传》记载

"《板》之三章"有何标识意义？

当然，相对于传世文献，出土文献为我们提供了更加直接的证据。我们以大家比较熟悉的《唐风·蟋蟀》为例。到目前为止，我们大体上可以看到三种名为《蟋蟀》的文本：即传世的《毛诗》、清华简和安大简。其中安大简《蟋蟀》和《毛诗·蟋蟀》明确属于《诗》本，两者文本差别不大，主旨也一致。清华简《蟋蟀》则出现在一个故事类文本中，属于叙事的一部分。就文本来看，清华简《蟋蟀》在文辞、章节等方面都和《毛诗·唐风·蟋蟀》有很大的不同。因此引起大家的关注，焦点问题是它和《唐风·蟋蟀》之间的关系。回答这个问题，首先要回答它们是否属于同一首诗。如果不是同一首诗，则所谓版本关系，文本流动等等都无从谈起。有学者认为清华简《蟋蟀》和《唐风·蟋蟀》是各自独立完成的文本，但又认为它们之间构成资源共享关系。这事实上有一个预设前提，即清华简《蟋蟀》和《唐风·蟋蟀》是大致相同时代的作品，否则就谈不上"共享"的"素材库"。但没有证据可以证明这一点，这也和鲍则岳讨论《老子》《缁衣》文本形成的历史语境不同。所以，清华简《蟋蟀》作为一个拟写文本，或许可以透露一些它所仿拟对象的文本信息，但并不能和它所仿拟的文本构成"版本间"关系。目前真正可以确证为《诗》文本的只有《毛诗·唐风·蟋蟀》和安大《诗》简《蟋蟀》，而二者主旨及文本的高度相似性有利于证明先秦时期《诗·蟋蟀》是稳定文本。关于这一点，文献记载之《蟋蟀》评价亦可佐证。上博简《诗论》评曰"知难"，"知难"于主旨层面对应《蟋蟀》"好乐无荒"之执中而行，于文辞层面则对应诗中"良士瞿瞿"等，此所谓"为之难，言之得无切乎"。《孔丛子·记义》曰"于《蟋蟀》见陶唐俭德之大也"，《盐铁论·通有》"孔子曰：不可大俭极下，此《蟋蟀》所为作"都和《诗序》一致，和"知难"也有内在联系，符合孔子执礼不取俭奢的中庸思想。此外，《左传》记赵孟评曰"保家之主也"，也符合《蟋蟀》对良士的称赞。当然，安大简《蟋蟀》和《毛诗·蟋蟀》章序之别极有可能属于抄手误记或误抄，但二者并非随意拼合文本之关系。

文本整体性之外，《诗》的文字也是大家比较关注的问题，并引发口传与书写之争。中国文字历经甲骨文、金文和简牍文字等不同阶段,文字构型及意义传承方面具有较大的稳定性,所以书写文本一定是早期文献传承的重要载体形态。但书写还是口传其实对于文本的稳定性而言,并不是决定性要素,书写文本的稳定性并不一定优于口传文本。以安大简《诗经》为例,简文中的形近错讹文字、倒文以及重文、合文等都有利于说明这是一个书写文本的复制,而非听音记录。兹举一例,安大简《蒹葭》除文字错讹之外,诗文也少了"宛在水中之坻。蒹葭采采,白露未已。所谓伊人,在水之涘。溯洄从之"计26字,约当一枚简的字数。出现这种错误,应该是抄手少抄了一枚简。但作为借助视觉复制的文本,安大简与《毛诗》相比较仍有大量异文。解释这一现象,既有文献学的问题,也有方法论的问题。从文献学角度,我们可以认为包括《诗经》文本在内的简帛异文是各自复制了它依据的底本。虽然最初的底本是依据声音或记忆记录下来的,但它们却最终形成了各自小的文本谱系,并被不断传抄。所以,我们既不能在历时性的角度设想每个文本都是依据声音或记忆重新制作独立的事件,也不能在共时性场景中设想这些文本同时出现且彼此互参,它们只是复制了各自此前的"声音"或"记忆"。以外,我们还要关注到两个基本事实:一是这些字形不同"声音"背后的意义是一致的,这是文本稳定性的表现。二是从较长的时间段来看,异文关系逐步趋近于古今字、异体字、正俗字。

  总之,早期经典书写是一个非常复杂的问题,《诗》尤其如此。除了关注文本本身,我们也需要关注与文本相关的其他问题,比如其使用问题。目前发现的早期文本皆出土于墓葬,其是文本,也是随葬品。这提醒我们在关注其文本属性的同时,也要对材料文化属性及丧葬功能有所警惕,不能简单平面化处理。

清华简《迺命》《四告》与诸梁钟合证及其他

何家兴

清华简是文史研究的前沿和热点,诚如黄德宽先生所说:"可以预期,简文涉及的中国思想史、学术史的一些重大问题,一定会引起学术界长期的关注和研究,清华简的发现也必然会促进中国古代历史文化研究取得更大的成就。"①清华简提供了丰富的字形和辞例,为一些疑难字词考释带来了契机。本文通过清华简《迺命二》对读诸梁钟和清华简《四告》,并对《尚书·酒诰》中的一处讹误进行校读。

一、"瀅"字及诸家意见

越国青铜器诸梁钟著录于《殷周金文集成》120—132号。关于器主,旧有"者汈""者沪""者汻"等不同意见。马楠先生认为:"右半似刀形,而刀形两笔末端各有一顿点,可知右半是'刅'而非'刀',字当隶定为'汈',即西周晚期和春秋战国文字常见的省去木旁的'梁'字。'者汈'当释为'诸梁',楚国有叶公沈诸梁,字子高,见哀公十六年《左传》。诸梁钟为春秋晚期或战国早期器,钟铭云'隹(唯)戉(越)十有九年',当为句践、朱句或王翳十九年。"②"诸梁"

作者简介:何家兴,安徽师范大学文学院教授,博士生导师。
① 黄德宽:《在首批清华简出版新闻发布会上的讲话——略说清华简的重大学术价值》,《出土文献》第二辑,中西书局,2011年,第7页。
② 马楠:《东周姓氏名字考释二则》,《文史》2014年第3期,第267页。关于器主,日本学者浅原达郎将器主名释读为"诸梁",承蒙高中正先生提示,笔者曾进行补说(何家兴:《战国文字分域研究》,安徽大学博士学位论文,2010年,第41—42页)。

之说有文献依据，可以信从。因此，本文称作诸梁钟。铭文属于一篇训诰。诰辞的前半部分，越王陈述诸梁的德行和功绩，赞扬诸梁恭敬有度，继承发扬祖考的训教，辅弼王室，捍卫约盟，巩固和光大越王的王位。① 诰辞话语沿用西周以来的传统模式，文意比较清楚，其中有一个疑难字，众说纷纭，探讨如下。

诸梁钟铭文最清晰的为《集成》132.2，该字原形及辞例如下：

女（汝）亦虔秉不～悳（德）

关于诸梁钟该字，有多种释读意见。郭沫若与容庚先生直接释"泾"。② 强运开释"汭"。③ 何琳仪先生则认为应属合文，"本铭'澄'亦当释'汭泾'合文，借用偏旁'水'。《周礼·夏官·职方氏》'其川泾汭'，疏云'泾''汭'均为水名。比较特殊的是，本铭'汭'应属上读，'泾'则属下读。即读作'女亦虔秉不汭，泾悳。''不汭'应依强说读'不坠'。……'泾悳'，读'经德'。陈曼簠'肇勤经德'。《书·酒诰》'经德秉哲'，传'常德持智'。'秉……德'之辞例亦见《诗·周颂·清庙》'秉文之德'。本句'经德'是'虔秉'和'不坠'的共同宾语，反正为言，益见'经德'之重要。"④ 董珊先生认为："'澄'字结构可分析为从'经''汭'声的形声字……今按：'虔秉'跟'不澄'的宾语都是'德'，'秉'跟'汭（坠）'对文。'虔秉'谓恭持，'不坠'谓不失。此句是越王赞扬者汭能够恭持而不失德。"⑤

此字又见于清华简《四告》简26，原形如下：

克敬于天，明德戬（威）义（仪）不～于非彝

---

① 董珊：《吴越题铭研究》，科学出版社，2014年，第89页。
② 容庚：《商周彝器通考》，哈佛燕京学社，1941年，第500页。
③ 强运开：《说文古籀补三种》，中华书局，2011年，第234页。
④ 何琳仪：《安徽大学汉语言文字研究丛书·何琳仪卷》，安徽大学出版社，2013年，第187页。
⑤ 董珊：《吴越题铭研究》，第89页。

整理者认为《四告》"瀅,从泾,内声,读为'坠'",①读法仍遵从强运开的释读。网友"无痕"认为:"按,简26'明德威仪,不瀅于非彝',报告言'瀅'从泾内声读'坠'。按,'瀅'恐仍是'淫'字,从'内'盖内淫之'淫'的分化字,或是讹变而来。简29'瀅〈淫〉于非彝'、简27—28'惛于非彝'(两见)、《尚书·召诰》'其惟王勿以小民淫用非彝亦敢殄戮'、《酒诰》'诞惟厥纵淫泆于非彝'。其中简29'淫'的写法可比对。如此,者汈钟'汝亦虔秉不瀅德','瀅德'也应读为'淫德'。"②子居先生从其说。③

这个疑难字在已刊出土文献中出现两次。一直以来,学界遵从强运开"坠"的释读意见,只有何琳仪先生认为是合文,但仍受到读"坠"的影响。

二、清华简《迺命》辞例及其启示

清华简《迺命》为正确释读此字提供了契机。《迺命》两篇皆为训诂之辞。其中第二篇主要训诫同宗子弟勠力同心、相收相保,忠君勤事、慎密言语,勿强取豪夺,以保全宗室。④《迺命》公布后,相关讨论较少。开篇"迺命匿(昵)因群父兄昆弟,曰:各自定也。共(恭)民母(毋)淫,内(纳)于凶人之言才(哉)",整理者认为此句"内,或读为'退','退'字《说文》重文作'衲'。《左传》文公十八年:'曰宾于四门,四门穆穆',无凶人也。"⑤或读"内"为"入"。⑥王辉先生认为:"今按,'退''入'于意均不通顺。'内'当读为纳,'纳

---

① 清华大学出土文献研究与保护中心编,黄德宽主编:《清华大学藏战国竹简(拾)》,中西书局,2020年,第121页。
② 悦园:《清华十〈四告〉初读》,简帛网简帛论坛,2019年12月4日第109楼"无痕"发言。
③ 子居:《清华简十〈四告·满告〉解析》,中国先秦史网站,2021年1月14日。
④ 清华大学出土文献研究与保护中心编,黄德宽主编:《清华大学藏战国竹简(玖)》,中西书局,2019年,第175页。
⑤ 清华大学出土文献研究与保护中心编,黄德宽主编:《清华大学藏战国竹简(玖)》,第177页。
⑥ 子居:《清华简九〈迺命二〉解析》,中国先秦史网站,2020年3月11日。

于凶人之言'即采用凶人之言,类似用法如《汉书·五行志下》载梁孝王'纳于邪臣羊胜之计,欲求为汉嗣'。此承前之'毋'字言之,即不要采纳凶人之言。"①读"纳"较好,"纳言"是古官名,见于《尚书》《史记》《汉书》等。《舜典》:"命汝作纳言,夙夜出纳朕命,惟允。"孔传:"纳言,喉舌之官,听下言纳于上,受上言宣于下,必以信。"

我们先考察一下字形,对比如下:

　　　　诸梁钟　　　　《四告》26　　　　《迺命二》1

相关辞例梳理如下:
(1) 女(汝)亦虔秉不瀅惪(德)　　　　　　　　(诸梁钟)
(2) 克敬于天,明德戬(威)义(仪),不瀅于非彝　(《四告》26)
(3) 共(恭)民母(毋)淫、内于凶人之言②　　　(《迺命二》1)
(4) 以共(恭)民母(毋)涇〈淫〉,於虔(虔)　　(《迺命一》3)
(5) 不石(度)兹事,淫于非彝,侃(愆)德　　　 (《四告》29)
(6) 慆(慆)于非彝,心好埜(野)　　　　　　　(《四告》27)
(7) 母(毋)慆(慆)于非彝、野德　　　　　　　(《四告》28)
(8) 印涇〈淫〉柔(慆)于康　　　　　　　　　 (《太伯》甲10)
(9) 孚涇〈淫〉柔(慆)于康　　　　　　　　　 (《太伯》乙9)
(10) 夜儆百工,使无慆淫　　　　　　　　　　 (《国语·鲁语下》)

---

① 王辉:《清华简第九册释读笔记》,陈斯鹏主编《汉语字词关系研究(二)》,中西书局,2021年,第247—248页。
② 此句句读有不同意见,心包提出:在"言"字后点断,即"恭民毋淫,内于凶人之言。才(在)昔先人高考祖父……"。整理者根据句墨标点,本无可厚非。但是文献中以"在昔……"(或"昔在……")起头叙述历史的句例,实在太多。我怀疑不是墨丁点错位置,就是抄手的句读有误。参见 ee:清华简九《迺命二》初读,简帛网简帛论坛,2019年12月4日。按,通过相关辞例来看,此说有道理。

通过字形比对，"瀅"应是"淫、内"合文，为了字形布局的匀称美观，而将"内"置于"淫"之右上。由于没有合文符号，字形布局和语序习惯的错位，影响了文本的正确释读。出土文献中的合文一般都是专有名词，如人名、地名、职官等习惯性合文，且多有合文符号。但也有一些临时性合文，例如郭店楚简《性自命出》简22"▨"，是"浅泽"合文，属于临时性合文且无合文符号；但有临简"深泽"的对文，容易释读。不使用合文符号的合文书写在甲骨文中已经存在，并带来一些释读问题。① 这种临时性合文不仅给我们带来释读困难，也让古人产生讹误。"瀅"字属于临时性合文，尽管少见，但在不同地域和文字载体中出现，说明这种习惯具有一定的流传范围和书写传统。由此可见，古文字考释应注意临时性合文的构形布局和语序习惯，特别是无合文符号的用例。

"泾""淫"之间关系密切，在战国秦汉时代的出土文献中都有反映。董珊先生认为上博简《景公疟》简12"遥"是"淫"之误字，"淫暴"乃古书常见之词。并且，"巠""淫"与"涅"三字互讹，在传世古书和出土文献中很常见。② 从清华简用字现象来看，"泾""淫"相混，属于常见。清华简（1—10册）从"巠"声的"泾"字2次，见于《保训》。从"巠"声的"淫"5次；巠、巠糅合的1次，如"▨"《四告》简29。从《者梁钟》来看，这种混讹地域范围较广。

辞例对勘和文意辨析可以验证"瀅"的字形分析。《迺命一》简3"以恭民毋淫，呜呼"、《迺命二》简1"恭民毋淫、内于凶人之言"对读，很明显"恭民毋淫"可以独立成句。《四告》简26"克敬于天，明德戡（威）乂（仪）不瀅于非彝"与简29"不度兹事，淫于非彝、愆德"可以对读，但两句的语意不同。简26是称扬"恭敬上天、有明德有威仪"，其中，"不瀅于非彝"疑读"不淫、人于非彝"。③ 考察辞例，可知"淫于

---

① 裘锡圭：《裘锡圭学术文集·甲骨文卷》，复旦大学出版社，2012年，第87—91、189—193页。
② 董珊：《简帛文献考释论丛》，上海古籍出版社，2014年，第74页。
③ 这个观点，承高中正先生提示。笔者按：在"毋""无""不""勿"等箴诫语辞中，否定词关涉多个行为对象，如《召诰》"其惟王勿以小民淫用非彝、亦敢殄戮……"曾运乾先生认为"亦敢犹言亦勿敢。蒙上文勿字而省也。"曾运乾：《尚书正读》，中华书局，1964年，第198页。

非彝"又作"慆于非彝","淫、慆"还同义连用(辞例第8、9、10)。

诸梁钟训诰的句式、用字、语辞等可与清华简《摄命》、《尚书·康诰》等书类文献对读。诸梁钟开篇:"女(汝)亦虔秉不湟(淫、内—入)悳(德)",其中"女(汝)亦"又见于"女(汝)亦母(毋)不夙夕巠(经)悳(德)"(《摄命》简10)"汝亦罔不克敬典"(《康诰》)"汝亦昌言"(《益稷》)。钟铭"不淫"与"勿淫"同义,作为告诫语辞的重要标识,传世文献与出土文献都很常见。钟铭"虔、秉、德"等语辞,与清华简《四告》"克敬于天,明德威仪",《逎命》"恭民、毋淫"十分相近。《酒诰》有"经德秉哲",其中,"经德"又见于《孟子·尽心上》,赵注:"经,行也。"钟铭"入德",与"(不)入于非彝"相对应,结合《召诰》"用非彝",钟铭"入"有"行、用"之义。"入德"大致是"行、用德"。

三、"淫泆于非彝""淫用非彝"辨

出土文献在古书校勘方面具有重要价值。特别是清华简书类文献极大推动了《尚书》文本研究,代表性成果有:赵平安先生《出土文献视域下的"庶慎"》、陈剑先生《清华简与〈尚书〉字词合证零札》等。[①] 通过释读"湟"字合文,结合清华简《四告》辞例,《酒诰》"诞惟厥纵淫泆于非彝"需要重新辨析。

关于"诞惟厥纵淫泆于非彝",主流意见都作一句读;但也有学者提出不同意见。《尚书易解》作"诞惟厥纵,淫泆于非彝",认为"'诞惟厥纵'断句。诞,大也。惟,《玉篇》:'为也。'纵,《释诂》:'乱也。'诞惟厥纵,大行其淫乱之事。泆,《释文》:'本作逸',乐也。非彝,非法也。……江声曰:'纣为酒池肉林,使男女裸而相逐其间,故言大放纵淫泆于非法,以燕饮丧其威仪。'"[②]"淫泆"又见于《尚书·多士》《国语·越语下》等文献。《酒诰》"淫泆于非彝","淫泆"成词

[①] 赵平安:《出土文献视域下的"庶慎"》,《中国文字》2020年夏季号,万卷楼图书股份有限公司,2020年,第131—141页;陈剑:《清华简与〈尚书〉字词合证零札》,《出土文献与中国古代文明——李学勤先生八十寿诞纪念论文集》,中西书局,2016年,第211—220页。

[②] 周秉钧:《尚书易解》,华东师范大学出版社,2010年,第177页。

且多见,句意较清楚,因而质疑很少。但通过释读"湮"字合文,结合《四告》简26"不湮=(淫,入)于非彝","诞惟厥纵淫泆于非彝"应为"诞惟厥纵淫,内(人)于非彝"。《尚书》文辞古奥、源流复杂。王国维曾感叹:"于书所不能解者,殆十之五。""其难解之故有三:讹阙,一也(此以尚书为甚)……"①新出材料为文本校读带来了契机,并为相关文本生成和讹误时代的探讨提供了可能。《酒诰》早期文本此处疑为"湮"字,后代整理者误读为"淫泆"。"淫泆"连用成词,习以为常,质疑很少。战国早期越国青铜器出现"湮"字。《酒诰》成书于战国之前。从战国文字用字习惯来看,楚文字"失""逸/佚、泆"一般都写作"遙""鹭、鹇"等。这种讹混应该不发生在楚地文本系统中,疑为其他地域或秦汉时代的转录而讹。②

《尚书·召诰》"其惟王勿以小民淫用非彝,亦敢殄戮……",这是主流的断读意见。屈万里先生认为:"以,因。淫,过也;义见淮南子原道篇高注。彝,法也;义见周礼春官序官'司尊彝'郑注。……此言勿因小民过于非法而遽杀之,意谓先教之而后刑也;经义述闻有说。"③曾运乾先生则认为:"以,犹与也。能左右之曰以。淫用非彝,即酒诰云'诞惟厥纵淫泆于非彝'。微子云'沈酗于酒''妇人是用者也'。亦,亦勿也。亦敢犹言亦勿敢。蒙上文勿字而省也。殄,灭也。戮,罪也。乂,治也。殄戮用乂民者,犹言刑戮治民者,倒文。小民淫用非彝,而言王以者,所谓桀纣帅天下以暴而民从之。"④结合清华简"淫于非彝""毋慆于非彝、野德"等,"以,犹与也。能左右之曰以",意见可取,疑读"其惟王勿以小民淫、用非彝、亦敢殄戮",大体意思为"王勿率民以无度,勿用非彝,亦勿敢刑戮"。

四、其　他

诸梁钟《迺命》和《四告》对读互证有助于考察《四告三》的文本

---

① 王国维:《观堂集林》,中华书局,1961年,第75页。
② 关于文本对读及相关问题,拟作另文讨论。
③ 屈万里著,李伟泰、周凤五校:《尚书集释》,中西书局,2014年,第181页。
④ 曾运乾:《尚书正读》,第197—198页。

属性。不同地域的文本具有相近的思想内容充分显示了春秋战国时代的文化一体性。不同载体间的文字对读已有一些重要成果。①青铜器铭文、简牍文字、传世文献之间的互证,一定程度上反映了文本的动态流动。

(一)《四告三》文本性质

关于《四告三》,程浩先生认为:"我们在读《四告三》的时候,就深觉此篇文辞浅白、逻辑混乱,不但前后语义重复,还多有割裂重组的痕迹。更让人难以理解的是,作为一篇祷辞,该篇虽托名周穆王满所作,但篇中竟未提及祭祀所用的贡品,甚至没有祷告的具体对象。"②这种判断很有道理。《四告三》文本结构迥异于另外三篇,没有祷告对象和祭品等,而是明显的训诰之辞。从清华简《祷辞》和祭祷楚简来看,祷辞文本具有一定的结构特点和形态特征,一般有"所告之神""所祷之事""所献之物""厌礼之处""奏乐"等,并且句式整饬、多用韵语。③《四告三》诰辞开篇追溯称扬周文王、武王,恭敬上天、有明德有威仪、不过度、不入于非法等,历数殷纣恶行,"反复强调摒弃非彝、野德的重要性"。程先生进一步提出:"如果《四告三》与《四告四》确是出于构拟,其史料性质自然不能与'书'等量齐观,严格来讲它们就不能视作'书'类文献了。"④

赵平安先生则认为就体式而言,四篇告辞可以视为广义的诰体,都是周王室的档案。从这个意义上说,四篇告辞都应视为书类文献。⑤ 通过《迺命》诸梁钟《酒诰》《召诰》相关语辞对读和话语模式,《四告三》即使有构拟成分或注入春秋时期的元素,但主体为训诰之辞,属于书类诰体。赵先生意见可以信从。

---

① 石小力:《东周金文与楚简合证》,上海古籍出版社,2017年。
② 程浩:《有为言之——先秦"书"类文献的源与流》,中华书局,2021年,第239页。
③ 程浩:《清华简〈祷辞〉与战国祷祀制度》,《文物》2019年第9期。
④ 程浩:《有为言之——先秦"书"类文献的源与流》,第240页。
⑤ 赵平安:《清华简〈四告〉的文本形态及其意义》,《文物》2020年第9期。

（二）春秋战国时代的文化认同

进入春秋以后，不同地域的文字特点逐渐显现。到了战国时代，形成了"文字异形、言语异声"的局面。考古学上有战国时代的"东西差别"。春秋战国时代的文化交融始终占据主导地位，特别是不同地域，思想文化具有高度一致性。这种文化认同是《春秋》大一统观念的基础，为秦汉时代所秉承，成为中华优秀文化的组成部分，强化着我们的核心价值观。从出土文献举例来看：

地域	文本内容、文献对读	说　　明
齐地	1. 不敢逐康，肇谨**经德**（陈曼簠） 汝亦毋不夙夕**经德**（《摄命》10） **经德**秉哲（《酒诰》） 2. 严龏**天命**，哀命(怜)**鳏寡**（司马枏编镈） 严恭寅畏**天命**（《无逸》） 哀此**鳏寡**（《鸿雁》） 3. 咸有九州，**处禹之堵**…**灵力若虎**（叔夷钟） **奄有九有**（《玄鸟》） **罴宅禹迹**（秦公簋） **有力如虎**，执辔如组　（《简兮》）	叔夷钟"夷典其先旧及其高祖：虩虩成唐，有严在帝所"，很容易联想到叔夷的话来自《商颂》。①《陈侯因齐敦》"绍踵高祖黄帝"，显示了趋于一统的祖先历史记忆。
晋地	1. 不敢怠荒（中山方壶） 不敢迨遑（《殷武》） 夙夜篚懈（中山方壶） 夙夜匪懈（《烝民》《韩奕》） 2. 克训克卑（中山王鼎） 克顺克比（《皇矣》） 3. 寡人闻之，**与其溺于人也，宁溺于渊**（中山王鼎） **与其溺于人也，宁溺于渊**。溺于渊犹可游也，溺于人不可救也（《大戴礼记·武王践阼》）	中山三器极具思想性，反复征引儒家典籍。正如李学勤先生所说，中山的华化应视为春秋以来民族融合潮流的组成部分，为列国统一奠定基础。②

---

① 宁镇疆：《由历史记忆的传承再说涉禹三器所述大禹史事的可靠性》，《中原文化研究》2014年第3期。
② 李学勤：《平山墓葬群与中山国的文化》，《新出青铜器研究》（增订版），人民美术出版社，2016年，第171—172页。

续　表

地域	文本内容、文献对读	说　　明
燕地	1. **畏天爱人**　**箴**①**教**　下民**无争**②（燕侯载簋） **敬人畏天**（《逸周书》） 迪**畏天**,显小民（《酒诰》） □**箴教**汝（《摄命》29） 胥训胥**教**,胥**箴**胥谋（《芮良夫毖》18） 夫唯**不争**,故无尤（《老子》） 皆静**无争**（《吕氏春秋》） 2. 唯燕侯职,**践祚承祀**③（燕侯职壶） **践祚**临祭祀（《曲礼下》） 当国**践祚**（《燕召公世家》） 寅祗**承祀**　（中山圆壶） 龙旂**承祀**（《閟宫》）	"畏天""爱人""无争"等透露出治国、爱民、箴教内容,教导国君如何禀承天命,以顺下民。铭文中的思想让我们看到燕文化和中原文化之间不可割裂的关系。④
秦地	1. 丕显朕皇祖**受天命**,鼏宅**禹迹**(秦公簋) 膺**受天命**（毛公鼎） 处**禹**之堵（叔夷钟） 2. 南山有鸟,北山置罗。念思公子,毋奈远道何（《公子从军》14） 朝树棪樟,夕楬其英（《公子军》17） 有虫西飞,翘翎其羽,一归西行,不知极所。西行东思,泝下如雨（《公子从军》22—23）	春秋时代秦公簋铭文格式和语辞承袭西周金文传统。北大秦简《公子从军》相关语辞与《楚辞》和《诗经》十分近似,且韵式一致。
越地	汝亦**虔秉不淫**……**训教**,**桓桓辅弼王家**……斋休**告成**（诸梁钟） **虔敬**朕祀（秦公簋） 成**训教**,变习俗　（《吕氏春秋》） **桓桓**于征（《泮水》） 经营四方,**告成**于王（《江汉》）	吴越题铭是上层贵族器物,用汉字记录汉语,⑤反映吴越贵族的思想和文化认同。

---

① "箴"字考释,见宋华强《楚文字资料中所谓"箴尹"之"箴"的文字学考察》,《古文字研究》第二十九辑,中华书局,2012 年,第 606 页。
② 何家兴：《〈燕侯载簋〉考释二则》,《考古与文物》2015 年第 3 期。
③ 董珊、陈剑：《燕侯职壶铭文研究》,《北京大学古文献研究中心集刊》第三辑,北京大学出版社,2002 年,第 29—54 页。
④ 何家兴：《〈燕侯载簋〉考释二则》,《考古与文物》2015 年第 3 期。
⑤ 董珊：《吴越题铭研究》,第 95 页。

近年来，楚地简帛大量出土，包含大量的诗类、书类等文献，动态呈现了楚地丰富多元的思想文化。楚简包含早期《诗经》、秦人之歌、孔子诗论、琴舞、悡诗等，反映了楚地诗学的发达。战国时代，虽然政治割裂，但战争、联姻、结盟等推动着文化交融。特别是战国之"客"，在出土文献多有记载，加速了政治文化的交流，在文字形体、物易其主的铭刻上都有很多表现。这种交融的深层是文化认同，如西周以来的修德、爱民、敬天等思想。尽管在春秋战国时代，文字风格、形体构造、用字习惯等诸多方面呈现出一些地域特色，但不同地域的文化认同具有很强的一致性。这种一致性和稳定性形成了中华文化的精神内核。中华民族多元一体的文化格局渊源有自、传承有序。

附记：本文核心观点在微信朋友圈发布，刘洪涛、侯乃峰、蔡伟、马楠、王辉、王挺斌等先生都提出宝贵意见。

小文草成后，呈黄德宽、刘钊、吴振武、赵平安、杜泽逊、党怀兴、刘信芳、孟蓬生、冯胜君、吴良宝、沈培、陈剑、宁镇疆等老师审阅。其中，赵平安老师指出"对读和合文，是古文字研究中两个常见又麻烦的问题，大作在这方面还有进一步完善的空间"。王挺斌、高中正、赵培、王辉、黄甜甜等先生提出了具体修改意见，张银洁、胡蝶、郭薇三位同学帮忙造字并校对，在此一并致谢！

（本文原刊于《出土文献》2022年第2期）

"古书诗书多互称"说辨证

刘 娇

"古书诗书多互称"之说是孙诒让较早提出来的。孙氏在《墨子间诂》有关篇目的注释和《札迻·战国策高诱注·秦三》中屡以此说解释引《诗》之文句而称"书"、引《书》之文句而称"诗"的现象,学者在称引此说或讨论相关用例时又联系了不少其他用例。仔细考察这些用例,除了引《诗》之文句而称"书"、引《书》之文句而称"诗"之外,还有第三种情况,即不见于今传《诗》《书》的同一文句,古书引用时或称"诗"或称"书"。下面先将有关用例分类列出,再结合前人研究,一一辨证。需要说明的是,本文指称《诗经》、《尚书》(以及《逸周书》)文本时分别用加书名号的《诗》《书》,指文本未定的"诗"类、"书"类文献时则分别用加引号的"诗""书"。至于孙诒让所谓"诗书多互称"之"诗书"以及某些先秦文献中称引的"诗"或"书",其内涵需要在对具体文例和相关说法进行辩证之后才能明白,故暂时不加书名号或引号。

一、有关用例

1. 引《诗》之文句而称"书"之例

(1)《墨子·尚同中》:是以先王之书周颂之道之曰:"载来见彼王,聿求厥章。"

孙诒让《墨子间诂》:"古书诗书多互称。"[1]

作者介绍:刘娇,复旦大学出土文献与古文字研究中心副研究员。
基金项目:本文系国家社科基金冷门绝学研究专项学术团队项目"中国出土典籍的分类整理与综合研究"(20VJXT018)、国家社科基金重大项目"阜阳汉简整理与研究"(21&ZD305)成果之一。

[1] (清)孙诒让撰,孙启治点校:《墨子间诂》,中华书局,2001年,第87页。下引简称《间诂》,只注页码。

按：此处所引即《诗·周颂·载见》："载见辟王，曰求厥章。"郑笺云："诸侯始见君王，谓见成王也。曰求其章也，求车服礼仪之文章制度也。"但《墨子》所引与毛诗不同，毕沅谓"一本作'载见辟王'，同诗"，①其实《墨子》所传"诗""书"多不同于儒家传本（下举例2、3、4、6亦然），"一本"或系后人为求一致而改。

（2）《墨子·兼爱下》：先王之{所}②书大雅之所道曰："无言而不雠，无德而不报。投我以桃，报之以李。"

《间诂》已指出此处所引即《诗·大雅·抑》（引者按：即《抑》第六章"无言不雠，无德不报"，第八章"投我以桃，报之以李"），并引苏时学云："《大雅·抑》篇无两'而'字。"③

（3）《墨子·天志下》：于先王之书大夏之道之然："帝谓文王，予怀明德，毋大声以色，毋长夏以革，不识不知，顺帝之则。"

《间诂》引俞樾说："大夏，即大雅也。雅、夏古字通。……下文所引'帝谓文王'六句，正《大雅·皇矣》篇文。"又引苏时学云："《诗·大雅·文王》篇（引者按：此'文王'当指文王之什）二'毋'字作'不'。"并加案语谓："中篇引'毋'并作'不'，与《诗》同。"④按：《天志中》引此句称"《皇矣》道之曰"。

（4）《墨子·明鬼下》：子墨子曰：周书大雅有之。大雅曰："文王在上，于昭于天。周虽旧邦，其命维新。有周不显，帝命不时。文王陟降，在帝左右。穆穆文王，令问不已。"

《间诂》于"周书大雅有之"句下注："古者诗书多互称。吴钞本无'大雅'二字。"于"大雅曰：文王在上，于昭于天"句下注："《大雅·文王》篇文。"于"穆穆文王，令问不已"句下注："问，吴钞本作'闻'。穆穆，毛诗作'亹亹'，'问'作'闻'。"⑤

（5）《吕氏春秋·慎大》：故贤主于安思危，于达思穷，于得思

---

① 《间诂》，第87页。
② 《间诂》："'所'字疑衍，《尚同中》篇云'是以先王之书周颂之道之曰'，是其证。"（第124页）
③ 《间诂》，第124页。
④ 《间诂》，第218页。
⑤ 《间诂》，第237页。

丧。周书曰"若临深渊,若履薄冰",以言慎事也。

金兆梓讨论"尚书"名称之内涵及其范围时将此例与上举 1 至 4 例并提。①《慎大》所引之句见《诗·小雅·小旻》:"战战兢兢,如临深渊,如履薄冰。"先秦古书引此多称"诗",如:

《左传·宣公十六年》:羊舌职曰:"……夫诗曰:'战战兢兢,如临深渊,如履薄冰。'"

《左传·僖公二十二年》:臧文仲曰:"……诗曰:'战战兢兢,如临深渊,如履薄冰。'"

《论语·泰伯》:曾子有疾,召门弟子曰:"启予足!启予手!诗云:'战战兢兢,如临深渊,如履薄冰。'而今而后,吾知免夫,小子!"

《孝经·诸侯章》:诗云:"战战兢兢,如临深渊,如履薄冰。"

2. 引《书》之文句而称"诗"之例

(6)《墨子·兼爱下》:周诗曰:"王道荡荡,不偏不党,王道平平,不党不偏。其直若矢,其易若厎,君子之所履,小人之所视。"

《间诂》于"……不偏不党"句下注:"苏云:见《书·洪范》篇,四'不'字作'无'。兹称周诗,或有据。诒让案:《洪范》云'无偏无党,王道荡荡,无党无偏,王道平平'……《史记·张释之冯唐传》、《说苑·至公》篇引书'无'并作'不',与此同。古诗书亦多互称,《战国策·秦策》引'诗云大武远宅不涉',即《逸周书·大武》篇所云'远宅不薄',可以互证。"于"……小人之所视"句下注:"苏云:《诗·大东》篇作'周道如砥,其直如矢',下无两'之'字。诒让案:《亲士》篇云'其直如矢,其平如砥','厎'仍作'砥',与毛诗同。……《孟子·万章》篇引诗'砥'亦作'厎',字通。……二字迥别,今经典多互讹。"②

(7)《战国策·秦策四》"顷襄王二十年"章记黄歇之言:"诗云:'大武远宅不涉。'"

"大武远宅不涉",高诱注、鲍彪注皆谓"逸诗"。黄丕烈《战国

---
① 金兆梓:《尚书诠译》,中华书局,2010 年,"前言"第 5 页。
② 《间诂》,第 123 页。

策札记》指出此即《周书·大武》篇"远宅不薄",①孙诒让《间诂》从之,②《札迻·战国策高诱注·秦三》又申此说。③ 近人金正炜等亦从之(详下文二、3"'诗'非《诗经》文本之专名说")。

(8)《战国策·秦策三》"范雎至"章记范雎之言:"诗曰:'木实繁者披其枝,披其枝者伤其心。大其都者危其国,尊其臣者卑其主。'"

此句鲍彪注谓"逸诗"。孙诒让《札迻·战国策高诱注·秦三》谓:"《逸周书·周祝》篇云:'叶之美也解其柯,柯之美也离其枝,枝之美也致其本。'与此文相近。古书引书或通称诗。"④

3. 不见于今传《诗》《书》的同一文句古书称引时或称"诗"或称"书"之例

孙诒让所谓"古书诗书多互称"之例大致可分两类,即:引《诗》之文句而称"书"之例;引《书》之文句而称"诗"之例。后来学者在讨论有关问题时还提到一些例子,被引文句不见于今传《诗》《书》,古书引用时或称"诗"或称"书"。

(9)《战国策·秦策三》"秦客卿造穰侯"章记秦客卿之言:"书云:树德莫如滋,除害莫如尽。"

鲍本"书"作"诗",注谓"逸诗"。吴师道《战国策鲍注补正》曰:"《泰誓》:树德务滋,除恶务本。"黄丕烈《战国策札记》曰:"吴氏云《泰誓》,非也。东晋古文以为《泰誓》耳。"⑤

马王堆汉墓帛书《战国纵横家书》有此章,"书"作"诗"。杨昶《〈国策〉校证》谓:"今按作'诗'是也,且鲍注、黄说皆失考。孙诒让《札迻》云:'古书引书或通称诗。'其说精当,盖以一概万、以类统杂之通例也。帛书此作'《诗》曰……',是其明证矣。《战国策》一书,对《尚书》《周书》《韩诗外传》的句子或其大意,时有征引而

---

① 诸祖耿:《战国策集注汇考》,江苏古籍出版社,1985年,第267页注[一三]。
② 《间诂》,第123页。
③ (清)孙诒让撰,梁运华点校:《札迻》,中华书局,1989年,第68页。
④ (清)孙诒让撰,梁运华点校:《札迻》,第68页。
⑤ 诸祖耿:《战国策集注汇考》,第267页注[一三]。

称'诗曰'。"①

（10）《吕氏春秋·行论》："诗曰：将欲毁之，必重累之；将欲踣之，必高举之。"

《战国策·魏策一》"知伯索地于魏桓子"章记任章之言："周书曰：'将欲败之，必姑辅之；将欲取之，必姑与之。'"称所引文句为"周书"，《韩非子·说林上》略同，唯"与"作"予"。

（11）《吕氏春秋·爱士》："此诗之所谓曰'君君子则正，以行其德；君贱人则宽，以尽其力'者也。"

《吕氏春秋》记秦穆公之马为野人所食，不罪而饮之以酒，后得野人回报之事，其事又见《韩诗外传》卷十、《淮南子》的《泛论》《泰族》篇、《说苑·复恩》及《史记·秦本纪》，文字有所出入。② 但诸书皆未载"君君子则正"之语。北大简《周驯》亦载此事，并有此语，作"此《书》之所谓曰'君君子则正，以行德，贱人则宽，以尽其力'者也"（简97—98），整理者引《吕氏春秋·爱士》此文以相佐证，并谓："引作《诗》，不作《书》。此句未见于传世文献，其文体更接近'书'而非'诗'。"③

---

① 杨昶：《〈国策〉校证》，收入杨昶、陈蔚松等《出土文献探赜》，崇文书局，2005年，第200页。今按，所谓"《战国策》一书，对……《韩诗外传》的句子……时有征引而称'诗曰'"，指的是《战国策·楚策四》"客说春申君"章记孙（荀）子之语："诗曰：上天甚神，无自瘵也。"此语王念孙校改为"上帝甚慆，无自瘵也"，与《韩诗外传》引《诗》"上帝甚慆"一致（王念孙：《读书杂志》，江苏古籍出版社，2000年，第53页）。屈守元《韩诗外传笺疏》指出："此章所载见《战国策·楚策》，其诗则又见《荀子·赋篇》，'鄙语曰'以下则见于《韩非子·奸劫弑臣篇》。"并引汪中《述学·补遗》卷四："其赋词乃《荀子·佹诗》之小歌，见于《赋篇》。"（屈守元：《韩诗外传笺疏》，巴蜀书社，2012年，第218页）今按，"诗曰"不见《荀子·赋篇》，其句实为《诗·小雅·菀柳》，作"上帝甚蹈，无自瘵焉"，《战国策》《韩诗外传》引称"诗"，无误，杨氏谓"《战国策》一书，对……《韩诗外传》的句子……时有征引而称'诗曰'"，不妥。
② 参看许维遹撰，梁运华整理《吕氏春秋集释》，中华书局，2009年，第190页；屈守元《韩诗外传笺疏》，第446页。
③ 北京大学出土文献研究所编：《北京大学藏西汉竹书（三）》，上海古籍出版社，2016年，第131页注[七]。

二、学界现有说法之辨证

1. 讹误说

孙诒让之前已有学者注意到有关用例,并指以为讹误,如《战国策·秦策三》"秦客卿造穰侯"章"《书》云:树德莫如滋,除害莫如尽"句(按,即本文例9),黄丕烈《战国策札记》曰:"策文当本作'诗',后人误依古文改作'书'也。此与范雎称诗曰'木实繁者披其枝'(即例8),黄歇称诗云'大武远宅不涉'(即例7),赵武灵王称诗云'服难以勇,治乱以知,事之计也。立傅以行,教少以学,义之经也',及谓秦王称诗云'行百里者,半于九十'同例。'诗'字皆有讹。'远宅不涉'者,《周书·大武》'远宅不薄'也。高诱注逸诗,当亦有误。"①

孙诒让提出"古诗书多互称"并举出《墨子》《战国策》中的一些用例之后,可能是由于存在一些难以自圆其说之处,如《墨子》中并无与"先王之书"相对的"先王之诗",其说亦并未得到普遍认同,不少学者在讨论有关问题时提出了新的解释。

2. "书"为五经总名说

对于第一类引《诗》之文句而称"书"的现象,金兆梓认为:

……这(引者按:即本文例1—5)不都是《诗》可称"书"的实例吗?故王充《论衡·正说》篇曰:"五经总名为书。""书"在这里只是一切刻画有文字的竹简的通称,原是共名而非别名,故五经都可总名为"书":《易》是卜筮专用的简札,《春秋》是记往事专用的简札,《诗》是歌咏合乐专用的简札,都是"书"这个共名下的别名,这些才是书名。

至于"尚书"一名,在这里所指的,原义只是上古遗留下的古文简册,在那时是用以泛指一切先秦留下的古书的,犹之今日吾人泛称清末以前的木刻书为"古籍",如斯而已。②

---

① 诸祖耿:《战国策集注汇考》,第267页注[一三]。
② 金兆梓:《尚书诠译》,"前言"第5页。

将"书"视为"五经总名",犹"古籍",后接"大雅""周颂"等类名或具体篇名,这种解释对于例1—4是适用的。

需要说明的是,《墨子》使用"先王之书"一语有两种形式,一是如例1—3者,"先王之书"后紧接具体篇名,如:

《尚贤中》:此圣王之道,先王之书《距年》之言也,传曰:"求圣君哲人,以裨辅而身。"

《尚同中》:是以先王之书《吕刑》之道曰:"苗民否用练,折则刑,唯作五杀之刑,曰法。"……是以先王之书《术令》之道曰:"唯口出好兴戎。"①……是以先王之书《相年》②之道曰:"夫建国设都,乃作后王君公,否用泰也,轻大夫师长,否用佚也,维辩使治天均。"

《尚同中》:于先王之书也《大誓》之言然,曰:"小人见奸巧乃闻,不言也,发罪钧。"

《明鬼下》:曰先王之书《汤之官刑》有之,曰:"其恒舞于宫,是谓巫风。其刑,君子出丝二卫,小人否,似二伯黄径。"

《非命中》:圣王之患此也,故书之竹帛,琢之金石。于先王之书《仲虺之告》曰:"我闻有夏人矫天命,布命于下,帝式是恶,用阙师。"……先王之书《太誓》之言然,曰:"纣夷之居,而不肯事上帝,弃阙其先神而不祀也,曰:'我民有命,毋僇其务。'天不亦弃纵而不葆。"

《公孟》:故先王之书《子亦》③有之曰:"亓傲也,出于子,不祥。"

这些篇名一般认为是墨家所传之"书"的篇名。④ 除上举之例外,《天志中》"又以先王之书驯天明不解之道也知之,曰'明哲维天,临君下土'",于鬯以为"天明不解"亦"书"之篇名,"解"读为"懈","驯天明不解之道"即"训《天明不解》篇之说"。⑤ "明哲维天,临君

---

① 孙诒让指出"术令"当为"说命"之假字(《间诂》,第84页),是。清华简《傅说之命》中篇有"唯口起戎出好",足证其说之确。
② 《间诂》引毕云:"'相年'当为'拒年'。"(第84页)
③ 《间诂》引戴云:"'子亦'疑当作'亓子'。亓,古'其'字。其子即箕子,周书有《箕子》篇,今亡。孔晁作注时,当尚在也。"(第455页)
④ 参看陈梦家《尚书通论》(增订本),中华书局,1985年,第22—23页。
⑤ (清)于鬯著,张华民点校:《香草续校书·墨子一》,中华书局,1963年,第186页。

下土",王引之指出"犹诗(按即《小雅·小明》)言'明明上天,照临下土'"。① 这跟本文讨论的所谓"诗书互称"现象有些类似,后面将会讨论到。

二是单用于一般概说的场合,如《明鬼下》两次说到"先王之书,圣人一尺之帛,一篇之书",②《非命中》"于其本之也,考之天鬼之志、圣王之事;于其原之也,征以先王之书;用之奈何,发而为刑",这种"先王之书"似与《墨子》中"先王之言""先王之遗""先王之传""先王之道"等语结构相类,其中的"书"的确可以指比较宽泛的"书籍"。不过,我们也看到《墨子·非命上》有这样一段话:

> 然而今天下之士君子或以命为有,盖尝尚观于先王之书?先王之书,所以出国家、布施百姓者,宪也。**先王之宪**亦尝有曰"福不可请,而祸不可讳,敬无益,暴无伤"者乎?所以听狱制罪者,刑也。**先王之刑**亦尝有曰"福不可请,祸不可讳,敬无益,暴无伤"者乎?所以整设师旅,进退师徒者,誓也。**先王之誓**亦尝有曰"福不可请,祸不可讳,敬无益,暴无伤"者乎?是故子墨子言曰:吾当(尚)未盐〈尽〉数③,天下之良书不可尽计数,大方论数,而五〈三〉④者是也。

墨子说"天下之良书不可尽计数",他所推崇的"先王之书"主要是"先王之宪""先王之刑""先王之誓"之类,而这类书应该是三代史官所掌之政令法典等档案(今传《尚书》之篇多属此类)。故《墨子》中多见以"先王之书"冠《书》之篇名的情况,以"先王之书"冠《诗》之篇名的情况较为少见,孙诒让盖因此而有"互称"之说。

《墨子》称引此类文献又称"夏书""殷书""商书""夏、商之书",视语境而或指《书》或指《诗》,这些表述中的"书"的含义也是比较宽泛的,不能直接与"夏/殷/商之《书》"划等号。前引例4《明鬼下》"周

---

① 《间诂》,第197页。
② 第二处原作"先王之书,慎无一尺之帛,一篇之书",《间诂》引王云:"'慎无'二字义不可通,'慎无'当为'圣人'。"(第236页)
③ 《间诂》:"当,疑'尚'之讹。毕云:盐,'尽'字之讹。"(第266页)引者按:"当"可读为"尚"。
④ 《间诂》引毕云:"'五'当为'三',即上先王之宪、之刑、之誓是。"(第266页)

215

书大雅……"之文紧跟"先王之书,慎无(按,当为"圣人"之讹①)一尺之帛,一篇之书"等语之后,"周书"的"书"与"先王之书"的"书"含义相类,其后跟有类名"大雅",格式与例1—3亦相类。但例5"周书"之后并无类名或篇名,其"书"之含义不宜依金兆梓此说作解,说详下文。

3. "诗"非《诗经》文本之专名说

对于第二类引《书》(包括《逸周书》)之文句而称"诗"的现象,有学者提出所谓"诗"实际指有韵之文,如魏源《诗古微》:

《国策》甘茂引诗曰"行百里者半于九十",又见贾谊疏,不以为诗也;范雎引诗曰"木实繁者披其支,披其支者伤其心"(引者按:见本文例8),又见《周祝解》,则亦非诗也;黄歇引诗曰"树德莫如滋,除恶莫如尽"(见例9),姚氏本作引书,则亦非诗也。《吕览》引诗曰"将欲毁之,必重累之;将欲踣之,必高举之"(见例10),《国策》引作周书,则亦非诗也。《吕览·爱士》篇引诗曰"君君子则正以行其德,君贱人则宽以尽其力"(见例11),亦不似诗也。<u>盖古语多用韵,后人或引为诗</u>,而实非诗者多矣。②

金正炜《战国策补释》注《秦策四》"顷襄王二十年"章"诗云'大武远宅不涉'"句(见例7)谓:

《墨子·兼爱篇》引《书》:"王道荡荡,不偏不党,王道平平,不党不偏。"(见例6)本《洪范》文,亦称《周诗》。<u>盖古于有韵之文,皆得谓之诗</u>。《吕氏·慎大览》:"民心积怨,皆曰:上天弗恤,夏命其卒。汤谓伊尹曰:若告我旷夏尽如诗③。"与此例同。④

---

① 参看本书第215页注②。
② (清)魏源撰,魏源全集编辑委员会编校:《诗古微·通论诗乐·夫子正乐论中》,岳麓书社,2004年,第146页。
③ 高诱注:"诗,志也。"按:清华简《尹至》有与此句相近之文,作"汝告我夏隐率若寺",整理者读"寺"为"时",训为"是",并谓《吕氏春秋·慎大》"自高诱注以下均未能通解,对照简文,知'诗'应读为'时'字。"(李学勤主编:《清华大学藏战国竹简(壹)》,中西书局,2011年,第130页注[一九])正确可从。"是(或寔)"意为"此,这"。
④ 诸祖耿:《战国策集注汇考》,第400页注[三六]。原文标点作"'若告我旷夏。'尽如诗,与此例同",引用时径改。

魏源和金正炜认为所谓引《书》而称"诗"现象背后的原因并不在于"互称",而是由于所引文句为韵文而得称"诗";如果这句韵文恰是《尚书》或《逸周书》中的文句,就会造成"引诗书互称"的表象。这种观点是很有启发性的,但施用于某些用例时不无可疑之处,如《战国策》所引"大武远宅不涉"句,说者多以为出自《逸周书·大武》,其文作:"五和:一,有天无恶;二,有人〈地〉无郄;①三,同好相固;四,同恶相助;五,远宅不薄。"五小句每句末字(恶、郄、固、助、薄)为韵,皆为鱼铎部字,而《战国策》等所引之句末字为"涉",是叶部字,如此句确出于《大武》,则末字恰不入韵,"韵文"之说就站不住脚了。②

其实,先秦人所谓"诗"并不仅限于韵文,一些虽无韵却具有一定节奏的文句也可以称"诗"。即以今传《诗经》而言,"颂诗则《清庙》一章八句,全篇无韵;《昊天有成命》一章七句,全篇无韵;《时迈》一章十五句,全篇无韵;《思文》一章八句,末四句无韵;《载芟》一章三十一句,末三句无韵(详见顾炎武《诗本音》)"。③ 我们在讨论先秦时代的"诗"时,既应注意不要被儒家选本"《诗》三百"的"诗"的概念所束缚,也应注意不要为后世文学观念上的诗歌之"诗"所束缚。④ 倘若我们将先秦时人所谓"诗"的范围理解得稍微宽泛一些,不再局限于"韵文",魏源和金正炜此说的解释力就会大大增强。

---

① 刘师培指出:"《大开武解》:'五和:一,有天维国;二,有地维义;三,同好维乐;四,同恶维哀;五,远方不争。'与此悉同。远宅不薄,俞谓'宅'当作'方'。则'有人'当作'有地'。'有地无郄'者,谓设险守固,使敌人无隙可乘也。朱释'郄'云:与'郤'同,读为间隙之隙。是也。上句指天时,此指地利。若作'有人',则与'同好''同恶'复矣。"参看刘师培撰,万仕国辑校《刘申叔遗书补遗·逸周书补释·上》,广陵书社,2008年,第1261页。
② 不过,邬可晶审阅小文时提出:疑"大武远宅不涉"句之"涉"字原作"步","步""薄"音近可通,今本之"涉"乃误增"水"旁之讹字;也可能这里的"涉"实是"薄"的更换声旁的异体,与涉水之"涉"是同形字的关系。若邬说成立,则"大武远宅不涉〈步〉"就入韵了。
③ 陈钟凡著,卞东波整理:《中国韵文通论》,文化艺术出版社,2018年,第8页。
④ 此亦蒙邬可晶指示。

又，古人有"诗之三训"说，其中"诗……持也"谓"为诗所以持人之行，使不失坠"。① 马银琴提出，"诗"原指规正人行的言辞，其后才引申而成为文本之名，她分析了《吕氏春秋》《战国策》等著述中的引诗条文（包括前文例6—10），认为"它们大多以申述为人处世之经验与道理为内容，更像警世之谚，似非某一诗篇的残章断句"。② 这也可能是先秦时人所谓"诗"的范围之一。

张怀通虽然也曾从韵文形式出发，注意到"某些有韵的'书'被认作'诗'（引者按：所举包括本文例6），而某些有韵的'诗'也被当作'书'（引者按：所举例包括本文例5）"的现象，不过他认为："西周、春秋时代的诗、书的界限并不像后世那样泾渭分明，它们可以彼此兼容、互相转化，即孙诒让所说的'古诗、书亦多互称'。"③其说显然更为圆融，本文下文会就此详细论说。

4. 所引文句同出一源而分采入"诗""书"之说

无论是从第一类所谓引《诗》之文句而称"书"的现象入手，还是从第二类引《书》之文句而称"诗"的现象入手，其实都很难避免"先入为主"——即根据我们阅读今传古书得到的印象，先把被称引的文句看作是从今传《尚书》《逸周书》或《诗经》中摘取出来的，因而感到引用该句者称"诗"或"书"与我们的固有认识不符。已有学者尝试打破这种"先入为主"的思维定式，另寻角度加以解释。

如前举例6《墨子·兼爱下》所引之文共八句，可以分为"王道荡荡，不偏不党，王道平平，不党不偏"和"其直若矢，其易若厎，君子之所履，小人之所视"两部分，前四句见于《尚书·洪范》，后四句见于《诗·小雅·大东》，引者统称为"周诗"，对后一部分而言是合适的；对前一部分来说，可能并不是简单地称"书"为"诗"的问题，《间

---

① 郑玄《诗谱序》"诗之道"孔颖达疏引云："《诗纬含神务》云：'诗者，持也。'然则诗有三训：承也，志也，持也。作者承君政之善恶，述已志而作诗，为诗所以持人之行使不失队，故一名而三训也。"（《毛诗正义·诗谱序》，中华书局，2009年影印阮元校刻《十三经注疏》本，第554页）
② 参看马银琴《孟子"诗亡然后〈春秋〉作"重诂》，《上海师范大学学报》2002年第3期，第75页；又见氏著《两周诗史》，社会科学文献出版社，2006年，第436页。马银琴之说蒙何家兴告知。
③ 张怀通：《逸周书新研》，中华书局，2013年，第40—41页。

诂》引苏时学云"兹称周诗,或有据",①其说较为谨慎。康有为提出:

> 若夫墨子所引之书,乃墨子所删定,与孔子虽同名而选本各殊;即有篇章辞句取材偶同,而各明其道,亦自大相反。如《墨子·兼爱》篇:"周诗曰:王道荡荡,不偏不党,王道平平,不党不偏,其直如矢,其易若底。君子之所履,小人之所视。"孔子于"王道"四语,乃采之为《洪范》;"其直如矢"四语,采之为《大雅》;而墨子则以为"诗"。今无从考其是"诗"是"书",要孔、墨之各因旧文剪裁为"书"可见矣。②

此说为顾颉刚、刘起釪《尚书校释译论》承用并发挥,说解更为透彻:

> 当时周代社会中流传过这么一首诗,在传抄中,本篇(《洪范》)抄了前四句,并用一句("王道正直")隐括了后几句,《诗·大东》则只抄了后四句,《墨子》乃尽抄了这八句。很可能是本文编订者觉得这几句有助于强调"王极"的要求,所以就抄附在"王极章"的后面,这也是本篇受周代影响的一个证据。
>
> 不过另有一种可能的解释是:本篇此处共有十四句,围绕着"王极"主题一唱三叹,有可能原为本篇的文辞,流传中被支离引用了。据《诗序》,《大东》为春秋初年诗,它和西周末年的《小旻》的时期相去不远。就在这时期,它们和本篇之句常相交涉,说明本篇至少在西周末、东周初是和这些流行的诗篇发生着关系的。③

他们认为见于《墨子·兼爱下》的"王道荡荡,不偏不党,王道平平,不党不偏。其直若矢,其易若厎,君子之所履,小人之所视"原为一篇文献中的八句,孔子编订《尚书》采前四句入《洪范》篇,《诗经》采后四句入《大东》;至于这八句所从出的那篇文献原本是"诗"还是"书"难以确知。这种说法应该比"引诗书互称"说更符合先秦古书流传的情况。

---

① 《间诂》,第123页。
② 康有为:《孔子改制考·书为孔子所作》,中华书局,2012年,第246—247页。
③ 顾颉刚、刘起釪:《尚书校释译论》,中华书局,2005年,第1217页。

顾颉刚、刘起釪提出《大东》《小旻》等诗篇与《洪范》之文"常相交涉",《洪范》篇在西周末、东周初年与当时流行的某些诗篇"发生着关系",这一点尤其值得注意。顾颉刚《左丘失明》一文又说:"……《晋语》两云'瞽史之纪',盖瞽有其箴赋,史有其册书。容有同述一事者,如《牧誓》之与《大明》、《閟宫》之与《伯禽》然。"①清华简《耆夜》《芮良夫毖》《周公之琴舞》等篇公布之后,我们看到,这类文献既跟"书"有关,也跟"诗"有关。如一般皆认为当属"诗"类文献的《耆夜》篇:

武王八年,征伐耆,大戡之。还,乃飮至于文太室。……王夜(举)爵酬毕公,②作歌一终,曰《乐乐旨酒》……王夜(举)爵酬周公,作歌一终,曰《輶乘》……周公夜(举)爵酬毕公,作歌一终曰《赑赑》……周公或夜(举)爵酬王,作祝诵一终,曰《明明上帝》……周公秉爵未飮,蟋蟀跃升于堂,[周]公作歌一终,曰《蟋蟀》……

黄泽钧指出:"《耆夜》先叙事,后赋诗,就其内容结构来看,将其视为'书类文献'亦无不可。"③传世古书中也可以看到类似的情况,如《国语·周语下》:"卫彪傒……见单穆公曰:'周诗有之,曰:天之所支,不可坏也;其所坏,亦不可支也。'(引者按:《左传·定公元年》晋女叔宽引作'天之所支,不可坏也;众之所为,不可奸也',未称'周诗')昔武王克殷而作此诗也,以为饫歌,名之曰《支》,以遗后之人,使永监焉。""天之所支"等句可采入"诗","武王克殷而作此诗"之事则足以入"书"。还有学者指出"'天之所支'四句,与《泰誓》《牧誓》义旨符合"。④

此句亦见下举《芮良夫毖》篇简 18—19,作"天之所坏,莫之能支;天之所支,亦不可坏"。《芮良夫毖》篇,整理者《说明》谓"简

---

① 顾颉刚:《史林杂识初编·左丘失明》,中华书局,1963 年,第 223—225 页。
② "夜"读为"举"参看裘锡圭《说"夜爵"》,李学勤主编《出土文献》第二辑,中西书局,2011 年,第 17—21 页。
③ 黄泽钧:《出土文献中"书类文献"判别方式讨论》,上海大学历史系等主办《"出土文献与尚书学研究"国际学术研讨会论文集》,2018 年 9 月,第 133 页。
④ 任乃强:《周诗新诠》,巴蜀书社,2015 年,第 556 页。

文语意连贯,文辞古奥,先述周厉王时的情势,次载芮良夫作毖的内容。芮良夫针对时弊所作的训诫之辞,涉及君主应敬畏天常,体恤民意,德刑兼施,勿用奸佞,以及君臣莫贪利享乐,应谨奉慎守等方面的治国之道",①可见其文足以入"书",《逸周书》中就有《芮良夫》篇,意旨与之近,个别文句可以对读。整理者又谓"全篇皆用韵,基本上都是句尾韵",则这些有韵之文也可以采入"诗"。《左传·文公元年》:"秦伯曰:'……周芮良夫之诗曰:大风有隧,贪人败类。听言则对,诵言如醉。匪用其良,覆俾我悖。'""大风有隧"等句见于今传《诗·大雅·桑柔》,诗序所谓"芮伯刺厉王也",可为其证。邬可晶将简文"厥辟、御事各营其身""凡百君子"与《小雅·雨无正》"凡百君子,各敬尔身"相联系,指出《芮良夫毖》与《雨无正》彼此时代、内容较近,用语方面也很相似,②很有见地。

我们知道,《书》是在史官保存的政事档案、文献的基础上汇编而成的,春秋战国时期逐渐广泛流传的"书"类文献的面貌,与我们今天看到的经由汉儒整理的《尚书》定本存在较大差别。《诗》的编订虽然可能早至公元前六世纪左右,但也经历了将不同地域、不同性质、不同时代的大量诗篇汇集并加以采录、淘汰、加工的复杂过程,今本《诗经》三百零五篇可能是经过多次增删才最终形成相对稳定的文本的。③ 胡宁认为:春秋时代,"诗、书同是官方文献,但分掌于不同的王官。'诗'是仪式乐歌的歌词,掌于乐官……'书'则掌于史官。……在贵族政治时代,礼乐是社会政治生活的基本运作方式,诗与书之间就因为官守、用法的不同而自然区分开来,而不是如后世那样要从格式韵律上作区分";战国时代,"诗、书皆脱离了礼乐情境,官学中学习方式、实践场合的差异不复存在,仅被作为记录前人事、言的文本学习、使用,仅凭文体形式难以将两者严格地区分开来,才发

---

① 李学勤主编:《清华大学藏战国竹书(叁)》,中西书局,2012年,第144页。下引同此,不再出注。
② 邬可晶:《读清华简〈芮良夫毖〉札记三则·一》,《战国秦汉文字与文献论稿》,上海古籍出版社,2020年,第201—203页。
③ 参看董治安主编《经部要籍概述》,江苏教育出版社,2008年,第20—25页。

生了混淆"。① 那么，在《诗》《书》尚未形成定本的战国时代，"诗""书"类文献可能存在交集，某些单篇流传的文献，如上举清华简《耆夜》《芮良夫毖》篇，既可归于"诗"，也可归于"书"。② 从这类文献中析出的文句，引用者或称"诗"，或称"书"，看上去的确像是"诗书互称"。

此外，某些文句或段落篇章或被采入"诗"或被采入"书"的情况也是需要考虑的，如清华简《傅说之命》中篇简5—6所记商王武丁命傅说之语"昼如视日，夜如视辰"，亦见于一般认为属"诗"类文献的《周公之琴舞》篇简8，作"昼之在视日，夜之在视辰"。又如今传《尚书·大诰》篇"天棐忱辞"、《君奭》篇"天棐忱""天难谌"等语，与《诗·大雅·大明》"天难忱斯"语意相同，"盖周初常语也"，③而或载于"书"，或载于"诗"。前面提到的《墨子·天志中》"又以先王之书驯天明不解之道也知之，曰'明哲维天，临君下土'"，"先王之书"后的篇名一般认为是"书"，"明哲维天，临君下土"却近于"诗"，可能也属于同类的情况。可以想象，诸如此类上古明君贤臣的名言警句或早期的"常语"流传开来之后，被人或采之入"诗"（不排除考虑到句式、节奏、用韵等因素），或采之入"书"（从有资于治国的角度），征引者所见若为诗类文献（如《周公之琴舞》之类），引之即称"诗"；所见若为书类文献（如《傅说之命》之类），引之即称"书"；④

---

① 胡宁：《先秦"周书"名实考》，《宁波大学学报（人文科学版）》2022年第5期，第48、52页。
② 胡宁《先秦"周书"名实考》（第52页）亦已指出：《耆夜》《周公之琴舞》《芮良夫毖》"这样的记诗文本，与一篇'书'是相当接近的，也是兼记言、事，只不过所记之'言'是诗歌的形式罢了"。
③ 屈万里：《尚书集释》，中西书局，2014年，第208页。
④ 蒙林志鹏见告：郭店《唐虞之道》简27—28引"吴时曰'大明不出，万物皆訇（暗?）。圣者不在上，天下必坏'"，"吴时"，"裘按"疑读为"虞诗"（荆门市博物馆编：《郭店楚墓竹简》，文物出版社，1998年，第160页注［三二］）。廖名春释"虞志"，相当于《左传》中提到的《虞书》（廖名春：《郭店楚简〈成之闻之〉〈唐虞之道〉篇与〈尚书〉》，载《中国史研究》1999年第3期，第37页）。王博等指出此篇与《尚书·尧典》关系密切，文中引到《虞书》是很自然的（王博：《关于唐虞之道的几个问题》，《中国哲学史》1999年第2期，第30—31页）。林志鹏则认为释"虞诗"亦可，所引可能是虞书中所记君臣赓歌的句子，情况与《耆夜》类似。

称"诗"、称"书"其实都是由来有自的,并非所谓"互称"。

三、诸例之解说

前面说过,金兆梓提出的"书"为五经总名之说对于例 1—4 是适用的。对于 5—11 诸例,则需要考虑先秦时人所谓"诗"的涵义以及"诗""书"之间存在交集等复杂情况,从古书中广搜类似文句作为参照,探究所谓"诗书互称"现象背后的原因。

1. 关于例5

先看前举例 5 所引"若临深渊,若履薄冰"句,过去我们根据阅读先秦传世古书的经验,认为其句出于《小雅·小旻》,不当称《周书》,其实已有学者指出这种认识的偏狭之处,如翟灏《四书考异》:

> 《吕览》以《小旻》诗为《周书》,若误谬甚。前人指摘此等,谓可据以提咸阳市金。① 然恐未能也。《说苑·政理》篇:"成王问政于尹逸。逸对曰:'如临深渊,如履薄冰。'王曰:'惧哉?'对曰:'四海之内,善之则畜也,不善则雠也,若何其无惧也。'"吕氏《离俗览》别引"善之则畜"二语,亦云《周书》,是《说苑》所录"尹逸"一节乃全本《周书》文矣。《汉志》《周书》有七十一篇,云是"孔子所论百篇之余",今传孔晁注本惟六十篇,篇中复多脱误。**当七十一篇完具时,其中自有"尹逸对成王"语,而吕氏两引之耳。**②

今按,《说苑·政理》所引之文又见《淮南子·道应》,尹逸的对答还有"昔夏、商之臣反雠桀、纣而臣汤、武,宿沙之民皆自攻其君而归神农"之语。《文子·上仁》将问答双方改为文子和老子,其语略同,王利器案云:

---

① 引者按:宋代学者洪迈、王应麟都曾对《吕氏春秋》引"若临深渊,若履薄冰"句称"周书"有所指摘,参看洪迈《容斋四笔·吕览引诗书》(中华书局,2005年,第689页)、王应麟《汉艺文志考证·杂》(中华书局,2011年,第245页)。

② (清)翟灏著,汪少华等点校:《翟灏全集》,浙江古籍出版社,2016年,第2册,第412—413页。

《吕氏春秋·慎大篇》:"《周书》曰:'若临深渊,若履薄冰。'以言慎事也。"高诱注:"《周书》者,周文公所作也。若临深渊,恐陨坠也。如履薄冰,恐陷没也。故曰'以言慎事'。"又《适威篇》:"《周书》曰:'民善之则畜也,不善则雠也。'"高诱注:"《周书》,周公所作。畜,好。"……又案:《吕氏春秋·用民篇》:"夙沙之民,自攻其君而归神农。"高诱注:"夙沙,大庭氏之末世也,其君无道,故自攻之。神农,炎帝。"《周书·史记解》:"三卿谋变,质沙以亡。"质沙即宿沙。①

据《淮南子》《说苑》所记,此是尹逸对成王问政之语,《吕氏春秋》高诱注以为所谓《周书》是周公所作,或系依托。战国作品中另有用此句而托于太公之口者,如《太公金匮》:

武王问尚父曰:"五帝之戒,可得闻乎?"尚父曰:"黄帝之时戒曰:'吾之居民上也摇摇,怨夕不至朝。'故为金人三封其口,曰古之慎言人也。尧之居民上也,振振如临深渊;舜之居民上,兢兢如履薄冰;禹之居民上,栗栗恐不满日;汤之居民上,战战恐不见旦。"(严可均《全上古三代秦汉三国六朝文》卷七引《群书治要》卷三十一,《太平御览》卷五百九十)

今传《逸周书》的《大开武》《大聚》《官人》等篇有将《六韬》等书中的"太公"改为周公的情况,②可资参证。《太公金匮》不失为一种记言之"书",既托名太公,战国时人目为《周书》亦在情理之中。

附带说一下,《吕氏春秋·慎大》篇在所引"《周书》曰:若临深渊,若履薄冰"句之前有"于安思危,于达思穷,于得思丧"句,相似之文见于今传本《逸周书·程典》,作"于安思危,于始思终,于迩思备,于远思近,于老思行"。③ 春秋时人引用时或称"书",如《左传·襄公

---

① 王利器:《文子疏义》,中华书局,2009年,第437页。
② 参看王连龙《谈汲冢"〈周书〉"与〈逸周书〉——从出土文献研究看古书形成和流传问题》,收入《出土文献与中国古代文明——李学勤先生八十寿诞纪念论文集》,中西书局,2016年,第474—475页。
③ "于迩思备,于远思近"两句,黄怀信指出当作"于迩思远",参看黄怀信《逸周书校补注译》,三秦出版社,2006年,第80页。

十一年》记魏绛之言:"书曰:'居安思危。'思则有备,有备无患,敢以此规。"或称"春秋",如《战国策·楚策四》"虞卿谓春申君章":虞卿谓春申君曰:"臣闻之春秋'于安思危,危则虑安'。"吴师道《战国策鲍注补正》及于鬯《战国策注》并以为"春秋"二字为衍文。何建章指出与此章相近的内容又见于马王堆帛书《战国从横家书》第二十三章,其文无"春秋"二字。并谓:"《易·系辞》下'君子安而不忘危',《吕氏春秋·慎大览》'故贤主于安思危,于达思穷,于得思丧。'此疑当时流传之习语。"并从吴、于说删"春秋"二字。① 今按:何氏怀疑此句为"当时流传之习语"是有道理的,习语或被采入"书"类文献(这种情况在先秦古书流传过程中并不鲜见,详下文),为魏绛所见,故魏绛引称"书"。至于《战国策》虞卿引称"春秋",也有人持不同意见,如惠栋即以为所引为《左传》襄十一年魏绛语,②这牵涉到《左传》此段或其所从出的材料是否流传于楚地、为虞卿所见等问题,姑存疑备考。

2. 关于例7

前面说过,例7《秦策四》记黄歇所引"诗"句"大武远宅不涉",魏源和金正炜以有韵之文皆可称"诗"之说作解尚有可疑之处。那么,黄丕烈等以为此即《逸周书·大武》篇所云"远宅不薄"是不是可信呢?也不尽然。事实上,"大武远宅不涉"可能与《逸周书·大武》并无关联。这一点可以从语序和文意两方面找到证据。从语序上看,主张此句出于《逸周书》的学者将"大武"当作篇名,认为此句当作"诗大武云'远宅不涉'",③但袭用《战国策》此章(或其同源之文)的《史记》和《新序》此句皆作"《诗》曰大武远宅而不涉",足证其说无据。从文意上看,"大武远宅不涉"句语气一贯,语意自足,《战国策》鲍彪注将"武"解释为"足迹",说解句意为"言地之居远者,虽有大足,不涉之也";吴师道谓"威武之大者,远安定之,不必涉其地也";④《史记·

---

① 何建章:《战国策注释》,中华书局,1990年,第597页。
② 参看(清)钟文烝撰,骈宇骞、郝淑慧点校《春秋穀梁经传补注》,中华书局,2009年,"论传"第31页。
③ 参看何建章《战国策注释》,第248页。
④ 诸祖耿:《战国策集注汇考》,第400页注[三六]。

春申君列传》正义则说"言大军不远跋涉攻伐";①诸家解释虽有不同,却都是以"大武"为主语,并没有把它看做《逸周书》的篇名。有学者怀疑此句与《大武》之乐相关,如朱季海注《新序·善谋》篇所录相关之文,谓:

《毛诗·周颂·臣工之什》:"《武》,奏大武也。"传:"《大武》,周公作乐所为舞也。"又云:"《武》一章,七句。"《诗》云:"嗣武受之,胜殷遏刘,耆定尔功。"《闵予小子之什》:"《酌》,告成大武也,言能酌先祖之道,以养天下也。"传:"周公居摄六年,制礼作乐,归政成王,乃后祭于庙而奏之,其始成,告之而已。"是《大武》,周公作乐所为舞也。《闵予小子之什》首《酌》,次即《桓》云:"《桓》,讲武类祃也,桓,武志也。"孔颖达《正义》引《谥法》"辟土服远曰桓"。《桓》之诗曰:"天命匪解,桓桓武王。保有厥士,于以四方,克定厥家。"传:"士,事也。"笺云:"天命为善不解倦者,以为天子,我桓桓有威武之武王,则能安有天下之事,此言其当天意也。于是用武事于四方,能定其家先王之业,遂有天下。"此所谓《大武》远宅者,非欤?然黄歇引《诗》又云'不涉'者,其义未闻。②

朱氏认为"大武"指周公所作、歌颂武王安定天下之功的《武》乐,很有启发性。结合吴师道所谓"远安定之,不必涉其地也"之说,"远宅不涉"也能说解得通。一般的"武"是涉远地、攻远方,而"大武"则无须亲涉其地,唯以德安之化之。如此说成立,则《战国策》引称"诗"或有其依据。

3. 关于例10

例10《吕氏春秋》所引"将欲毁之,必重累之;将欲踣之,必高举之"句,亦见于多种先秦传世古书,如:

《老子》三十六章:将欲歙之,必固张之;将欲弱之,必固强之;将欲废之,必固兴之;将欲夺之,必固与之。(《韩非子·喻老》引之,"夺"作"取")

---

① (汉)司马迁:《史记》,中华书局,1982年,第2391页。
② 朱季海:《新序校理》,中华书局,第262页。

《战国策·魏策一》"知伯索地于魏桓子章"记任章之言:"周书曰:将欲败之,必姑辅之;将欲取之,必姑与之。"

《说苑·谈丛》:天将与之,必先苦之;天将毁之,必先累之。①

这些古书中比较值得注意的是《说苑·谈丛》。《谈丛》所录皆为当时流传的类似格言警句的古语,这些古语或见于我们所知之"书",如:"福在受谏,存之所由也"亦见《逸周书·王佩》篇"不幸在不闻其过,福在受谏,基在爱民,固在亲贤","已雕已琢,还反于朴"亦见《庄子·山木》《韩非子·外储说左上》,皆引称"书曰";"来事可追也,往事不可及",又见《论语·微子》《庄子·人间世》及《吕氏春秋·听言》篇,②《吕氏春秋》引作"《周书》曰:'往者不可及,来者不可待,贤〈能〉③明其世,谓之天子。'"从银雀山汉墓竹简《六韬》"往者不可及,来者不可待,能明其世者,谓之天子"看,《吕氏春秋》此文所谓《周书》或即《太公》一类书。④ 当然,"往者不可及,来者不可待"这类古语流传甚广,《楚辞·远游》亦有"往者余弗及兮,来者吾不闻"之句,包括《太公》在内的诸书完全有可能是从现已亡佚的某篇用过此语的《周书》中引用来的。⑤

前面说过,上古明君贤臣的名言警句或早期"常语"流传开来之后,可能被采入"诗"类文献中,也可能被采入"书"类文献中。由于《尚书》的"记言"特点,先秦流传之古语常被直接视为"书"类文献,如《左传》等书中常见的"仲虺有言""史佚有言""周任有言"以及"古人有言""先民有言""吾闻之""某闻之"等,其实从《书》的编订角度看,未尝不可视为较早时代流传的古语被采入"书"。同样地,先秦流传之古语被采入"诗"的情况也不鲜见,《诗·大雅·板》云"先民有言:询于刍荛"(郑笺:古之贤者有言,有疑事当与薪采者谋之),即《诗》明采古语之证。《吕氏春秋·慎大》"赤章蔓枝谏曰:诗

---

① 参看(汉)刘向撰,向宗鲁校证《说苑校证》,中华书局,1987年,第389页。
② (汉)刘向撰,向宗鲁校证:《说苑校证》,第395、400页。
③ 参看俞林波《元刊吕氏春秋校订》,凤凰出版社,2016年,第170页。
④ 又,《汉书·晁错传》引此语称"传曰","传"犹"语""说"一类。参看廖群《先秦说体文本研究》,中央编译出版社,2018年,第100—102页。
⑤ 这一点是邬可晶审阅小文时指出来的。

云'唯则定国'"毕沅曰:"左氏僖四年传'公孙支对秦穆公曰:臣闻之,唯则定国'下两引诗(引者按:即"诗曰:不识不知,顺帝之则"和"又曰:不僭不贼,鲜不为则",前出《大雅·皇矣》,后出《大雅·抑》),则知此语是逸诗也。"①其实公孙支答秦穆公之语很明显是以"臣闻之"和《诗》曰区别古语和《诗》的,竹添光鸿《左传会笺》曰:"问'定',故引此语,既征于则,故又引二《诗》也。"②分析此段文字脉络颇为有理。"唯则定国"可能原本只是流传较广的一句古语,《慎大》引称"诗",可能作者所据的就是一种采录有此语的"诗"类文献,也可能就是在"古语"这一涵义上称"诗"。

又如《吕氏春秋·原乱》:"诗曰:'毋过乱门。'""毋过乱门"句又见于《左传》《国语》:③

《左传·昭公二十五年》记子产之言:"谚曰:无过乱门。"

《左传·昭公二十二年》:楚蒍越使告于宋曰:"……人有言曰:'惟乱门之无过。'"

《国语·周语下》记太子晋之言:"人有言曰:'无过乱人之门。'又曰:'佐饎者尝焉',又曰:'祸不好不能为祸。'《诗》曰:'四牡骙骙,旟旐有翩。乱生不夷,靡国不泯。'(引者按:即《诗·大雅·桑柔》第二章)又曰:'民之贪乱,宁为荼毒。'(《桑柔》第十一章)"

《左传》《国语》引或称"谚",或谓"人有言"曰并与所引《诗》相区别,可知此句原本为流传甚广的古语,采入"诗"类文献可能是较晚之事。昭公二十二年《左传》变换语序为"惟乱门之无过",可以推想此句原本并非魏源等所谓"韵语"。

这些古语由于具有格言警句的效用,常被称述,其最初来源已经难以追溯,我们现在看到它们或亦见于"书",或亦见于"诗",其实不能完全排除"书"或"诗"采掇古语的可能性。较晚一些的古书如《战国策》《吕氏春秋》引用时或称"书"或称"诗",或因称引者所见

---

① 许维遹撰,梁运华整理:《吕氏春秋集释》,中华书局,2009年,第366页。
② [日]竹添光鸿著,于景祥、柳海松整理:《左传会笺》,辽海出版社,2008年,第111页。
③ 参看[日]竹添光鸿《左传会笺》,第487页。

之来源不同,如《赵策二》"王立周绍为傅"章记赵武灵王之言:"诗云:'服难以勇,治乱以知,事之计也。立傅以行,教少以学,义之经也。'""诗",鲍本改作"谚",其实即使此语原为一句古谚,也可能被采入"诗",为赵武灵王所见,作"诗"之本反而更接近其原貌。也可能在这些称引者的观念里,这些广泛流传的格言警句就可以包括在"诗"的范围之内。"诗"的涵义可以包括古之"常语",古之"常语"可以采入"诗"中,这两方面其实是一体的。

4. 关于例9、例8

前面说过,例9"树德莫如滋,除害莫如尽"句曾被伪古文《泰誓》采入,作"树德务滋,除恶务本",学者已辨其伪。①《战国策》各本或作"诗",或作"书",黄丕烈认为"诗"字有讹,②魏源认为"古语多用韵,后人或引为诗,而实非诗",③他们大概都是以称"书"为准的。不过,《左传·哀公元年》:"使大夫种因吴大宰嚭以行成,吴子将许之,伍员曰:'不可。臣闻之:树德莫如滋,去疾莫如尽。'"于鬯指出《战国策·秦策三》"秦客卿造穰侯"章秦客卿之语跟《左传》这段文字有因袭关系。④《左传》记伍员之言只说"臣闻之",而未明言"诗""书",此句是否"书"中之文句,或者亦为一种古语而曾被分别采入"书"或"诗",只是由于我们所见古书有限,目前还难以确知。

例8"木实繁者披其枝,披其枝者伤其心。大其都者危其国,尊其臣者卑其主"句,其语见于《逸周书·周祝》篇。李学勤曾指出,《周祝》是当时流行的格言、谚语式的语句的汇集,应为祝官所掌,"祝"之职常与卜、巫、史相兼互通,《周祝》被编入《逸周书》与此有关。⑤《战国策》引称"诗",过去以为讹误或"诗书互称",但也有不

---

① 参看前引黄丕烈《战国策札记》见诸祖耿《战国策集注汇考》,第267页注[一三];又参(清)阎若璩《尚书古文疏证》,上海书店出版社,2012年,第206页。
② 诸祖耿:《战国策集注汇考》,第267页注[一三]。
③ (清)魏源:《诗古微·诗古微·夫子正乐论中》,第146页。
④ (清)于鬯:《香草校书·春秋左传七》,中华书局,1984年,第866—867页。
⑤ 参看李学勤《〈称〉篇与〈周祝〉》,《简帛佚籍与学术史》,江西教育出版社,2001年,第297—306页。

同看法,吴师道曰:"恐此四语皆诗,非必逸诗,古有此语耳。"①这个意见是值得注意的。与这四句话含义相近的话的确见于其他传世古书,如:《吕氏春秋·博志》"凡有角者无上齿,果实繁者木必庳",后一句与"木实繁者披其枝"意近;②《左传·闵公二年》"昔辛伯谂周桓公云:内宠并后,外宠二政,嬖子配适,大都耦国,乱之本也",末二句与"大其都者危其国"意近,类似的话又见于《慎子·德言》《管子·君臣下》《韩非子·说疑》等。③ 前面分析例 10 时曾联系《说苑·谈丛》介绍了一些广为流传的古语被采入我们所见之"书"或"诗"类文献的情况,《周祝》所录既是当时流行的古语,则其中文句在先秦时人观念中就可以称"诗",自然也可能被采入"诗"。

5. 关于例 11

例 11《吕氏春秋·爱士》所引"诗"之"君君子则正,以行其德;君贱人则宽,以尽其力",北大简《周驯》引相近之语称"书",北大简整理者谓"其文体更接近'书'而非'诗'",④其实此语或为当时流传之"常语","德"与"力"又相互为韵(皆职部字),未尝不可以视为"诗"或采入"诗"。《吴越春秋·勾践伐吴外传》记"大夫种进祝酒"之辞:"皇天佑助,我王受福。<u>良臣集谋,我王之德</u>。宗庙辅政,鬼神承翼。<u>君不忘臣,臣尽其力</u>。上天苍苍,不可掩塞。觞酒二升,万福无极!"虽时代不古,不妨以为参照。其情况近于例 8。当然这都是我们据所见有限几种古书而作的推测,真实情况如何,还有待新材料的发现和进一步研究。

再者,与此句相近之语亦见《说苑·复恩》:"故惠君子,君子得其福;惠小人,小人尽其力。"后者所记为赵宣子救助翳桑饿人后得其报恩的故事,事亦见《左传》宣公二年、《史记·晋世家》《吕氏春秋·报更》及北大汉简《周驯》"岁九月更旦之训",⑤后两种文献所

---

① 诸祖耿:《战国策集注汇考》,第 310 页注[一九]。
② 毕沅曰:"《大戴礼·易本命篇》:'戴角者无上齿。'又《战国秦策》引诗曰:'木实繁者披其枝。'亦是此义。"(许维遹《吕氏春秋集释》,第 652 页)
③ 参看刘娇《言公与剿说》,线装书局,2012 年,第 276 页。
④ 《北京大学藏西汉竹书[三]》,第 131 页注[七]。
⑤ 参看《北京大学藏西汉竹书[三]》,第 134—136 页。

载较为接近,皆在故事之外引《书》《诗》以佐其议论,但都没有我们所讨论的这句话。下面我们先对照一下《说苑》《吕氏春秋》及《周驯》三本的议论部分:

说苑·复恩	吕氏春秋·报更	周驯·岁九月更旦之训
故惠君子,君子得其福;惠小人,小人尽其力。		
夫德一人活其身,而况置惠于万人乎? 故曰:"德无细,怨无小。"岂可无树德而除怨,务利于人哉! 利施者福报,怨往者祸来,形于内者应于外,不可不慎也,此《书》之所谓"德无小者"也。	此《书》之所谓"德几无小"者也。①宣孟德一士犹活其身,而况德万人乎?	此《书》之所谓也。"德几无小"者也。故壹德一士,犹生其身,况德万人乎?
《诗》云:"赳赳武夫,公侯干城","济济多士,文王以宁"。人君胡可不务爱士乎!	故《诗》曰:"赳赳武夫,公侯干城","济济多士,文王以宁"。人主胡可以不务哀士?	故《诗》曰:"赳赳武夫,公侯之干城","济济多士,文王以宁"。人君其胡可以毋务爱士?

秦穆公不罪野人而得报恩,赵宣子救活饿人而得报恩,两事颇有相近之处,故《说苑》皆编在《复恩》篇。今传《吕氏春秋》一则编入《爱士》,一则编入《报更》,其实两事皆编入《报更》亦无不可;从"人主胡可以不务哀(高诱注:哀,爱也)士"之语看,赵宣子之事若编入《爱士》篇也很合适。三种文献的议论之语,《说苑·复恩》最为繁复,既有《吕氏春秋》《周驯》文中都称引的《书》和《诗》,又多出

---

① 毕沅曰:"《墨子·明鬼》篇'禽艾之道之曰:"得玑无小,灭宗无大。"'翟氏灏谓《逸周书·世俘解》有禽艾侯之语,当即此禽艾。但二语尚未见所出。此德几无小,犹所谓惠不期多寡,期于当阨云耳。未知禽艾之言意相同否?"许维遹案:"此逸书文,今伪古文《伊训》摭拾《墨子》及此文而改之曰:'尔惟德罔小,万邦惟庆。尔惟不德罔大,坠厥宗。'"(许维遹《吕氏春秋集释》,第375页)

231

"惠君子,君子得其福;惠小人,小人尽其力"之语,只是未像《吕氏春秋·爱士》那样明称"诗",或像《周驯》那样明称"书"。《爱士》称"诗",《周驯》称"书",不知是否跟《说苑》这类并引《诗》《书》的文本(或有其较古来源)有关。

小　　结

最后对本文的观点作一小结。《墨子》《战国策》《吕氏春秋》等书引《诗》之文句而称"书"、引《书》之文句而称"诗",[①]以及不见于今传《诗》《书》的同一文句在被古书引用时或称"诗"或称"书"的现象,孙诒让以"古诗书多互称说"作解,很难令人信服;孙诒让之前有学者以为讹误,亦不可取。孙氏之后有人提出"书"为五经总名说、"诗"非《诗经》文本之专名说、所引文句同出一源而分采入"诗""书"之说等,颇有启发性。我们认为先秦古书中的这种现象反映了在《诗》《书》尚未形成定本之前"诗""书"类文献可能存在交集的情况。这种情况又可分为两个层次:第一个层次是某些单篇流传的文献,如清华简《耆夜》《芮良夫毖》既可归于"诗"类文献,也可归于"书"类文献;第二个层次是某些文句或段落篇章或被采入"书"或被采入"诗",其中比较突出的是上古明君贤臣的名言警句或早期"常语",由于先秦时人观念中的"书"和"诗"涵义比较宽泛,这类名言警句或早期"常语"被称为"书"或"诗"都是很自然的。

(本文原刊于《出土文献》2024年第1期)

[①] 《吕氏春秋》引《书》之称名及所引内容多与《墨子》相近,参看陈梦家《尚书通论》,第32—33页。

史 传

楚纪南故城周边出土典籍类竹简的楚墓墓主身份蠡测

蒋鲁敬

20世纪50年代初,湖南长沙东郊五里牌M406战国楚简遣策的出土,揭开了现代考古战国楚简出土的序幕。① 1957年,河南信阳长台关M1也出土有战国楚简。② 而在楚国核心区域的纪南城周边的楚墓,出土战国楚简则要略晚一些,1965年,江陵望山(今隶属荆州区)M1和M2分别出土了内容为卜筮祭祷和遣策的战国楚简。③ 自此之后,该区域以楚简出土批次之多、数量之大,而成为战国楚简出土的集中地,受到格外瞩目和广泛关切,如天星观楚简、九店楚简、包山楚简和郭店楚简等,享誉海内外。以往楚纪南故城周边出土的战国楚简中,郭店楚简包含儒家和道家文献18篇,九店M56出土的楚简属于《日书》,九店M621出土的楚简属于古佚书,④ 按照出土简牍的分类,这三批楚简明确属于古代典籍类文献。⑤ 近

作者简介:蒋鲁敬,荆州博物馆馆员。

① 中国科学院考古研究所:《长沙发掘报告》,科学出版社,1957年。史树青:《长沙仰天湖出土楚简研究》,群联出版社,1955年,第2页。
② 河南省文物研究所:《信阳楚墓》,文物出版社,1986年,第67页。
③ 湖北省文物考古研究所:《江陵望山沙冢楚墓》,文物出版社,1996年。
④ 李家浩先生认为"季子女训"颇似简尾篇题。肖毅先生将简文改释为"事事安训",指出"季子女训"为篇名有很大疑问,竹书的性质还有待研究。参看湖北省文物考古研究所、北京大学中文系《九店楚简》,中华书局,2000年,第145页;肖毅《九店竹书探研》,丁四新主编《楚地简帛思想研究》(三),湖北教育出版社,2007年,第560页。
⑤ 典籍类竹简即书籍,指的是狭义的书,依《汉书·艺文志》的分类,有六艺(经)、诸子、诗赋、兵书、数术、方技等。《汉志》未收的,如法律,遵照后来的目录传统,也可以列入。相关论述参看李学勤《简帛书籍的发现及其影响》,《文物》1999年第10期;李零《简帛古书与学术源流》(修订本),生活·读书·新知三联书店,2020年,第46页;杨博《战国楚竹书史学价值探研》,上海古籍出版社,2019年,第3—4页。

年,为配合项目建设,荆州博物馆在楚纪南故城的近郊又发掘了几处楚墓分布相对集中的战国墓地,其中,三座墓葬也有典籍类竹简出土,而且是有关传统典籍核心的诗、书类文献,这为探讨随葬典籍类竹简的墓主身份提供了新的资料。下文按照墓葬发掘时间的早晚顺序,先对楚纪南故城周边出土典籍类竹简的楚墓作一简略叙述,然后再对墓主身份作分析讨论。

1. 九店 M56《日书》

九店墓地位于楚纪南故城东北约 1.2~1.5 公里。M56 为一座长方形土坑竖穴墓,方向 104°。由于取土,墓口上部已遭破坏,坑口长 2.56 米、宽 0.96 米。墓坑东壁和北壁分别有一头龛和侧龛。出土随葬器物 30 余件,均置于头龛和壁龛。头龛内放置陶鼎、陶壶、铜勺、漆耳杯、漆圆盒和漆皮甲等;侧龛内有木箭箙(内有铜箭镞)、铜剑(有剑盒)、木弓、竹弓、木梳、篦,竹简一卷,内裹削刀和漆墨盒,墨盒内装墨。葬具只有一木棺。竹简内容为日书。墓葬年代为战国晚期早段。发掘者根据葬具和随葬品(图1),认为墓主身份为"庶人",又从随葬的竹简《日书》和文书工具,进一步指出墓主身份应是"庶人"中地位较高者或"士"中的没落者,其职业或许与占卜有关。①

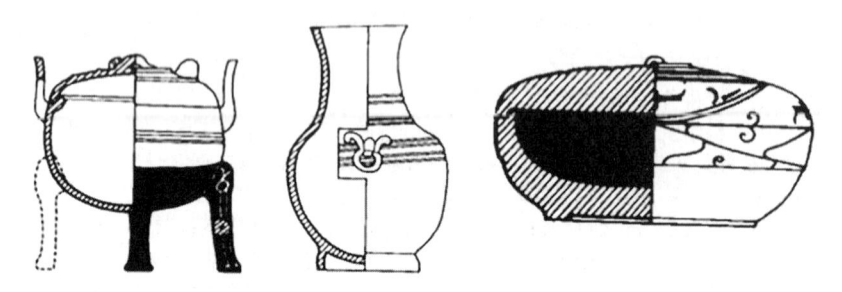

图一 九店 M56 出土的陶鼎(M56∶3)、陶壶(M56∶2)和漆圆盒(M56∶4)
(采自《江陵九店东周墓》第 401 页图二七二)

2. 九店 M621 古佚书

M621 为一座长方形土坑竖穴墓,方向 199°。坑口长 3.86 米、宽 2.3 米。葬具为一棺一椁,出土随葬器物 50 余件。椁内南端主要

---

① 湖北省文物考古研究所、北京大学中文系:《九店楚简》,第 162—163 页。

楚纪南故城周边出土典籍类竹简的楚墓墓主身份蠡测

放置陶礼器、丧葬用具(镇墓兽)、生活用具。棺椁间东侧置兵器和竹简,从南向北依次放置铜戈、铜剑、木盾、木弓、竹简。棺椁西侧置一瑟。竹简内容属于古佚书。墓葬年代为战国中期晚段。发掘者根据葬具和随葬品(图2),认为墓主身份为"士"。①

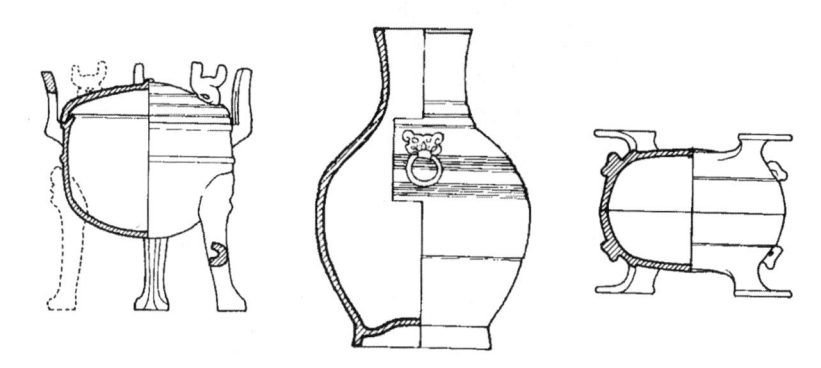

图二 九店 M621 出土的陶鼎(M621∶25)、壶(M621∶1)、簠(M621∶5)
(采自《九店楚简》第174—175页图一一、一二)

3. 郭店 M1 楚简

郭店墓地位于荆门市沙洋区四方乡郭店村一组,南距楚纪南故城约9公里。M1墓坑为长方形土坑竖穴,方向100°。墓口东西长6米、南北宽4.6米、墓深7.44米。墓室东壁有长方形墓道。葬具为一棺一椁,椁室由头箱、边箱和棺室组成,其间均设隔梁。棺内仅存骨架。由于该墓遭两次盗掘,出土各类器物290件(组)。随葬器物分布于头箱与边箱,竹简置于头箱,共计800余枚,有字简730枚,竹简内容包括儒家和道家文献18篇。发掘者从墓葬形制和器物特征判断,郭店M1具有战国中期偏晚的特点,下葬年代当在公元前4世纪中期至前3世纪初。墓主人当属有田禄之士,亦即上士。② 郭店M1边箱内出土的一件漆耳杯(M1∶B10)保存完好(图3),底部有刻划文字,发掘者释为"东宫之杯",李学勤先生改释为"东宫之师",

---

① 湖北省文物考古研究所、北京大学中文系:《九店楚简》,第155页。
② 参看湖北省荆门市博物馆《荆门郭店一号楚墓》,《文物》1997年第7期;荆门市博物馆《郭店楚墓竹简》,文物出版社,1998年。

认为墓主曾任楚太子师傅。① 罗运环先生根据郭店 M1 的时代特点,进一步指出"东宫之师"应是太子横的老师。②

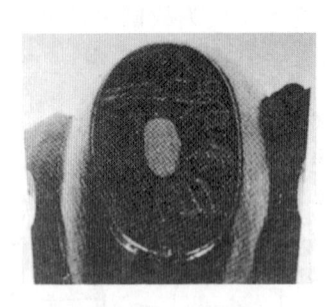

图三　郭店 M1 出土的漆耳杯(M1∶B10)底部刻划文字

4. 龙会河 M324 楚简

为配合 207 国道荆州枣林至郢城段改扩建项目建设,荆州博物馆于 2018 年 7 月至 2019 年 5 月,对位于楚纪南故城东约 0.6 公里的龙会河墓地进行了考古发掘,其中,M324 出土战国楚简 324 枚。

M324 为长方形土坑竖穴木椁墓,方向 198°。墓口长 5.3 米、宽 3.64 米,坑口至坑底深 3.82 米,椁室分头箱和棺室两部分,出土随葬器物 23 件(套)。从器物特征推断墓葬年代大致在战国中期后段。根据竹简的形制与字体,竹简内容大致可以分为两类,第一类为楚国军事礼仪,拟题为"楚王蒐";第二类为"书"类文献。其中,第一类拟题为"楚王蒐"的部分,是与楚王"大蒐"有关的军事礼仪文献,与《左传》中的"大阅,简车马"等内容有关。简文还涉及楚国的祭祀礼仪,反映了《左传·成公十三年》"国之大事,在祀与戎"。简文主要内容尽管是记录楚国的军事礼仪,但是也涉及楚国的部分历史。③

---

① 李学勤:《荆门郭店楚简中的〈子思子〉》,《中国哲学》第二十辑,辽宁教育出版社,1999 年,第 79 页。
② 罗运环:《论郭店一号楚墓所出漆耳杯文及墓主和竹简的年代》,《考古》2000 年第 1 期。
③ 蒋鲁敬、彭军:《湖北荆州龙会河北岸战国楚墓》,国家文物局主编《2019 中国重要考古发现》,文物出版社,2020 年,第 92 页。蒋鲁敬:《试说战国楚简中的"戠"字》,《出土文献》2022 年第 1 期。

5. 枣林铺造纸厂 M46 楚简

为配合棚改工程"枣林苑"住宅小区的建设,荆州博物馆于2019年2月至2020年12月,对位于楚纪南故城北约0.5~1.5公里枣林铺墓地进行了考古发掘,共涉及唐维寺、造纸厂、熊家湾、彭家湾四个区域,发掘墓葬近800座,其中,造纸厂M46,为土坑竖穴墓,带一条东向墓道。现存坑口残长4.16米,残宽2.19米,坑残深2.33米。墓坑西南角被一口现代生活水井打破。葬具一椁一棺。椁室内分为头箱和棺室两部分。出土随葬器物34件(套),该墓的年代为战国晚期早段。M46出土竹简704枚,拼合后计535支,内容主要为古代典籍,包括《齐桓公自莒返于齐》《吴王夫差起师伐越》《上贤》《诗书之言》《相马》等。特别需要注意的是《吴王夫差起师伐越》篇,可以和清华大学藏战国竹简《越公其事》相对读。①

6. 王家嘴 M798 楚简

为配合项目建设,荆州博物馆于2019—2021年对位于楚纪南故城东约3公里的王家嘴墓地进行了考古发掘。其中,M798出土了一批战国楚简。

M798为长方形竖穴土坑墓,方向193°。墓口长4.1米、宽2.24米,墓坑深4.9米。葬具为木质的一椁一棺。椁室分为头箱和棺室两部分,出土随葬器物28件(套),根据铜鼎、铜壶、漆木盒的礼器组合及器形特征判断,墓葬年代为战国晚期早段。

出土竹简经室内揭取,编号数量为3 200枚(不计小碎片),初步估计复原后约800支。按内容可分为《孔子曰》《诗经》和"乐"类文献。其中,《孔子曰》简文的部分章节见于今本《论语》,但不尽相同。少量章节不见于今本《论语》,而见于《礼记》《孟子》等其他传世古籍。也有未见于传世记载的章节。《诗经》简文主要包括今本《毛诗·国风》,大部分可以和今本"国风"相对读,也有少量内容不见于今本"国风"。

---

① 赵晓斌:《湖北荆州枣林铺战国楚墓》,国家文物局主编《2020中国重要考古发现》,文物出版社,2021年,第72页。赵晓斌:《荆州枣纸简〈吴王夫差起师伐越〉与清华简〈越公其事〉》,《清华战国楚简国际学术研讨会论文集》,2021年,第6页。

上述墓葬都是经科学考古发掘，保存了较为完整的考古出土信息，可以说为墓主身份的探讨提供了重要的参照。① 通过表1和表2，大致从墓葬方向与族属、墓葬规模、随葬器物组合等方面对墓主的身份等级略作分析。

（1）墓葬方向与族属。根据我们对出土古文字资料的大型楚墓的族属研究，墓道东向的楚墓与楚王族关系密切。② 郭店M1和造纸厂M46墓道均为东向，可能也与楚王族关系密切。其余无墓道的4座墓葬，九店M56墓向104°，也是东向。九店M621、龙会河M324和王家嘴M798三座墓葬的墓向均为南向。从墓向来看，几座出土典籍类竹简的楚墓，可以分为两组：第一组墓向为东，九店M56、郭店M1和造纸厂M46；第二组墓向为南，九店M621、龙会河M324和王家嘴M798。

（2）墓葬规模。从墓坑底部长宽来看，除了九店M56的底长小于3米，其余5座墓葬的底长均大于3米，并且这5座墓的底宽介于1.1~1.9米之间，与九店乙类墓的墓坑底部的长宽近似。从棺椁形制结构来看，除了九店M56为单棺，其余5座墓葬均为一棺一椁。在这5座一棺一椁的墓葬中，只有郭店M1的椁室分为三室（头箱、边箱和棺室），其余4座墓葬的椁室均是只有头箱和棺室两部分。

（3）随葬器物组合。随葬有铜礼器的墓葬只有郭店M1和王家嘴M798，由于郭店M1遭盗掘，铜礼器组合只有一盘一匜，而且铜匜还是从盗洞内发现，故完整的铜礼器组合情况已不明确。王家嘴M798铜礼器组合完整，为一鼎两壶、一盘一匜。铜礼器鼎、壶，加

---

① 2008年清华大学购藏的一批战国竹简总数约为2500枚，内容全部为古书，总数约有70篇左右。刘国忠先生认为清华简是从同一座墓葬出土，并从清华简的文献特色分析，指出墓主身份更可能是一位楚国的高级贵族，甚至不能排除是楚王的可能性。参看刘国忠《清华简的文献特色与墓主身份蠡测》，《光明日报》2021年10月30日第11版。上海博物馆和安徽大学也购藏有典籍类战国竹简，由于都是购藏简，出土信息同样也已不清晰，因此，对于探讨墓主身份缺失了极为重要的考古信息。
② 蒋鲁敬：《纪南城周边近年出土的古文字资料与楚文化考古研究》，《长江大学学报（社会科学版）》2021年第5期。

盘、匜的组合,与九店乙类墓礼器组合相同。① 其余几座墓葬均为仿铜陶礼器。从仿铜陶礼器组合来看,龙会河 M324 有鼎 3、缶 2、簠 1、壶 1、敦 1,可以分为两套,(1) 鼎 2、簠 1、缶 2;(2) 鼎 1、敦 1、壶 1,这与九店乙类墓中少数墓为鼎、簠、缶和鼎、敦、壶两套组合类似。造纸厂 M46 和九店 M621 仿铜陶礼器组合完全相同,均为鼎、簠、壶各 2,加盘 1、匜 1,属于九店乙类墓中的鼎、簠、缶与鼎、敦、壶组合的杂糅。九店 M56 的仿铜陶礼器只有 1 鼎、1 壶。

在随葬有乐器的 4 座墓中,除了郭店 M1 是琴和瑟两件,其余 3 座墓葬中的乐器均是只有一件瑟。从兵器组合来看,铜剑是随葬兵器中最为普遍和常见的一类,其次是戈。随葬镇墓兽的墓葬有 3 座。随葬车马器的只有郭店 M1,这与九店甲类墓中部分出有车马器类似,也表明郭店 M1 墓主地位的特殊。文书工具作为较特殊的一类随葬器物,在信阳长台关 M1 出土有一个完整的文书工具箱,内有铜锯、锛、削、夹刻刀、刻刀、锥和毛笔等 12 件修治竹简的工具,②长沙左公山 M15、③包山 M2 也有毛笔出土,而九店 M56 的墨盒及墨,在楚墓中则是极为罕见的文书工具。

表一　出土典籍类楚简的楚墓对比表

墓葬	墓道和墓向	墓底大小（米）	棺椁结构	随葬器物数量	竹简出土位置	年代
九店 M56	无墓道,104°	长 2.5、宽东 0.76、西 0.85	单棺	30 余件	侧龛内	战国晚期早段
九店 M621	无墓道,199°	长 3.46、宽 1.9	一椁一棺	50 余件	棺椁之间的东侧	战国中期晚段

---

① 湖北省文物考古研究所:《江陵九店东周墓》,科学出版社,1995 年,第 342 页。
② 河南省文物研究所:《信阳楚墓》,文物出版社,1986 年,第 64 页。
③ 湖南省博物馆等:《长沙楚墓》,文物出版社,2000 年,第 47、435 页。

续　表

墓葬	墓道和墓向	墓底大小（米）	棺椁结构	随葬器物数量	竹简出土位置	年　代
郭店 M1	东向墓道，100°	长3.4、宽2	一椁一棺，椁分头箱、棺室和边箱	290件（组）	头箱	战国中期偏晚（公元前4世纪中期至前3世纪初）
龙会河 M324	无墓道，198°	长3.25、宽1.68	一椁一棺，椁分头箱、棺室	23件（套）	头箱	战国中期晚段
造纸厂 M46	东向墓道	长3.35、宽1.78	一椁一棺，椁分头箱、棺室	34件（套）	头箱	战国晚期早段
王家嘴 M798	无墓道，193°	长3.1、宽1.26	一椁一棺，椁分头箱、棺室	28件（套）	棺椁之间的西侧	战国晚期早段

表二　相关楚墓出土器物对比表

墓葬	礼器	乐器	兵器	车马器	文书工具	丧葬器	竹简内容
九店 M56	陶鼎、壶各1		铜剑、木弓、竹弓、镞、箙		墨盒、墨、削刀		日书
九店 621	陶鼎、簠、壶各2、盘、匜各1、漆豆2	瑟	铜剑、戈、盾、木弓			镇墓兽	古佚书
郭店 M1	陶鼎1、铜盘与匜各1	琴、瑟	铜剑2、戈2、铍、盾、弓、镞、箙、木剑	车軎及辖、马衔、伞	削刀	木俑	儒、道文献
龙会河 M324	陶鼎3、缶2、簠1、壶1、敦1、豆1、漆豆1	瑟	铜剑、戈、戟、镞、匕首			镇墓兽	书、礼仪

续 表

墓葬	礼 器	乐器	兵 器	车马器	文书工具	丧葬器	竹简内容
造纸厂M46	陶鼎、簠、壶各2、盘、匜各1、漆豆2		铜剑、戈、矛、木弓			木俑、镇墓兽	语①
王家嘴M798	铜鼎1、壶2、盘、匜各1	瑟	铜剑、戈、弩机、镞			木俑	诗、论语、乐

通过以上的对比分析，所获认识大致如下：

（1）从墓向来看，东向墓道的郭店 M1 和造纸厂 M46，以及墓向为东的九店 M56 可以看作一组。墓向为南的九店 M621、龙会河 M324 和王家嘴 M798 则为另一组。两组墓葬的墓向不同，显示随葬典籍类竹简的楚墓墓主之间族属的差异性与多元化。

（2）不论是墓葬规模，还是随葬器物，龙会河 M324、造纸厂 M46、王家嘴 M798 都与九店乙类墓接近，研究者认为此类墓的墓主身份为"下士"。② 因此，这三座墓的墓主身份等级应该接近，均为"下士"。

（3）部分特定随葬器物反映的一些特征也需留意。如郭店 M1 随葬有车軎及辖、马衔、伞等车马器，与九店甲类墓的部分墓葬接近。在随葬乐器的 4 座墓葬中，均出土有瑟。作为乐器的瑟，其实出

---

① "语"或称"事语"，就是讲话，语之为书既是文献记录，也是教学课本。在春秋时期的书籍中是一种固定的体裁。如《国语·楚语上》记载楚庄王要教育太子，申叔时建议的课程就有"语"（治国之善语）（张政烺：《〈春秋事语〉解题》，《文物》1977 年第 1 期）。李零先生指出，"语"有言谈、对话、辩论之义，也有成语、典故、掌故之义（即"语曰"的"语"）。它可以分解、扩展、也可以保存、传递，作为文学体裁和史学体裁，主要是故老传闻，前代掌故，含有传说和故事的意思［李零：《简帛古书与学术源流》（修订本），第 200 页］。陈伟先生认为，对于所谓"事语"类史书的命名，"语"应该比"事语"要合适，如果用传统称谓，最好叫作"语"或"语"类文献（陈伟：《新出楚简研读》，武汉大学出版社，2009 年，第 212—213 页）。
② 湖北省文物考古研究所：《江陵九店东周墓》，第 427 页。

土数量并不多,如江陵雨台山和九店两处楚墓分布密集的墓地中分别出土有9件和6件。① 九店 M56 随葬的墨盒及墨也较罕见。这些特定随葬器物大概也与墓主的特定身份有较为密切的联系。

以上从墓葬形制、规格及随葬器物的角度对墓主身份等级做了比较分析,那么,墓内随葬的典籍类竹简与墓主身份之间又有什么关系呢? 关于这个问题,传世文献中的记载可以给我们一些启发。

《战国策·秦一》"苏秦始将连横说秦王"章:②

(苏秦)去秦而归。赢縢履蹻,负书担橐……乃夜发书,陈篋数十,得太公阴符之谋。

此事在《史记·苏秦列传》作:

苏秦闻之而惭,自伤,乃闭室不出,出其书遍观之。③

通过《战国策》和《苏秦列传》所记苏秦的藏书,对于战国时期类似苏秦这样的"谋士"私人藏书数量可窥一斑。

《史记·秦始皇本纪》三十四年,丞相李斯进言:

臣请史官非秦记皆烧之,非博士官所职,天下敢有藏《诗》、《书》、百家语者,悉诣守、尉杂烧之。有敢偶语《诗》《书》者弃市。"④

由李斯的描述可知,在刚刚完成统一的秦统治下,当时藏有《诗》、《书》、百家语且"能语《诗》《书》"者应该是较为普遍的一个现象。由此推想,去秦不远的战国中晚期,《诗》、《书》、百家语等文献的流传情形也应该相当广泛。龙会河 M324、造纸厂 M46 和王家嘴 M798 三座战国中晚期楚墓出土的竹简,应该就是《诗》、《书》、百家语这类文献在楚地流传的真实写照。龙会河 M324、枣林铺造纸厂

---

① 湖北省荆州地区博物馆:《江陵雨台山楚墓》,文物出版社,1984 年,第 105 页。湖北省文物考古研究所:《江陵九店东周墓》,第 264 页。
② (汉)刘向集录,范祥雍笺证:《战国策笺证》,上海古籍出版社,2011 年,第 142 页。
③ (汉)司马迁:《史记》(修订本),中华书局,2014 年,第 2724 页。
④ (汉)司马迁:《史记》(修订本),第 325—326 页。

楚纪南故城周边出土典籍类竹简的楚墓墓主身份蠡测

M46 和王家嘴 M798 三座墓葬规格较低,随葬品也并不丰富,墓主生前地位并非显赫,很可能类似未被受重用前的苏秦这样的谋士,只是藏有部分书籍,故其身份应该与上述从墓葬规模和随葬器物分析所得出的"下士"这一阶层较为接近。

书、语及抄撮：
东周时期历史教材考述

林志鹏

一、东周贵族及士人的知识结构

东周时期，六艺之学非儒家所独擅，而是贵族及知识阶层所共有的学术资源，这些资源也是诸子百家得以发展的土壤。《庄子·天下》首章云：

> 古之人其备乎！配神明，醇（准）天地①，育万物，和天下，泽及百姓，明于本数，系于末度，六通四辟（闢）②，小大精粗，其运无乎不在。其明而在数度者，旧法、世传之史，尚多有之；其在于《诗》《书》《礼》《乐》者，邹鲁之士、搢绅先生多能明之（《诗》以道志，《书》以道事，《礼》以道行，《乐》以道和，《易》以道阴阳，《春秋》以道名分）③。其数散于天下而设于中国者，百家之学时或称而道之。

该文首句点明古人的道术是完备的，这是呼应开篇所说"圣有所生，王有所成，皆原于一"，"一"即完整之道术。在《天下》篇的作者心目中，得道的"圣人"是能"配神明，醇天地，育万物，和天下，泽及百

作者简介：林志鹏，复旦大学历史学系教授。
基金项目：本文系"古文字与中华文明传承发展工程"资助项目"简帛古书中的思想史料探研"（课题号：G3453）的阶段性研究成果，并得到国家社科基金重大项目"出土简帛文献与古书形成问题研究"（课题号 19ZDA250）的资助。
① "醇"，从章太炎说读为"准"，"准天地"即以天地自然为准则。章说见《庄子解故》，《章太炎全集》（收入《齐物论释》等七种），上海人民出版社，2014年，第 187 页。
② 《释文》："辟本又作闢。"《说文》："闢，开也。"高亨《庄子笺证》："《庄子·天道篇》：'明于天，通于圣，六通四辟于帝王之德者，其自为也，昧然无不静者也。'……'六通四辟'言其多所开达也。六与四表其多数而已。"
③ 马叙伦《庄子义证》认为此六句为注文阑入，此从之。

姓"。圣人除与天地合德,还需要博施众济,这种圣人观是沿袭春秋以来的想法。圣人要兼善天下,推行政治理想,需"明于本数,系于末度",本数即"一",联系本篇前文"以天为宗,以德为本,以道为门",可知就是要以合于天的道、德为本。而"末度"则包括前文所说"君子"所持仁义、礼乐,这是拿来教化人民的;也包括"百官"执行政务所用的"名""法";还包括"养民"的衣食、蕃息畜藏之事,即农事及各类技术。由此可见古之道术兼摄内圣、外王,故下文谓"六通四辟,小大精粗,其运无乎不在","运"指"道"之运行。①

东周以来王室衰微,王官之学流于民间,完整道术分散,"其明而在数度者,旧法、世传之史,尚多有之",第一句说道的本数、末度仍存于"旧法"和"世传之史",尚得以探明,亦有存于经艺者,即"《诗》《书》《礼》《乐》",这些学问尚为邹鲁一带的儒士所通晓。接着在此段之后,提到诸子百家之学是道术分裂、散于天下后才兴起的。从其叙述顺序看,可以得知诸子共通的学术资源有三:即"旧法""世传之史"及"经艺",这也可以视为东周贵族及士人重要的三类知识结构。

《国语·楚语上》载申叔时提及的太子教材有九种:

教之春秋,而为之耸善而抑恶焉,以戒劝其心;
教之世,而为之昭明德而废幽昏焉,以休惧其动;
教之诗,而为之导广显德,以耀明其志;
教之礼,使知上下之则;
教之乐,以疏其秽而镇其浮;
教之令,使访物官;
教之语,使明其德,而知先王之务用明德于民也;
教之故志,使知废兴者而戒惧焉;
教之训典,使知族类,行比义焉。

同样分为三类:

1. "诗、礼、乐",属于"经艺"。②

---

① 此从高亨《庄子笺证》之说。
② 本文因为把《春秋》等史书视作独立一类,权用"经艺"一词泛指东周时期的经典,而不用"六艺"指称。

2. "令",即"先王之官法、时令",①属于上文所说的"旧法"。
3. "春秋""世""语""故志""训典"属于"世传之史"。②

"诗、礼、乐"是东周士人共同研习的文化科目及经典;"旧法"主要是法家、名家兴起的基础;③"世传之史"中的"春秋""世"分别指各国官修的编年史和记录先王世系的谱牒,二者在春秋时代仍由专门的史官所掌,普遍成为知识阶层学术资源的,是"故志""训典"和"语"。进一步归纳,就是"书"和"语"二类。"书"包括故志和训典,其作用都是以历史故事借鉴成败,它们划分的标准可能是记五帝传说者,属于"训典";④讲夏、商、西周三代故事的,归入"故志"。⑤"语"记述的时代较晚,主体是春秋时代列国的"语",即结合叙事、言语,主要用对话的方式呈现治国的善言嘉语。流传至今的《国语》只是后人所编的一种选本。

二、书:知朝代兴废的古代史教材

目前研究《尚书》一类文献的源流及成书问题,除了传世的今文本《尚书》《逸周书》之外,还可参考郭店楚简、上博竹书中引《书》的篇章,如这两批材料有《缁衣》及郭店《成之闻之》等,这方面廖名春曾作过专门的研究。⑥

---

① 见韦昭《解》,引自徐元诰《国语集解》,中华书局,2002年,第485页。
② 杨博在《战国楚竹书史学价值探研》(上海古籍出版社,2019年)将楚简中所见的史书类文献分为"世""书""纪事本末式""语"四类,亦引《楚语上》申叔时语为说。其所举"世"类文献有清华简《楚居》《良臣》,前者所叙楚先公、先王居所,可能利用了与《世本·居》类似的文献,后者历述从黄帝到春秋时期的贤臣,或许参考了《世本》类的"传",但都只能说是从"世"所衍生的次生型文献。杨博所举"纪事本末式"文献指清华简《系年》,笔者认为此篇竹书实即"春秋微"或"抄撮"体史书,详见下节讨论。
③ 按,儒家亦讲正名,子思、荀子又主张礼法并用。
④ 韦昭解"训典"为"五帝之书"。五帝如"黄帝、颛顼、帝喾、尧、舜"是齐鲁儒者根据祀典整理出的五帝说。
⑤ 韦昭《解》:"故志,谓所记前世成败之书",如《金縢》记周公为武王祷病,清华大学战国竹书对应的篇章即题为"志"。
⑥ 廖名春:《郭店楚简〈缁衣〉引〈书〉考》,《西北大学学报》2000年第1期。

248

更重要的出土材料是清华大学近年陆续公布的十多篇《书》类文献,①若大致按照记事内容的先后,可以比照传世本《尚书》分为夏商书及周书:

(一) 夏商书

1. 清华简五《厚父》:郭永秉认为此篇为夏书,②但有些学者提出不同意见。③ 虽然竹书所托言的"王"及"厚父"的身份无法确指,④但从"王"所述夏代历史,反复强调"永保夏邦(或邑)"的语气来看,竹书当如郭说,乃"在西周流传的夏代传说基础之上编写出来以适应周朝统治的一篇文章"。

2. 清华简三《赤鹄之集汤之屋》:萧芸晓从竹书简背划痕和叙事顺序认为《赤鹄之集汤之屋》与《尹至》《尹诰》同卷,⑤但此篇叙事多涉神怪,所以黄德宽、夏大兆认为此篇是道家或小说家的伊尹书。⑥ 按,此篇未必是儒家的"书"类文献,⑦也可能为墨家传本或其

---

① 2010年出版《清华大学藏战国竹简(壹)》收录八篇《书》类竹书:《尹至》《尹诰》《程寤》《保训》《耆夜》《金縢》《皇门》《祭公》;2012年出版第三册,发表三篇《说命》及《赤鹄之集汤之屋》;2015年的第五册发表《厚父》《封许之命》《命训》;2018年出版第八册,收有《摄命》;2019年出版第九册,收有《乃命》;2020年出版第十册,收有《四告》,是四篇西周君臣之祷神之辞。
② 郭永秉:《论清华简〈厚父〉应为〈夏书〉之一篇》,《出土文献》第七辑,中西书局,2015年,第118—132页。
③ 李学勤、马楠、程浩认为本篇"王"是指周武王。程浩认为《厚父》是"武王克商后访问夏朝遗民厚父请教前文人明德的记录",说见《清华简〈厚父〉"周书"说》,《出土文献》第五辑,中西书局,2014年;《有为言之:先秦书类文献的源与流》,中华书局,2021年,第195—199页。
④ 郭永秉认为"王"是孔甲后的夏王,可能是帝皋、帝发或履癸(桀),"厚父"则是此时期夏王朝的重臣。见前揭文,第129页。
⑤ 萧芸晓:《试论清华竹书伊尹三篇的关联》,《简帛》第八辑,上海古籍出版社,2013年,第471—476页。
⑥ 黄德宽:《清华简〈赤鹄之集汤之屋〉与先秦"小说",略说清华简对先秦文学研究的价值》,《复旦大学学报(社会科学版)》2013年第4期;夏大兆、黄德宽:《关于清华简〈尹至〉〈尹诰〉的形成和性质——从伊尹传说在先秦传世和出土文献中的流变考察》,《文史》2014年第3辑。
⑦ 刘娇曾从编书的角度指出,《赤鹄之集汤之屋》与《尹至》《尹诰》三篇内容相关的竹书编联在一起,形成一部"小型书",而这部小型书又与(转下页)

他家派的文献,①这对于我们研究战国时期书类与诸子书的关系,提供了很好的线索。另外,清华简第五册《汤处于汤丘》《汤在啻门》也讲伊尹故事,思想近于黄老道家,亦可结合起来研究。

3. 清华简一《尹至》:根据《书序》,《尹至》并未收入已逸的百篇古文《尚书》,但可与多种传世文献参照,如《尚书·汤誓》《竹书纪年》《史记·殷本纪》等。整理者指出:此篇竹书的叙事及一些语句近似《吕氏春秋·慎大》,说明《慎大》的作者曾见过《尹至》或类似文献。②

4. 清华简一《尹诰》:此篇为《尚书》逸篇,或称《咸有一德》(乃取首句为题),据《尚书·尧典》孔颖达《正义》所说,西汉景帝末年孔壁发现的古文《尚书》即有此篇。③《史记·殷本纪》说:"伊尹作《咸有一德》",此事在汤即天子位之后,介于《汤诰》《明居》之间,简文所述也在此时。以上三篇围绕伊尹辅佐商汤的事迹。

5. 清华简三《说命上》:《说命》是《尚书》佚篇,《书序》说:"高宗(武丁)梦得(傅)说,使百公营求诸野,得诸傅岩,作《说命》三篇。"所言正与简本内容相合。整理者指出,《说命》不在汉初伏生所传的今文本《尚书》之内,《尚书正义》所引郑玄讲的孔壁古文《尚书》也没有《说命》。东晋梅赜所献的孔安国传本《尚书》则有三篇《说命》,但前人已考定为晚出的伪书。跟清华简《说命》对照,梅赜

(接上页)《保训》《金縢》《说命》等书类文献同出,三篇被视为"商书"的可能性不能轻易排除。虽然有些学者认为《赤鹄之集汤之屋》的巫术色彩浓厚,可能不会收入儒家所编的《尚书》选本,但刘娇认为,早期尚书类文献的内容肯定要比今传本或儒家选本《尚书》丰富得多,有神异色彩的作品不见得会被排除在外,她更举出清华简《程寤》所记周文王之妻太姒梦见商廷生棘、《说命上》记佚仲氏生二牡豕事,皆具浓厚的神异色彩作为说明。刘说见《出土简帛古书所见伊尹材料》,《"简帛文献与古代史"学术讨论会暨第二届出土文献青年学者论坛会议论文集》,复旦大学,2013年10月。

① 按,墨家亦重视《诗》《书》,但好言鬼神,像《赤鹄之集汤之屋》一类好言神异的文献,有可能是墨家的《尚书》传本。
② 清华大学出土文献研究与保护中心编:《清华大学藏战国竹简(壹)》,中西书局,2010年,第127页。
③ 清华大学出土文献研究与保护中心编:《清华大学藏战国竹简(壹)》,第132页。

所献的《说命》除了摘自先秦文献转引的文句外,面貌不同。《说命上》叙述的情节比较详细,可以与之对读的传世文献主要是《国语·楚语上》楚灵王时大夫白公子张所引述的武丁与傅说的传说,后者的来源应该就是当时流传的《说命》。①

6. 清华简三《说命中》：所记偏重在武丁找到傅说后,确定其身份,然后讲了一大段训诫君臣应当同心的话。

7. 清华简三《说命下》：三篇竹书虽然都称为"傅说之命",但内容各不相同。本篇纯粹记言,没有对话和情节,分别以七八个"王曰"开端。综合来看,《说命》三篇可视为武丁得傅说事的资料汇编,它的性质犹如《盘庚》三篇是盘庚迁殷的史料汇编、《墨子》中的《兼爱》三篇是墨子谈"兼爱"学说的论文汇编一样,因为主题相同而被收在一起,这应该是战国时代学者整理文献的一种成例。

（二）周书

1. 清华简一《程寤》：与《逸周书》同名篇章对应,记文王妻太姒梦商廷生棘事,以作为周人得天命的征兆。整理者认为此篇所述与传世典籍所盛称的"文王受命"有关。②

2. 清华简一《保训》：这篇竹书竹简上下端平齐,编绳两道,简长仅28.5厘米,较它篇《书》类竹书为短（一般为四十多厘米）,但由于简文内容记载周文王临终前留遗训给太子发,所以特别引人注目。李零先生认为,竹书所述虽为西周之事,但从文辞风格和思想观念来看,应该属于战国时人讲述的西周故事,不是当时的典谟训诰,而是拟古之作。③

3. 清华简一《耆夜》：讲武王伐黎,凯旋归来,在文王太室举行庆功宴,在席中武王与周公等作诗应和。整理者指出,《耆夜》与《尚书·西伯戡黎》有关,后者说："西伯既戡黎,祖伊恐,奔告

---

① 清华大学出土文献研究与保护中心编：《清华大学藏战国竹简（叁）》,中西书局,第121页。
② 清华大学出土文献研究与保护中心编：《清华大学藏战国竹简（壹）》,第135页。
③ 李零：《读清华简〈保训〉释文》,《中国文物报》2009年8月21日第7版。

于王(纣)。"①《西伯戡黎》记西伯戡黎后祖伊告诫商纣之辞,今本列于《商书》,是以商人的立场记载此事,且未明言"西伯戡黎"之本事,清华简《耆夜》从周人的角度记述,提供了新的研究线索。值得留意的是,篇中周公所作的《蟋蟀》又见于《诗经·唐风》(安徽大学藏战国竹书本《诗经》亦有此篇),有助于探讨书、诗二类文献的交叉关系及赋诗的风气。

4. 清华简一《金縢》:末简背有篇题"周武王有疾周公所自以代王之志"。竹书本没有《尚书·金縢》中涉及占卜的文句,②而《史记·鲁世家》所引却有这些内容,二者当属于不同的流传系统。对于竹书与传世本的比较,朱凤瀚、程元敏、陈剑等诸位先生已有专文论及。③

5. 清华简一《皇门》:《逸周书》有此篇,但讹脱很多,难于通读,取简本与之对参,传世本的一些问题可以得到澄清。简文记载周公训诫群臣贵族要以史为鉴,献言荐贤,助王治国,同时抨击某些人阳奉阴违、背工向私的作风。简文虽然是战国中期的传抄本,但许多用语(如谦称周为"小邦")和西周金文及《尚书·周书》诸篇相似。④

6. 清华简五《封许之命》:记载成王时封建许国的策命。

7. 清华简一《祭公》:与《逸周书》同名篇章对应,记祭公谋父临终告诫穆王。简本原题为《祭公之顾命》。

8. 清华简八《摄命》:整理者认为与《书序》所举《冏命》有关。⑤

---

① 清华大学出土文献研究与保护中心编:《清华大学藏战国竹简(壹)》,第151页。
② 清华大学出土文献研究与保护中心编:《清华大学藏战国竹简(壹)》,第157页。
③ 朱凤瀚:《读清华楚简〈金縢〉兼论相关问题》,《简帛·经典·古史》,上海古籍出版社,2013年;程元敏:《清华楚简本〈尚书·金縢篇〉评判》,《尚书周书牧誓洪范金縢吕刑篇义证》,万卷楼图书公司,2012年;陈剑:《清华简〈金縢〉研读三题》,《出土文献与古文字研究》第四辑,上海古籍出版社,2011年。
④ 清华大学出土文献研究与保护中心编:《清华大学藏战国竹简(壹)》,第163页。
⑤ 清华大学出土文献研究与保护中心编:《清华大学藏战国竹简(捌)》,中西书局,2018年,第109页。

全篇系周天子对伯摄的册命之辞，可与西周铜器铭文对读，但伯摄对应于西周的哪一个具体人物仍有争论，对于简文所记册命年代主要有穆王、孝王二说。①

9. 清华简十《四告》：记录周公旦、伯禽、穆王满及召伯虎告神求福的祷辞，文辞佶屈聱牙。

10. 清华简五《命训》：与《逸周书》同名篇章大致相合，在《逸周书》中此篇与《度训》《常训》同讲为政牧民之道，关系密切，或为同一时期作品，特点是喜用数字排比。此篇竹书不似典型的书类文献，通篇说理，近于诸子书。

11. 清华简九《乃命》：记国君训诫群臣、同宗子弟之辞。

综合来说，这批材料除了有与今本《尚书》、《逸周书》对应的篇章（如《金縢》《祭公》），并出现佚失千年的古文篇章（如《尹诰》《说命》），以及许多未见于传世本《尚书》《逸周书》的作品（如《保训》《耆夜》《四告》），为我们探究先秦《尚书》的源流及传布状况，提供了较充足的材料及新的视角，尤其对于《书》类文献早期单篇别行的情况，能有更深入的了解。

《尚书》之"书"原指文书、档案。春秋末，孔子以《诗》《书》授徒，到战国中期儒家宗师子思、孟子仍看重这类文献。在长时间的传授过程中，必定产生一大批《书》类文献，包括作为核心的三代圣王之典谟诰誓、解释演绎这些文献及史事的篇章，以及诸子依据学说宣传需要而编写的故事。如果将清华大学所藏的《书》类竹书放在此一学术背景考察，可以推测这批文献，至少有一部分是东周时期写定的文本。

《书》类的文献撰作的时代早的可以到西周，晚的甚至战国时代还有新编写的作品，如清华简《保训》便可能是孟子一派所作。② 这

---

① 李学勤认为是穆王命伯囧，参见李学勤：《清华简与〈尚书〉〈逸周书〉的研究》，《史学史研究》2011年第2期；马楠认为是孝王命夷王燮，参见马楠：《清华简〈摄命〉初读》，《文物》2018年第9期。

② 参考拙文《清华大学藏竹书〈保训〉成书时代蠡测》，《新经学》第三辑，上海人民出版社，2018年。

类文献的撰作宗旨,以申叔时的观点来说,是要让统治者"知朝代兴废而戒惧",具有一定的教化性质,所以应当把这类文献看作是东周时期对于统治阶层的古代史教材,他们所依据的材料固然有商周时期的档案史料,但东周的士人看重的是它们的教育意义,而不是追求历史的真实,所以在这类文献中加入一些政治及道德的训诫,如清华简《说命上》强调举贤、用贤,自与士阶层兴起的背景有关;又如《保训》之强调"守中"、《耆夜》赋《诗》于"康乐毋荒"三致意焉、《金縢》记周公"勤劳王家"等,皆其显例。

三、语:明先王之德的近代史教材

《国语》的作者,前人以为左丘明作,但今人认为是各国之"语"的汇编,非一人一时所作,属于汇编类的史书,这种看法比较通达。

西汉学者把《国语》视为《春秋外传》。司马迁在《报任安书》说:"左丘失明,厥有国语。"《汉书·艺文志》继承此说,班固在《国语》条目下自注:"左丘明著。"他在同书《司马迁传》又说:"孔子因鲁史记而作《春秋》,而左丘明论辑其本事以为之传,又纂异同为《国语》。"[1]依照班说,是先有《左传》,其后左丘明把和《左传》记事参差的材料编成《国语》。从此一观念引申,可以把《国语》视作研读《左传》的辅助材料,而《左传》是《春秋经》之传,所以《汉书·律历志》把《国语》称作《春秋外传》。

《论衡·案书》云:"《国语》,《左氏》之外传也。左氏传经,辞语尚略,故复选录《国语》之辞以实。"[2]推敲王充的说法,与前引班说有异。《案书》以《国语》为《左氏春秋》之外传,可以理解。后云"左氏传经,词语尚略",不免让人生疑:《左传》去掉经文有十七万字,叙事繁富,何以说是"辞语尚略"? 王充所谓"左氏"非指《左传》,而是指左丘明。他话应该理解为左氏传《春秋》时因为经文简略,所以从《国语》中摘取相关的叙事以实之,这或许是指他把各国《国语》一

---

[1] 班固:《汉书》,中华书局,1962年,第1714、2737页。
[2] 黄晖:《论衡校释》,中华书局,1990年,第1165页。

254

类文献按照年月顺序插入经文，使之成为后来《左传》的雏形。从编书的角度来看，王充的说法显然比较合理。

《汉书·艺文志·六艺略》春秋类除了著录"《国语》二十一篇"外，也著录刘向重编的"《新国语》五十四篇"，①后者比《国语》多出三十多篇，应该是刘向补录的续编本。从这条线索来看，《语》类文献在西汉仍然盛行。

在言及刘向整理《国语》时，还需要关注他所编纂的其他著作，如《说苑》《新序》，二书都是刘向取自前代史籍、诸子书，加以选择、整理的具有故事性、多为对话体的著作，目的是陈古讽今，用来劝诫天子、砥砺士人，其体裁及编纂意旨皆与《国语》近，惟其体例并非以国别分，而主要以事类区分。

西晋出土的汲冢竹书中有《国语》三篇，这是战国时代流传于魏国的另一种语类的选本，篇幅比较短，这部书虽然亡逸，但根据《晋书·束晳传》知道这部书是"言楚、晋事"，可能是以晋人的角度辑录一些春秋时期楚、晋争霸过程中发生的故事和两国君臣的言语②。

目前所见的出土语类文献以上海博物馆藏战国楚竹书为大宗，根据李零先生的介绍，这批材料中的《国语》类（春秋故事）有以下篇章：③

（一）楚国

1.《叔百》：记楚成王时事，叔百（伯）即楚臣蔿吕臣。

---

① 班固：《汉书》，第1714页。
② 关于汲冢《国语》的情况，参考朱希祖《汲冢书考》，收入《朱希祖史学史选集》，中西书局，2019年，第116页。
③ 李零：《简帛古书与学术源流》，生活·读书·新知三联书店，2004年，第273—276页。按，李先生此书所列是当初他整理上博简时所厘析的篇目，有些本无篇名者就沿袭其拟题。后来上博简正式出版，篇目的划分及定名略有差异，如他在书中提及"《景建纳之》"就是后来出版的《鲍叔牙与隰朋之谏》和《竞建内之》，整理者依照字体分为两篇，但陈剑从竹简的形制又合为一篇。又如"《三郄之难》"就是后来出版的《姑成家父》。为方便读者寻检，已发表的上博简篇题一律改用正式出版的定名，并括注所属分册，如"上博简九"指《上海博物馆藏战国楚竹书》第九册。

2.《成王为城濮之行》(上博简九):记晋、楚城濮之战子玉治兵事。

3.《两棠之役》甲本:记晋、楚邲之战。

4.《两棠之役》五种:包括《两棠之役》甲本、《楚分蔡器》、《司马子有问于白炎》、《阎毂先驱》甲本、《左司马言》。

5.《灵王遂申》(上博简九):记楚灵王灭申事。

6.《景平王问郑寿》四种(皆收入上博简六):包括《景平王问郑寿》《平王与王子木》《庄王既成》《申公臣灵王》。

7.《昭王故事》两种(上博简四):包括《昭王毁室》《昭王与龚之脽》。

8.《阎毂先驱》乙本。

9.《邦人不称》(上博简九):记楚昭王二十七年白公之乱后的事。

10.《王居》三种:包括《王居》(上博简八)、《命》(上博简八)、《谦恭淑德》,皆记楚惠王时事。

11.《简大王泊(袚)旱》(上博简四):记楚简王为旱灾占卜禳除事。

12.《陈公治兵》(上博简九)。

13.《君人者何必安哉》(上博简七)甲、乙本。

14.《昭王听赛人之告》残简。①

(二) 晋国

《苦成家父》(上博简五):记晋厉公时的三郤之难。

(三) 齐国

1.《竞建内之》《鲍叔牙与隰朋之谏》(上博简五):二者当从陈剑说合为一篇。② 记齐桓公时因为日食,鲍叔牙与隰朋进谏之事。

---

① 李零先生原归为"其他"类,但明言"记楚昭王时事",此改入楚国。
② 陈剑:《谈谈〈上博(五)〉的竹简分篇、拼合及编联问题》,《战国竹书论集》,上海古籍出版社,2013年,第168—173页。

2.《景公疟》（上博简六）

（四）吴国

《吴命》（上博七）：记夫差率兵入陈，引起晋国恐慌，晋、吴交涉事。

（五）郑国①

《郑子家丧》甲、乙本（上博简七）：记郑灵公时子家之乱。

（六）其他

1.《有所》残简
2.《寝尹曰》残简

上面所列《国语》类竹书有三十多种，涉及国别包括楚、晋、齐、吴、郑等，其中以楚事最多。它们记录的事件，年代最早的是《鲍叔牙与隰朋之谏》（齐桓公，前685—643在位），最晚的是《简大王泊旱》（楚简王，前431—408在位），这说明上博简这批国语类文献的著成及流传时代应该在战国早中期。

关于语类古书的特色，可以举上博简《鲍叔牙与隰朋之谏》说明。② 此篇竹书可以归入齐国之语。简文记载桓公时因为日食举行祭祀，隰朋和鲍叔牙随行，他问二大夫日食的原因和对策。二人劝桓公要改过迁善，并引商王武丁祭祀时遇到雉鸟飞到鼎耳上鸣叫的故事：雉鸟在祭祀用的礼器上鸣叫被视为恶兆，所以武丁召贤臣祖己商量，祖己称只要能"修先王之法"就能避免灾厄，武丁听从其建议，指示百官遵循旧法，恪尽职守，最后狄人宾服。鲍叔牙与隰朋以上述武丁故事作为"从善去过"之例证。桓公听了这故事，就问自己何处作得不好，二大夫列述其恶行，如拥爱妾驱驰于宫廷、沉迷田

---

① 按，此条李零先生未提及，根据已出版情况补。
② 参考拙文《战国竹书〈鲍叔牙与隰朋之谏〉译注》，《简帛研究2008》，广西师范大学出版社，2010年。

猎、听信佞臣竖刁与易牙。桓公听完称:"然则奚如?"鲍叔牙就讲了一段要减轻刑罚、使民以时、准备祭祀要敬慎、要明察臣下言行等,建议他从各方面来改革,桓公从善如流。简文最后说,日食那一年,晋国攻打齐,军队即将到达齐境时,晋国内乱,军队原路返还;那年还有水患及蝗害、虹霓的灾象,但都是虚惊一场,没有酿成真正的祸事。

《鲍叔牙与隰朋之谏》用了一种镶嵌的方式把武丁的故事放在这篇语中,武丁祭祀遇雊鸣一段可能即取自当时流传的《尚书》类文献。从篇中所述武丁及齐桓公的故事可以归纳出三段式的格套:①

1. 国家遇到乱事或灾异。

2. 君王向贤臣询问对策,臣下提出的方案不单针对实际的施政,而且总是涉及修德。

3. 君王从善如流,革除弊端,最后避免灾害而有好的结果。

这种叙事模式在语类文献经常见到,颇有"惩恶扬善"的教化色彩。

除了上博楚简外,清华大学藏竹简也有几篇语类古书,与郑国相关的有第六册的《郑武夫人规孺子》、《郑文公问太伯》(有甲、乙本),与晋国有关的有第七册的《子犯子余》《晋文公入于晋》《赵简子》。清华简第六册的《子仪》讲秦晋崤之战后,秦国为与楚国修好,所以主动将楚国的公子子仪回国,简文称秦穆公为"公",②又详记送子仪回国前二人的对话,所以《子仪》应该是一篇秦国的语。

第七册中的《越公其事》记载越王句践在吴越争霸中励精图治之事,体裁较为特别,从性质上来看可以说是"越语",其书体据整理者所说,与上述郑国的两种语及《子仪》一致,为同一书手所抄,但它分章抄写,各章较短,形式近于下文所说的"抄撮"。

---

① 参考俞志慧《古语有之:先秦思想的一种背景与资源》,华东师范大学出版社,2011年。

② 陈伟先生指出,凡是在《国语》类文献中讲述本国之事的,一般称王会省略国名,如上博简《昭王毁室》《昭王与龚之脾》和《柬大王泊旱》提到楚王时径称"昭王"或"简大王",显然是楚人讲述本国之事。此外,上博竹书《姑成家父》记晋三郤之难,篇中称厉公而不言"晋",亦其例。陈说见《〈昭王毁室〉等三篇竹书的几个问题》,《出土文献研究》第七辑,2005年,第31—32页。

此外,湖南慈利也曾出土与《吴语》有关的材料,据张春龙的介绍,慈利《吴语》每简约书50字,一章写毕,换简书写。① 此种分章的形式,近于清华简《越公其事》,或许也属于抄撮类史书。

四、抄撮:剪裁史事以鉴成败

除了"书""语"类文献外,战国时期还流行一种历史教材,即"抄撮"或"微"。

《汉书·艺文志·六艺略》春秋类著录四种名为"微"或"微传"的书,即"《左氏微》二篇""《铎氏微》三篇(班固自注:楚太傅铎椒也)""《张氏微》十篇""《虞氏微传》二篇(班注:赵相虞卿)"。② 前人对于此四种文献的性质及其与《左传》《国语》的关系,已有一些讨论,或以为"微"与《春秋》微言大义有关,③或以为"微"是说《左传》义例之作。④ 钱穆则认为"微"近于《国语》,是古史类文献,《国语》即是在上述"微"体文献基础上形成的。⑤ 李零先生指出,"微"不一定指微言大义,古人讲《春秋》,《公羊》《穀梁》二传才是以微言大义为主,《左传》侧重讲故事,此类"抄撮"之作是以杂抄的故事来阐发隐微。⑥

笔者同意李零先生的看法。"微"当取"具体而微"之意,《史

---

① 张春龙:《慈利楚简概述》,《新出简帛研究》,文物出版社,2004年,第4—11页。
② 班固:《汉书》,第1713页。
③ 颜师古《汉书注》云:"微,谓释其微指。"司马贞《史记索隐》亦曰"名《铎氏微》者,《春秋》有微婉之词故也"。近人刘师培、张舜徽皆主此说。见刘师培《国学发微(外五种)》,广陵书社,2013年,第11—12页;张舜徽《汉书艺文志通释》,华中师范大学出版社,2004年,第225—226页。
④ 刘逢禄论《左氏微》时,以为"此书盖非《左氏》之旧,或歆所造书法凡例之类也"。康有为《新学伪经考》亦承此说。章太炎先是肯定《左氏微》传《左传》义例,但后来认为汉儒各家说经义例分歧较大,遂放弃此说。刘逢禄说见《左氏春秋考证》(顾颉刚校点本,朴社,1933年,第50页)。
⑤ 钱穆:《先秦诸子系年》,联经出版社,1995年,第522—523页。
⑥ 李零:《兰台万卷:读〈汉书·艺文志〉》,生活·读书·新知三联书店,2011年,第45页。

记·十二诸侯年表序》云：

> 铎椒为楚威王傅，为王不能尽观《春秋》，采取成败，卒四十章，为《铎氏微》。①

此处"《春秋》"指《左氏春秋》。战国时期楚大夫铎椒（前380—前320）任楚威王（前339—前329在位）傅，他因王不能通读《左氏春秋》，所以从中摘抄出各国成败故事四十章，编成《铎氏微》。按，前引《年表序》的这段话是西汉人对于"微"体兴起的说明，疑掺杂了汉代经师的想象。在汉人观念中，战国中期编成的《铎氏微》是针对《左传》的摘抄，但《左传》的成书时代是一大问题，现在并无充分证据说明在战国中期已经流传跟传世本篇幅相当的《左传》，所以也无法论定《铎氏微》即摘抄自《左传》。

《汉志》中所著录的春秋类"微"体文献可能是从春秋战国时期广泛流传的语类、古史类文献钞录、编辑而成，其别称为"抄撮"。《左传正义》引刘向《别录》述《左传》传授源流云：

> 左丘明授曾申，申授吴起，起授其子期，期授楚人铎椒。铎椒作《抄撮》八卷授虞卿，虞卿作《抄撮》九卷授荀卿，荀卿授张苍。②

诸家《抄撮》与《汉志》春秋类所录四种《微》有密切的关系，这四种《微》在汉人的观念中是作为研读《左传》的辅助材料，所以四部书在《艺文志》中置于《春秋》的诸传和今文家《公羊外传》《谷梁外传》之间，汉人盖将之视为"《左氏》外传"。③ 下文参酌前贤之说，对于这几种《微》的性质和编著者作一些推测：

1. 《左氏微》二篇，疑吴起父子所传，钱穆从《左传》的传授统绪推测此书或出自吴起之子吴期之抄撮。④

2. 《铎氏微》三篇，前引《别录》称铎椒作"《抄撮》八卷"，盖其别本。《十二诸侯年表序》所记《铎氏微》则为四十章。按，铎氏此书，

---

① 司马迁：《史记》，中华书局，2013年，第642页。
② （晋）杜预注，（唐）孔颖达疏：《春秋左传正义》（点校本），北京大学出版社，2000年，第2页。
③ 参考李零：《兰台万卷：读〈汉书·艺文志〉》，第44页。
④ 钱穆：《国语采及铎氏虞氏抄撮考》，《先秦诸子系年》，第522页。

章为短章,篇为长篇(积十数章为一篇,盖依时代或性质略为划分),一篇之中或另别为卷,便于揣摩称说,故又有八卷之分。

3.《别录》所举"虞卿作《抄撮》九卷",疑即虞氏所编之《微》,但非《汉志》春秋类目中之《虞氏微传》二篇。姚振宗《汉志条理》云:"虞卿为铎氏弟子,此《微传》二篇似传注之流,为《铎氏微》而作欤?《别录》言作《抄撮》九卷者,似谓儒家之《虞氏春秋》,非谓此书。史言《虞氏春秋》八篇,加以录一篇,正合九卷之数。"①按,姚说近是。虞氏《抄撮》即《虞氏微》,或称《虞氏春秋》。《汉志·诸子略》儒家著录《虞氏春秋》十五篇,《史记》虞卿本传及《十二诸侯年表序》皆称"虞卿上采《春秋》,下观近世②,亦著八篇,为《虞氏春秋》"。序文乃紧承铎椒作《铎氏微》言,可证《虞氏春秋》即虞氏所作之《微》。《虞卿列传》述其书篇目,有《节义》《称号》《揣摩》《政谋》,盖以内容性质分类抄撮史事。关于《虞氏春秋》的篇数,《史记》说为八篇,《汉志》则著录十五篇。如姚氏所说,八篇本若加录一篇,即《别录》所称"《抄撮》九卷"。钱穆认为其书言春秋时事,多采自《左传》,即所谓《抄撮》九卷,而尚有言春秋后事,在九卷之外者,则合而为儒家《虞氏春秋》十五篇。③ 按,《史记》称虞卿所著《虞氏春秋》八篇已是"上采《春秋》,下观近世",已包括战国故事,然则八篇(或九卷)与十五篇的差别未必是时代断限有异,可能只是篇幅或篇卷划分不同。

4.《虞氏微传》乃解释、发挥《虞氏微》之传(前引姚氏说指为《铎氏微》之传,稍误),《汉志》著录仅二篇,其性质与前述《左氏微》《铎氏微》有别。《虞氏微传》疑张苍所传(据前引《别录》,张苍为虞卿之再传弟子),故列于《张氏微》之后(班注"赵相虞卿"乃释书名之"虞氏",非明其著者)。

5.《张氏微》十篇,与《左氏微》二篇、《铎氏微》三篇、《虞氏微》八篇比观,配合前引《别录》所述情况,可知诸书为陆续增益之作。

---

① (清)姚振宗:《汉书艺文志条理》,王承略、刘心明主编《二十五史艺文经籍志考补萃编》第3卷,清华大学出版社,2011年,第94页。
② "世",一本作"势",王叔岷认为作"世"为是,此从之。参考《史记斠证》,"中研院"历史语言研究所,1983年,第496页。
③ 钱穆:《先秦诸子系年》,第522—523页。

《虞氏微》已扩充至战国故事,取材不限《左传》,张苍所编亦承袭虞氏而有所增益。

综合来看,诸家的《微》,或拿来教君王(如铎椒为楚威王不能尽观《左传》所作),或以游说(如虞卿为游说之士,说赵孝成王,为赵上卿),乃抄撮重编当时流传的列国之语或春秋故事,作为教材或谈资,故有《抄撮》之称。在西汉,此类书大体收入《六艺略》春秋类中,作为研读《左传》之辅助材料,但亦有如虞卿书,所录时代范围既逸出《左传》断限,内容又与儒家义理吻合,故另入《诸子略》儒家。

明了史志中分章抄写的"微"即"抄撮",有时也蒙以"春秋"之名,接着可以进一步梳理出土文献的情况。20世纪70年代以来,陆续出土几种分章抄写春秋故事的楚系简帛古书,如马王堆帛书《春秋事语》、清华大学藏战国竹书《系年》《越公其事》等,对于诸篇的性质,学者或以为乃"事语"类、"故志"类文献,或目之为"编年体"(类似《竹书纪年》)、"纪事本末"体。张政烺和陈伟曾先后揭示这种分章抄写的史书当为"《铎氏微》一类",[1]近年李守奎重新讨论清华简《系年》的性质,他认为从著书的年代看,《系年》可能是吴起所编的《微》,《铎氏微》就是这种体裁史书的传承与扩展。[2] 李氏归纳传世文献所述"《春秋》微"体的特色包括:

1. 其材料来源是春秋类史书和"时势",不局限于某一部书。
2. 其主旨是"采取成败",以儆戒时王,性质类同今天的教科书。
3. 其篇幅比各类《春秋》篇幅小,《左氏春秋》三十卷,《左氏微》只有二篇;《虞氏春秋》八篇,《虞氏微》带"传"只有两篇。原因是篇幅太大,"王不能尽观",这也是称"微"的原因。
4. 微类春秋是战国时期开始兴起的。

---

[1] 张政烺:《〈春秋事语〉解题》,《文物》1977年第1期,第36—37页;陈伟:《清华大学藏竹书〈系年〉的文献学考察》,《史林》2013年第1期,第48页。
[2] 李守奎:《楚文献中的教育与清华简〈系年〉性质初探》,《出土文献与古文字研究》第六辑,上海古籍出版社,2015年,第302页。

5. 这类春秋微的作者或为时王的傅,或为时王的相。①

以上李氏所言基本正确,惟有两点可略作补充。在第一点中,他把《史记·十二诸侯年表序》讲《虞氏春秋》"上采《春秋》,下观近世("世"或作"势")"的"近世(势)"说成是"时势",并不精确,前节已指出虞卿所观的"近世"是指战国时代。上述第三点说"《虞氏微》带'传'只有两篇",也未必正确。据前文之说,《虞氏微》即《虞氏春秋》,《汉书·艺文志》所录"《虞氏微传》二篇"应当是解释《虞氏微》的作品,作者可能是虞卿的再传弟子张苍。

2011年公布的清华大学藏竹书《系年》,为我们重新研究《春秋》"微"体史书,提供了宝贵的线索。《系年》全篇138枚简,基本保存完好,内容分为23章,章末有分章符号。各章内容短长不一,记事大致以年代先后为序,自首章武王克商至末章晋楚武阳之役(前396年),记录西周、春秋和战国前期的史事。诸章以记事为主,以言辅事,其中有十五章没有言论部分。② 各章讲述某国之事,基本上用该国纪年,在记叙连续的历史事件时,有时仅仅有一处或少量纪年标志,体现出作者以这些事件呈现国家关系及政治形势的意图。第一至四章主要讲西周兴衰、平王东迁与东周郑、楚、秦、晋、齐诸侯之崛起,李零先生认为这四章是"全书的楔子或开场白"。③ 第五章至第二十三章是以晋楚之争为主线记春秋至战国前期的大国形势,间有作者对时势的评论文字,如第十八章"至今齐人以不服于晋,晋公以弱"、第二十章"至今晋越以为好"。

李守奎先生考察了清华简《系年》,认为其特点与上述"微"体文献相合,并作了如下说明:

第一,《系年》所述历史,很多与《左传》完全相合,(作者)显然是看到过《左传》作者所见到的史料,但不少地方又有显著差别,其

---

① 李守奎:《楚文献中的教育与清华简〈系年〉性质初探》,《出土文献与古文字研究》第六辑,第301页。
② 按,第1至第4章,第7章,第10至13章,第17至21章,第23章。
③ 李零:《读简笔记:清华楚简〈系年〉第一至四章》,《清华简〈系年〉与古史新探》,中西书局,2016年,第38—54页。

取材与《左传》不完全相同。……

第二，全篇是记事的形式，但目的不是为了记载历史，而是观其成败，总结历史的经验教训，是为了"以史资政"的历史教科书。

第三，该书二十三章，一万多字，以时间为纲，以事件本末为纬，概括了作者对西周至战国初年的历史认识。《左传》十多万字，《艺文志》记载的三十卷，依次推算，《系年》大约三篇，基本符合《春秋》"微"的特点。

第四，《系年》成书于战国早期偏晚。

第五，根据微类春秋的特点，也可以证明对《系年》作者的推测（按，指《系年》可能是吴起所编的《微》）不为无据。

清华简《系年》的内容形式确如陈伟、李守奎所说与《春秋》"微"体相合。对于这种分章抄录春秋故事的文献，可以从《史记》《汉书》之说称作"微"，但如果排除汉人解经的色彩，或许可将这类体裁定名为"抄撮"。

据前引《别录》佚文与《史记·十二诸侯年表序》来看，"微"或"抄撮"昉于铎椒，然而与之同类的清华竹书《系年》的年代却略早于铎椒，[①]这也提示着抄撮体史书有更早的来源。

抄撮体史书在战国时期的楚地盛行，其兴起或与吴起由魏入楚，传左氏学有关。[②] 相关的出土文献，除了前文提及的清华简《系

[①] 关于《系年》的成书年代，整理者指出全书最晚诸侯名号第二十三章"悼哲王"即楚悼王，竹书又记当时形势曰"至今晋越以为好"，故知其撰写年代当在楚威王灭越（前333年）前，约楚肃王（前380—前370年）或更晚的楚宣王（前369—前340年）时。后来郭永秉对《系年》文字形体特征进行分析，认为这个抄本呈现之特征与葛陵楚简年代相近，故抄写应在楚肃王时代到楚宣王前期，以肃王时代可能性更大；又基于以清华简本《系年》为一部"通贯而有系统"、较少经过增益删改的著作的立场，以为其可能是在楚肃王之世已定型成书。郭说见《清华简〈系年〉抄写时代之估测——兼从文字形体角度看战国楚文字区域性特征形成的复杂过程》，《文史》2016年第3期，第36—37页。

[②] 关于吴起入楚、传《左氏春秋》，参考钱穆《吴起去魏相楚考》《吴起传左氏春秋考（附铎椒考）》，《先秦诸子系年》，第219—225页。按，吴起与《左传》之关系虽存在一些疑点，但基本可以确认的是，吴期授铎椒一段应完成于楚地，而吴期在楚传左氏学与清华简《系年》成书的时间、地域重合，其间体现出《系年》与《左氏春秋》流传统绪或有一定的关系。

年》《越公其事》、慈利简《吴语》及马王堆帛书《春秋事语》外,还包括阜阳双古堆汉墓二号章题木牍①、马王堆《战国纵横家书》②、上海博物馆藏楚竹书《容成氏》③、北京大学藏西汉竹书《周驯》④、汲冢竹书《琐语》⑤。尚未公布的安徽大学藏简中有一种楚史(计140枚),据整理者介绍,其内容辑录楚国重要史事,兼涉他国,每记一事毕,则以墨识标记分章,⑥亦当为抄撮体史书。

从上文的列举可以看出,这类史书在楚地颇为流行,其萌芽在战国早期,导源于吴起、吴期父子,以清华简《系年》为标本;兴盛于战国中期,铎椒《抄撮》是此类成立的标志;延续到马王堆《春秋事语》(秦汉之际或汉初)和阜阳双古堆《春秋事语》⑦、贾谊《新书·春秋》传布的西汉早期。⑧

五、结　　语

"书""语""抄撮"三类史著的撰作、生成时段略如下述:

书:西周到战国中期

语:春秋晚期到西汉早期

抄撮:战国早期到西汉早期

《尚书》一类的文献产生的时代比较早,西周中晚期应该就有一

---

① 整理者认为该木牍即《春秋事语》一类文献之目录。
② 《战国纵横家书》抄撮的范围及于战国,内容偏向游说故事及纵横家言。
③ 《容成氏》虽不分章,但分段抄写西周之前的古史,可以视为广义的"抄撮"类史书。
④ 《周驯》是依托君臣问答的黄老道家文献,各章故事镶嵌于对话中,可视为抄撮之变体。参考拙文《北京大学藏竹书〈周训〉的结构及文体特色析论》,《新经学》第九辑,上海人民出版社,2022年,第110—112页。
⑤ 《琐语》已佚,从现存史志及类书的引述中可知此书为分章抄写而内容涉及神怪占卜的故事,可以视作依照一定主题编写的抄撮类古书。
⑥ 参考黄德宽《安徽大学藏战国竹简概述》,《文物》2017年第9期,第55页。
⑦ 双古堆墓的墓主为夏侯灶,卒于西汉文帝十五年(前165年)。
⑧ 贾谊《新书·春秋》共十章,每章各记一事,末有简短评论,全篇无一定顺序,记战国事三则,最晚到秦二世事,其体裁(或其所据文献)当为抄撮类史书。

些文本写定,到春秋晚期之后,儒、墨二家兴起,对于这类文献特别感兴趣,开始有学者如孔子、子夏、子张、子思等人专门传书。① 前文已提及,清华简《保训》可能是战国时代孟子一派传书的作品。这篇竹书简长仅 28 厘米,和同批材料的书类文献都在四十多厘米相比,形制特别短。在内容上,《保训》极力推崇舜和文王,②反复强调"中"的重要,颇富战国儒家的思想色彩。书类文献在战国早中期经过子思和孟子的整理,完成儒家内部的经典化,其后生成的作品就比较少见。

虽然《楚语》中申叔时已将"语"作为统治阶层"明德"的教材,但现存《国语》一类文献所记述的故事主体为春秋时期的史事,所以这类文本的撰作当在春秋晚期至战国初才兴盛。《国语》类文献在西汉流行的情况,可以从刘向编的《新国语》多达五十四篇看出端倪。北京大学所藏的西汉竹书《赵正》也是语类文献,它的时代比较晚。此篇有 50 枚简,记载秦始皇死前第五次出巡,以及秦二世诛杀公子大臣,最后讲秦灭亡。《赵正》的内容重点不在描述历史事件,而是以记言为主,注重"以史为谏",与战国流行的"语"类古书相似。从用字遣词来看,《赵正》成书于西汉早期,③可见语类这种体裁到西汉初期还续有编撰。抄撮萌芽的时代较"语"类更晚一点,如前节所述,是起于战国早期,兴盛于战国中期,延续到西汉早期。

这三类文体在战国中期都很活跃,彼此有互相影响、渗透之处,例证如《鲍叔牙与隰朋之谏》、《容成氏》、《周训》、《越公其事》等。百家争鸣主要在战国中期,所以诸子也利用这三类体裁立说、授徒,如儒家的《保训》取书类体裁立说("训"为《尚书》之一体),道家之《周训》综合"书"和"抄撮"(按月分章)论事言理,皆为显例。

---

① 参考程元敏《尚书学史》,华东师范大学出版社,2013 年,第 360—386 页。
② 《孟子·离娄下》将这二圣王并举,并说"先圣后圣,其揆一也"。
③ 北京大学出土文献研究所编:《北京大学藏西汉竹书(叁)》,上海古籍出版社,2015 年,第 187 页。

《春秋左传》成书及其不同属性文本组成关系考索

——兼申《左传》作为《春秋》解经之传的首要性质

徐 渊

《春秋左氏传》(以下简称《左传》)书于竹帛的年代要早于《春秋公羊传》(以下简称《公羊传》)与《春秋穀梁传》(以下简称《穀梁传》)是文献学上的共识。从文献的性质来看，《公羊传》与《穀梁传》基本一致，均是对经文字句的讨论与解释，以此说明《春秋》字词所蕴含的"微言大义"。唐徐彦《春秋公羊传注疏》引戴宏《序》云"至汉景帝时，寿乃共弟子齐人胡毋子都著于竹帛"，指出《公羊传》于汉景帝时著于竹帛。《汉书·儒林传》云"瑕丘江公受《穀梁春秋》及《诗》于鲁申公，传子至孙为博士"，虽未明言《穀梁传》何时书于竹帛，但从《穀梁传》的体式及语言风格与《公羊传》一致的特点来看，二者书于竹帛的时间应当在同一时期。

《太平御览》卷六百十引汉桓谭《新论》云："《左氏》传世后百余年，鲁穀梁赤为《春秋》。"《孝经·序》孔疏引魏糜信《穀梁注》云："穀梁赤与秦孝公同时。"二文所断的穀梁赤作传时间或有误差，但穀梁赤为战国中期人大概是可靠的。无论《左传》是否为左丘明所著，一般认为《左传》的主体部分成书不会晚于这个时期。《公羊传》相传为公羊高所传，公羊高的《春秋》受自子夏。按此推算，《公羊传》的发端大致与《穀梁传》相前后，均要晚于《左传》。由于《公羊传》《穀梁传》书于竹帛的时间较晚，在较长时期内二者主要以口传的形式流布，因此无法通过文本本身来考察其成书的过程。

作者简介：徐渊，复旦大学哲学学院副教授。
基金项目：本文系国家社科基金重大项目"《春秋》三传学术通史"(19ZDA252)阶段性成果。

《汉书·儒林传》云："汉兴,北平侯张苍及梁太傅贾谊、京兆尹张敞、太中大夫刘公子皆修《春秋左氏传》。"说明《左传》的传习自汉初开始从未终断。《汉书·楚元王传》录刘歆《移让太常博士书》："及《春秋》左氏丘明所修,皆古文旧书,多者二十余通,藏于秘府,伏而未发。"又王充《论衡·佚文》云："孝武帝封弟为恭王。恭王坏孔子宅以为宫,得佚《尚书》百篇,《礼》三百,《春秋》三十篇,《论语》二十八篇。"明言古文写成的《左传》在汉武帝时代被重新被发现面世。《左传》作为后来的古文经学重要经典,在汉初的传习本就十分繁荣,并不是鲁恭王坏孔子宅发现古文本后才兴盛起来,汉武帝时代出现的古文本《左传》反而"藏于秘府,伏而未发"。根据《左传》汉初已经广泛传习,鲁恭王时坏孔子宅又得到古文本来看,《左传》文本的形成无疑在先秦时代。

秦汉以降以至于近世,关于《左传》成书及其性质的讨论历代不乏其人,涉及几项重大问题,如《左传》成书于何时何地,《左传》的作者为何人、是否为左丘明所作,《左传》是否传经、与《春秋》关系为何,《左传》是否刘歆伪作、刘歆"伪作"为《左传》哪一部分等。由于受到政治倾向、学派分歧、门户师法等因素的干扰,同时又缺乏分析文本历史层次所需要的基本依据,关于《左传》的争论往往流于意气逞强,论者将前提与结论相混淆,最终走向循环论证的怪圈无法自拔。

关于《左传》成书与作者的科学研究发轫于民国时代,瑞典高本汉的《〈左传〉真伪考》(1927年)、胡适《〈左传真伪考〉的提要与批评》(1927年),卫聚贤《跋〈左传真伪考〉》(1927年)、《读〈论左传与国语的异点〉以后》(1928年),冯沅君《论左传与国语的异点》(1928年),钱穆的《刘向歆父子年谱》(1930年)、童书业的《〈国语〉与〈左传〉问题后案》(1935年)、杨向奎的《论〈左传〉之性质及其与〈国语〉之关系》(1935年)、顾颉刚讲义《〈春秋〉三传及国语之综合研究》(1942年讲于重庆)、罗倬汉的《史记十二诸侯年表考证》皆为经典名文。考虑到漫长的学术史梳理并非本文的主旨,以下扼要地将1949年以后对于《左传》性质讨论的主要意见做一胪列。徐中舒认为《左传》为左丘明所作,由于《春秋》并未经过孔子笔削,因此

《左传》也就不具有传经的地位。他说:"《左传》出自左丘明的传诵,左丘明出身贵族,博闻强记,既熟知统治阶级的历史,又习瞽蒙先辈的诵说。……左丘明的年辈约与孔子同时,他是当时最有修养的瞽史,《左传》及《国语》中大部分或一部分历史都是根据他的传诵。"①钱穆在其一九六○至一九七○、一九七○至一九七一这两年间为文化学院历史研究所博士班开设的"中国史学名著"课程中谈到《左传》的性质,说"至少我们可信《左传》的作者一定看见当时各国的历史,尤其是晋国、楚国,此两国事,《左传》里讲得很详细。……要论同时看到晋、楚两国双方史料的,吴起是一个最合适的人。……因此我说《左传》可能与吴起有关。"②徐仁甫认为《左传》成书很晚,成书于刘歆之手,他说:"《左传》既成书在《吕氏春秋》《韩非子》《公羊》《穀梁》《史记》乃至《新序》《说苑》《列女传》之后,思想内容又明显地具备了西汉时代的特征。……可见《左氏》的出现,在纪元前八年,并且一出现就起了作用。"③徐仁甫的文章发表后,先后有宋敏、胡念贻与郑君华等学者与其商榷,三人一致认为《左传》成书于战国时代,徐文疑古太勇不能成立,④其中胡文对刘歆伪作说做了全面的清理,说"如果从整个作品来看,无论如何不能令人相信它是战国时人所作,更不要说汉人了"。⑤ 杨伯峻《春秋左传注》之前有长篇序言讨论《左传》的成书及其性质,他说:"孔子实未尝修《春秋》,更不曾作《春秋》",⑥"《春秋》和孔丘有关,仅仅因为孔丘用过鲁《春秋》教授过弟子",⑦否定了孔子删削《春秋》的事

---

① 徐中舒:《〈左传〉的作者及其成书年代》,《历史教学》1962年第11期,第28—40页。
② 钱穆:《中国历史名著》,星星出版社,1972年,第36—37页。
③ 徐仁甫:《〈左传〉的成书时代及其作者》,《四川师范学院学报(社会科学版)》1978年第3期,第44—56页。
④ 宋敏:《〈左传〉的作者和成书年代的商榷》,《吉林师大学报》1979年第3期,第84、85页;郑君华:《略论〈左传〉成书年代的有关问题》,《文学遗产》1984年第1期,第15—23页。
⑤ 胡念贻:《〈左传〉的真伪和写作时代问题考辨》,《文史》第十一辑,中华书局,1983年,第28页。
⑥ 杨伯峻编著:《春秋左传注》,中华书局,1991年,第17页。
⑦ 杨伯峻编著:《春秋左传注》,第18页。

迹。又说:"《春秋》,而曰《左氏传》者,以为左史官言之。"①否定了《左传》为左丘明所作。又说:"……足以推测《左传》成书在公元前四〇三年魏斯为侯之后,周安王十三年(公元前三八九年)以前。离鲁哀公末年约六十多年到八十多年。"②陈茂同同意杨伯峻《左传》的作者不是左丘明的看法,并将《左传》成书的年代略微提前,他认为"《左传》成书当在前四一五年以前",而杨说《左传》成书于公元前403年—前386年之间不可信,特别指出"我认为杨伯峻从预言灵验与否来推断《左传》成书年代是不科学的,间有取之所需而自相矛盾的毛病"。③ 黄觉弘认为"《左传》成书于前320年至前296年之间",④时间又晚于杨伯峻所推定的时间,将《左传》成书时代定到了战国中晚期。以上学者总体倾向于将《左传》看成一部成书于一时一人的书,因此《左传》的某个局部所反映的时代特征,就代表着《左传》成书的时代特征,这是20世纪《左传》研究的主要倾向。

　　首先提出《左传》文本含有不同成分,应对这些成分如何编纂入《左传》加以历史考察的是赵光贤的《〈左传〉编纂考》(以下简称《编纂考》),赵文认为"这部书本身的问题,比如它和《春秋》的关系,它不是一人一时所作",⑤提出"可见《左传》原系杂采各国史书而成,最初不过是一种史事汇编的性质,并非编年之史,原是一部独立的书,与《春秋》无关"。⑥ 赵文进一步指出,《左传》分记事与解经两部分,解经的话是后加的,解经的部分还包括"礼也""非礼也"及"君子曰"的评论。赵文将《左传》中有传无经的这部分内容中的解经语,认定为解传语,说"被解释之事都不见于经而见于传,显然这些

---

① 杨伯峻编著:《春秋左传注》,第34页。
② 杨伯峻编著:《春秋左传注》,第45页。
③ 陈茂同:《〈左传〉的作者及其成书的年代问题——兼与杨伯峻商榷》,《厦门大学学报(哲学社会科学版)》1984年第1期,第133—141、147页。
④ 黄觉弘:《〈左传〉成书上下限推考》,《南昌大学学报(人文社会科学版)》2006年第1期,第86—92页。
⑤ 赵光贤:《〈左传〉编纂考(上)》,《中国历史文献研究集刊》,岳麓书社,1980年,第135页。
⑥ 赵光贤:《〈左传〉编纂考(上)》,《中国历史文献研究集刊》,第137页。

传文是属于原本的记事,这些解传的话都是改编者后加上去的"。①王和在《左传探源》一书(以下简称《探源》)中,总体继承了乃师赵光贤对《左传》文本不同成分的分类及其先后关系的看法,对《左传》全书做了通体的辨析,成为首部分析《左传》文本不同成分文本来源性质及其编纂过程的著作。《探源》自述其宗旨为:

> 本书的内容并非具体考证和诠释《左传》中的名物、事件、制度和思想;而是全面系统地分析《左传》中各种不同史料的来源,并具体判断其中分别属于一手史料,二手史料及后世传闻传说等不同文字内容的各自出处和他们的关系,以及其所具有的分别体现于史学本体论与史学认识论的不同价值。②

《探源》将《左传》的文本区分为两种主要的来源,其一是取材于郑、晋、鲁三国及其他小国的史料,③其二便是后世"附益"的成分。《探源》又将《左传》文本中除了记史类文字以外的各种"附益"成分分为八类:1. 解经语及解解经语;2. 解传语和解解传语;3. 解经传歧义语;4. "君子曰"及"某某曰";5. 预言;6. 岁星纪事;7. 文字改动;8. 讹误。④ 特别指出其中前三项(解经语及解解经语;解传语和解解传语;解经传歧义语)无疑为后人附益。王和的《探源》继承赵光贤《编纂考》的基本思路,先入为主地认为解经语、解传语⑤皆为后人附益,是《左传》中次生的内容,《左传》的主体是私家著述的编年史或史料集。关于《左传》的主体是各国史事,而非解经语的认识,其实还是二十世纪以降《左传》研究者的主流认识,如胡念贻认为:"《左传》里面那些属于'书曰'以下文字以及其他讲《春秋》义例的文字,如果全部删去,丝毫不影响《左传》叙事的完整性。"⑥

---

① 赵光贤:《〈左传〉编纂考(上)》,《中国历史文献研究集刊》,第144页。
② 王和:《左传探源》,社会科学文献出版社,2019年,第4页。
③ 王和:《左传探源》,第8页。
④ 王和:《左传探源》,第10页。
⑤ 实际上并不存在解传语,解传语是颠倒地认识解经语与史料性传文的关系得出的错误认识,解传语从语式上看与解经语完全一致。具体详后文的分析。
⑥ 胡念贻:《〈左传〉的真伪和写作时代问题考辨》,《文史》第十一辑,第4页。

20世纪末至21世纪初,随着越来越多的考古材料及出土文献面世,《左传》刘歆伪作说进一步趋于平息,学界对《左传》成书于先秦时代业已达成了一致认识。李学勤先生总结说:"除非有特殊的证据,对《左传》真伪问题的争论基本上可以结束。特别是近年考古上发现的新材料,你发现一个材料就证明《左传》一次。"[1]

本文赞同赵光贤《编纂考》及王和《探源》对《左传》文本的各种成分加以分析的开创性做法,但是对于赵文、王书颠倒《左传》解经语与相关史事的关系提出根本不同的意见。通过与出土文献同性质材料的对比,可信地重构《左传》中不同成分成书的历史关系,重新定位《左传》的解经性质。下面就将讨论的重点放在《左传》文本的层次及其形成的过程上来。

一、《左传》的文本层次

在杜预之前,《左传》文本与《春秋》经文是分别流传的。在杜预将二者合编为按年以传附经的形式之前,《左传》的传文已经形成了编年的体式。因此,讨论《左传》文本的构成时不必再将经文纳入讨论。编年体的《左传》文本具有多种层次性,前人已经做了研究和讨论,这里再将前人的讨论做一简明的梳理。

《左传》文本中第一类性质的内容为解经语式的传文。其首出的文例是隐公元年(传一·二):

> 三月,公及邾仪父盟于蔑,邾子克也。未王命,故不书爵。曰仪父,贵之也。公摄位而欲求好于邾,故为蔑之盟。

此文例先复述了经文"三月,公及邾仪父盟于蔑",而后解释了"邾仪父"为何人,邾仪父何以不书爵,以及邾仪父何以称字不称名,何以要进行蔑之盟四个问题。这四个问题紧贴经文中的书法文例,是典型的解经语。虽然与《公羊传》《穀梁传》自问自答式的解经体

---

[1] 李学勤:《关于〈左传〉的几点认识》,《春秋左传研究——2008〈春秋〉〈左传〉学术研讨会论文集》,中华书局、中央广播电视大学出版社,2009年,第1—8页。

式不同,但是对于经文的关注视角却是别无二致的。

在这类解经语式的传文中有一种《左传》特有的传文,即所谓的凡例,其首出的文例是隐公七年(传七·一):

> 七年,春,滕侯卒。不书名,未同盟也。凡诸侯同盟,于是称名,故薨则赴以名。告终称嗣也,以继好息民,谓之礼经。

此传的前句"七年,春,滕侯卒。不书名,未同盟也"为典型的解经语式,后面的部分即为凡例语式,这类凡例语式为《公羊传》《穀梁传》所无,杜预将此申发为《左传》解《春秋》经文的根本原则。从传文性质来看,这类传文仍然是附属于《左传》解经式传文的,因此不再独立出来形成一类传文。

《左传》文本中第二类性质的内容为解释何以经文不书的传文。其首出的文例是隐公元年(传一·一):

> 春,王周正月。不书即位,摄也。

此传同样先照录经文"春,王周正月",而后说明"王周正月"之后何以不书"公即位"三字。按其他鲁国国君即位的书法,当在"王周正月"后记录"公即位",这里不记是因为鲁隐公实际上只是摄鲁国国君之位,而没有真正成为鲁国国君。这种经文按其他经例当书而未书的例子,《公羊传》《穀梁传》中同样大量存在,如同例《公羊传》作:

> 公何以不言即位?成公意也。何成乎公之意?公将平国而反之桓。曷为反之桓?桓幼而贵,隐长而卑。

同例《穀梁传》作:

> 公何以不言即位?成公志也。焉成之?言君之不取为公也。君之不取为公,何也?将以让桓也。让桓正乎?曰:不正。《春秋》成人之美,不成人之恶,隐不正而成之,何也?将以恶桓也。其恶桓何也?隐将让而桓弑之,则桓恶矣;桓弑而隐让,则隐善矣。

虽然二《传》对于《春秋》不书"公即位"的原因解说与《左传》不同,但对于经文不书"公即位"的关切却是相同的。

《左传》还有一类与《公羊传》《穀梁传》不同的解释何以经文不书的传文。其首出的例子是隐公元年（传一·三）：

> 夏,四月,费伯帅师城郎。不书,非公命也。

从《左传》的体例可以推得,传文所解的经文应当是"夏,四月,费伯帅师城郎",经文之所以整条都没有出现,是因为此事非鲁隐公受命费伯去执行的,而是费伯自己专命而城郎,因此经文没有记录这条。这一类传文为《公羊传》《穀梁传》所无,二《传》关于经文未书的内容,除了对排比文例可知未书的词句会加以说明,其余则一概付之阙如。

由于本类第一种"不书"的情况是通过排比文例而得的,并不是经文真有所阙,故而将第一种"不书"仍然归入第一类解经语式的传文,而将第二种确实经文有阙而传文讨论何以"不书"的情况作为第二类传文的典型形态。

《左传》文本中第三类性质的内容为叙述礼制的内容。首出的文例是隐公元年（传一·五）：

> 秋,七月。天王使宰咺来归惠公、仲子之赗。缓,且子氏未薨,故名。天子七月而葬,同轨毕至;诸侯五月,同盟至;大夫三月,同位至;士逾月,外姻至。赠死不及尸,吊生不及哀。豫凶事,非礼也。

以上引文中,首句"秋,七月。天王使宰咺来归惠公、仲子之赗"是对经文的复述,第二句"缓,且子氏未薨,故名"可以视作前述第一种性质的传文。第三句直至全段末尾为讨论礼制的内容。对于礼制的讨论主要是为了说明经文记录此事是由于此事非礼,笼统地来看仍然是解经性质的,为经文提供书或不书的依据,因此此类传文可以看做是第一类传文的扩展。

《左传》文本中第四类性质的内容为记史类传文,也就是完全不谈书法,只说明此经文来龙去脉的传文。这类传文还分两种,一种是简略记述史事的例子,一种是详细记述史事的例子。简略记述史事首出的文例是隐公元年（传一·八）：

> 惠公之季年,败宋师于黄。公立而求成焉。九月,及宋人盟于宿,始通也。

此传是对经文"九月,及宋人盟于宿"的解释,整条传文没有对经文字词的议论,只说明了"及宋人盟"的前因,以及记录此经是由于鲁、宋"始通"。这类简略说明经文事迹的传文还有如隐公二年(传二·一):

> 二年,春,公会戎于潜,修惠公之好也。戎请盟,公辞。

此例相较于上一例,似乎更能说明这一类传文的特点。如果说上一例"始通也"可以视为解释经文"及宋人盟于宿"书于《春秋》的书法条例的话,则本传文所记完全不涉及书法问题,讨论的完全是潜之盟的盟会内容与相关事迹。

另一种详细记述史事首出的文例是隐公元年(传一·四):

> 初,郑武公娶于申,曰武姜。生庄公及共叔段。庄公寤生,惊姜氏,故名曰寤生。遂恶之。爱共叔段,欲立之。亟请于武公,公弗许。及庄公即位,为之请制。……
> 公入而赋:"大隧之中,其乐也融融。"姜出而赋:"大隧之外,其乐也洩洩。"遂为母子如初。君子曰:"颍考叔,纯孝也。爱其母,施及庄公。诗曰:'孝子不匮,永锡尔类。'其是之谓乎?"

由于此条传文很长,引文做了节录。整段传文皆为对经文"夏,五月,郑伯克段于鄢"事迹的详细说明,将事情的原委和盘托出,使读者对郑庄公武力驱逐其弟共叔段史事的来龙去脉有了全面的了解。

值得注意的是,在这段长篇叙事中包含有前述第一类性质的传文,即解经语。此段解经语插录在叙事的中间,其内容照录如下:

> 书曰:"郑伯克段于鄢。"段不弟,故不言弟。如二君,故曰"克"。称郑伯,讥失教也。谓之郑志,不言出奔,难之也。

以上传文解释了经文何以"段"前不冠以"弟"字,何以兄弟之间要用"克"字,郑庄公何以要称为"郑伯",经文何以不书公子段的出奔。其语式与第一类的传文完全相同,不同的是这段解经式传文所处的位置并不独立,而是居于叙事的传文当中。

《左传》当中亦有完全不录书法的这一类传文,如隐公三年(传三·五)、隐公四年(传四·四)等,限于篇幅就不另加引录了。

除此之外,这条传文的最后还录有一段以"君子曰"引出的评论,上面引文已录。这一类的评论历史上讨论非常多,一般也被视为一类特殊的内容,下文将其单独列出作为一类传文。

不论简略还是详细记述经文史事的传文,其形式都是对经文事迹在史实方面的扩展和充实,帮助读者了解其中的原委。二者并没有严格的区分界限,也就是说叙述史事可以在经文的基础上作简略地补叙,也可以作宏幅长篇的讲述,二者在繁略上并不严格地区分,因此在这里归为一类。

《左传》文本中第五类性质的内容为无经而记史的传文,其首出的文例为隐公三年(传三·三):

> 郑武公、庄公为平王卿士。王贰于虢。郑伯怨王,王曰:"无之。"故周、郑交质。王子狐为质于郑,郑公子忽为质于周。王崩,周人将畀虢公政。四月,郑祭足帅师取温之麦。秋,又取成周之禾。周、郑交恶。君子曰:"信不由中,质无益也。明恕而行,要之以礼,虽无有质,谁能间之?苟有明信,涧、溪、沼、沚之毛,蘋、蘩、蕰、藻之菜,筐、筥、錡、釜之器,潢、污、行、潦之水,可荐于鬼神,可羞于王公,而况君子结二国之信,行之以礼,又焉用质?《风》有《采蘩》《采蘋》,《雅》有《行苇》《泂酌》,昭忠信也。"

这一类传文的叙事风格与第四类性质的文本中记录较为详细的那种传文非常相似,所不同的是第四类性质的传文都是有解释对象的,而这一类传文没有解释的对象。这种有传无经的现象也被历代研究者视作《左传》最重要的特征之一。由于其没有经文可以依附,故独立分列于第五类中。

《左传》文本中第六种性质的内容为评论史事的传文,往往以"君子曰"或"某某曰"的形式引入。这一类传文一般不单独出现,而是穿插在其他的传文叙述过程之中,其首出的文例即是在第四类传文中引录过的隐公元年(传一·四):

> 君子曰:"颍考叔,纯孝也。爱其母,施及庄公。诗曰:'孝子不匮,永锡尔类。'其是之谓乎?"

这一类传文是不是可以独立归为一类,有赖于我们对这一类传文形成的认识。如果这类传文是在《左传》成书之后经过后人添补而得以成为《左传》一部分的,那当然可以视作一个独立的类型。如果在《左传》成书之前,这些评论已经附于所述史事之后了,则可以把它们视作第四、第五类传文的一部分,从而不再独立归类。

在各自类型的传文中,同类传文在形式上是高度相似的。因此考察《左传》文献的来源问题可以转化为研究这六类材料之间的相互关系。如果弄清了这些不同性质的材料组成的先后顺序,就能厘清《左传》的成书过程。

二、不同层次《左传》传文组合的形式

要探究《左传》中以上六类性质传文的组成过程,首先要明确的是这六类传文的组合关系复杂而多样,并不都是单独组成传文的。

第一类解经式的传文与第四类记史类传文常常组合在一起。前引隐公元年(传一·四)即是一例。这类穿插在记史类传文中的解经式传文,往往会以"书曰"作为重要的标志引出后面解经语。再举一例,如隐公四年(传四·五):

> 秋,诸侯复伐郑,宋公使来乞师,公辞之。羽父请以师会之,公弗许,固请而行。故书曰"翚帅师",疾之也。诸侯之师败郑徒兵,取其禾而还。

其中"故书曰'翚帅师',疾之也"是第一类解经式传文,其余则为第四类记史类的传文。

第二类解释何以经文不书的传文与第五类记史类的传文往往组合在一起,第五类传文由于记的是经文所无的史事,所以与第二类解释何以无经的解经式传文相衔接。其首见的文例为隐公元年(传一·九):

> 冬,十月庚申,改葬惠公。公弗临,故不书。惠公之薨也,有宋师,太子少,葬故有阙,是以改葬。

此例先解释"冬,十月庚申,改葬惠公"何以不书,后说明"公弗临,故

不书",最后以记事结尾,可以视作第二类传文与第五类传文的组合。

又如隐公十一年(传十一·七):

> 冬,十月,郑伯以虢师伐宋,壬戌,大败宋师。以报其入郑也。宋不告命,故不书。凡诸侯有命,告则书,不然则否。师出臧否亦如之。虽及灭国,灭不告败,胜不告克,不书于策。

上举的这个例子,第一类传文中提到的"凡例"也被组织在其中,用于解释《春秋》经文何以不书。可见第一类传文和第二类传文虽然处理的是有、无传文不同的情况,但是其性质均为解经语式,因此可以用凡例来加以补充说明。

第三类记述礼制传文还有一种简略的形式,即不叙述礼制规范的内容,而直接对史事是否符合礼制的进行评断,这种议论往往穿插在史事的叙述之中,如隐公五年(传五·一):

> ……书曰:"公矢鱼于棠",非礼也,且言远地也。

这类"礼也""非礼也"的评论揭示出经文书或不书的缘由,往往穿插在第四类记史类传文的行文过程之中,可以视为第三类传文与第四类传文的组合。

第四类经文中较为简略记史的传文和较为详细记史的传文也有组合在一起的例子,如隐公十一年(传十一·一):

> 夏,公会郑伯于郲,谋伐许也。郑伯将伐许,五月甲辰,授兵于大宫,曹伯阳与颍考叔争车,颍考叔挟辀以走。子都拔棘以逐之。及大逵,弗及,子都怒。

此传的经文作"夏,公会郑伯于时来",显然传文的第一句"夏,公会郑伯于郲,谋伐许也"是对经文的简略补充。其后的部分则为对经文未记史事的详细叙述。这类传文可以视作简略记史传文与详细记史传文的搭配。

第六类评论式传文与第四类记事类传文及第五类记经文所无史事类传文组合的例子都比较普遍,前者见前章所引隐公元年(传一·四),后者首见隐公三年(传三·三):

> 郑武公、庄公为平王卿士。王贰于虢。郑伯怨王,王曰:"无之。"故周、郑交质。王子狐为质于郑,郑公子忽为质于周。王崩,周人将畀虢公政。四月,郑祭足帅师取温之麦。秋,又取成周之禾。周、郑交恶。君子曰:"信不由中,质无益也。明恕而行,要之以礼,虽无有质,谁能间之?……"

可见,"君子曰"与有无经文本身没有直接的联系,往往是对一段具体史事的评论。

三种不同性质传文组合在一起的例子也很多,前举的隐公元年(传一·四)是第一类、第四类(详细记史)、第六类传文的组合。相同的例子还有僖公九年(传九·五):

> 冬,十月,里克杀奚齐于次。书曰"杀其君之子",未葬也。荀息将死之,人曰:"不如立卓子而辅之。"荀息立公子卓以葬。十一月,里克杀公子卓于朝,荀息死之。君子曰:"诗所谓'白圭之玷,尚可磨也。斯言之玷,不可为也',荀息有焉。"

此传的经文为"冬,晋里克杀其君之子奚齐",传文"冬,十月,里克杀奚齐于次"为复述经文,其后"书曰'杀其君之子',未葬也"为第一类解经语式传文,再后"荀息将死之,人曰:'不如立卓子而辅之。'荀息立公子卓以葬。十一月,里克杀公子卓于朝,荀息死之"为第四类记史类传文,最后"君子曰:'诗所谓'白圭之玷,尚可磨也。斯言之玷,不可为也',荀息有焉'"为第六类评论式传文。

在讨论了六类不同属性的传文所可能形成的不同组合之后,可以对这些不同类型的组合是如何组织起来的做一讨论。我们倾向于认为,每一种类型的组合的生成时间一般是在比较接近的时期内,因此确定任意性质的两类传文组合的形成时间,对于认识整个《左传》文本的形成具有重要的意义。

三、不同层次《左传》文本组合的先后关系

从上节所论不同性质的六类传文的组合形式可以总结出几项特点,首先是第六类评论式传文与第四类记史类传文及第五类无经

记史类传文都可以形成组合。郑良树在《论〈左传〉"君子曰"非后人所附益》①及《再论〈左传〉"君子曰"非后人所附益》②两篇文章中,将前人对于"君子曰"非汉儒附益的证据做了总结和讨论,结论令人信服。

其中最显著的证据主要是先秦古籍引及《左传》"君子曰"。《韩非子·难四篇》引"君子曰:'昭公知其所恶矣!'公子圉曰:'高伯其为戮乎,报恶已甚矣!'"所录与《左传》桓公十七年"君子曰"全同。另《晏子春秋·内篇杂下》第二十一则引"君子曰:'仁人之言,其利博哉!晏子一言,而齐侯省刑,诗曰:"君子如祉,乱庶遄已。"其是之谓乎!'"从这两个例证来看,《左传》"君子曰"的形成并与《左传》传文组合在一起应当在《韩非子》《晏子春秋》成书之前。由于《韩非子》《晏子春秋》成书在先秦并无疑义,则"君子曰"与传文组合的时间也不应晚于二书的成书时代。

郑氏文章中已经提到《国语》中同样存在"君子曰"的内容。这些"君子曰"的形式与《左传》相异,总体特征是比较简短。《国语》中的"君子曰"一共有十一条,其中第十一条的形式与《左传》"君子曰"最为类似:

> 君子曰:"从而逆。君子之行,欲其道也,故进退周旋,唯道是从。夫子木能违若敖之欲,以之道而去芰荐,吾子经营楚国,而欲荐芰以干之,其可乎?"

这给予我们重要提示,即《左传》的文体在成为编年体式之前,可能与《国语》文体高度类似。如果《左传》的取材为与《国语》相似的事语类文献,则评论式传文附益于《左传》第四、第五类传文之后,就很好理解了。

王和在《探源》中认为"左氏编纂的史事汇编原为纪事本末体,后由经师改为编年体"。③ 本文虽然不同意王氏关于《左传》"后由经师改为编年体"的观点,但是《左传》传文中第四类、第五类记史类

---

① 郑良树:《竹简帛书论文集》,中华书局,1982年,第341—357页。
② 郑良树:《竹简帛书论文集》,第358—363页。
③ 王和:《左传探源》,第172页。

《春秋左传》成书及其不同属性文本组成关系考索

传文取材于"纪事本末体"文献的判断,是很有见地的。这类"记事本末体"文献可以比较准确地称为"事语类"文献。所谓"事语类"文献是指在一篇文章中既有记录史事的部分又有记录言论的部分,头尾完整,情节生动,宗旨在于叙述一件史事的来龙去脉。从对不同年份《左传》传文的编连看到,第四类记史类传文显然是从同一篇"事语类"文献中割裂编排而来的,如隐公四年(传四·四)与(传四·六):

> 宋殇公之即位也,公子冯出奔郑,郑人欲纳之。及卫州吁立,将修先君之怨于郑,而求宠于诸侯以和其民,使告于宋曰:"君若伐郑以除君害,君为主,敝邑以赋与陈、蔡从,则卫国之愿也。"宋人许之。于是陈、蔡方睦于卫,故宋公、陈侯、蔡人、卫人伐郑,围其东门,五日而还。公问于众仲曰:"卫州吁其成乎?"对曰:"臣闻以德和民,不闻以乱。以乱,犹治丝而棼之也。夫州吁阻兵而安忍,阻兵无众,安忍无亲,众叛亲离,难以济矣。夫兵犹火也,弗戢,将自焚也。夫州吁弑其君而虐用其民,于是乎不务令德,而欲以乱成,必不免矣。"(传四·四)
>
> 州吁未能和其民,厚问定君于石子。石子曰:"王觐为可。"曰:"何以得觐?"曰:"陈桓公方有宠于王,陈、卫方睦,若朝陈使,请必可得也。"厚从州吁如陈,石碏使告于陈曰:"卫国褊小,老夫耄矣,无能为也,此二人者,实弑寡君,敢即图之。"陈人执之而请莅于卫。九月,卫人使右宰丑莅杀州吁于濮。石碏使其宰獳羊肩莅杀石厚于陈。(传四·六)

前传提出"夫州吁弑其君而虐用其民,于是乎不务令德,而欲以乱成,必不免矣"的政治预言,后传记述"卫人使右宰丑莅杀州吁于濮",从而使得州吁被杀的事件信而有征。两者虽然不排除是取材于一篇更为庞大的"事语类"文本,但并不影响这两条传文原属同一篇文章的判断。《左传》中这样的例子俯拾皆是,有的一段传文即是一个独立的完整事件,有的分散于多年的传文组成一个完整事件。将这些事件汇编起来,显然就是一部"纪事本末体"的史书。前文分析的第四类记史类传文中的第二种详细记事的传文,以及第五类无经而记史的传文(多为详细记事),同属这一类材料。

从出土文献来看,清华简的《郑武夫人规孺子》,上博简的《郑子家丧》等篇目均可视作这种性质文献的实物遗存,这些篇目叙事风格突出,文中穿插有显著的时间节点,为《左传》传文割裂全篇改为编月编日体式提供了良好的基础。① 事语类文献要早于《左传》成书的时间,是《左传》第四、第五类传文取材的对象。由此可以将第四类第二种、第五、第六类传文从现有的《左传》文本中作为一个整体先剥离出来。

第六类评论式的传文"君子曰"或"某某曰"可能在第四、第五类记史类文献编入《左传》之前已经与事语类材料结合在一起,成为一种较为特殊的事语类文献。不过到目前为止,出土文献中尚未见有"君子曰"一类的评论式内容,从《左传》第四、第五类传文的情况来看,含有"君子曰"的传文远没有不含"君子曰"的传文数量多。可以推想,在《左传》编撰成型之前,这类事语类文献以没有"君子曰"评论的为主流,或者说有"君子曰"的恰为一类特殊的事语类文献,这点从《国语》的"君子曰"与《左传》"君子曰"形式相异也可以得出类似的结论。

《左传》文本在去掉以上三类传文之后,剩余第一、第二、第三类及第四类第一种传文,其中第四类的第一种简略记史的传文其来源也要做一分析。这类传文较为简略,与第四类第二种较为详细的记史传文不同,其史源应当是清华简《系年》一类的文献。这类文献的特征在于不是《春秋》经文合乎书法的规范格式,而是对历史大事的简略说明,如《春秋》文公七年(经七·六)有:

戊子,晋人及秦人战于令狐。晋先蔑奔秦。

(传七·四)对此事的前后发展记述非常详细。清华简《系年》第十章的记述则较为简略:

秦康公率师以送雍子,晋人起师,败之于堇阴。左行蔑、随会不敢归,遂奔秦。②

---

① 徐渊:《清华简〈郑武夫人规孺子〉篇涉礼字词考释》,《中国经学》第二十七辑,广西师范大学出版社,2020年,第147—154页。
② 李学勤主编:《清华大学藏战国竹简(贰)》,中西书局,2011年,第159页。

简文解释了晋人与秦人战于令狐的原因,即"秦康公率师以送雍子",并且记述了晋先蔑奔秦之事。其叙事风格与《左传》第四类第一种较为简略的记史类传文非常相似。

本文之所以在第二章将第四类传文分为简略、详细记史两种传文,主要就是基于以上两类出土文献的明显差异。在《左传》中简略记史的传文与详细记史的传文虽然无法截然分开,但是这种差异仍然可以被轻易甄别出来。后面将这类简略记史体式的文献称"系年体",与"事语体"文献加以区分。可以想见,在《左传》编撰成书之前这两类文献已经出现并且广泛流传,成为《左传》取材的主要对象。

在对后三类记史类文献做过讨论之后,下面来讨论第一、二、三类解经式传文的来源问题。第一类传文与第二类传文最重要的差别来自于《公羊传》《穀梁传》并没有第二类传文。也就是对没有书于《春秋》的经文,《公羊传》《穀梁传》是完全忽略的。从《左传》的情况来看,《左传》的编撰者显然看到了这些未书于《春秋》的经文,并且把这些文字照录了出来。如隐公元年(传一·三):

夏,四月,费伯帅师城郎。不书,非公命也。

从其他经传可知,此条不书于《春秋》的文字,当作"夏,四月,费伯帅师城郎",显然与《春秋》前后的经文体式完全一致。这种与经文完全体式一致的文字,何以大量从《春秋》中消失?《左传》对这些文字何以了如指掌?其原因大概在于这些史事有一共同的特点,即不符合《春秋》的基本精神。如上举这条"不书,非公命",意即这条经文被删去的原因是因为费伯帅师成郎不是鲁隐公的命令,因此不符合书于《春秋》的条件,故而不存于今之《春秋》。如果说原来的这类文字存在于一个较早的文本的话,那很容易让人联想到鲁国的旧史。存有这类文字的文本就是《左传》撰作时所见的《春秋》经。这些条目经谁人删削,依照传统的说法,当然就是孔子。

两个文本内容大致相同,前者是鲁国的旧史,后者是经过孔子刊落部分条目的《春秋》,它们共同作为《左传》修撰的重要条件。《左传》的编撰者只有同时利用两个文本,才能形成第二类传文。

第一类传文的重点在于解释《春秋》经已有条目的书法，这类文字在《左传》中占有的总体比重并不是很大，不过解经风格突出。有的研究者认为，这部分解经语是很晚由经师添补的，这样的看法恐怕不能成立。前举隐公元年（传一·四）有：

书曰："郑伯克段于鄢。"段不弟，故不言弟。如二君，故曰"克"。称郑伯，讥失教也。谓之郑志，不言出奔，难之也。

这段解经语插在整个叙述"郑伯克段于鄢"的记史类文字中间，与前后传文联系得当，并无违和。只有说明了史事的来由之后，才能说明何以"段不弟""如二君""讥失教"等问题，虽然这段解经式的传文可以独立成传，但是与记史类传文合并起来，才能更好地表达书法的精义。

由此可知，此段解经类传文与记史类传文的合成是经由专人之手的。联系前述第二类传文必须通过鲁史和《春秋》的对比才能撰成，第二类传文与第一类传文的体式又极为相近，可以推测第一类、第二类传文应当是同时间生成的文本。由于这两类传文往往会先复述经文（或者不载于《春秋》的旧史文），之后再对书法进行解释，因此二者很可能出自同一作者之手。这一作者的主要工作是对《春秋》经文以及旧鲁史史文加以书法上的解释。不论此人是不是左丘明，其创作者当有高度同一性，很可能出自一人或一家之手。由此相应地可以推测，第三类传文作为补充说明第一、第二类传文的文字，应该也是与第一、第二类传文同时产生的，并且第一类传文中的所谓"五十凡"也与第一、第二类文献是同一时间层次的。

这样便将《左传》传文的第一、二、三类传文与第四、五、六类传文做了大致的区格划分。从前述的分析来看，第一、二、三类传文与第四、五、六类传文的组合在《左传》中的例子不少。如何解释记史类传文与书法类传文的这种组合体？本文认为《左传》作者修撰《左传》的主要内容为第一、二、三类的传文，这类传文的目标是对孔子修《春秋》的删削原则及微言大义的解释。在撰作之前，修撰者掌握了以下几项资料，一是孔子及其子弟口传的部分《春秋》修撰原则（所谓"春秋大义"），二是一部鲁国旧史，三是一部经过孔子删削的

《春秋》,四是"系年"体的记史书,五是"事语"体的记史书。参照《公羊传》《穀梁传》的流传情况,其中第一项未必形成文本。第二项与第三项是同一形式的文本。第四项与第五项可能存在比较丰富多样的内容和样式。修撰《左传》之时,《左传》的作者将鲁国旧史与《春秋》相参照,逐条撰写经文的解经式传文(包括第一、二、三类传文),同时参考采择"系年"体、"事语"体史书,作为记史类传文的来源,将二者有机组织在一起。从这个意义上讲,对于所有记史类传文(包括无经记史类传文),《左传》的作者主要工作是加工采择,而不是凭空撰作。这一认识是受到出土史书类文献的启发,而与绝大多数《左传》成书研究者的看法不同。

如果《左传》的创作过程确如以上推断的话,那"君子曰"所述的内容肯定不会晚于《左传》主体开始编纂之前,有两个例子可以左证:第一例是文公六年(传六·三):

> 秦伯任好卒。以子车氏之三子奄息、仲行、针虎为殉,皆秦之良也,国人哀之,为之赋《黄鸟》。君子曰:"秦穆之不为盟主也,宜哉!死而弃民,先王违世,犹诒之法,而况夺之善人乎?《诗》曰:'人之云亡,邦国殄瘁。'……"君子是以知秦之不复东征也。

该传文先叙秦穆公去世时殉三良的史事,之后接以"君子曰"以表达对三人的惋惜及批评秦穆公的失策,最后说"君子是以知秦之不复东征也"。最后的"君子"显然与前文"君子曰"的君子是相同身份的人物,所谓"知秦之不复东征也"显然不会是到《春秋》修成或者《左传》撰成后的后见之明,而应该是时君子的预测之言。据此推测,《左传》中"君子曰"中的"君子",多指时君子。因此第六类传文"君子曰"不应当是战国时代儒家的补叙,而应该是春秋时代时人的评价。另外一个例子是文公二年(传二·五):

> 秋,八月丁卯,大事于大庙,跻僖公,逆祀也。……君子曰:"礼,谓其后稷亲而先帝也。"《诗》曰:"问我诸姑,遂及伯姊。"君子曰:"礼,谓其姊亲而先姑也。"仲尼曰:"臧文仲,其不仁者三,不知者三。下展禽,废六关,妾织蒲,三不仁也。作虚器,纵逆祀,祀爰居,三不知也。"

此条传文将"孔子曰"编排在"君子曰"之后，从二者先后的关系来看"君子"所处的时代应该要早于孔子发表评论的时代。只要确定"君子曰"的形成早于孔子修撰《春秋》，就能进一步证明第四、第五、第六类传文具有独立的来源。

小　　结

前文综合考察了《左传》六类传文的来源，认为第一、二、三类传文是《左传》作者所撰作的内容，而第四、五、六类传文是《左传》作者采择裁剪当时存世史事文献而成的。《左传》撰作的时间在《春秋》形成之后，在鲁顷公二十四年鲁国被楚国灭亡之前（公元前255年）。根据前人的研究，由于《左传》最后一段述及了三家灭智伯之事，文中又提到了赵无恤之谥号赵襄子，因此《左传》成书应在赵无恤卒后（公元前425年之后），无疑是可信的。此时距孔子卒年鲁哀公十六年（公元前479年）大约五十余年，《左传》成书的时代大概就是在赵无恤卒后较近的一段时间之内。

有的学者以《左传》中的预言来窥测《左传》成书时间，恐怕都不能坚信，这是由于即使预言本身实有其事，也不能排除预言的内容根据后来历史走向被篡改，这种修改对于文本的变动很小。更何况顾炎武举出五则"不尽信"的预言例证，使得预言本身就具有或然性。《左传》中的预言属于第四类传文中记载较为详细的一种记史类传文，它们本身并不是后世学者补入《左传》之中的，从文辞的统一性来讲与其他记史类传文当采择于同一时期，预言不能视为一类独立的传文。预测的内容可能经过后人修改、替换或者补入正在流传的《左传》文本之中。前已说明，《左传》的叙史史料来源驳杂不一，因此独立的史事可以被后世不同版本替换，历法不协的问题也就可以和预言同理视之了，不必专求其一致性。

《左传》第一、二、三类解经式传文定型并书于竹帛的时间要早于《公羊传》《榖梁传》定型及书于竹帛的时代。《左传》的解经式传文是较早形态的解经语，可能保留了更多早期孔子传授《春秋》的内容，是《左传》作为《春秋》传文最重要的组成部分之一。

"君子曰"及相关的评论式传文的时间要早于《左传》成书的时间,是春秋时代广泛流传的一种政治评论样式。有学者认为《左传》中"君子曰"的评论水平不高,"君子曰"的内容恰恰反映了早期儒家学派学者的思想意识,是春秋时代儒学发展的重要环节,是研究儒学思想发展的重要资料。

《四库提要·春秋释例》云:"是书以《经》之条贯必出于《传》;《传》之义例归总于'凡'。"①《春秋释例·终篇》曰:"诸凡虽是周公旧典,丘明撮其体义,约以为言。"②《春秋左传集解序》云:"其发凡以言例,皆经国之常制,周公之垂法,史书之旧章。"③根据前面对传文的分析,《左传》解释《春秋》书法的传文包括鲁国旧史及孔子所修的《春秋》两个方面。"五十凡"所总结义例主要是鲁国旧史的书法,鲁国旧史的书法又脱胎于周史的旧例。从这个意义上讲,书法凡例托名于周公也并无什么不妥之处。杜预此说的主要问题在于,没有将《左传》中第一、二、三类传文中明显归属于孔子删削之义的内容独立为说,只是认为左丘明"撮其体义,约以为言",这明显是受到了古文学派主张的深刻影响,从而否定了孔子对《春秋》经文形成的决定性意义。重新考察"五十凡"之外的第一、二、三类传文,是理解孔子删述《春秋》的重要途径。

---

① (清)纪昀总纂:《四库全书总目提要》,河北人民出版社,2000年,第685页。
② (晋)杜预著,徐渊整理:《春秋释例》,中国社会科学出版社,2021年,第888页。
③ (晋)杜预注,(唐)孔颖达疏:《春秋左传正义》,北京大学出版社,2000年,第16页。

《左传》与《清华简》"申公子仪""郧公钟仪"事迹辨疑

张淑一

《左传》记载在春秋时代的楚国,有两位大夫分别被其他国家囚禁又分别被释放的事迹,这两位大夫一称"申公子仪",一称"郧公钟仪"。对读《左传》与近年新出之《清华大学藏战国竹简》(以下简称"清华简")《系年》与《子仪》两篇的材料,可以发现,"申公子仪"与"郧公钟仪"二者间的关系不同寻常。

一、多有雷同的二者事迹

申公子仪又称斗克,其事迹见于《左传》僖公二十五年(公元前635年):

> 秋,秦、晋伐鄀,楚斗克、屈御寇以申息之师戍商密。秦人过析……伪与子仪、子边盟者。商密人惧曰:"秦取析矣!戍人反矣!"乃降秦师。秦师囚申公子仪、息公子边以归。①

以及《左传》文公十四年:

> 初,斗克囚于秦,秦有殽之败,而使归求成。成而不得志,公子燮求令尹而不得,故二子作乱。②

郧公钟仪事迹见于《左传》成公七年(公元前584年):

作者简介:张淑一,华南师范大学历史文化学院教授、博士生导师,研究方向为先秦史、先秦文献。
基金项目:本文系国家社科基金一般项目"战国楚简姓氏人名资料的整理与研究"(15BZS036)阶段性成果。
① 杨伯峻编著:《春秋左传注》,中华书局,2014年,第434—435页。
② 杨伯峻编著:《春秋左传注》,第605页。

288

《左传》与《清华简》"申公子仪""郧公钟仪"事迹辨疑

秋,楚子重伐郑,师于氾。诸侯救郑,郑共仲、侯羽军楚师,囚郧公钟仪,献诸晋。……晋人以钟仪归,囚诸军府。①

以及两年后的《左传》成公九年(公元前582年):

晋侯观于军府,见钟仪。问之曰:"南冠而絷者,谁也?"有司对曰:"郑人所献楚囚也。"使税之,召而吊之,再拜稽首。问其族,对曰:"泠人也。"公曰:"能乐乎?"对曰:"先人之职官也,敢有二事?"使与之琴,操南音。公曰:"君王何如?"对曰:"非小人之所得知也。"固问之。对曰"其为大子也,师保奉之,以朝于婴齐而夕于侧也,不知其他。"公语范文子。文子曰:"楚囚,君子也。言称先职,不背本也;乐操土风,不忘旧也;称大子,抑无私也;名其二卿,尊君也。不背本,仁也;不忘旧,信也;无私,忠也;尊君,敏也。仁以接事,信以守之,忠以成之,敏以行之,事虽大,必济。君盍归之,使合晋、楚之成。"公从之,重为之礼,使归求成。……十二月,楚子使公子辰如晋,报钟仪之使,请修好、结成。②

粗看之下,两位楚国大夫在年代上相差五十余年,一为"申公",一为"郧公";一被囚禁于秦,一被囚禁于晋;一叛乱谋反,一无私忠君,两者之间似乎并没有什么可值得怀疑的地方。但是结合清华简《系年》和《子仪》两篇再进行查考,却可以发现,二者之间有着相当多的雷同之处:

首先,二者同名,均名"仪",这一点在上引《左传》中已可以清晰地看出。需要说明的是,此处所谓之"名",是兼指名和字而言,因为先秦男子的名号既包含名,也包含字,但名、字往往并行,并不截然分开,一起构成广义的"名"。申公子仪本名"克","仪"是其字,虽然在《左传》中其又称"子仪",在《国语·楚语上》又称"申公子仪父"和"仪父",在清华简《子仪》里也称"子仪"和"仪父",但"子"和"父"均为当时男子的美称,作为字的构成元素实际上是可以省略的,"仪"才是其本字,所以清华简《系年》第8章也称其为"申公

---

① 杨伯峻编著:《春秋左传注》,第833页。
② 杨伯峻编著:《春秋左传注》,第844—847页。

289

仪"。郧公钟仪之"仪"究竟为字还是名无文献依据可循,唯《系年》第16章也称其为"郧公仪"。

其次,二者同族,均属于楚国的斗氏。二者虽然一称"申公",一称"郧公",但申、郧均为楚国的县名,楚国称地方长官为"公","申公""郧公"指二人分别为申、郧两地的县公,而并非其族氏名。《左传》已显示申公子仪又名斗克,据《世本》"斗氏"条,斗克为楚若敖之后:"若敖生射师(斗)廉,廉生(斗)班,班生子仪(斗)克。"①而郧公钟仪虽然又称"钟仪",但据《国语·楚语上》所载楚令尹子常之语:"故庄王之世,灭若敖氏,唯子文之后在,至于今处郧,为楚良臣。"②所谓子文,就是楚成王时代的令尹子文,亦即斗克之祖若敖的孙子斗穀於菟,《左传》宣公四年载:"初,若敖娶于䣰,生斗伯比。若敖卒,从其母畜于䣰,淫于䣰子之女,生子文焉。"③"䣰"即"郧",二者音近通假,郧为斗穀於菟(子文)之外家,在郧为楚所灭之后,便由斗氏出任此地的县公。《楚语上》又记载,楚昭王时"吴人入楚,昭王奔郧,郧公之弟怀将弑王,郧公辛止之"。④ 郧公辛,韦昭注云:"令尹子文玄孙之孙蔓成然之子斗辛也"。也就是说,从楚成王(公元前671—626年在位)直到楚昭王(公元前516—489年在位)时期,楚国都是由斗氏担任郧公,而郧公钟仪处于楚共王(公元前590—560年在位)之世,正在楚成王与楚昭王之间,其自然也属于斗氏族人。至于其为何又以"钟"为氏,依据成公九年《左传》:"问其族,对曰:'泠人也。'公曰:'能乐乎?'对曰:'先人之职官也,敢有二事?'"则其又从属于斗氏族中执掌钟鼓之乐、以官为氏的分支家族。⑤ 不过在当时,分支家族即使另立新氏,也并不割裂与大宗本家的联系,如上文所提到的令尹子文的玄孙之孙成然,因其食封于蔓,所以《左传》昭公十

---

① (汉)宋衷注,(清)秦嘉谟等辑:《世本八种》"秦嘉谟辑补本"卷六"斗氏",商务印书馆,1957年,第171页。
② 上海师范大学古籍整理组校点:《国语》卷一八《楚语下》,上海古籍出版社,1988年,第573页。
③ 杨伯峻编著:《春秋左传注》,第682—683页。
④ 上海师范大学古籍整理组校点:《国语》卷一八《楚语下》,第577页。
⑤ 按《左传》隐公八年记先秦命氏方式有云:"官有世功,则为官族。"

《左传》与《清华简》"申公子仪""郧公钟仪"事迹辨疑

三年又称其为"蔓成然",但《左传》昭公十四年依然称其为"斗成然"。同理,郧公钟仪虽然又称"钟仪",但其依然属于斗氏的族人。

再次,二者都有与琴歌相关的经历,并且琴歌都喻意楚囚的乡情。郧公钟仪的这一点,反映在《左传》成公九年的记载中,晋景公于军府中见到钟仪:"问之曰:'南冠而絷者,谁也?'有司对曰:'郑人所献楚囚也。'使税之,召而吊之,再拜稽首。问其族,对曰:'泠人也。'公曰:'能乐乎?'对曰:'先人之职官也,敢有二事?'使与之琴,操南音。"申公子仪的这一点,则反映在清华简《子仪》中,《子仪》记述了秦晋殽之战后秦穆公为申公子仪举行释归典礼的种种情节,其中的一个情节就是:"乃命升琴,歌于子仪,楚乐和之,曰:'鸟飞兮憎永,余何赠以就之。远人兮何丽,宿君又寻焉,余谁使于告之?……'"①虽然《子仪》的文句多涉隐语和譬喻,在缺乏具体背景资料的情况下,一些句读和文意的解读在学者中还存在不同意见,此处"和之"的主语究竟是秦穆公之乐工还是申公子仪尚难确解,但"乃命升琴""楚乐和之"的意旨还是很清晰的,与郧公钟仪的"使与之琴""操南音"可谓异曲同工。

第四,二者均被以很隆重的礼仪释放。在这一点上,《子仪》将秦穆公送归申公子仪的过程记述得很详细:"乃张大侯于东奇之外,礼子仪舞,礼随会以韇",②"公命穷韦升琴奏镛,歌曰……","乃命升琴,歌于子仪","翌明,公送子仪"。加上秦穆公与子仪都以华丽的外交辞令,对秦楚将勠力同心合作的意愿做了表达:"公曰:'仪父,以不谷之修远于君,何争而不好?譬之如两犬沿河啜而狺,岂畏不足?心则不裕。我无反覆,尚端项瞻游目,以晉我秦邦。不谷敢爱粮?'公曰:'仪父,归,汝其何言?'子仪曰:'臣观于漳滏,见独鹬踦济,不终,需鹬,臣其归而言之;臣见二人仇竞,一人至,辞于俪,狱乃成,臣其

---

① 清华大学出土文献研究与保护中心编,李学勤主编:《清华大学藏战国竹简(陆)·子仪》,中西书局,2017年,第128页。
② "舞"原作"亡",清华简整理者以"亡"字属下句,读为"礼子仪,无礼随会,以韇",但杨蒙生先生提出"亡,疑读为舞,与下文之'韇'构成异文",所说当是,此从杨氏意见。参见杨蒙生《清华六〈子仪〉篇简文校读记》,清华大学出土文献研究与保护中心网,2016年4月16日。

归而言之;臣见遗者弗复,翌明而返之,臣其归而言之.'……"①凡此诸种,其场面之热烈,礼节之郑重,言辞之华丽,都是以隆重的礼仪释放申公子仪的明证。而《左传》成公九年对于晋景公释放郧公钟仪的过程虽然记述得比较简略,但要点却很突出,直言"重为之礼,使归求成"。

  第五,二者被释放时,分别有晋国范氏父子出现在现场。《子仪》记载申公子仪被释放时,秦穆公"礼子仪舞,礼随会以籑",籑,整理者注:"馔也,舞也",即在典礼上一同被秦穆公礼以乐舞的还有随会。随会亦称士会,为晋国有名的卿大夫,虽然《子仪》对于其为何会来到秦国②以及为何会出现在秦穆公释归申公子仪的典礼上没有明确的解说,③但其人却很值得注意,因为随会也称"范武子",《国语·晋语五》"范武子退自朝",韦昭注"武子,晋正卿士会"。④ 而郧公钟仪被释放时有一位人物是范文子,前引《左传》成公九年记载晋景公于军府见到钟仪之后,回去将自己所受的触动告知了范文子——"公语范文子",范文子高度赞扬了钟仪不背本、不忘旧、无私、尊君等美德,建议"君盍归之,使合晋、楚之成",最后"公从之",郧公钟仪才得以释放。范文子在此被描绘为促成郧公钟仪释归的关键人物,然而更值得关注的是,范文子刚好为范武子之子,《左传》宣公十七年载"范武子将老,召文子曰:'燮乎,吾闻之……'",⑤就是其父子关系的证明。在前面已经出现了多处雷同之后,申公子仪和郧公钟仪在被释放时又恰恰分别有晋国的范武子、范文子父子出现,如此令人难以置信的相似,恐怕绝不是"巧合"所能解释。

---

① 清华大学出土文献研究与保护中心编,李学勤主编:《清华大学藏战国竹简(陆)·子仪》,第128—129页。
② 《左传》《史记》等传世文献记载了随会的两次入秦,一次为迎立公子雍,一次为出亡奔秦,但两次均发生在崤之战六七年以后,应该不是这一次。
③ 杨蒙生谓:"从篇中对话推测,秦穆公礼随货(会)之原因很可能是要标明秦国在殽之战中并无过错。秦之即楚,责任完全在晋而不在秦。"或可备为一说。见杨蒙生《清华六〈子仪〉篇简文校读记》,清华大学出土文献研究与保护中心网,2016年4月16日。
④ 上海师范大学古籍整理组校点:《国语》卷一一《晋语五》,第400—401页。
⑤ 杨伯峻编著:《春秋左传注》,第774页。

二、事迹的混淆与演绎

上文列举了楚国两位大夫申公子仪与郧公钟仪若干条非比寻常的雷同,最大的可能是二者的事迹发生了混淆,其中一个人的某些事迹被移植到了另一个人身上。如同史籍中楚孙叔敖与令尹子文都有"三相三去"的记载,①楚庄王、齐威王都有即位三年不理政事的传说,②苏秦、苏代兄弟的事迹被混为一谈,以及范雎改名为张禄入秦为相的故事被误传为张仪,③等等,这种情况于先秦史料中并不少见。而通过文献对比推证,此处应该是申公子仪的事迹被移植到了郧公钟仪身上。

申公子仪和郧公钟仪的事迹也见于清华简《系年》,《系年》第6和第8章记述了申公子仪的事迹:

晋人杀怀公而立文公,秦晋焉始合好,戮力同心。二邦伐鄀,徙之中城,围商密,止申公子仪以归。

晋文公卒,未葬,襄公亲率师御秦师于崤,大败之。秦穆公欲与楚人为好,焉脱申公仪,使归求成。秦焉始与晋执乱,与楚为好。④

第16章记述了郧公钟仪的事迹:

楚共王立七年,令尹子重伐郑,为氾之师。晋景公会诸侯以救郑,郑人止郧公仪,献诸景公,景公以归。一年,景公欲与楚人为好,乃脱郧公,使归求成。共王使郧公聘于晋,且许成。⑤

---

① 见《庄子·田子方》《荀子·尧问》《吕氏春秋·知分篇》《论语·公冶长》《国语·楚语》等。
② 见《韩非子·喻老》《吕氏春秋·重言》《史记·楚世家》《史记·田敬仲完世家》等。
③ 参见唐兰《司马迁未见过的史料——读战国纵横家书》,载《战国纵横家书》,文物出版社,1976年,第137—167页。
④ 清华大学出土文献研究与保护中心编,李学勤主编:《清华大学藏战国竹简(贰)·系年》,中西书局,2011年,第150—155页。
⑤ 清华大学出土文献研究与保护中心编,李学勤主编:《清华大学藏战国竹简(贰)·系年》,第174页。

对比《系年》与《左传》可见,《系年》对于申公子仪被囚与被释放的记述,与《左传》基本一致;对于郧公钟仪被囚与被释放的记述,虽然在其释归的年份及释归后楚共王派往晋国许成的使者上与《左传》小有不同,但在基础史实上并无差异。[1] 最大的区别在于:《左传》成公九年对于郧公钟仪被释放时有关南冠而絷、南音之操及范文子之说教的描写,为《系年》所不见,而这些明显属于带有小说家言色彩的文学化的内容。也就是说,《系年》的记载应该才是郧公钟仪事迹未经修饰渲染的本来面目,《左传》有关郧公钟仪的文学化描写,应当是对当时亦在流传的清华简《子仪》之类有关秦穆公释放申公子仪事迹的类化或者移花接木。

在相距五十余年的时间里,楚国确实有申公子仪、郧公钟仪两位同名且同是出自斗氏家族的大夫先后被秦国和晋国囚禁又释放,这两点倒是真实存在并且是可以理解的:因为在春秋时期的楚国,斗氏是个很大的家族,《世本》对于"斗氏"的记载除了本文前引斗克的世系之外,还有"若敖生伯比,伯比生文子谷於菟,谷於菟生子扬般,般生克黄,克黄生弃疾,弃疾生韦龟,韦龟生子旗成然,成然生辛、怀、曹",以及"伯比生子良,子良生子越椒,椒生贲皇"[2]云云,足见其绵延多代,为世家巨族;而"仪"是当时人的常用名或字:楚王有熊仪,小邾国君有邾仪父,周有王子仪,郑有公子仪,[3]不一而足。而在春秋时期各人国间错综频繁、时战时和的军事外交活动中,俘囚与释囚也是经常性行为。秦穆公在崤之战被晋国打得"匹马只轮无反者"[4]的惨败背景下,谋求与南方的楚国结盟以联合对抗晋国,于是以隆重的礼仪、恳切的言辞释放长期囚禁在秦国的楚国重臣申

---

[1] 楚共王于郧公钟仪释归后派往晋国许成的使者,《左传》谓为公子辰(次年《传》又称"太宰子商"),《系年》谓为郧公,其实两者也并不冲突。当是使者中以公子辰为主,郧公仪为辅,《左传》强调的是使者中的主脑,《系年》强调故人复来而已。

[2] (汉)宋衷注,(清)秦嘉谟等辑:《世本八种》"秦嘉谟辑补本"卷六"斗氏"。

[3] 分别见《史记·楚世家》、《春秋经》隐公元年、《左传》桓公十八年。

[4] (汉)何休注,(唐)徐彦疏,刁小龙整理:《春秋公羊传注疏》僖公三十三年,上海古籍出版社,2014年,第501页。

公子仪,①以此向楚成王示好,也是自然而然的事情。只是当《左传》在收录申公子仪与鄀公钟仪两人事迹的时候(也可能是在成书之后的流传过程中),或有意或无意,使这两位既同名又出自同一家族的大夫的事迹发生了淆乱,由此鄀公钟仪的事迹里窜入了本来属于申公子仪的乐操楚风、范氏见证、重礼释归等内容。

然而古书在编写和流传过程中的讹舛问题却又不止是纯粹的窜入这样简单,李零先生在阐述古书的体例时曾提出"篇数较多的古书多带有丛编性质",即古书的编撰基础往往是一些杂乱无章、记事记言的片段史料,古书的编写便是将这些零散的篇章加以汇总,"《左传》应当也是利用这类(零散的篇章)材料,按鲁《春秋》编年整理而成的古书"。② 在史料混杂、出此入彼的背景下,古书的成书及之后的流传便是非常复杂的问题,如有学者指出:古书与作为其史料的零散篇章,可能呈现两种关系,"一种是基本因循,一种是有所演绎"。③ 前者古书与零散篇章的内容基本一致,所出现的差别,多为个别字词表述的差异,如假借字、异体字、误字、误句等;后者古书与零散篇章之间有一定的相似之处,但彼此间也存在明显差别,相似反映出它们在文本上有一定的关联,差别则说明在编时或编后,又发生了割裂、渲染或增饰等,以呼应其自身存在所需要的合理性。而《左传》有关申公子仪的内容与《系年》的关系即属于前一种;有关鄀公钟仪的内容与《子仪》(或《子仪》的同类文献)的关系则属于后一种。前一种在文献对比中已呈现得很明晰,后一种的情形盖为如下:

---

① 子仪为申县县公,而楚国经营中国,常用申、息之师。僖二十八年城濮之败,楚王谓子玉"若申、息之老何";僖二十六年申公叔侯戍齐,宣十二年申公巫臣与伐萧,成六年用申、息之师救蔡,成七年《传》所谓"申、吕所以邑,是以为赋,以御北方",均证明申公在楚国军事政治生活中扮演重要角色。参见杨伯峻编著《春秋左传注》,第434页。
② 李零:《出土发现与古书年代的再认识》二"出土简帛书籍与古书体例的研究",载《李零自选集》,广西师范大学出版社,1998年,第28页。
③ 谢科峰:《古书流传过程中的文本问题刍议——以上博简〈平王与王子木〉与〈说苑〉相关内容的比较研究为中心》,《古籍整理研究学刊》2015年第3期。

《左传》植入了《子仪》体现申公子仪乡情的"楚乐"的内容,改写为"南音",但为了渲染郧公钟仪的不忘故国,又增饰了"南冠而絷"的情节;植入了《子仪》中申公子仪获释时有晋国范氏为见证的内容,但申公子仪的见证人是范武子随会,而五十余年之后的郧公钟仪显然已不适合与范武子同时代,于是与时俱化为范武子之子范文子;《子仪》于申公子仪被释之时并无他人劝谏的成分,但可能由于申公子仪在被释归之后却又因叛乱而被杀,①《左传》于是又增益了范文子一大段赞誉郧公钟仪忠君无私,但明显带有儒家裨补风化得失、劝喻世道人心意味的说教的内容。钱钟书"左传正义"谓"上古既无录音之具,又乏速记之方,驷不及舌,而何其口角亲切,如聆謦欬欤?……盖非记言也,乃代言也,如后世小说、剧本中之对话独白。左氏设身处地,依傍性格身份,假之喉舌,想当然耳",可谓对这类记言极有价值的质疑和批判。②

综上,《左传》申公子仪与郧公钟仪二者事迹多有雷同,是《左传》将申公子仪事迹混淆到了郧公钟仪身上。而由于古书在成书及流传过程中与作为其史料的零散篇章之间关系的复杂性,《左传》在混淆了申公子仪与郧公钟仪事迹的同时或其后,又发生了某些演绎。

---

① 《左传》文公十四年:"楚庄王立,子孔、潘崇将袭群舒,使公子燮与子仪守,而伐舒蓼。二子作乱,城郢,而使贼杀子孔,不克而还。八月,二子以楚子出,将如商密,庐戢梨及叔麇诱之,遂杀斗克及公子燮。"
② 见钱锺书《管锥编》第一册"左传正义",生活·读书·新知三联书店,2007年,第271页。

上博简《姑成家父》史实考论

——兼谈其文献学价值

谢耀亭

上博简《姑成家父》篇,整理者李朝远先生指出:"内容与春秋中期晋国三郤,即郤锜、郤犨、郤至有关。所记与《左传》《国语》等文献或相同相近,或不同。其基本立场似是同情三郤。"①细读简文,简文以整个厉公朝为背景,穿插晋国国君与卿大夫、卿大夫之间的矛盾,以姑城家父为重点,记述了三郤被灭之事。简文内容确如李朝远先生所说,与传世文献不尽相同,甚至有的细节完全与传世文献所载不同。

上博简《姑成家父》篇的关注度,在同类出土文献中并不算高。简文公布后,陈伟、陈剑、季旭昇、周凤五、黄人二、何有祖、郭永秉、冀小军、刘洪涛、曹银晶等学者,或考释文字,或训诂文意,论作散见于网络与论著,为《姑成家父》篇的通读和理解,做了很好的研究工作。沈培先生将第 6、7、8 简,调整至简 1 与简 2 之间,使简文脉络更加清楚,得到学界的认可。②但不可否认,目前学界对《姑成家父》的研究,主要集中于竹简编联的调整和文字方面的考释。李朝远先生指出的简文与传世文献不同的问题,学者皆有注意到,但并未过多探讨,仅见黄人二先生及其指导的研究生董熠对此有过讨论。③

作者简介:谢耀亭,山西师范大学历史学院教授,主要从事先秦史、儒学史研究。
项目基金:本文系教育部人文社会科学研究项目"出土文献与晋国史研究"(20YJC770032)阶段性成果。

① 马承源主编:《上海博物馆藏战国楚竹书(五)》,上海古籍出版社,2005年,第 239 页。
② 沈培:《上博简〈姑成家父〉一个编联组位置的调整》,简帛网,2006 年 2 月 22 日。
③ 黄人二:《上博藏简第五册姑城家父试释》,《考古学报》2012 年第 2 期,第 163—176 页。董熠:《先秦简牍与经部古籍互证研究——以〈左传〉为例》,华东师范大学硕士学位论文,2014 年。

造成《姑成家父》在同类文献中关注度不高的原因,应与其内容对传世文献所记历史,未能形成巨大冲击有关。是以学界对此篇的研究,多从文字方面展开,而从史学角度研究的较少。可以肯定的是,历史的演进,是单线不重复的,场景具有唯一性。晋厉公灭三郤的原因和经过,只有一种历史真实,但《姑成家父》所见内容,确与传世文献不尽相同,这是值得我们思考的问题。近读《姑成家父》,略有一些不成熟的想法,供学界批评。

一、姑成家父形象问题

姑成家父,即晋国郤犨。郤犨是郤氏家族最鼎盛时的"三郤"之一,传世文献对郤犨的记载,整体形象是无德而骄、贪婪而傲、积怨难返。鲁国子叔声伯曾对郤犨有过整体的评价。《国语·鲁语上》载子叔声伯拒绝郤犨给予的城邑,鲍国问其故,子叔声伯对曰:"吾闻之,不厚其栋,不能任重。重莫如国,栋莫如德。夫苦成叔家欲任两国而无大德,其不存也,亡无日矣!譬之如疾,余恐易焉。苦成氏有三亡:少德而多宠,位下而欲上政,无大功而欲大禄,皆怨府也。其君骄而多私,胜敌而归,必立新家。立新家,不因民不能去旧。因民,非多怨民无所始。为怨三府,可谓多矣。其身之不能定,焉能予人之邑?"[①]子叔声伯预言郤犨将亡,理由是积怨难返,具体表现在三个方面,即受到国君宠爱但缺少德行,身居下位却欲主上政,功劳不著却俸禄丰厚。子叔声伯认为,如果晋国国内政治发生变化,第一个受到冲击灭亡的,就应该是郤犨家族。

郤犨无德、贪婪、骄傲的表现,在传世文献中可得到印证。《左传·成公十六年》:"秋,会于沙随,谋伐郑也。宣伯使告郤犨曰:'鲁侯待于坏隤,以待胜者。'郤犨将新军,且为公族大夫,以主东诸侯。取货于宣伯,而诉公于晋侯。晋侯不见公。"[②]郤犨主持东方诸侯国

[①] 徐元诰:《国语集解》,中华书局,2002年,第171—172页。下文引《国语》皆出此,不再详注,仅随文标注页码。
[②] 杨伯峻编著:《春秋左传注》,中华书局,1990年,第891页。下文引《左传》皆出此,不再详注,仅随文标注页码。

的事务,是霸主晋国的代言人,却因拿了宣伯的财物,便在晋厉公面前诋毁鲁成公,导致晋君不见鲁君,而鲁国是晋国为数不多的、较为稳定的追随者。在其位而失其政,即是"失德"的表现。大国失范,势必引起同盟诸侯国的不信任。郤犨贪图财货的自私行为,对晋国霸业的维继起到了不良影响。

郤犨身居卿位,却傲慢失礼,仪态失当。《左传·成公十四年》载郤犨送孙林父归卫,卫定公飨郤犨。郤犨的表现相当傲慢,卫大夫宁惠子言道:"苦成叔家其亡乎!古之为享食也,以观威仪、省祸福也,故《诗》曰:'兕觵其觩,旨酒思柔。彼交匪傲,万福来求。'今夫子傲,取祸之道也。"(第869页)仪以成礼,礼以观德。失仪无礼,反映的是人内心的修养与认识。郤犨以晋卿身份,与卫君享食,他的无礼傲慢,体现了他携大国之威,忽视小国的内心,使小国失去对大国的应有尊重。郤犨的骄纵,也加速了其灭亡。

郤犨求妇于鲁国,为人所不耻。《左传·成公十一年》载:"郤犨来聘,求妇于声伯。声伯夺施氏妇以与之。"(第853页)施氏妇是声伯同母异父的妹妹,嫁给了施孝叔。从整个事件来看,郤犨应该是看中了施氏妇,通过声伯求取。声伯不敢得罪郤犨,施孝叔也怕得罪郤犨引来杀身之祸,不能誓死保护妻子,最终郤犨将施氏妇带回晋国。强夺他人之妇,这在当时是为人所不耻,只是迫于郤犨的淫威,敢怒而不敢言,最终竟成事实。郤犨的行为,势必引起各国卿大夫的反感,加剧了自身阵营的分裂。

上述所见,是传世文献反映的郤犨形象。上博简《姑成家父》中所载郤犨,未见无德骄纵的表现,体现出的是大国重卿的责任与担当。《姑成家父》载:"姑城家父事厉公,为士宛,行正迅强,以见恶于厉公。"(简1)①从晋厉公奢侈多外宠的情形来看,郤犨不被厉公喜欢,也说明郤犨在这些方面,并未迎合厉公,有自己的原则,这就是简文所言"行正迅强"。周凤五先生谓:"正,整理者读为'征'。按,

---

① 为行文方便,本文《姑成家父》释文,除特别注明外,皆采用周凤五先生释文。宛,整理本为"宫",周凤五释"宪",此从季旭昇释。季旭昇:《上博五刍议(下)》,简帛网,2006年2月18日(http://www.bsm.org.cn/show_article.php?id=196)。

当读为'政',谓推行政务,治国。""迅强,迅疾强悍。"①简文言郤犨:
"躬举士处官,且夕治之,使有君臣之节。三郤中立,以正上下之过,
强于公家。"②郤犨为公族大夫,有举士之责。《国语·晋语七》:"栾
伯(谓)[请]公族大夫。"韦昭注:"公族大夫,掌公族与卿之子弟。"
(第407页)简文"且夕治之",与"行正迅强"可互证。郤犨在行政
方面,比较尽责,且以中立的态度,没有偏向厉公,这也应该是造成
"见恶于厉公"的原因所在。虽然郤犨见恶于厉公,但他仍以尽其职
责为行事标准,当栾书暗示时,郤犨仍言:"吾敢欲頾颔以事世哉?
吾直立径行,远虑图后,虽不当世,苟义,毋久,立死何伤哉!"(简
7)③表明其态度,虽不被宠信,但仍坚持原则,不伤道义。

　　传世文献所载,俱为郤犨失德、失礼之表现;而简文所见,则表
现出郤犨尽已之责,执义而行。对于这样的记载,看似矛盾,其实可
以理解。传世文献所载,皆为郤犨处理与诸侯国间之事;竹简所载,
则是郤犨处理内政之事。人无完人,或许综合起来的,才是真实的
郤犨:处卿位,且掌公族与卿之子弟之责,国内行政较为勤勉;代表
晋国,主持东方诸侯国之事,携大国之威,不免行为骄纵,气势凌人。

二、栾书作难问题

　　《姑成家父》云:"栾书欲作难,害三郤。谓姑城家父曰'为此世
也从事,何以如是其疾哉? 于言有之"頾颔以至于今哉,无道政也。
伐尼遹适。"吾子圆之。'"(简6、7)④根据简文"三郤既亡,公家乃
弱,栾书弑厉公"(简10)之意,简文所言"欲作难"即是弑杀厉公。

---

① 周凤五:《上博五〈姑成家父〉重编新释》,《朋斋学术文集(战国竹书卷)》,
　　台湾大学出版中心,2016年,第361、357—358页。
② 举,整理本、周凤五皆释读为"与",此从曹银晶释读。曹银晶:《上博竹书
　　〈姑成家父〉"躬與士處培"小考》,简帛网,2007年3月7日(http://
　　www.bsm.org.cn/show_article.php? id=531)。
③ 直,整理本释为"想",周凤五释为"特",此从何有祖释。何有祖:《〈季庚
　　子问于孔子〉与〈姑成家父〉试读》,简帛网,2006年2月9日(http://
　　www.bsm.org.cn/show_article.php? id=202)。
④ "伐尼遹适",周凤五释为"伐多狃达",此从整理本。

因为忌惮于三郤的力量,所以试图拉拢,认为处于无道之世,或可另外图谋。但郤犨拒绝了栾书的拉拢,是以简文言:"栾书乃退,言于厉公曰:'三郤家厚,取主君之众,以不听命,将大害。'公惧,乃命长鱼矫口口口口"(简7、8)栾书拉拢郤犨未果,便向厉公进谗言陷害三郤。三郤力量在当时属于晋国第一大宗族力量,有"三卿五大夫"之称,其他宗族难以望其项背。强宗大族弑君之例,在晋国也曾发生过,灵公被赵穿所弑,但赵氏一族未被追责。晋厉公听到栾氏之语,内心顾虑与恐惧,可想而知,最终做出灭三郤的决定。

栾氏一族,随着栾书任中军将,其宗族力量达至鼎盛。《左传·襄公三十一年》:"大官、大邑所以庇身也。"(第1193页)宗族的绵延,当于权力中心有宗族力量的传承,这是确保宗族绵延的核心与关键。此时晋国卿位并未固定于某家,能否在自己去世后,家族人员递列卿班,并不可知。因此,此时的卿族,一方面积极培养家族人员;另一方面,不断抑制比自己强大的宗族力量,为自己的后代创造较好的政治环境。栾书在抑制强宗方面,并不生疏。赵婴齐的被逐,使赵氏的力量受到严重损失。《左传·成公八年》载:赵庄姬"谮之于晋侯,曰:'原、屏将为乱。'栾、郤为征。六月,晋讨赵同、赵括。武从姬氏畜于公宫。以其田与祁奚"(第838—839页)。栾书作了伪证,促使"下宫之难"的发生。栾书作伪证的动机与目的,就是抑制赵氏宗族力量的发展,在当时众多宗族之中,赵氏最强盛。晋厉公时期,郤氏家族力量急剧发展,在八卿中占据三卿席位,形成"三卿五大夫"之势,《国语·晋语八》载时人评价郤至"其富半公室,其家半三军"(第439页)。这样的强宗大族,对于栾氏的发展,显然不利。即使栾书此时担任执政卿,宗族力量的发展趋势,仍无法与郤氏相匹敌。栾书与郤氏本身也有矛盾。鄢陵之战,晋厉公用郤至意见获胜,这让作为中军将的栾书十分不满,"栾书是以怨郤至"。强宗大族力量的削弱,有利于栾氏家族的发展。《国语·晋语七》载栾书"请公族大夫",晋悼公任栾书之子栾黡为公族大夫。栾书去世后,栾黡被任命为下军将,班在六卿之位。

栾书进谗言与厉公,恐与抑制郤氏宗族力量,为栾氏力量发展创造条件有关,其动机与目的,也正与当年作伪证祸害赵氏相同。

厉公被弑,不是三郤灭亡后的必然结果。晋灭三郤时,胥童也劫持了栾书、中行偃,并力主处死二人,消除潜在威胁,实现鄢陵之战后厉公新的政治布局的企图。但厉公认为,"一旦杀三卿,寡人不忍益也"。① 厉公不但恢复了二卿之位,而且亲自做出了解释。对于栾书和中行偃而言,不敢拿自己的生命冒第二次风险,导致厉公最终被弑。从厉公释放栾书和中行偃的情况来看,厉公对二人并没有太大的成见。胥童劫持栾书、中行偃,也是卿族间的矛盾,以及打造新的政治生态的需要。晋厉公并没有除掉栾书之心,栾书也就没有了弑杀厉公的动机和理由。《姑成家父》所言"栾书欲作难,害三郤",言外之意是栾书弑厉公是栾书既定的目标,只因畏忌三郤的力量,才先谗害三郤,最终弑杀厉公。《姑成家父》所述,恐与史实不符,是后世"因其事而度其意"的论述。

三、长鱼矫问题

郤犨绑缚长鱼矫父母妻子,确有其事,传世文献与出土文献皆有记载。《左传·成公十七年》:"郤犨与长鱼矫争田,执而梏之,与其父母妻子同一辕。既,矫亦嬖于厉公。"(第900页)《姑成家父》载:"长鱼矫窃自公所,拘人于百豫以入,囚之。姑城家父捕长鱼矫,梏诸廷,与其妻,与其母。公愠,无告,告强门大夫。强门大夫曰'如出内库之囚,回向予之兵。'强门大夫率以释长鱼矫,贼三郤。郤锜、郤至、姑城家父立死,不用其众。"(简9、10)②传世文献记载,起因于二者争田;而《姑成家父》所载,是在长鱼矫得到厉公授意,在灭三郤的行动过程中被捕。

三郤之难,又称车辕之役。《国语·晋语九》:"夫郤氏有车辕之难,赵有孟姬之谗,栾有叔祁之愬,范、中行有函冶之难,皆主之所知

---

① (汉)司马迁:《史记》(修订本),中华书局,2014年,第2026、2645页。
② "强门",周凤五释为"库门",此从整理本。愠,整理本为"恩",周凤五释"因",此从沈培释。如,周凤五训为"汝",此从沈培训释,"如",训为"不如"。沈培:《由上博简证"如"可训为"不如"》,简帛网,2007年7月15日(http://www.bsm.org.cn/show_article.php?id=624)。

也。"(第455页)从《国语》所言,"车辕之难""孟姬之谗""叔祁之愬""函冶之难"皆是郤氏、赵氏、栾氏、范、中行氏被诛的起因或导火索,而非事件的具体过程。传世文献载三郤皆死于长鱼矫之手,是以长鱼矫妻母被绑之事,被看成是三郤招来被灭之祸的起因。因此,事件发生在三郤被灭之前较为合理。传世文献记载二者争田起纠纷,郤犨绑缚长鱼矫及其妻母更合理。彼时,三郤力量炽盛,有如此的行为,不难理解。相反,依《姑成家父》所载,长鱼矫被绑之前,栾书进谗言与厉公。厉公给长鱼矫下令行事,郤锜听闻后,已告诉过郤犨,并建议采取行动,只是最终被郤犨拒绝。明知形势如此,在决定不作乱的前提下,且在长鱼矫等人采取行动过程中,依然绑其妻母,显然不合理。捕长鱼矫,可以看作是郤犨行使卿权,自然正常的应对。而绑其妻母,只会给三郤招致更多的敌意,在晋国卿大夫间形成极为不良的影响,这样的情势下,郤犨仍会如此做,不太可能。

  三郤被灭,没有大规模的战斗,传世文献和出土文献皆有记载。《左传·成公十七年》:"胥童、夷羊五帅甲八百将攻郤氏,长鱼矫请无用众,公使清沸魋助之。"(第902页)《姑成家父》:"郤锜、郤至、姑城家父立死,不用其众。"(简10)同样的"不用众",但二者所指不同,传世文献记载是长鱼矫自请不用兴师动众,而出土文献所记,则是三郤没有动用其私人力量进行反抗。周凤五先生曾指出:"《姑成家父》简十'不用其众',《左传》也有'无用众'一语,但前者叙述苦成家父谨守君臣分际不肯称兵作乱,后者则谓长鱼矫决定诱杀三郤因而不必兴师动众,二者文字雷同而所指有异。究竟是偶然巧合抑或'传闻异辞',这涉及先秦古书的性质、分类与流传,值得深入探究。"厉公准备诛灭三郤时,郤锜主张反抗作难。《左传》记载郤至认为不能作乱的理由,而《姑成家父》所载是郤犨讲述了不能作乱的理由。比对文献,厉公灭三郤的心意,三郤听到风声。郤锜是郤氏家族的主战派,但最后的结果,应该是三郤意见达成了一致,不准备作乱。三郤"无用众"在情理之中。从《姑成家父》载长鱼矫被捕的情况来看,长鱼矫应是"无用众"。虽然我们认为长鱼矫被捕,并非在此时发生,但简文传递出长鱼矫"无用众"的信息。《左传·成公十

303

七年》载三郤被灭时,"胥童以甲劫栾书、中行偃于朝。"(第902页)综合判断,三郤被灭,三郤不准备作乱,也未发生大规模的战斗,但厉公手下之人,有武力准备。

四、《姑成家父》文献属性问题

三郤被灭之事,《左传·成公十七年》有较为详细的记载。《左传·成公十七年》载鄢陵之战后,厉公欲去除强宗大族,立其宠信之人。支持厉公灭三郤的胥童、夷阳五、长鱼矫、栾书等人,皆与三郤有怨。栾书的阴谋挑拨、郤至无视君威的挑衅,最终促使厉公诛灭三郤。三郤听从了郤至的意见,没有采取反抗作乱,郤氏遂灭。从传世文献的记载来看,去除强宗大族,是厉公鄢陵之战后,打造新的政治生态的既定计划;三郤首先被问难,是在诸多强宗大族中,三郤的力量最强,却又与当时晋国主要宗族频频结怨而致。

上博简《姑成家父》所载,全文所要表述的,是栾书欲作难,畏忌三郤的力量,拉拢不成,进而构陷,遂致三郤灭亡。是以整理者李朝远先生言:"其基本立场似是同情三郤。"《姑成家父》与传世文献所载有的地方不尽相同,但三郤最终被灭,厉公被弑,栾书、长鱼矫皆参与此事件,这是相同的。栾书使用阴谋除三郤,长鱼矫与郤犨结怨,也是两种文献表现的相同之处。

同样的史实,为何会表现出记载的不同,甚至在态度上截然相反?这是值得我们探讨的问题。笔者的基本判断,《姑成家父》文本形成的时间,要晚于《左传》。《姑成家父》是属于事件之后总结性的概述,其中有可靠的史料来源,也有传闻所得,更有作者的态度选择。非如《春秋》《左传》,在原始资料基础上,进行梳理、润饰,更多的保留了历史的真实。

《姑成家父》篇名为整理者拟定,得到学人的肯定。简文中,提及三郤时,郤锜、郤至直称名,唯有郤犨不称名。郤锜,食邑于驹,文献中称"郤子""郤伯""郤驹伯""驹伯"。郤至,食邑于温,文献中称"郤昭子""温季子""温季""温子""郤季"。郤犨,食邑于苦成,后以"苦成""苦"为氏。"姑成家父"之"父",李朝远先生认为同"甫",为尊称。三郤中,唯有郤犨为尊称,笔者认为《姑成家父》很有可能出于郤犨后人,或与郤犨渊源颇深人之手,这也不难理解《姑成家父》整篇以郤犨为中心,所记事件,均突出郤犨的正面形象。

《姑成家父》载厉公将作难,"郤锜闻之,告姑城家父曰:'以吾族三郤与口口口口于君,幸,则晋邦之社稷可得而事也;不幸,则取免而出,诸侯畜我,谁不以厚?'姑城家父曰:'不可。君贵我,而受我众,以我为能治。今吾无能治也,而因以害君,不义,刑莫大焉。虽得免而出,以不能事君,天下为君者,谁欲畜若者哉?初,吾强立治众,欲以长建主君而御难。今主君不阅于吾故,而反恶之。吾毋有它,正公事,虽死,焉逃之?吾闻为臣者必使君得志于己,而有后请。'"(简2—5)①《左传·成公十七年》载厉公将作难时,"郤锜欲攻公,曰:'虽死,君必危。'郤至曰:'人所以立,信、知、勇也。信不叛君,知不害民,勇不作乱。失兹三者,其谁与我?死而多怨,将安用之?君实有臣而杀之,其谓君何?我之有罪,吾死后矣。若杀不辜,将失其民,欲安,得乎?待命而已。受君之禄,是以聚党。有党而争命,罪孰大焉?'"(第901—902页)②二处文献所载,皆是强调不作乱的理由是谨守君臣之义,失义作乱,无所容身。因此笔者判断,二处应为同源异叙文献,而坚持不作乱的,应该是郤至。郤至在三郤中,以"勇而知礼"而著称。《国语·晋语六》载:"鄢之战,郤至以韎韦之跗注,三逐楚平王卒,见王必下奔,退战。王使工尹襄问之以弓,曰:'方事之殷也,有韎韦之跗注,君子也。属见不谷而下,无乃伤乎?'郤至甲胄而见客,免胄而听命,曰:'君之外臣至,以寡君之灵,间蒙甲胄,不敢当拜君命之辱,为使者故,敢三肃之。'君子曰:勇以知礼。"(第390—391页)《左传·成公十二年》:"晋郤至如楚聘,

---

① "得免"之"得",周凤五释为"取",此从整理本。"阅",整理本隶定为"遹",未释。周凤五释为"狃",此从王辉释,读为"阅",训为"考察"。王辉:《上博楚竹书(五)读记》,《中国文字》新三十二期,艺文印书馆,2006年,第28—32页。
② 《国语·晋语六》亦有相似的记载:"郤锜谓郤至曰:'君不道于我,我欲以吾宗与吾党夹而攻之,虽死必败国,国败君必危,其可乎?'郤至曰:'不可。至闻之,武人不乱,智人不诈,仁人不党。夫利君之富以聚党,利党以危君,君之杀我也后矣。且众何罪,钧之死也,不若听君之命。'"

且莅盟。楚子享之，子反相，为地室而县焉。郤至将登，金奏作于下，惊而走出。"（第857页）君臣之义，更是礼之大分，能说出这样的话的，应该是郤至，且从我们上文推断来看，《姑成家父》很有可能出自郤犨后人之手，或者是与郤犨渊源颇深人之手，所以将郤至的话，转述成郤犨的话，也便可以理解。郤至是三郤中唯一有谥号之人，谥为"昭"，汪受宽先生认为："《说文》解释：'昭，月明也。'按照阴阳五行说，日为阳，月为阴，人生为阳，人死为阴。《白虎通义·谥》说：'显号、谥何法？号，法天也，法日也，日未出而明。谥，法地也，法月也，月已入有余光也。'昭字可说是最合宜的称美死者的谥字了。"[1] 从郤至的谥法来看，似可佐证，当郤锜准备作乱时，能谨守君臣之义，说出不能作乱之语的，应当是郤至。

三郤被杀，其族人并未被全部诛灭。《左传·成公十一年》："声伯以其外弟为大夫，而嫁其外妹于施孝叔。郤犨来聘，求妇于声伯。声伯夺施氏妇以与之。妇人曰：'鸟兽犹不失俪，子将若何？'曰：'吾不能死亡。'妇人遂行。生二子于郤氏。郤氏亡，晋人归之施氏。施氏逆诸河，沈其二子。"（第853页）郤犨被灭，其妇人与二子皆被送回鲁国，只是最后被施孝叔沉于河，这也透露出晋国并未将三郤族人赶尽杀绝。《史记·伍子胥列传》徐广集解云："伯州犁者，晋伯宗之子也。伯州犁之子曰郤宛……宛亦姓伯，又别氏郤。"《世本·秦嘉谟辑补本》："伯氏本出于郤，故其子孙奔楚，仍从其大宗之氏。"[2] 越王勾践准备讨伐吴国，向五位大夫征询意见，其中一位大夫是苦成。《国语·吴语》载："大夫[苦]成进对曰：'审罚则可以战乎？'王曰：'猛。'"（第557—558页）郤犨食邑于苦成，其后有苦成氏、苦氏。车辕之役，三郤被杀，但从零散的文献中可以看到，晋国并未对三郤后人赶尽杀绝，且南方楚、越等国，仍有郤氏后人。这也是我们考虑《姑成家父》篇，是出自郤犨后人之手，或出自与郤犨渊源颇深人之手。

---

[1] 汪受宽：《谥法研究》，上海古籍出版社，1995年，第14页。
[2] （汉）宋衷注，（清）秦嘉谟等辑：《世本八种》，中华书局，2008年，第219页。

《国语·楚语上》载士亹为太子傅后,问教于申叔时。申叔时曰:"教之《春秋》,而为之耸善而抑恶焉,以戒劝其心;教之《世》,而为之昭明德而废幽昏焉,以休惧其动;教之《诗》,而为之导广显德,以耀明其志;教之礼,使知上下之则;教之乐,以疏其秽而镇其浮;教之《令》,使访物官;教之《语》,使明其德,而知先王之务,用明德于民也;教之《故志》,使知废兴者而戒惧焉;教之《训典》,使知族类,行比义焉。"(第485—486页)申叔时所论贵族教育内容时,《春秋》与《故志》分开论述,知是两类文献。从其教育功能而言,"为之耸善而抑恶焉,以戒劝其心"与"知废兴者而戒惧焉"并无太大的差别,皆是戒惧于善恶兴废,寻求归正于本心,指导从政。且在西周春秋的贵族教育当中,善恶与兴废存在着密切的关系,这也是《左传》《国语》中多论强宗大族覆灭时,以"无德""失德"为其核心理由。这样来看,《春秋》与《故志》别为两类文献,非因其所述内容有异,也非因其教育功能不同,最主要的应该是两类文献的性质不同。《春秋》的"耸善抑恶",是以记述历史的"春秋笔法"来体现,其史书的性质依然突显。《国语》韦昭注:"《故志》,谓所记前世成败之书。"同样是以史为鉴,《故志》未归入《春秋》,单成一类文献,很有可能如韦昭所言,"记前世成败",进而"知废兴者而戒惧"。这样的记述,应是事后追记与总结。同为史书,二者的出发点以及文本形成的时间不同。《春秋》类文献,是"君举必书",随事件的进展而跟进记录,最后整理成史。《故志》类文献,是"鉴于往事,有资于治道",属事件结束已成历史后,或以成事为主题,昭启后人;或以败亡为主题,戒惧来者。此应是同属记载历史的文献,而划归不同类文献的原因所在。两类文献各有所长,各有存在的价值,但《春秋》类文献的史学价值显然高过《故志》类文献,这是由两类文献的出发点及文本形成时间不同而决定的。上博简《姑成家父》应属于《故志》类文献。

《姑成家父》所载内容,主体部分与《左传·成公十七年》所载"三郤被灭"相同。但明显可以看到,二者文献属性的不同,决定了二者的记事体例不同。《左传》为编年体记事,而《姑成家父》则类于后世的纪事本末体,全篇以郤犨为中心,以整个厉公朝为背景,来讲述三郤被灭之事,从而起到"知废兴者而戒惧"的效果。《姑成家父》

简文有"百豫",学界有不同的解释,周凤五先生释为"白狄"。晋厉公于公元前580年至公元前573年在位,仅8年。鄢陵之战发生在公元前575年,此后便主要是厉公与国内强宗大族间的斗争。鄢陵之战前五年的时间,文献所载厉公之事,仅有征伐白狄。郤犨的政治活动,主要集中在厉公朝,这是《姑成家父》篇以厉公朝来叙述郤犨的原因。通过对《姑成家父》文献属性的判断,笔者赞同周先生的考释,简文中的"百豫",应是"白狄"。

  通过对《姑成家父》文本形成时间、撰写者、文献性质的讨论,笔者倾向于《姑成家父》文本形成时间较晚,撰写者很有可能是郤犨后人,或与郤犨渊源颇深之人。属于《故志》类文献,目的即是通过前世的成败,引起时人的戒惧。这样我们便可理解,《姑成家父》对郤犨的态度,与《左传》不同,具体史实的论述,与传世文献也不尽相同。

论虞舜逃生传说的
衍化及其衍生性文本

梁 奇

　　文献或文本的生成机制,古今学者已有探讨。刘知幾认为左丘明撰写《左传》时采用了已有"词令"或"成文",从而判断该书并非"出自一时""独成一手"。① 上古典籍大多经历了从言辞至篇、章的漫长成书过程。近几年,一些学者从文学文献、语言学等视角探讨古代文本的生成方式与价值,取得令人瞩目的成就。② 衍化、衍生是古代文本的主要生成机制,其方式包括专书典籍的传笺疏注、重编改编、批校评点、移植续写,章节的模拟以及石刻文献的重刻翻刻与题刻等。③ 古代的历史记载或故事传说在后世会出现经学注疏、文学书写、史学承续、神话传说与宗教俗讲等层面的衍化,从而生成不同的文本类型;甚至当下的民间故事亦存在相似的共时性衍生文本。④ 这些文本大多呈现出前后相承的系统化、类型化特征,我们称

作者简介:梁奇,上海大学文学院教授。
基金项目:本文系国家社科后期资助项目"儒家早期孝道文献整理与研究"(20FZWB045)阶段性成果。
① (唐)刘知幾撰,(清)浦起龙通释,王煦华整理:《史通通释》,上海古籍出版社,1978年,第419—420页。
② 详见孙少华《文本系统与汉魏六朝文学的综合性研究》,《中国社会科学》2016年第5期;徐建委《〈孟子〉尧舜故事与〈尚书·尧典〉的流变》,《上海大学学报》2016年第6期;程苏东《失控的文本与失语的文学批评——以〈史记〉及其研究史为例》,《中国社会科学》2017年第1期;真大成《论中古"衍生性文本"的语料意义——以〈世说新语〉为例》,《中国语文》2020年第1期。
③ 程章灿:《中国古代文献的衍生性及其他》,《中国典籍与文化》2012年第1期,第5—6页。
④ 当下民间故事往往衍生出多个共时性的分支,刘魁立称之为"类型变体"。详见刘魁立《民间叙事的生命树——浙江当代"狗耕田"故事情节类型的形态结构分析》,《民俗艺术》2001年第1期,第65页。

之为"衍生性文本",而先前的"史事"或文本则称之为"源生性文本",二者所组成的文本群暂称之为"族群文本"。虞舜罹陷与逃生故事在汉代至清季的诠释就属于典型的"衍生性文本"。就已有成果而言,大多侧重于揭示衍生性文本的不合理。如刘知幾、罗泌、丘濬、梁玉绳和顾颉刚等指责其情节不合理甚至伪造;当下学者或从伦理学视角评判《史记》《列女传》与《变子文》间的伦理悖离,①或探讨《孟子》设置修廪、浚井情节的神秘性因素以及后世阐释的牵强之处。② 先哲时彦的研究成果与方法对于本文的撰写有较大的指导意义,但它们多揭橥家人构陷、虞舜逃生的矛盾与悖离。事实上,虞舜逃生传说的衍生性文本透露了不同的文本观念与文化信息,体现了"作者"在诠释此事件时的独特视角与历史文化场域,从不同的侧面丰赡着虞舜故事。鉴于此,本文采用以类相从的方法汇总这些历时性文本,借助于衍生性文本理论探赜虞舜逃生故事的生成机制,并寻绎其中所承载的文学思想、文化蕴藏乃至社会史价值,以期拓展并深化虞舜故事的研究路径,为此类文本寻找可资借鉴的解读范式。为行文方便,此将虞舜罹陷与逃生的故事简称为"逃生传说"。

一、虞舜逃生传说的文本系统

虞舜逃生传说最早见诸于《尚书·尧典》"瞽子,父顽,母嚚,象傲。克谐以孝,烝烝乂,不格奸"的"历史记载"。《左传·僖公二十四年》指出"心不则德义之经为顽,口不道忠信之言为嚚",③孔安国认为"舜父有目不能分别好恶,故时人谓之瞽,配字曰瞍。……心不则德义之经为顽。象,舜弟之字,傲慢不友,言并恶",孔颖达将瞽

---

① 陈泳超:《尧舜传说研究》,南京师范大学出版社,2000年,第208—240页。
② 刘洋:《〈孟子〉"虞舜行孝"故事生成及其文化内蕴》,《中国文化研究》2016年第2期;尚永亮:《英雄·孝子·准弃子——虞舜被害故事的文化解读》,《文学遗产》2014年第3期。
③ (晋)杜预注,(唐)孔颖达疏:《春秋左传正义》,(清)阮元校刻《十三经注疏》,中华书局,2009年,第3946页。

瞍、后母与象称为"三恶"。① 面对愚蠢固执、刻薄少信与傲慢骄横的家人,舜终以真诚之心、至孝之行感化了他们,与之和谐相处。显然,《尚书》书写"三恶"实为凸显舜孝德厚美与"齐家"之能力,进而为尧"选贤与能"并使舜"治国"作铺垫。《孟子·万章上》则增添了父母、弟弟施害以及舜逃脱的情节:"父母使舜完廪,捐阶,瞽瞍焚廪。使浚井,出,从而掩之。象曰:'谟盖都君咸我绩,牛羊父母,仓廪父母,干戈朕,琴朕,弤朕,二嫂使治朕栖。'象往入舜宫,舜在床琴。象曰:'郁陶思君尔。'忸怩。舜曰:'惟兹臣庶,汝其于予治。'不识舜不知象之将杀己与?"②其中"完廪、焚廪""浚井、掩之",以及象抢夺财产与二嫂等情节,体现了孟子对此事的开拓与"文学化"书写,使得舜褪去圣贤与英雄的色彩而成为"君子形象","具有普通人的喜怒哀乐和世俗情趣"。③ 但是,《孟子》并未言明"掩井"的主体,也没有交代舜的逃生细节。这为后世留下了充裕的阐释空间,进而促使衍生性文本产生。我们承续前贤,拂去历史灰尘,重理"案宗",可将虞舜逃生传说归纳为四种文本衍化类型。

(一)《史记》与"虞舜自逃"说

司马迁综合《尚书》《孟子》等材料,刻画了舜的庶人、贤臣与圣王形象。关于舜的逃生故事,《史记·五帝本纪》则运用"文学手法"进行了情节的细化、充实:

> 舜父瞽叟盲,而舜母死,瞽叟更娶妻而生象,象傲。瞽叟爱后妻子,常欲杀舜,舜避逃。……瞽叟尚复欲杀之,使舜上涂廪,瞽叟从下纵火焚廪。舜乃以两笠自扞而下,去,得不死。后瞽叟又使舜穿

---

① (汉)孔安国传,(唐)孔颖达疏:《尚书正义》,(清)阮元校刻《十三经注疏》,中华书局,2009年,第258页。顾颉刚《古史辨》认为《尧典》《皋陶谟》《禹贡》为战国至秦汉间人利用远古传说和流传下来的旧材料编写而成的。这些"旧材料"应该肇始于战国或者更早时期,仍属本文的论述范畴。
② (汉)赵岐注,(宋)孙奭疏:《孟子注疏》,(清)阮元校刻《十三经注疏》,中华书局,2009年,第5947页。
③ 傅道彬:《"六经"与"轴心时代"的思想和文学突破》,《复旦学报》2020年第2期,第86页。

井,舜穿井为匿空旁出。舜既入深,瞽叟与象共下土实井,舜从匿空出,去。瞽叟、象喜,以为舜死。①

《太平御览》所引《史记》保留了虞舜逃生的另一传说:"舜母嫉舜,舜父使舜涂泥仓,放火而烧舜。舜垂席而下,得无伤。"②司马迁指出瞽瞍、象施害,增设舜"以两笠自扞而下""垂席而下""匿空旁出"等神秘的逃生情节,明确舜靠一己之力摆脱陷害。这一说法为后世所继承,如《论衡·吉验篇》载:"瞽瞍与象谋欲杀之,使之完廪,火燔其下;令之浚井,土掩其上。舜得下廪,不被火灾;穿井旁出,不触土害。"③《孟子·万章上》赵《注》:"使舜登廪屋而捐去其阶,焚烧其廪也。一说捐阶,舜即旋从阶下。瞽瞍不知其已下,故焚廪也。使舜浚井,舜入而即出,瞽瞍不知其已出,从而盖掩其井,以为舜死矣。……象见舜生,在床弹琴,愕然反辞曰……忸怩而惭是其情也。"④赵氏认为瞽瞍捐阶、焚廪、掩井;象以为舜已命丧井底,就前往舜宫抢财物、妻二嫂,可见瞽瞍与象害舜之意十分明显,而"旋从阶下""入而即出"则说明舜靠己力出逃。需要指出的是,赵氏所录"一说"表明汉代已有多种虞舜逃生传说,但此将"捐阶"释为"舜即旋从阶下",则是误将舜视为主语。"捐"与"弃"系同义互训,⑤"捐阶"即丢弃阶梯。根据古汉语用字规则推断,其主语应为父母;"捐去其阶"与"焚廪"是承接关系,均为父母或瞽瞍个人所为。

(二)《列女传》与"二妃助逃"说

《列女传》是彰表女性的专书,除古本之外,在流传过程中出现了"八篇""七篇""十五卷""二卷"等不同的版本,可见其流传之广泛。《古列女传·母仪传》载:

有虞二妃者,帝尧之二女也。长娥皇,次女英。舜父顽母嚚。

---

① (汉)司马迁:《史记》,中华书局,1982年,第32—34页。
② (宋)李昉:《太平御览》,中华书局,1960年,第919页。
③ (汉)王充撰,黄晖校释:《论衡校释》,中华书局,2018年,第72页。
④ (汉)赵岐注,(宋)孙奭疏:《孟子注疏》,(清)阮元校刻《十三经注疏》,第5947—5948页。
⑤ (汉)许慎:《说文解字》,中华书局,1963年,第83、257页。

父号瞽叟,弟曰象,敖游于嫚,舜能谐柔之,承事瞽叟以孝。母憎舜而爱象,舜犹内治,靡有奸意……瞽叟与象谋杀舜。使涂廪,舜归告二女曰:"父母使我涂廪,我其往?"二女曰:"往哉!"舜既治廪,乃捐阶,瞽叟焚廪,舜往飞出。象复与父母谋,使舜浚井。舜乃告二女,二女曰:"俞,往哉!"舜往浚井,格其出入,从掩,舜潜出。时既不能杀舜,瞽叟又速舜饮酒,醉将杀之,舜告二女,二女乃与舜药浴汪,遂往,舜终日饮酒不醉。……既纳于百揆,宾于四门,选于林木,入于大麓,尧试之百方,每事常谋于二女。①

《五帝本纪》索隐、《楚辞补注》所引古本《列女传》又增加了"鹊如汝裳衣,鸟工往""汝去裳衣,龙工往"等情节。与《史记·五帝本纪》相比,此类文本的变化有三:第一,增加父母谋害的次数。《史记》仅"完廪""浚井"两次陷害,此处增设"饮酒,醉将杀之";第二,增加二女救助情节。《史记》概言舜入大麓、遇烈风雷雨时不迷路,而此文本则为二女"与舜药浴汪"、舜"每事常谋于二女"的情节;第三,植入"龙工""鸟工"。鸟工、龙工可能是饰有鸟、龙图案的衣物。② 二女通过"鸟工往""与药"等方式助舜获取重生,可称之为"二妃助逃"范式。这种范式为后世的阐释提供了衣钵,如《山海经·中次十二经》郭璞注曰"二女灵达……尚能鸟工龙裳救井廪之难",③《宋书·符瑞上》载"舜服鸟工衣服飞去。又使浚井,自上填之以石,舜服龙工衣自傍而出",④南朝梁武帝编《通史》有"女曰:'时其焚汝,鹊汝衣裳,鸟工往。'舜既登廪,得免去也",⑤等等。它们与《列女传》构成了虞舜逃生传说的第二种文本系统。

---

① (汉)刘向编纂,(晋)顾恺之图画:《古列女传》卷一,《丛书集成初编》,中华书局,1985年,第1—2页。
② 笔者推测"鸟工""龙工"为饰有鸟、龙图案的衣物的证据有三:二女及其后裔使鸟的记载;佩戴鸟兽或其器官、图像,以祛病禳灾、求福祈福的习俗;"工""裳"互用,鸟工、龙工应为衣物或其他能穿戴的东西。此话题不是本文论述的重点,笔者将另撰文详述。
③ (清)郝懿行:《山海经笺疏》,中华书局,2019年,第228页。
④ (南朝梁)沈约:《宋书》,中华书局,1974年,第762页。
⑤ (汉)司马迁:《史记》,第35页。

(三) 敦煌变文与"神祇佑助"说

敦煌变文《舜子变》《孝子传》及日本存《孝子传》均载虞舜逃生传说,且故事情节大致相似。其中,《舜子变》是在吸纳《尚书》《孟子》《史记》等文本内容的基础上,植入民间传说。① 据王晓平先生考辨,日本所存的两种《孝子传》写本"最初的底本当还是来自中国民间流传的俗本,是与敦煌本《孝子传》源流相类似的传本"。② 其中的虞舜逃生传说如后母主谋、东家井出、通之邻家乃至舜受害后前往历山耕种等情节与敦煌变文《孝子传》如出一辙,③只不过日传本经过辗转誊抄,文本衍化较多,其中的文字语序、用词与敦煌本有些不同罢了。故而,我们仅以《舜子变》为例,考察本类文本系统所载的虞舜逃生传说。兹将其相关文段摘录于下:

> 不经两三日中间,后妻设得计成。妻报瞽叟曰:"妾见后院空仓,三二年来破碎。交伊舜子修仓,四畔放火烧死。"……弟一把是阿后娘,续得瞽叟弟二。弟三不是别人,是小弟象儿。……舜子恐大命不存,权把二个笠子为凭,腾空飞下仓舍。舜子是有道君王,感得地神拥起。……瞽叟便即与大石填塞。……帝释变作一黄龙,引舜通穴往东家井出。舜叫声上报,恰置一老母取水……④

与前面两种文本类型相比,此文本的变化有三:一是突出后母的"主谋"角色,直言后母设计并指使瞽瞍与象施害;二是加入神祇助舜从东家井(他井)出逃的情节;⑤三是将舜"奔历山"调至家人施害之后。《孝子传》则连录两段虞舜逃生传说,除了后母主谋、神祇佑护、

---

① 贾雯鹤:《〈舜子变〉故事演变考》,《乐山师范学院学报》2003年第1期,第57页。
② 王晓平:《日藏〈孝子传〉古写本两种校录》,王晓平主编《国际中国文学研究丛刊》,上海古籍出版社,2016年,第96页。
③ 王晓平:《日藏〈孝子传〉古写本两种校录》,王晓平主编《国际中国文学研究丛刊》,第103、121页。
④ 王重民等编:《舜子变》,王重民等编《敦煌变文集》,人民文学出版社,1957年,第131—133页。
⑤ 《五帝本纪》正义引《通史》曰"舜从他井出去"。

他井出逃等与《舜子变》相同外,又增设了舜孝感于天、天降银钞以及父母觅钱等情节,①从而将舜的孝行与父母的贪婪形成鲜明的对比。

此外,《法苑珠林·忠孝篇》载有相关情节:"至后妻之言:舜有井穴乏。舜父在家贫厄,邑市而居。舜父夜卧,梦见一凤凰,自名为鸡,口衔米哺己。言鸡为子孙,视之如凤凰。"②对比可知,"后妻之言""舜父在家贫厄"与变文所凸显的后妻主谋、虞舜罹陷后双方的境遇相似,它们应属同一文本类型;而"梦凤"情节则与先前不同,应是隋唐时期的另一衍传系统。

(四)《孟子正义》与"瞽瞍放生"说

与以上三类文本的阐释不同的是,清代焦循在注释《孟子·万章上》的虞舜逃生传说时强调瞽瞍故意放生:

> 或云使完廪者父母也,焚廪者瞽瞍也。只一瞽瞍,此舜所以得免。"出从而掩之",此句尤明,盖虽惑于后妻,而父子之恩原不泯断,到死生之际,自有以斡旋之,即谓之慈父可也。③

焦氏认为"父子之恩原不泯断",瞽瞍因"惑于后妻"而害舜,故待舜出井后掩之,留足逃生时间。其特点有二:其一,竭力为瞽瞍辩护,明确害舜是"惑于后妻";其二,将顽愚凶狠的瞽瞍转换为深明大义的"慈父",父子深情与家庭伦理得到充分的展现。其实,这些变化在朱熹的《孟子集注》、丘濬的《史记》评注中已露端倪。如朱熹隐去瞽瞍而只言舜、象间的矛盾:"舜既入井,象不知舜已出,欲以杀舜以为己功也。……象素憎舜……孟子言舜非不知其将杀己,但见其忧则忧,见其喜则喜,兄弟之情,自有所不能已耳。"④他将父(母)子间的矛盾转嫁给兄弟,在强调象凶恶无赖的同时,还从舜重"兄弟之

---

① 王重民等编:《孝子传》,王重民等编《敦煌变文集》,第901—902页。
② (唐)释道世著,周叔迦、苏晋仁校注:《法苑珠林校注》,中华书局,2003年,第1487页。
③ (清)焦循:《孟子正义》,《诸子集成》,上海书店,1986年,第1册,第366页。
④ (宋)朱熹:《孟子集注》,《四书章句集注》,中华书局,1983年,第304页。

情"的伦理视角阐释"忧喜",这体现出朱熹对伦理道德的持守。明代丘濬接受了朱熹的思想与注解方式,"从理论和实践两方面着手,试图对宋明理学振衰起弊"。① 他评注虞舜逃生时亦以理学为尊,如他注舜逃生时说"'匿空旁出',此其事甚不经。谓舜能自出,非也;谓天哀舜而出之,非也;谓舜豫凿空于井边,尤非也。夫浚井之命,出于临时,瞽瞍与象甘心害舜,岂容他旷日从容使得凿空以出哉?"② 显然,朱熹与丘濬从伦理思想与血缘亲情视角阐释虞舜逃生,焦循或受此影响。

美国爱德华·希尔斯将"传统"界定为包括"人类行为、思想和想象产物"在内的"世代相传的东西(traditum)",认为经文及其诠释、文学作品、信仰等凡能经过"三代人的两次延传"者均属传统的范畴。③ 虞舜传说的早期传承由《尚书》经《左传》《国语》至《论语》《墨子》而再至《孟子》,已历经"三传",符合希尔斯教授所谓的"传统"。《尚书》《孟子》所构设的舜及其家人的系列行动模式,已经具备了使该传说成为"传统"的"基本因素的东西"。其中,"个别的行动和一系列复合行动所留下的,是以后行动的条件、记忆中的形象……将来行动的规范性先例和规定"。④ 就虞舜逃生传说而言,家庭关系的恶劣与舜的孝行厚德成为规约后世诠释的"规范性先例和规定",属于"不能轻易改变"的源生性文本。二书所呈现的家人凶残无道、虞舜忠孝有情的"记忆形象"与叙事模式构成虞舜逃生传说的"传统"。这一"传统"多被后世的文史、经传和民间传说承继,甚至被称为虞舜传说的"信史",⑤ 汉代之后的文本多在此基础上衍生,共同组成逃生传说的"族群文本"。总体而言,唐五代之前在揭示家人凶恶的同时,重在凸显舜与二妃;唐五代之后则从民俗宗教

---

① 张朔人:《明代海南文化研究》,南开大学博士学位论文,2012年,第307页。
② (明)朱之蕃汇辑,(明)汤宾尹校正:《百大家评注〈史记〉》,陕西师范大学出版社,2016年,第31页。
③ [美]E.希尔斯著,傅铿、吕乐译:《论传统》,上海人民出版社,1991年,第15页。
④ [美]E.希尔斯著,傅铿、吕乐译:《论传统》,第16页。
⑤ 郭沫若:《十批判书》,东方出版社,1996年,第92页。

劝诫和家庭伦理两个维度注解、衍传，强调后母的凶恶与生父的慈爱，以及逃生时的神秘色彩。不论哪类文本系统，均有其形成的社会文化背景。

二、虞舜逃生传说衍生性文本的文化认知

孟子视舜为王道与孝悌的典范，并从两方面书写舜的孝悌形象。一是多举其事例，"言必称尧舜"。依据杨伯峻先生统计，舜在《孟子》中出现了99次，多于孔子、曾子与子思等人，可知他对舜的推崇；[1]二是将舜的事迹具体化，塑造其孝悌形象。这又表现为两方面：首先，增加故事情节。在宣扬舜圣君形象的同时，《孟子》增设完廪、捐阶、焚廪、浚井、掩井、出逃以及象抢占财产、二嫂等故事情节，体现家人的邪恶与凶残卑鄙，从而反衬舜的孝悌。其次，精心构设情节。《孟子》所设"完廪""浚井"显得异常巧妙。古人因"敬父母之遗体，故跬步未敢忘其亲"，[2]所以《大戴礼记·曾子本孝》《礼记·曲礼上》用"三不"——不登高、不履危、不临深，对孝子的日常居处与行事规范进行约束。但"完廪"要登高，"浚井"则"临深"，它们已将舜陷于进退维谷之境，做则违礼、"危父母"而不孝，[3]不做则不顺从父母，亦是不孝。可见孟子构设此情节的良苦用心，而非"有意作得古奥"。孟子之所以"极力宣传舜的孝行、孝迹，把他当作孝治的典范"，使其成为"圣君+孝子"的忠孝合一形象，从而将忠孝融合，实则为推行王道蓄力。[4] 至于后世四种衍生性文本系统，也各有其形成背景与文化内涵，将分别论述如下。

---

[1] 梁奇：《〈孟子〉对虞舜孝行的书写与"忠""孝"一体的理论构设》，《中国人民大学学报》2018年第6期，第147页。
[2] （清）王聘珍撰，王文锦点校：《大戴礼记解诂》，中华书局，1983年，第79页。
[3] 《孟子·离娄下》将"危父母"视为不孝之一："世俗所谓不孝者五……好勇斗狠，以危父母，五不孝也。"
[4] 梁奇：《〈孟子〉对虞舜孝行的书写与"忠""孝"一体的理论构设》，第148页。

(一)"虞舜自逃"隐喻司马迁的个体生命意识

司马迁对舜的逃生过程、方式的书写,祛除了人们的疑问。为突出舜靠己力摆脱危难、"匿空旁出"的不易,他描述舜下井"既入深";为增大虞舜处境的危殆,他植入后母与异母弟。之所以如此,其中当包含着司马迁个人的生命意识。

第一,改编已有记载,赋予新的文化内涵。在继承《尚书》《论语》《孟子》等典籍的基础上,《史记》对虞舜逃生传说进行改编,主要体现在两处:一是分割财产时,《史记》比《孟子》少了干戈与弤。程苏东认为它们是来源不明的武器,"会导致后人对舜此时'纯臣'形象的质疑",司马迁为了避嫌而隐去不写。[①] 笔者以为还可从民间故事的叙事视角分析,因为兄弟分家时所分东西的多寡决定着故事的走向,司马迁可能有意识引导事件发展,赋予新的文化内涵;二是改变到达舜宫的次序与鼓琴者,突出象的急切心情与兄弟见面时的尴尬场面。家人施害后,《孟子》为舜先回家、鼓琴,"象往入舜宫,舜在床琴";《史记》则是象先至舜家并鼓琴,"象乃止舜宫居,鼓其琴。舜往见之"。到达的次序对整个故事的走向没有影响。但两者相较,我们会发现改编后更能突出象抢占财产与二妃的急切心情,以及占领舜宫时的洋洋自得之状,从而引出兄弟相见后忸怩、尴尬的情景。这些改变体现了儒家哲思、史家"成一家之言"的著史观和民间故事特征。

第二,补写先前所阙,增加人物"身份",蕴含司马迁的"怨慕"之情。首先体现在补写舜的逃生方式,其次是植入"后母"与"异母弟"两个人物角色。后母的介入,使与舜毫无血缘关系的她施害的情节显得自然、合理,进而形成"后母+孝子"的叙事模式。此模式诠释了舜罹陷的缘由,既为书写母亲狰狞面目、险恶狠毒之心剥离了血缘亲情的障碍,又为虞舜逃生故事的"类型变体"作铺垫。司马迁在夸大后母狠毒的同时,使舜成功自逃,以彰显了舜的力量与伟大。他

[①] 程苏东:《失控的文本与失语的文学批评——以〈史记〉及其研究史为例》,第177页。

之所以如此书写,可能与其自身遭遇有关。众所周知,司马迁因李陵之祸而遭受极刑,故友多避之不见,这使他深感世态炎凉与人生无奈,以致产生"怨慕"之情。赵岐说"(怨慕)言舜自怨遭父母见恶之厄而思慕也",①朱熹认为"怨慕,怨己之不得其亲而思慕也"。②可见,怨慕将虞舜罹陷后对父母怨恨且思念的矛盾心理刻画出来。"人穷则反本",呼天与父母,思而不得,劳苦疾痛郁结于心而"不得通其道"。于是,司马迁只好借舜的"自逃"纾解自我怨慕与哀悯,这当有借他人酒杯浇心中之壁垒之嫌。

(二)"二妃助逃"重在颂扬智德

《列女传》多次赋予二妃"在场权",每当舜遇到困难时"湘妃的智慧起了关键作用",③彰表二妃之义非常明显,这也与《列女传》的编写宗旨契合。笔者以为,二妃助逃的文化意蕴可从两方面论述。

第一,刘向继承先秦二妃助舜之说,彰表二妃。二女助舜、助逃在早期已有记载,在此列举两类材料证明之:一是孔子、荀子时代已有舜"依于二女"之说。《孔子家语·五帝德》载孔子语:"舜孝友闻于四方……承受大命,依于二女。"王肃注:"尧妻舜以二女,舜动静谋之于二女。"④《荀子·成相》说"妻以二女任以事",⑤可见孔、荀时已有二女助舜之说。二是"先秦逸史"已有二妃助逃的记载。明代丘濬评注《史记》"虞舜逃生"时说:"愚尝镜先秦逸史云:舜欲往浚井,二女问曰:'君欲何之?'舜曰:'井水浊,亲使我浚之。'二女泫然曰……舜从其计,遂先脱归。瞽瞍与象不悟,至井,见舜脱衣在井上,而共下土实之云。"⑥可见,二妃助逃的传说渊源甚古,刘向在此

---

① (汉)赵岐注,(宋)孙奭疏:《孟子注疏》,(清)阮元校刻《十三经注疏》,第5946页。
② (宋)朱熹:《孟子集注》,《四书章句集注》,第302页。
③ 张京华:《中国最早的爱情故事——〈列女传·有虞二妃〉的文本结构》,《河南科技大学学报》2010年第3期,第52页。
④ (三国魏)王肃注,[日]太宰纯增注,宋立林校点:《孔子家语》,上海古籍出版社,2019年,第199页。
⑤ (清)王先谦:《荀子集解》,《诸子集成》,第2册,第308页。
⑥ (明)朱之蕃汇辑,(明)汤宾尹校正:《百大家评注〈史记〉》,第31页。

将其重植虞舜逃生故事中,以突出二妃的不寻常。

第二,增设虞舜罹陷的次数以凸显二妃的智德,完成了从对她们的神性书写到智德颂扬的转变。二女具有神祇属性,她们助舜逃生的"鸟工""龙工"有巫术含义。《山海经·大荒南经》载娥皇所生"三身国"具有"使四鸟"的神圣功能,《楚辞·九歌》的"湘君""湘夫人"为神祇,《山海经·中次十二经》郭璞注认为二女通神,"天帝之二女而处江为神也"。① 她们使用"龙工""鸟工"助舜。这样,我们大致可窥知此文本系统的生成机制与文化内涵:"鸟工""龙工"是绘有鸟龙图像的衣物,富有巫术属性,它们为二女役使并助舜逃难,后被收录《列女传》。刘向增加虞舜受害的次数以凸显二妃的作用,彰表其智德、聪慧之意十分明显。至此,"二女"的神性减弱,智德扩大,文学形象确立且影响深远,如明刻《新镌增补全像评林古今列女传》"题辞"、明人彭炀评论时均侧重于展现二妃智德,则是这一故事的形态变异。

(三)"神灵佑助"凸显宗教劝诫主题

敦煌变文系统中的虞舜逃生传说包含史传、民间传说与宗教信仰等内容。其突出后母、增添神祇,既有对《尚书》《孟子》《史记》的继承,也受后母施害叙事范式、神话思想和佛教观念的影响。其文化内涵可从三个方面展开:

第一,接续"后母"施害范式,彰显"大团圆"的文化意蕴。后母陷害丈夫的前妻之子在早期典籍《尚书》《左传》《国语》《史记》中多有记载,司马迁植入舜之"后母"②是对先前后母施害范式的接续。但是,《史记》并没有说明后母为施害的主体,敦煌变文系列则发挥"后母"的作用,使其成为主谋。如《舜子变》载"后妻设得计成"并带头放火;日传本《孝子传》强调"用后妇言";敦煌本《孝

---

① (清)郝懿行:《山海经笺疏》,第228页。
② 对"后母"之说的起源时间学界尚有不一致的意见,大致可分为两类:一、始自司马迁,详见(清)崔述《崔东壁遗书》,上海古籍出版社,1983年,第27页;刘洋《〈孟子〉"虞舜行孝"故事生成及其文化内蕴》,第119页。二、始自司马迁之前,详见陈泳超《尧舜传说研究》,第211页。

子传》载"为我煞舜",强调瞽瞍"用后妇之言,而欲杀舜"等细节,凸显后母的凶险。后母与异母弟的介入既标示了后母施害故事的民间背景与衍传迹象,更为后来的"父母遭难""市场易米"等"类型变体"助力,以便更好地彰显舜的孝道,促成故事的"大团圆"结局。

第二,强调舜逃生时神灵佑助,赋予故事神话色彩。古本《列女传》载舜浚井前获赐"龙工",郭璞注《山海经·中次十二经》认为二女使鸟工龙裳"救井廪之难",①均未说明"龙工"在舜逃生中的作用,变文则补充之。《舜子变》载帝释变作黄龙,"引舜通穴往东家井出";《孝子传》说舜挖通东家井,从井中逃出;日传阳明本《孝子传》直言舜从"东家井出"。我们知道,龙有"知水泉脉理"之神性,依据触染巫术原理,舜所服"龙工"应当具有龙的功能与特性,它自然在此时发力显灵。这样,既发挥了"龙工"的作用,也回应了当初二女使舜"去裳衣,龙工往"的文本意义,使该文本类型富有神话色彩。

第三,彰显抑恶扬善的文化蕴意。前三类文本至舜出井后或辍笔不耕,或转而颂扬舜的政治才能与功伐,而对家庭矛盾的叙述却戛然而止。敦煌变文侧重书写害舜后双方的后续情况,并使之占据主体,以契合因果报应的观念。如家人的变故与悲催遭遇:父亲失明、母亲变愚、弟弟变哑,辛苦劳作但不能自食其力,"经十年不自存立",以致负薪易米;舜则否极泰来,"稼独茂""独丰熟""得数百石谷来"。这为后来的粜米、籴米情节铺垫,是他们再次相遇、父母忏悔、病魔退散等情节的内在驱动力,从而促使一家人和谐相聚。这样的结局,既符合民间叙事的范式,也充分体现了善恶相报的观念,成全了舜大孝的美名,抑恶扬善之劝谏目的明显。

(四)"瞽瞍放生"抒写父子血亲

《史记》《列女传》《舜子变》从不同方面阐释虞舜逃生,它们在遵循先前典籍的基础上进行自我阐释,属于解释学中的独断型诠释

---

① (清)郝懿行:《山海经笺疏》,第228页。

与探究型诠释的融合,①这是诠释经典时惯用的方法。朱熹、丘濬等人以理性的态度看待此事,"因圣贤之意以观自然之理"。② 焦循却连同虞舜罹陷方式也加以改变,舍弃独断型诠释而只保留探究型诠释。他否定前人并超越"疏不破注"的戒律,体现了对人伦道德的执守。兹从两方面分析。

第一,焦循的注解体现了人伦亲情。焦循曾提出"人伦即是人道……人伦又即人理",③"人生矣,则必有仁义礼智之德,是人之性善也"④等论断,并将之贯穿到《孟子》的注解中。同时,焦氏还作《性善解》以彰显其思想,认为人们具有"孝弟忠信、礼义廉耻"的人伦大端,⑤与《孟子正义》相承相辅。正是在性善的前提下,焦氏注重发掘经典中的人伦内涵。当面对前人的阐释与此不一致时,他敢于冲出"疏不破注"的藩篱,甚至对赵岐等人的注释"不惜驳破以相规正"。⑥ 如注释"捐梯""掩之"时,焦氏认为前人之注违背父子、兄弟之大伦,"父子之恩原不泯断,到死生之际,自有以斡旋之",⑦替瞽瞍开脱;又如,在注解"郁陶"时,焦循引用并倾向于王念孙《广雅疏证》的"思念"义项,反驳郭璞、阎若璩以"喜"释之。⑧ 若释为"喜",表明象抢占舜的家财与二妃后忘乎所以、跋扈傲慢的神态,顿觉兄弟亲谊荡然无存;而释为"思念",则饱含象为自己行为忏悔、思念哥哥的意味,骨肉之情跃然纸上。

第二,焦循的注解与《孟子》的"性善"说相一致。焦氏遵循《孟子》倡导的性善来自于人之"四心""四端"说,"人生矣,则必有仁义

---

① 林忠军:《从文本到义理——论焦循经学解释学的转向》,《学术月刊》2015年第8期。
② (宋)黄士毅编,徐时仪、杨艳汇校:《朱子语类汇校》,上海古籍出版社,2014年,第187页。
③ (清)焦循:《孟子正义》,《诸子集成》,第1册,第334—335页。
④ (清)焦循:《孟子正义》,《诸子集成》,第1册,第436页。
⑤ (清)焦循:《性善解》,《雕菰集》卷九,中华书局,1985年,第129页。
⑥ (清)焦循:《孟子正义》"孟子篇叙",《诸子集成》,第1册,第6页。
⑦ (清)焦循:《孟子正义》,《诸子集成》,第1册,第366页。
⑧ (清)焦循:《孟子正义》,《诸子集成》,第1册,第367—368页。

礼智之德,是人之性善也"。① 既然人皆固有"恻隐之心"与"仁"之端,他人之子坠入井中,尚且萌生怜悯之心,更遑论亲子落井了。依此推理,瞽瞍(象)不能做出谋害自己的儿子(兄长)的事情。如果再依照先前注释而把瞽瞍或象作为施害者,显然与这些思想相悖离。为使二者相圆通,焦氏隐去象而仅言瞽瞍"惑于后妻",将罪责转嫁给毫无血缘关系的"后母"。另外,《孟子·滕文公上》提出五伦观念,强调父子、君臣、夫妻之间的双向规制,并将"父子有亲"作为首位的"人之大伦",如果焦循注解时依据前人的"捐梯""掩之"说,则与此相左。故而,焦循注解经文必定忠实于文本,对父子血亲关系注解与本文保持一致性。当然,焦循这样做,当与其所处时代的考据尚实的朴学风气有密切关联。

事实上,不惟文学、文化诠释,清代的绘画涉及相关主题时,也表现出对人伦、亲情的重视。如清代摹刊《列女传图》将瞽瞍与舜母置于大堂的左右,舜在瞽瞍旁,二妃在舜母旁,是一副完美和谐、其乐融融的"全家福"。此图究竟是否出于顾恺之之手已不得而知,但我们可以假设,若此图完全复制先前的版图,则表现出对亲情的彰表与重视;若非完全复制,则更能体现出此时期对父(母)慈子孝、兄弟和睦、人伦亲情的强调。由上可知,每种文本类型不是孤立存在而是相互关联的,它们体现了不同的历史内涵,孟子和司马迁增加情节、创设逃生方式,当与其时经典阐释系统尚未形成相关;焦循敢于突破先前的构陷模式而重建新的诠释范式,符合解经时"以义长者为胜"的规则。②

三、虞舜逃生传说衍生性文本的功效

虞舜孝道本为经学问题,《孟子》的阐释有"宗经"倾向,后世则出现了经学、文学、史学、神话与宗教等层面的衍化。其特征表现为

---

① (清)焦循:《孟子正义》,《诸子集成》,第 1 册,第 436 页。
② 姜广辉、唐陈鹏:《论理学家的经学著作成功的根本原因——以二程、朱熹的相关著作为范例》,《哲学研究》2019 年第 8 期,第 74 页。

一个文本框架、四个阐释层面。一个文本框架指虞舜孝道,四个阐释层面指施害主体与逃生方式的不同衍化。不同的阐释层面导致了古今学者对虞舜传说的批判。事实上,这些衍生性文本显示了虞舜逃生族群文本的内在驱动力与生长性特点,它们既受源生性文本的制约,也从不同的侧面丰赡、补充源生文本,为我们的诠释提供理论范式。

(一) 衍生性文本为诠释类似文本族群提供理论范式

文学文本、文化现象一旦有主流或权威的说法,它就相对稳定并往往呈现出较为一致的阐释体系而被世人所认可。这一被认可的范式将成为规约后世衍生文本的框架而鲜少改变,它与后世的诠释、传衍共同组成体量庞大、错综复杂的文本族群。我们在考察这些族群的生成机制时,可按照源生与衍生二元分类的方法进行剖析。就虞舜逃生传说而言,《孟子》为源生性文本,仅有施害与逃生情节,学界将类似的情节称之为情节基干,[①]而汉至清代的文本则为衍生的文本系统。其中,第一种文本植入"后母"与"异母弟","将加害者引入故事。再婚后生的女儿们(此为儿子)也会成为加害者",[②]故而出现象害舜的书写。第二种文本增加"二女"救助与"舜饮酒"情节,使故事走向变得多样。最值得注意的是第三种文本类型,它增设年景饥歉、父母遭遇、入市易米、父子相见等情节,改变了故事的走向,使衍生性文本变得庞大。由此可知,在情节基干不变的情况下,所增设的人物或事件往往是引领故事走向的元素。弄清了故事形态的变化,文本生成机制方面的难题也就迎刃而解。因此,以衍生性文本为切入点,通过对虞舜逃生传说文本系统的分层构造研究,既能清晰展现其脉络,窥见其文本生成机制,也能兼顾作者与诠释者,为解读类似文本族群提供借鉴与指导。

[①] 刘魁立:《民间叙事的生命树——浙江当代"狗耕田"故事情节类型的形态结构分析》;施爱东:《民间文学的形态研究与共时研究——以刘魁立〈民间叙事的生命树〉为例》,《民族文学研究》2006年第1期。

[②] [俄]弗·雅·普罗普著,贾放译:《故事形态学》,中华书局,2006年,第81页。

(二)衍生性文本能丰赡、强化源生性文本

先秦诸子对虞舜的评价可分为两派:一是《尚书》《论语》《孟子》等所载贤君孝子的正面形象;二是《竹书纪年》《庄子》《荀子》《韩非子》等所载贰臣逆子的反叛形象。就前者而言,《尚书》具有开创之功,后世典籍则不断累积与丰赡,使舜终成为"二十四孝"之首,以丰赡《尚书》"克谐以孝,烝烝乂"之形象。尚永亮认为舜的孝子形象是"古人将舜整合到历史框架之后所形成的共同认识"。[①] 笔者以为进行"整合"工作的"古人"可分为两类:显性的整合者与隐性的整合者。前者指在对舜的评价正反不一致时,将其孝行与孝迹进行整合,包括《尚书》《孟子》;后者指通过增设具体细节而从不同侧面丰赡舜形象的整合者,主要有《史记》《列女传》及变文《舜子变》《孝子传》等文献。正是在二者的共同努力下,舜的正面孝子形象才得以确立、稳固,孝道故事才得以延传、丰赡与强化。可见,衍生性文本既丰赡了舜的正面形象,也从不同的层面支撑了源生性文本,它们滋养虞舜逃生传说长成枝繁叶茂的大树,进而汇聚成我国孝文化乃至传统文化的浩瀚森林。

(三)衍生性文本表明虞舜故事旺盛的生命力,构建了虞舜的完人形象

虞舜孝道的生命力源自于舜自身的魅力,这可从舜的自身素养与遭遇两个层面论述。第一个层面是舜素养高尚。首先,虞舜是孝道的典范。除上文所引外,其孝道还表现在"慎徽五典,五典克从",[②] 恪尽事亲之道,"日以笃谨。匪有解"地顺事父母与异母弟。[③] 其次,虞舜性格温和谦虚,善于吸纳别人优点。他熟悉人伦常情,遵行仁义,宽厚温良,恤远亲近[④];趋善如流,虚心学习种庄稼、做陶器、

[①] 尚永亮:《英雄·孝子·准弃子——虞舜被害故事的文化解读》,第4页。
[②] (汉)孔安国传,(唐)孔颖达疏:《尚书正义》,(清)阮元校刻《十三经注疏》,第264页。
[③] (汉)司马迁:《史记》,第32页。
[④] (三国魏)王肃注,[日]太宰纯增注,宋立林校点:《孔子家语》,第199页。

捕鱼的技术。① 再次，舜具有超凡的才能与勤政为民的品质。他选贤与能，使禹、弃、契、皋陶、益、夔等各司其职；惩治邪恶，流放四凶，致力于构建良好的社会风尚。舜有诸多勤政之举，即位后就遍祭神祇、巡守四岳。总之，虞舜是完美的人，也是人治与仁政的典范。第二个层面是虞舜出身卑微，遭遇磨难后成功，其故事蕴含着励志精神。虞舜初为庶人，躬耕于畎亩，多次迁移而漂泊无依。他多次遭遇来自家庭与自然界的磨难。面对这些困难，舜逃避过，伤心无助时"往于田，号泣于旻天"，但他最终获取胜利，其德行与智慧在苦难中散发光辉与魅力。舜由庶人历难后而成圣王，是中国完人故事的典范。故而，虞舜故事具有旺盛的生命力，后世衍生的文本是对其生命力的彰显与延续，它们从不同侧面增饰、强化虞舜形象。

四、余　　论

汉季之后，虞舜逃生传说的情节内容、表现手法、主题思想等已发生较大的变化，承载了丰富的文学思想、文化蕴藏与民俗价值，其研究意义主要表现在三方面：第一，探寻经学向史学、文学与民俗学的渗透路径。在四种文本系统中，自救、二妃助力属文史视角的阐释，瞽瞍放生属经学、伦理学的阐释，神祇佑助则属民俗学阐释系统，它们体现了经学向史学、文学与宗教民俗等不同层面的渗透。第二，启迪其他学科的研究。四种衍生文本的诠释模式具有较大的自主性，这为各自的抒写提供了叙事空间。然而，至今仍有学者进行虞舜禅让的辨伪求真工作，甚至依从一说而驳斥他说。其实，反观这些衍生文本的生成机制及其对源生性文本的意义扩容与文化增殖，则可发现其中所蕴含的不同"时代精神"的合理性。以此为鉴，可以理解先秦诸子截然不同地评判虞舜的个中缘由，这给我们的再理解提供了启发。这样，一些所谓的"问题"便会豁然开朗，同时，也可使虞舜传说的"衍生性文本"超越自身的畛域，启迪其他学

---

① （汉）赵岐注，（宋）孙奭疏：《孟子注疏》，（清）阮元校刻《十三经注疏》，第5853页。

科的研究。第三,保持故事文本的生命力。华夏文明具有多元开放的特质,一种文明在传播过程中既能融汇不同的元素,也能衍生出不同的流派,从而拥有顽强的生命力。同时,所衍支流又反过来丰富干流,从而使之形成经久不息的文明浪潮。历史故事、文学人物、民俗信仰甚至古代文明虽遭受侵蚀而未衰败或中断,主要归功于后人的承传与诠释。这既维护了源生性文本的权威性与凝聚力,也保留了衍生性文本的可读性与扩散性。权威性与可读性、扩散性多重效用兼顾,方能促使民俗文化及其文献文本传之长久,这也正是源生性文本与衍生性文本的职能所在。

子书杂纂

谈《论语》编纂中的"取"与"舍"

——以上博简与《论语》的对比为视角

王红霞

《论语》的成书问题一直是学界讨论的重要话题,《汉书·艺文志》云:"《论语》者,孔子应答弟子时人及弟子相与言而接闻于夫子之语也。当时弟子各有所记。夫子既卒,门人相与辑而论纂,故谓之《论语》。"也就是说,《论语》是集结孔门弟子的"课堂笔记"和所见所闻编纂而成的,其内容当然不是所有弟子的原始记录,而是经过编者筛选和编辑而成。但究竟是如何编纂一直是学界未解之谜。

汉代流传三种不同的《论语》版本,鲁《论》、齐《论》和古《论》,然而,三种版本在主体规模和内容上并无太大差异。今本《论语》为西汉张禹以鲁《论》为主,兼采其他,整理而成的"张侯论"。因此,今本《论语》虽不是《论语》的原貌,然以今本《论语》为底本,考察《论语》编纂时的思想倾向,当大致不谬。

通过今本《论语》与上博简及其他典籍的对读,不仅要看《论语》编纂中"选取"了哪些材料,还要看"舍弃"或者"简略"了哪些材料,由此得以管窥《论语》编纂的取舍标准,为研究《论语》成书提供新的思考。笔者不揣浅陋,拟从入仕观、鬼神观、刑政观三个方面加以梳理,以求教于方家。

一、入 仕 观

今本《论语·子路》有这样一段话:

仲弓为季氏宰,问政。子曰:"先有司,赦小过,举贤才。"曰:"焉知贤才而举之?"子曰:"举尔所知;尔所不知,人其舍诸?"

作者简介:王红霞,天津工业大学人文学院副教授。

这段内容又见于上博楚简《仲弓》，而《仲弓》内容较《论语》中的这段记载要丰富得多，摘录如下：

> 季桓子使仲弓为宰，仲弓以告孔子，曰："季氏……使雍也从于宰夫之后，雍也憧愚，恐贻吾子羞，愿因吾子而辞。"孔子曰："雍，汝毋自惰也。昔三代之明王，有四海之内，犹来……与闻之，夫季氏，河东之盛家也，亦[可]以行矣。为之，余诲汝。"①

上博简《仲弓》中，季桓子邀请仲弓为邑宰，但仲弓希望借助孔子辞去季桓子的聘任。孔子认为这是仲弓不勇于任事的"自惰"行为。他提出三代明王皆是招揽贤才辅助治国。季氏家族为河东显赫之家，也需要贤才辅佐。具有"南面"之才的仲弓可以借助季氏施展才华，所以应该入仕。孔子还说，做了宰邑后有不明白的问题，孔子可以教他，以解除其后顾之忧。总之，孔子从多个方面劝告仲弓，认为他应该接受季桓子的邀请。从《论语》中，只能看到仲弓向老师请教如何为官的内容，而上博简《仲弓》则把季桓子的邀请、仲弓的犹豫、孔子的鼓励和支持、仲弓向老师请教为政之道的这个过程都详细记录。对比可知，《论语》编纂者在选取材料时更着重孔子为政理念的部分，而舍弃了孔子支持弟子从政的内容。

当然，《论语》中也有孔子支持弟子从政的内容，比如《论语·公冶长》记曰："子使漆雕开仕。"孔子曾劝漆雕开从仕为官，然而，漆雕开并没有像仲弓那样，听从老师的建议去做官，而是回答说："吾斯之未能信。"漆雕开认为自己在诚信方面修养还不够，不具备做官的能力。孔子听到这个回答后很高兴，"子悦"。这段话的重点不是孔子劝解漆雕开从仕，而是"子悦"。孔子这里的"悦"，不是悦其不仕，而是对其能自我检视的态度表示满意。以此来看，《论语》此处意在说明，孔子认为个人的德行修为要比从政为官更为重要。《孔子家语》也有这段记载，内容略有不同：

> （漆雕开）习《尚书》，不乐仕。孔子曰："子之齿可以仕矣，时将

---

① 侯乃峰：《上博楚简儒学文献校理》，上海古籍出版社，2018年，第196、197页。

过。"子若报其书曰:"吾斯之未能信。"孔子悦焉。(《孔子家语·七十二弟子解》)

不同于《论语》中只说"子使漆雕开仕",《孔子家语》具体说明漆雕开本身就不喜欢从政为官,而专注于研习《尚书》。以孔子"因材施教"的教学方法,他当然了解漆雕开的个性,然而,即使这样,孔子依然劝说漆雕开从仕,他说:"你这个年龄也应该从政了,否则将错过时机。"孔子从年龄的角度鼓励漆雕开从仕,有时不我待之意。对此,《论语》并未提及。

对于弟子主动提出仕禄之事,《论语》是怎么记载的?"子张学干禄。子曰:'多闻阙疑,慎言其余,则寡尤;多见阙殆,慎行其余,则寡悔。言寡尤,行寡悔,禄在其中矣。'"(《论语·为政》)仅从文义来看,孔子虽然没有否定子张求仕,但是告诉子张谨言慎行,多闻博学,言语中透漏出不愿弟子急于谋求禄仕之意。子路为官后,提携同门,让子羔为费宰。孔子听说后,非常不高兴,说:"贼夫人之子。"(《论语·先进》)"贼"是戕害意,显然,孔子认为子羔学未成熟,让他从政是害了他。子路随口辩解,孔子说"是故恶夫佞者",表示讨厌狡辩之人,连子路也一并否定了。这段对话的着重点是要学有所成之后才能为官,不能汲汲于求位。《论语·里仁》还载有孔子说:"不患无位,患所以立。"这句表明孔子虽不避位,更注重的是从政所具备的才德。

《论语》中记载了孔子积极入仕的心态,也记载了他支持弟子做官。但是,细绎《论语》可以发现,《论语》中对孔子支持弟子在什么年龄、什么条件下弟子从政并未有具体说明,对支持弟子入仕的语言比较简略,而对于讨论弟子不适合入仕的内容,则详细记载。今本《论语》让我们看到的是孔子更注重弟子的德行,一定要在德行足堪为政之时方可。如果弟子能够反躬自省,不急于早日为官,孔子还非常欣慰。如果德性不足而急于入仕,孔子则非常反感。由此可以推断,《论语》的记载中,相对于事功,孔子更注重个人德行。钱穆先生根据《论语》得出:"孔子之教,在使学者由明道而行道,不在使学者求仕而得仕。若学者由此得仕,亦将借仕以行道,非为谋个人生活之安富尊荣而求仕。故来学于孔子之门者,孔子必先教其志于道,即是以道存心。"①

《论语》中的孔子不愿弟子热衷于利禄,这与简帛中呈现的积极支持弟子为官有所不同,这或许恰是孔子弟子在编纂《论语》时取舍的一个标准。罗新慧教授也注意到了今本《论语》的从政思想与简帛《仲弓》篇有所不同,进而分析道:

编定《论语》一书的孔门弟子,属于"后进"。以曾子、子夏为代表的这些孔门弟子努力的目标是为"帝王师"、传播孔学,而不是直接入仕从政。孔子劝说仲弓从政的思想与他们所想有一定距离,所以在编定《论语》时将这部分材料加以删削,亦是儒家"后进"弟子思想发展的必然。②

诚然,《论语》编定者的目标虽未必是"帝王师",然其并不热衷于入仕从政则是肯定的。钱穆先生就说过:"孔子门下,冉有、子路的军事、财政;宰我、子贡的言语、外交;子游、子夏的文学著作,都在外面有表现,但孔门弟子中更高的是颜渊、闵子骞、冉伯牛、仲弓,称为'德行',列孔门四科之首,而实际却反像无表现。"③颜渊、闵子骞、冉伯牛都没有做过官,仲弓曾做过季氏的邑宰。"无表现",是指少有或者根本没有政治建树。但是,他们都有共同特点,那就是为人敦厚、朴实、谦恭、孝悌。这正是《论语》重德行、轻事功的体现。

二、鬼 神 观

《论语》中孔子极少谈论鬼神,子路与孔子的一段对话颇可玩味:

季路问事鬼神。子曰:"未能事人,焉能事鬼?"曰:"敢问死。"曰:"未知生,焉知死?"(《论语·先进》)

---

① 钱穆:《论语新解》,生活·读书·新知三联书店,2002年,第92页。
② 罗新慧:《孔子的历史观、入仕观及其它——从上博楚竹书〈仲弓〉篇谈起》,《史学史研究》2005年第3期。
③ 钱穆:《中国历史精神》(新校本),九州出版社,2016年,第160页。

对于子路问怎样侍奉鬼神及人死后情形的发问，孔子没有正面回答，而要子路先把生的道理搞明白，把活着的人服侍好。面对樊迟的提问，孔子说"务民之义，敬鬼神而远之，可谓知矣"（《论语·雍也》）。孔子对鬼神的态度是"敬"，但"远之"，专心致力于引导人们走向义。《论语·述而》还记有"子不语怪，力，乱，神"的话。从《论语》来看，孔子尽量避免主动谈论鬼神，对于别人提出的鬼神问题，他要么避而不答，要么引导至道德，进而更关注人本身的价值。

上博简《鲁邦大旱》一文让我们看到孔子对鬼神的另一种态度。文中记载鲁哀公时鲁国发生大旱，哀公向孔子咨询解决之道。孔子提出弭灾之法，让鲁哀公不要爱惜圭璧币帛等宝物，用来祭祀山川。弟子子贡表示质疑：

> 夫山，石以为肤，木以为民，如天不雨，石将焦，木将死，其欲雨或甚于我，或必待吾名乎？夫川，水以为肤，鱼以为民，如天不雨，水将涸，鱼将死，其欲雨或甚于我，或必待吾名乎？[1]

子贡认为如果山川有神灵的话，天不下雨则树木枯萎，河水干涸，鱼虾死亡，山神、水神应该更着急，不需要祭祀也应该及时下雨，何必依靠祭祀攘除旱灾。子贡的提问不无道理。可惜，简五是残简，只有"孔子曰：於乎……"几个字，我们无法得知孔子如何回答这个刁钻的问题。然而，从上下文意可以判断，孔子之意并非鬼神本身，而是为了百姓福祉。近来发现的大量《日书》，反映了当时百姓崇信鬼神相当普遍。可见，祭祀山川是孔子基于百姓的认知而提出的解决办法。《易传》曰："圣人以道设教，而天下服矣。"《鲁邦大旱》恰恰体现了孔子神道设教的理念。廖名春先生认为孔子不废鬼神祭祀是"君子以为文"，[2]有"神道设教"的用心。这种看法并非个例。孔德立提出："《鲁邦大旱》简文可知，当时的民众普遍信仰求雨

---

[1] 裘锡圭：《〈上海博物馆藏战国楚竹书（二）·鲁邦大旱〉释文注释》，《裘锡圭学术文集·简牍帛书卷》，复旦大学出版社，2012年，第485页。

[2] 廖名春：《试论楚简〈鲁邦大旱〉的内容与思想》，《孔子研究》2004年第1期。

的'说'祭,国君带领民众举行祭祀活动,取悦于神灵,实际上是消除百姓恐慌、稳定社会秩序的政治模式,也是建立政府公信力的有效方式。《鲁邦大旱》所载,孔子建议国君顺应民意、祷祝山川,以取悦神灵的方式禳灾,这种行为在性质上无疑属于'神道设教'的范畴。"①上博简《三德》也有"鬼神禋祀,上帝乃怡""民之所欲,(鬼)神是有(祐)"的话,这里谈到百姓所想所欲,鬼神会庇佑,与《鲁邦大旱》有异曲同工之妙。

其他典籍中也有不少孔子论鬼神的内容。《礼记·中庸》记孔子曰:"鬼神之为德其盛矣乎!视之而弗见,听之而弗闻,体物而不可遗,使天下之人斋明盛服以承祭祀。洋洋乎如在其上,如在其左右。"鬼神虽然看不见,听不到,但是在我们周围,其功德体现在万事万物上。世人当整齐礼服,庄重祭祀。在这里,孔子肯定了鬼神的存在,只是我们通过肉眼无法感知而已。"(孔子)对鬼神之事采取融通的态度,并不否定鬼神的存在。"②鬼神还具有教化功能。《礼记·祭义》记曰:"明命鬼神,以为黔首则,百众以畏,万民以服。"而《孔子家语·哀公问》中谓"明命鬼神,以为民之则"。鬼神不但使百姓敬畏、服从,还成为百姓遵从的法则。总之,鬼神使百姓有敬惧之心,"斋戒以事鬼神,择日月以见君,恐民之不敬也"(《礼记·表记》)。

孔子虽然肯定鬼神的存在,也认可神道设教,但对于鬼神的细致探讨,他则拒绝回答,防止人们沉溺其中。《说苑·辨物》记载子贡与孔子关于人死后有无知觉的对话。孔子说,如果我说有,那么孝子贤孙将不忍心下葬,妨碍了正常的丧葬和生活;如果我说没有,则不肖子孙会弃而不葬。"在孔子那里,鬼神根本不是一个事实判断,而是一个价值判断,因而为了民生,孔子不否定鬼神,也极少谈论鬼神,而是要人们把精力集中于人事上。"③

---

① 孔德立、杨兆贵:《新出楚简的历史失忆及思想史意义——以上博楚简〈鲁邦大旱〉为例》,《江汉论坛》2013年第2期。
② 晁福林:《先秦时期鬼魂观念的起源及特点》,《历史研究》2018年第3期。
③ 王红霞:《上博简〈鬼神之明〉学派考辨——兼论鬼神研究中的思维定式问题》,《孔子研究》2016年第1期。

回看《论语》,无论是"祭如在,祭神如神在""敬鬼神而远之",还是"未能事人,焉能事鬼""未知生,焉知死",都从未否定过鬼神,而是对鬼神抱有虔敬之心。"《论语·述而》记'子不语,怪、力、乱、神',当非一般意义的不言神,而是不言地方神怪。这不只是孔子个人态度,是鲁国贵族的一种传统。"①颜世安先生提出,子不语的"神"并非泛指一切神灵,而是特指地方神怪。从这个意义上说,除了地方鬼怪,其他鬼神孔子是认可和谈论的。但是,由于《论语》中关于鬼神的记载仅寥寥数语,再加上语气处处体现的是远离鬼神,注重现世的人,从而让人产生误解。结合简帛和其他典籍,我们发现,孔子并非无神论者,而是在人神关系中以人为本。孔子希望人们对鬼神有敬畏之心,又不沉迷于鬼神之事,而是专注于人。"一方面,鬼神关系到祖先和神明,有助于维持教化、慎终追远、民德归厚,所以要尊敬。但是另一方面,鬼神之事又难知,如果太依赖了,太当真了,就容易诬罔。在若即若离之间,显示了孔子的智慧。"②《论语》慎言鬼神,避谈神道设教,这或许也是孔子弟子在编纂《论语》时的一个取舍标准。

三、刑 政 观

《论语·为政》篇记孔子之言:"道之以政,齐之以刑,民免而无耻;道之以德,齐之以礼,有耻且格。"这段话在《礼记·缁衣》、郭店简《缁衣》以及上博简《缁衣》中都有出现,只是文字略有不同。分列如下:

《论语·为政》:"道之以政,齐之以刑,民免而无耻。道之以德,齐之以礼,有耻且格。"

《礼记·缁衣》:"夫民教之以德,齐之以礼,则民有格心。教之以政,齐之以刑,则民有遁心。"

---

① 颜世安:《〈国风〉与春秋时期的北方地域文化》,《历史研究》2018 年第 4 期。
② 徐刚:《孔子之道与〈论语〉其书》,北京大学出版社,2009 年,第 43 页。

郭店简《缁衣》:"长民者教之以德,齐之以礼,则民有劝心;教之以政,齐之以刑,则民有免心。"

上博简《缁衣》:"长民者,教之以德,齐之以礼,则民有格心。教之以政,齐之以刑,则民有免心。"

这四处在文意上没什么差别,均是孔子更注重德和礼之意,因为"齐之以刑"的结果是百姓表面上遵守刑法,内心却无羞耻之心。但是,仔细分析却有多处细微差别。

其一,在文字顺序上不同,《礼记·缁衣》、郭店简《缁衣》以及上博简《缁衣》三篇,都是先谈"德""礼",后谈"政""刑",唯有《论语·为政》是先谈"政""刑",后谈"德""礼"。显然,较之其他三篇,《论语》语句更加简练明了,文字的语气中明显更强调后面一句,即"道之以德,齐之以礼"的重要意义。

其二,《礼记·缁衣》、郭店简《缁衣》和上博简《缁衣》皆说明教以政令和刑罚,将"民有免心""民有遁心",百姓会想方设法逃避刑令的惩戒。而教之以道德和礼仪是"民有格心""民有劝心",百姓有向善之心。只有《论语》加上了"耻"的概念。若民无所羞愧,那么,虽不敢为恶,仍有为恶之心。若民耻于不善,则无为恶之心,且日臻向善。对比之下,《论语》的语气更为凝重,二者差异更为强烈。

其三,《礼记·缁衣》、郭店简《缁衣》和上博简《缁衣》,用的是"教之……齐之……",唯有《论语》用的是"道之……齐之……","教"是教育,而"道"是引导,两字意思相近,故在现代汉语中"教导"常连用。"道"还有一层含义,"谓先之也",①以某某为先之意,《论语》此处除了表达德礼之治与刑政之治的优劣,还说明了两种治理方式顺序的先后问题。朱熹说:"愚谓政者,为治之具。刑者,辅治之法。德礼则所以出治之本,而德又礼之本也。此其相为终始,虽不可以偏废,然政刑能使民远罪而已,德礼之效,则有以使民日迁善而不自知。故治民者不可徒恃其末,又当深探其本也。"尽管朱熹认为德礼为治国之本,但他也不得不承认刑者是辅治之法,不可偏废。但如果仅读《论语》这句话,这层意思是读不出来的。朱熹此处

---

① (宋)朱熹:《四书章句集注》,中华书局,1983年,第54页。

的这种解释,当是结合其他文献得出的结论,而非仅凭孔子的这一句话。

《论语·子路》篇中仲弓向孔子问政,上博简《仲弓》也有这段文字。学者普遍认为,上博简《仲弓》与《论语·子路》源出一处,内容更加丰富。其中,《论语》中的"赦小过",在《仲弓》中是"宥过举罪"。[①]但是,"宥过举罪"毕竟与"赦小过"还有文意的差别。《周易》记有:"君子以赦过宥罪。"《孔丛子·刑论》有曰:"故宥过赦小罪,老弱不受刑,先王之道也。""宥过举罪""宥过赦小罪""赦过宥罪"表达略有不同,意思无甚差别。《周易》孔颖达疏:"赦谓故免,过谓误失,宥谓宽宥,罪谓故犯。过轻则赦,罪重则宥,皆解缓之义也。"无心为过,有心为罪。据此,"宥过举罪"是指宽宥无心的过错,而举发有心之罪。《论语》只谈到"赦小过",没有涉及"罪"的问题。从语气上看,其重点并非谈论"罪"或者"过"的问题,而是要求执政者有宽宥之心。对于何谓"宥过举罪",上博简《仲弓》记孔子之言:"山有崩,川有竭,日月星辰犹差,民无不有过,……刑政不缓,德教不倦。"由于竹简残坏,我们无法知悉全文,然而,"民无不有过"似乎是对"赦小过"的解释,"刑政不缓,德教不倦"则表明孔子认为刑罚和德政两方面均是治国之要,不可偏废。从上博《仲弓》篇可知,孔子认可刑政的价值,但这样的思想在《论语》孔子与仲弓的对话中没有体现,只保留了"赦小过"的内容。

《孔丛子·刑论》也有仲弓向孔子请教刑教之事。

孔子曰:"古之刑省,今之刑繁。其为教,古有礼然后有刑,是以刑省。今无礼以教而齐之以刑,刑是以繁。……夫无礼则民无耻,而正之以刑,故民苟免。"

孔子认为古今皆有刑罚,只是古时刑少,当今刑繁,究其原因是古代人有礼,而今人无礼。在无礼的情况下,百姓不知羞愧,就须正定刑律,这样,百姓为了免受惩罚而不去犯罪。礼教和刑教都是政教的一部分,只是刑教层次略低一筹,刑教是礼教缺失下的补充。

---

① 原整理者释为"赦过举罪",陈剑、杨怀源、侯乃峰释为"宥过举罪",参见侯乃峰《上博楚简儒学文献校理》,第188页。

在这里,孔子在一定程度上肯定了刑教的必要性。上博简《鲁邦大旱》中孔子说旱灾的发生是"失诸刑与德",孔子把"刑"与"德"并列,且"刑"置于"德"之前,由此可见孔子重视刑罚的作用。

《孔子家语·刑政》记载了孔子"刑政相参"的理念。

孔子曰:"圣人之治化也,必刑政相参焉。太上以德教民,而以礼齐之;其次以政焉导民,以刑禁之,刑不刑也。化之弗变,导之弗从,伤义以败俗,于是乎用刑矣。颛五刑必即天伦。行刑罚则轻无赦。刑,侀也;侀,成也,壹成而不可更,故君子尽心焉。"

孔子明确说明圣人治理国家并非只是用教化,对那些教化之后仍不知改变,损害道义,败坏风俗之人,要使用刑罚。而且,施行刑罚时,即使犯罪很轻也不能随意赦免,因为"刑"就是"成型"之意。由此体现刑罚的威严。《左传·昭公二十年》记孔子赞赏子产治国,评论说:"政宽则民慢,慢则纠之以猛。猛则民残,残则施之以宽。宽以济猛,猛以济宽,政是以和。"孔子主张治国"宽猛相济",与"刑政相参"相一致。《孔丛子》中,孔子所说的"五刑所以佐教也",也与"刑政相参"的意义相当。

倘若仁政无效,需要辅之以刑。在具体量刑方面,孔子也有说明。上博简《季庚子问于孔子》中,孔子提出根据犯罪程度的轻重,给予不同的惩罚方式:"大罪杀之,臧罪型刑之,小罪罚之。"大的罪行当然要处于死刑,中等大小的罪要处于肉刑,而小罪罚钱自赎。在赦罪方面,也是根据犯罪的严重程度,在一定范围内加以宽刑,不能盲目免除,"大罪则赦之以刑,臧罪则赦之以罚,小则訛之"。①

回看《论语》,涉及刑罚处寥寥可数,仅凭《论语》文字,会有孔子重德轻刑之感。结合新出简帛和其他文献可知,孔子的治国理念是德主刑辅,强调以德为主、为先。但是,孔子认定刑罚也必不可少,认可刑罚的价值,并不轻视刑罚。"《论语》中的孔子只讲德而不谈刑,这是编者为了塑造至仁至德的孔子形象而善意地舍弃了孔子的刑罚语录。其实,完整的孔子政治思想应该包括德、刑两个方面,即

---

① 侯乃峰:《上博楚简儒学文献校理》,第244页。

以仁政德治礼乐教化为主,辅之以必要的刑罚。"①孔子官至大司寇,主管鲁国的刑狱诉讼,自然对刑罚的利弊了然于胸。他当然明白,治国仅靠德礼教化是远远不够的,对于德礼未达之处,必须有刑政辅佐。《论语》强调德,而罕言刑,其目的虽然未必是"为了塑造至仁至德的孔子形象",然而编纂者有意删削刑政内容,突出德礼,当为事实。

四、《论语》与上博简的关系

从《论语》与新出简帛、传统典籍的对比来看,《论语》与简帛等文献在思想上稍有差别。在入仕方面,《论语》凸显孔子希望弟子不汲汲于禄位,而是能够淡泊名利,专心修身,不重事功。简帛中则能看出孔子支持弟子积极入仕。而在鬼神方面,《论语》强调孔子慎谈鬼神。而新出简帛和其他典籍表明孔子也不否认鬼神,甚至支持神道设教。《论语》中的孔子在治理国家方面更注重德和礼,对刑政的价值则谈论较少。而简帛中的孔子认为治国当德主刑辅,同时也注重刑政的价值。

《论语》与上博简均为七十子及后学所记,二者写定时间大体都在战国中前期。那么,具体孰先孰后呢?如果《论语》在先,那么上博简反映的是孔门后学借孔子之名"增加"了新的思想内容。如果是上博简在先,那么,《论语》则是在编纂过程中有意"删削"部分内容,意在突出孔子注重德礼的思想。这是儒家思想史上一个非常关键的问题,关涉到孔子思想的原貌及早期儒家思想的发展流变。

由于文献缺乏,学术界对这一问题尚未充分讨论,但已有学者对此进行初步探讨。比如晁福林先生将上博简《仲弓》与《论语·子路》篇相关内容对读,认为上博简《仲弓》当是《论语》编纂时的材料来源。《论语·子路》是在上博简《仲弓》的基础上加以删定而成的。

今得《仲弓》篇可以推测,它很可能就是当时"数十百篇"之一。

---

① 陈桐生:《捕风捉影的〈论语〉早期编纂过程及篇章政治学——与〈《论语》早期编纂过程及篇章政治学〉一文商榷》,《孔子研究》2014年第5期。

孔门弟子记载孔子言行甚伙,后来选编《论语》一书时加以删削,上博简《仲弓》很可能就是删削而不存之篇,但其重要内容则保存于《论语·子路》篇中为一章。①

　　显然,晁福林先生认为上博简《仲弓》在前,《论语》编定在后。而郭齐勇先生则恰恰相反。他对读《论语·颜渊》第17至19章与上博简《季康子问于孔子》,认为《季康子问于孔子》"使我们对晚年孔子在衰落的鲁哀之世的政治主张的了解变得丰满起来",并将其定为《论语》的"传文",进而推测"或者这正是七十子后学面对现实问题而发展孔子、假托孔子的表现"。② 笔者拟从逻辑推理的角度略作分析。

　　其一,《论语》文字更为简洁、凝练。

　　上博楚简《从政》中也有与《论语》相近的文字。

　　毋暴,毋虐,毋贼,毋贪。不修不戒,谓之必成,则暴;不教而杀,则虐;命无时,事必有期,则贼;为利枉事,则贪。

　　《论语·尧曰》记曰:"不教而杀谓之虐;不戒视成谓之暴;慢令致期谓之贼;犹之与人也,出纳之吝谓之有司。"楚简《从政》与《论语》此句意义相近,而《论语》的语句更为工整,如"不教而杀,则虐",在《论语》中是"不教而杀谓之虐";"命无时,事必有期,则贼",在《论语》中是"慢令致期谓之贼";"不修不戒,谓之必成,则暴",在《论语》中是"不戒视成谓之暴"。显然,《论语》的编纂者在孔子原话的基础上,又重新调整语言的前后顺序,用词更凝练,且加以排比,读起来更加朗朗上口。

　　同样的情况,还出现在上博楚简《君子为礼》中:

　　颜渊侍于夫子。夫子曰:"回,君子为礼,以依于仁。"颜渊作而答曰:"回不敏,弗能少居也。"夫子曰:"坐,吾语女。言之而不义,口勿言也;视之而不义,目勿视也;听之而不义,耳勿听也;动之而不

---

① 晁福林:《上博简〈仲弓〉疏证》,《孔子研究》2005年第2期。
② 郭齐勇:《上博楚简所见孔子为政思想及其与〈论语〉之比较》,《哲学研究》2007年第2期。

义,身勿动焉。"颜渊退,数日不出。[门人问]之曰:"吾子何其瘠也?"曰:"然,吾亲闻言于夫子,欲行之不能,欲去之而不可。吾是以瘠也。"

《君子为礼》简文与《论语·颜渊》"颜渊问仁"篇相近。

颜渊问仁。子曰:"克己复礼为仁。一日克己复礼,天下归仁焉。为仁由己,而由人乎哉?"颜渊曰:"请问其目。"子曰:"非礼勿视,非礼勿听,非礼勿言,非礼勿动。"颜渊曰:"回虽不敏,请事斯语矣。"

上博简的"口勿言也,视之而不义,目勿视也,听之而不义,耳勿听也,动而不义,身勿动",在《论语》中成为"非礼勿视,非礼勿听,非礼勿言,非礼勿动。"张光裕先生认为"简文所言与《论语》大意相若,两者所强调者虽有'不义'与'非礼'之异,然实有同工之妙"。① 之所以变成这种高度凝练整齐的排比句,"是《论语》编纂者艺术加工的产物。我们看到,加工前后的孔子语录,艺术效果是大不一样的。《君子为礼》中这几句话很普通,不会引起人们特别的注意,而到了《论语》,编纂者将其提炼成四个'非礼勿……'的整齐句式,而且有意识地将'言''视'二句互换位置,使第二句句末的'听'与第四句句末的'动'押韵,经过这种点石成金的艺术处理,思想内涵没有任何变化,但孔子这四句话却一下子就成为千古名句了"。② 仔细分析可知:"《论语》所记当是经过润色、加工的结果,而本篇所记较之《论语》为原始。"③

《论语·颜渊》有曰:"政者,正也。子帅以正,孰敢不正?"

上博简《仲弓》记曰:

[附简]:孔子曰:"雍? 政者,正也。夫子虽有举,汝独正之,岂

---

① 马承源主编:《上海博物馆藏战国楚竹书(五)·君子为礼》"说明"部分,上海古籍出版社,2005年,第253页。
② 陈桐生:《从上博竹简看〈论语〉的编纂特点》,《武汉理工大学学报(社会科学版)》2008年第6期。
③ 宋立林:《上博简〈君子为礼〉与颜氏之儒》,《中国哲学史》2014年第4期。

不有匡也?"仲[弓]……

由于附简残损严重,无法确知更多内容。然而,《论语》中的"政者,正也"确实比楚简《仲弓》"唯正者,正也"要简洁。

上博简的文字相对粗疏、繁复,而《论语》文字更为简洁、凝练,句子排比工整,节奏明快,语义更为突出。按照"后出转精"的逻辑,《论语》当为时稍晚。倘若是孔门后学借孔子之名表达个人见解,应在内容上加以改变,而不是使文字变得潦草、粗糙,这不利于思想的传播,也有悖常理。

其二,《论语》部分内容言犹未尽。

前文已谈到,上博简《仲弓》与《论语·子路》源出一处,仔细对读,可发现二者在行文中的差别。《论语·子路》的原文是:

子曰:"先有司,赦小过,举贤才。"曰:"焉知贤才而举之?"子曰:"举尔所知;尔所不知,人其舍诸?"

《论语》中,当仲弓向孔子问政时,孔子回答的是"先有司""赦小过""举贤才"三个方面,而只具体回答了"举贤才"的内容,对于如何"先有司"、如何"赦小过"都没有涉及。而上博简《仲弓》中,对于仲弓问政,孔子回答的是:"老老慈幼,先有司,举贤才,宥过举罪。""老老慈幼"在《论语》中没有记载,上博简则记仲弓说"若夫老老慈幼,既闻命矣。夫先有司为之如何?"说明仲弓对"老老慈幼"已了然于胸,而接着问何谓"先有司"?孔子回答说:"夫民安旧而重迁……是故有司不可不先也。"对于"举贤才"的内容,《论语》与上博简《仲弓》内容几乎完全一致。《论语》对"赦小过"也没有具体说明,上博简《仲弓》则对"宥过举罪"进行了解释。

按照一般逻辑推理,既然孔子提到了"老老慈幼""先有司""赦小过""举贤才"四个方面,就会具体解释这四个方面。"老老慈幼"没有什么新意,《论语》中则仅保留了"先有司""赦小过""举贤才"三个内容。上博简《仲弓》完整保留了孔子与仲弓的对话,在具体解释这三方面意思时,《论语》只有"举贤才"的内容,显然没有把话说完,言犹未尽。"《论语》绝大多数内容为孔子与弟子的对话,内容普遍比较简洁,但事实上,孔子与弟子的谈话不可能如此简单。因此,可说《仲弓》篇是孔子与仲弓之间比较完整的对话记录,而《论语》所记则经过剪裁。换言之,《论语》与楚简《仲弓》之不同,从形式上看,首先表现为《论语》所记只重提示而不重铺陈,《仲弓》则记前因后果;其次,《仲弓》详记夫子之言,《论语》则只取夫子言之精粹者。在这个意义上,可说《论语》是精华篇。"①反之,如果说孔子所论本来就如《论语》所记,只具体地谈到了"举贤才"的问题,而对"先有司"和"赦小过"并没有加以解释。那么,上博简《仲弓》中对此的说明是孔门后学假托孔子之言,则明显过于牵强,不合逻辑。

综上所述,《论语》不是孔门弟子的原始记录,而是经过编者筛选、编辑而成。上博简《仲弓》《从政》《君子为礼》等资料或为《论语》的材料来源。《论语》的编纂者除了对这些材料在语言上加以凝练,句式上排比整齐,偏重记言外,更重要的是对诸多材料的裁剪,取舍之间体现了编纂者的思想,显示了《论语》特定的选材标准。所以,上博简不同于《论语》的思想,或许不是孔子弟子加入了新的思想,而是恰恰相反,是孔子本有的思想。

五、《论语》编纂取舍蠡测

无论是《论语》,还是上博简,大体不离孔子思想,然在倚重倚轻之间略有出入,原因为何?

其一,《论语》作为"语"类文献的特点决定的。《国语·楚语上》有云:"教之《语》,使明其德,而知先王之务,用明德于民也。"这类称之为"语"的文献,其特征是"明德","只要是围绕这种体用特征编选的,不论其篇幅长短,也不论是重在记言,还是重在叙事,都可称之为'语'"。② 钱穆先生在《论语新解》中就说《论语》《国语》《新语》《家语》等书都属于语类,"语,谈说义,如《国语》《家语》《新

---

① 罗新慧:《孔子的历史观、入仕观及其它——从上博楚竹书〈仲弓〉篇谈起》,《史学史研究》2005年第3期。
② 俞志慧:《语:一种古老的文类——以类言之语为例》,《文史哲》2007年第1期。

语》之类"。①这种语"大义"的明德书籍,其著述性质决定了《论语》凸显孔子专心修身、注重人事、强调德行和礼义方面的内容。

其二,《论语》编纂者将自己的思想投射到《论语》中。即使在主观上,编纂者力求真实呈现孔子的语言、行为和思想,尽可能保存孔子思想本真,但是在编纂过程中不可避免地将个人的好恶代入其中。这是任何书籍编纂中都会或多或少出现的问题,完全的客观极难做到。倘若编纂者主观上确实为了凸显孔子的德行,或者在领悟孔子思想时便是如《论语》这般解读,更会在材料的选择及语言的排比上下功夫,仔细斟酌。诚如杨宽先生所言:"古代传经与诸子书的编辑,往往以一个学派的内容为主,既有大师讲授的记述,或有师徒问答的记录,更有弟子发挥师说的述论。"②由此推想,常为后世学者诟病的"非儒"思想可能并非向壁虚构,或许在编纂中不能尽赅其余,也或许是孔子的本来思想被有意无意地隐去。

其三,对外应对社会巨变,特别是墨家的挑战。战国之初,严刑峻法产生,兵戈征伐增多,礼崩乐坏更为严重,社会陷入混乱。社会形势的变化使社会思想也经历了一次深刻变革,儒学也面对极大的挑战。

春秋时期,入仕多是由老师或者同门好友向卿大夫举荐,或者因才学出众,声名远播而引起执政者的注意,进而招揽入仕。在求仕之路上,个人恭己以待,虔敬恭肃地修养自己,等待机会,一般不能主动出击。春秋战国之际则出现主动求仕现象,特别是墨家主动游说王公大臣。公孟子③认为这是"行而自炫",是一种自我标榜的行为。另一方面,各级部门在选任官员时急功近利,强调事功,而忽略德行。因而,《论语》在编纂时着重凸显德行是从仕的根基,倘若

---

① 钱穆:《论语新解》,上下编中间说明部分,生活·读书·新知三联书店,2005年。
② 杨宽:《战国史》(增订本),上海人民出版社,2003年,第502页。
③ 惠栋、孙诒让认为公孟子是孔子弟子,宋翔凤认为公孟子是曾子弟子。孙诒让《墨子间诂》:"惠栋云:公孟子即公明子,孔子之徒。宋翔凤云:《孟子》公明仪、公明高,曾子弟子。公孟子与墨子问难,皆儒家之言。……此公孟子疑即子高,盖七十子之弟子也。"(参见《墨子间诂》,中华书局,2001年,第4491页)

德行学问的培植不够,急于求政,无异于舍本逐末。

春秋战国之际,战乱频仍,朝不保夕,身若浮萍,个人的力量犹显微薄,崇信鬼神之风更甚。墨家更是提出"明鬼"思想,不但力证鬼神存在,提出:"自古以及今,生民以来者,亦有尝见鬼神之物,闻鬼神之声,则鬼神何谓无乎?"(《墨子·明鬼下》)还认为鬼神可主持正义,明察善恶,"奖贤而罚暴",提出"故鬼神之明,不可为幽间广泽,山林深谷,鬼神之明必知之。鬼神之罚,不可为富贵众强,勇力强武,坚甲利兵,鬼神之罚必胜之。"(《墨子·明鬼下》)在鬼神的威慑之下,人们不敢胡作非为,天下才可大治。"(三代圣王)率天下之万民以尚尊天、事鬼、爱利万民,是故天鬼赏之,立为天子,以为民父母,万民从而誉之曰'圣王',至今不已。"(《墨子·尚贤中》)因此,《论语》编纂时罕言鬼神,未言神道设教,目的是不让人们将儒墨混为一谈,同时让人们摆脱鬼神观念的支配,将精力放在现实的人生中,靠人为努力推进社会进步。

由于社会动荡不安,违背礼法者增多,严刑峻法遂产生,"周衰刑重,战国异制"。墨家将法令的合理性归于上天,认为鬼神保障了刑罚的执行力。为了让大家都能"兼相爱""交相利",墨子提出要"劝之以赏誉,威之以刑罚"(《墨子·兼爱下》)。墨家学派内部纪律严格,墨家成员还必须完全听命于集团首领"巨子"的命令,巨子对所有成员具有决定生死的权力。即使做官,也必须严守墨家纪律,并向团体交纳一定的俸禄。这与儒家学派宽松的风气截然相反。儒家强调"为政以德,譬如北辰,居其所而众星共之"(《论语·为政》)。治理国家最重要的是当政者要修养德行,率先垂范,百姓心悦诚服地效仿。而墨家虽然也认可德行,但是更注重外在的威逼利诱,特别是刑罚的威吓。这与儒家思想大相径庭,故而《论语》中慎谈刑政。

简言之,为了凸显儒家思想的特点,廓清儒墨之别,《论语》编纂时对两派"似同而实异"的内容加以删减,使得两派思想判若云泥,不至于混淆。

其四,对内增强孔门凝聚力。颜回是孔门众望所归的衣钵传承人,可惜早亡。孔子去世后,为了维系孔门,有若曾被推举为儒家的带头人,不久即因不能服众而被赶下台,孔门后学遂分崩离析。"自孔子之死也,有子张之儒,有子思之儒,有颜氏之儒,有孟氏之儒,有漆雕氏之儒,有仲良氏之儒,有孙氏之儒,有乐正氏之儒。"①孔门后学相继离鲁,儒家衰落,"仲尼没后,受业之徒沈湮而不举,或适齐、楚,或入河海,岂不痛哉!"(《史记·礼书》)为了传承师说,凝聚孔门,阐明儒家大义,部分弟子合力编纂《论语》。

　　总而言之,在春秋战国之际,社会结构发生重大的变动,儒墨两家学派关系紧张,儒家思想在孔门后学的重构下,呈现出多姿多的画卷。然而,孔子至孟子之间的史料多未传世,不能详知。幸运的是,上博简使我们得以管窥画卷一角。《论语》的成书极其复杂,今本《论语》除了七十子的编纂外,还有汉儒的删订,几经辗转,历时几百年,具体难以详知,更增加了研究的难度。早期儒学的传承丰富而复杂,《论语》编纂者是孔门后学的部分弟子,代表着早期儒学思想重构中的一个面向。从某种意义上说,《论语》不能涵括孔子的所有思想。如果这一推测无误,可以推进我们对早期儒学的认识。

---

① 对于韩非子"儒分为八"的问题,学界有不同看法,吴龙辉的看法比较有代表性,他认为八派不是同时并存的,而是"孔子死后在孔门后学争正统的斗争中先后涌现的以孔子真传自居的八大强家。"(参看吴龙辉《原始儒家考述》,中国社会科学出版社,1996年,第108页)

出土文献视野下的《论语》文本形态演进

杨 博

基本篇章成书于战国的儒家重要典籍《论语》,秦汉以降作为儒学教育的基础教材,影响遍及"东亚简牍文化圈"。① 如学者曾以《论语》简牍为中心,考察古代东亚社会儒学普及和汉字的读写。② 出土《论语》简牍也被视作东亚地区"行走的文化符号"。③ 专就出土《论语》类文献本身考察《论语》成书、流传诸方面,④也是长期引起学者重视的问题。而简册文物本身体现出的考古学特性,即简帛在长期使用过程中形成的各项制度与习俗,简牍典籍"文物性"或者

作者简介:杨博,中国社会科学院古代史研究所、"古文字与中华文明传承发展工程"协同攻关创新平台副研究员,主要研究方向为出土文献与先秦、秦汉史。

基金项目:本文系国家社科基金重大项目"出土简帛文献与古书形成问题研究"(19ZDA250)阶段性成果;研究过程得到教育部、国家语委甲骨文等古文字研究与应用专项重点项目"北京大学藏秦、汉简牍文字、文本综合研究"(YWZ~J020)的资助。

① [韩]尹在硕:《东亚简牍文化圈的形成与发展》,《河南师范大学学报(哲学社会科学版)》2016年第5期,第102—104页。
② [韩]金庆浩:《出土文献〈论语〉在古代东亚社会中的传播和接受》,戴卫红译,《史学集刊》2017年第3期,第51—64页;丁红旗:《从敦煌、吐鲁番出土写卷看唐代〈论语〉读习的历史进程》,杜文玉主编《唐史论丛》第三十三辑,三秦出版社,2021年,第317—332页。
③ 裴永亮:《出土〈论语〉简牍:东北亚地区行走的文化符号》,《宁夏大学学报(人文社会科学版)》2020年第4期,第157—161页。
④ 陈良武:《出土文献与〈论语〉研究》,《漳州师范学院学报(哲学社会科学版)》2008年第3期,第99—105页;孔漫春:《〈论语〉出土文献研究》,河南大学博士学位论文,2010年;田旭东:《浅议〈论语〉在西汉的流传及其地位——从海昏侯墓出土〈齐论〉说起》,梁安和、徐卫民主编《秦汉研究》第十二辑,陕西人民出版社,2018年,第1—8页。

说"物质性"的史料特点,似应是研究的前提。① 下文拟由此入手,在出土文献所见《论语》类文献不同文本形态的基础上,观察典籍文本形态演进的历史过程,以就正于师友同好。

一、战国楚地的前《论语》形态

《汉书·艺文志》收录《论语》类文献时曾提到,当时流传的有《鲁论》20篇、《古论》21篇、《齐论》22篇等共12家229篇文献。《论语》是"孔子应答弟子时人及弟子相与言而接闻于夫子之语也。当时弟子各有所记。夫子既卒,门人相与辑而论纂,故谓之《论语》"。② 据《汉志》可知:其一,西汉以前《论语》文献的流传有分章、分篇的区别。其二,《论语》所记录的是孔子与弟子的"相与言"。孔门弟子是"孔子遗说"的记录者、整理者。《论语》的编纂一方面出于对孔子的尊敬,另一方面出于对孔门的依恋和对孔门分化的担忧,是孔门弟子缅怀和纪念夫子,维护这个学派的团结和统一的一种方式。③ 文献流传的篇、章差异与战国秦汉时孔门分化的实际情况相辅相成。在此意义上不妨将其时流传的有关孔子与弟子的"相与言"的文献均视作"《论语》类"文献,通过简册等"物质性"载体观察其文本形态的分合演变。

上博竹书的简册可依简端形状分为三种:其中两端梯形的简册只有《缁衣》一篇;《子羔》《孔子诗论》《鲁邦大旱》抄写在一处,简册两端圆弧;其余简册基本两端平齐。两端平齐的简册中儒家典籍的简长最长,如《性情论》简长57厘米,《孔子见季桓子》《君子为礼》的简长也在54厘米以上。按照后世文献分类来看,上博竹书的简册形制较为复杂,儒家简的编绳也是既有3道编,又有2道编。值得注意的是部分同类文献在简册形制上的联系,如《颜渊问于孔子》《民之父母》等两篇"《论语》类"文献简册两端平齐,简长46.2厘米,3道

---

① 杨博:《出土战国秦汉简牍典籍的史料特点》,邬文玲、戴卫红主编《简帛研究(二〇二〇春夏卷)》,广西师范大学出版社,2020年,第335—343页。
② (汉)班固:《汉书》卷三〇《艺文志》,中华书局,1962年,第1717页。
③ 宋立林:《出土简帛与孔门后学新探》,中国社会科学出版社,2018年,第276—277页。

编绳,形制完全一致。这种体现着时人使用相同形制的简册,将同类文献汇集的情况,在郭店竹书中更为突出。周凤五先生等学者早年即有精到论述,如两端梯形《五行》《缁衣》为一组,《成之闻之》《尊德义》《性自命出》《六德》为一组,《穷达以时》《鲁穆公问子思》为一组,等等。① 上述论断存在的扞格在于,竹书的分卷、分篇是古人分类还是今人的分类?实际研究过程中往往是二者杂糅的,如有篇题的完整分卷,可视作古人的命名与分类,散乱而无篇题的情况下,整理者的意见就更为重要。研究者已注意到整理者对郭店竹书分卷、分篇的问题,②如《成之闻之》《尊德义》简背的文字,似乎显示其在当时人眼中原被视为一篇。③ 由这些文字、刻划等近也引起学界对郭店竹书重新分卷的思考。④

就目前而言,如果郭店、上博竹书的分篇、分卷并不能代表时人的文献分类,那么有没有材料可以确定当时"《论语》类"文献的流传状况?安大简《仲尼》和荆州王家嘴楚简《孔子曰》似能解答上述问题。

《仲尼》由13支完整竹简组成,简长43厘米,2道编绳。简1—7背面有编号,简7、8、12背面有文字。简文原无篇题,不分章,内容为25条孔子言论,除一条开头为"康子使人问政于仲尼"外,其他简文均以"仲尼曰"起始。整理者推测,简文所记25条孔子言论条,均出自战国时期的《论语》,由此推断其性质是类似《论语》的孔子言论辑录,它有可能是早期《论语》的一个摘抄本。⑤

王家嘴《孔子曰》与安大简《仲尼》有相似之处。《孔子曰》室内

---

① 周凤五:《郭店竹简的形式特征及其分类意义》,武汉大学中国文化研究院编《郭店楚简国际学术研讨会论文集》,湖北人民出版社,2000年,第53—63页。
② 郭沂:《郭店竹简与先秦学术思想》,上海教育出版社,2001年,第230—266页。
③ 官琼梅:《郭店楚简背面新发现的字迹》,《中国文物报》2013年5月8日第8版;
④ 杨博:《由篇及卷:区位关系、简册形制与出土简帛的史料认知》,《史学月刊》2021年第4期,第5—17页。
⑤ 徐在国、顾王乐:《安徽大学藏战国竹简〈仲尼〉篇初探》,《文物》2022年第3期,第75—79页。

揭取约1 000个编号,其中较完整的约110支。完简长46厘米,3道编绳,部分简背有刻划线。内容主题及文体与《论语》极为相似。全文分为多篇。篇中分章,每章多以"孔子曰"起始。部分简背有篇题,如"居川上之下""智(知)之乐之""可智(知)也之下",均不见于今本《论语》。整理者推断战国时期儒家分为多个流派,不同地域应该存在多个版本的"论语",王家嘴简《孔子曰》与安大简《仲尼》即为楚地儒者诵习的经典。《孔子曰》大约三分之一的内容,可以在今本《论语》中查到,另外三分之二的内容并不见于其他传世文献,其简背的篇题亦均不见于今本《论语》,这些超出《论语》记载范围的内容,反而与《礼记》《孟子》等传世古籍重合。[1]《汉志》中已记述西汉以前《论语》文献流传的多样性,其与《礼记》等相关儒家典籍的紧密联系亦可由海昏竹书的情况得到阐明。

二、西汉时期的单篇流传

学界已熟知,《齐论》《鲁论》《古论》等多家《论语》经西汉张禹、东汉郑玄先后两次校订后,形成今本。此前考古发现的简本《论语》有定州汉墓竹简、朝鲜平壤贞柏洞汉墓竹简、海昏侯墓竹简三种。上述几种简本与今本相较,在章句、篇目分合上尤有差异。

海昏简本《论语》保存有"智(知)道"篇题和一些不见于今本的简文,[2]除"孔子知道之易(易)也。易(易)易(易)云者三日。子曰:'此道之美也'"(《金关》73EJT22∶6)一句外,[3]肩水金关《论语》残

---

[1] 赵晓斌:《湖北荆州王家嘴M798出土战国楚简〈孔子曰〉概述》,《江汉考古》2023年第2期,第43—48页。
[2] 杨军、王楚宁、徐长青:《西汉海昏侯刘贺墓出土〈论语·知道〉简初探》,《文物》2016年第12期,第72—75、92页;江西省文物考古研究院、北京大学出土文献研究所、荆州文物保护中心:《江西南昌西汉海昏侯刘贺墓出土简牍》,《文物》2018年第11期,第87—96页。
[3] 甘肃简牍博物馆、甘肃省文物考古研究所、甘肃省博物馆、中国文化遗产研究院古文献研究室、中国社会科学院简帛研究中心编:《肩水金关汉简(贰)》,中西书局,2012年,第94页。

简中"子贡曰：'九变复贯，知言之篡'"(《金关》73EJC：608)、①"子曰：'自爱，仁之至也；自敬，知之至也'"(《金关》73EJT31：139)诸句，②均可由海昏简本互证为《齐论·知道》篇章句，③表明此本应与《汉书·艺文志》中记述的《齐论》有关。④

齐地应有为数不少的传习《齐论》的学者。肩水金关之中有一定数量的来自齐地的官吏与戍卒，如"齐郡临菑吉羊里簪袅王光年廿三 长七尺三尺黄色疾 字子叔(《金关》73EJT9：3)""齐郡临菑满羊里公乘薛弘年(《金关》73EJT9：20)""齐郡临菑西通里大夫侯寿年五十长七尺二寸黑色(《金关》73EJT9：28)""齐郡钜定县壮里不更罗迁宿建年(《金关》73EJT9：126)"⑤"齐郡钜定广里不更宿延(《金关》73EJT37：470)"等等。⑥ 由此是否可以推测，金关《齐论》简牍是否是由某位齐人自齐地带来、或就地默写传抄、学习遗留而成的？

重要的是，海昏简本《论语》每简约容 24 字，三道编绳，简背有斜向划痕。各篇凡存有较完整首简的，简背均有篇题，如"雍也""子路""尧"(对应今本《尧曰》)和"智道"等，陈侃理先生由此推测此书

---

① 甘肃简牍博物馆、甘肃省文物考古研究所、甘肃省博物馆、中国文化遗产研究院古文献研究室、中国社会科学院简帛研究中心编：《肩水金关汉简(伍)》，中西书局，2016年，第244页。

② 甘肃简牍博物馆、甘肃省文物考古研究所、甘肃省博物馆、中国文化遗产研究院古文献研究室、中国社会科学院简帛研究中心编：《肩水金关汉简(叁)》，中西书局，2013年，第227页。

③ 肖从礼、赵兰香：《金关汉简"孔子知道之易"为〈齐论·知道〉佚文蠡测》，卜宪群、杨振红主编《简帛研究(二〇一三)》，广西师范大学出版社，2014年，第184—187页；王楚宁、张予正：《肩水金关汉简〈齐论语〉的整理》，《中国文物报》2017年8月11日第6版。

④ 杨博：《海昏侯墓出土简牍与儒家"六艺"典籍》，《江西社会科学》2021年第3期，第140—148页。

⑤ 甘肃简牍博物馆、甘肃省文物考古研究所、甘肃省博物馆、中国文化遗产研究院古文献研究室、中国社会科学院简帛研究中心编：《肩水金关汉简(壹)》，中西书局，2011年，第196、198、199、213页。

⑥ 甘肃简牍博物馆、甘肃省文物考古研究所、甘肃省博物馆、中国文化遗产研究院古文献研究室、中国社会科学院简帛研究中心编：《肩水金关汉简(肆)》，中西书局，2015年，第79页。

原来很可能是每篇独立成卷的。《汉志》称齐《论》"多《问玉》《知道》",王楚宁等先生在汉代边塞也发现可能属于《问玉》篇的残简。① 据此,当是第二十一篇《问玉》在前,《知道》最后为第二十二篇。但简本《论语》却以《知道》为第二十一篇,且简本中也尚未发现属于《问玉》的文句,故而陈侃理先生认为简本《论语》并非《汉书·艺文志》所谓的齐《论语》。它有《知道》却无《问玉》,可能体现了齐《论语》形成过程中的一个中间形态。②

与之相应,海昏简本内容与今本《礼记》和《大戴礼记》有关者,韩巍先生将其大致分为四组,③其中第三组出土时与《论语》简混杂在一起,三道编绳,完简容字 24 字,内容与传世本《礼记》相合者首先是《中庸》篇,另有见于传世本《礼记·祭义》和《大戴礼记·曾子大孝》的内容。《中庸》《祭义》和《大戴礼记·曾子大孝》等出土时与《论语》混杂在一起,其形制、容字和书体亦与《论语》完全相同。这些内容的交接点在于,其共同记录孔子及其弟子言论,一方面说明《礼记》中这部分内容与《论语》关系密切甚至存在"交集";另一方面揭示简本《礼记》类文献包括形制、书体各异的多个简本,还有一些不见于传世文献的佚文,似说明"《礼记》类""《论语》类"诸文献迟至西汉宣帝时期仍处于"单篇别行"的状态。

郭店楚简《缁衣》、上博楚简《缁衣》《武王践阼》等存在今本大、小戴《礼记》中的篇章及其章序、异文,长久以来引起学界的广泛重视。它们不仅有助于说明《礼记》定本之前单篇并行的流传状态,由此对于今本《礼记》诸篇章的来源,特别是对《汉书·艺文志》所云"'记'百三十一篇,七十子后学者所记也"之"七十子"的时代跨度,④也有了更加具体的认知。今本《礼记》中不仅保留有孔子讲学

---

① 王楚宁、张予正:《肩水金关汉简〈齐论语〉的整理》,《中国文物报》2017 年 8 月 11 日第 6 版;王楚宁、张予正、张楚蒙:《肩水金关汉简〈齐论语〉研究》,《文化遗产与公众考古》第四辑,第 66—74 页。
② 陈侃理:《海昏竹书〈论语〉初论》,朱凤瀚主编《海昏简牍初论》,北京大学出版社,2020 年,第 154—179 页。
③ 韩巍:《海昏竹书〈保傅〉初探》,朱凤瀚主编《海昏简牍初论》,第 120—136 页。
④ (汉)班固:《汉书》卷三〇《艺文志》,第 1709、2765 页。

时的记录和传经遗文,还保留有许多孔门七十二子讲学的记录和传经遗文。如今本《大戴礼记》即保留有不少孔子讲学的记录,而《礼记》的《缁衣》《中庸》《坊记》《表记》等被认定为出于《子思子》,《乐记》出于《公孙尼子》,《大学》《曾子问》等则与《曾子》有关。① 这其中,汉儒的作用并不仅仅是董理儒家经学、子学文献,在编辑这些不同文体的儒家文献时,也会加进自己的著作,其中一些还托名孔子及其门人。②

《缁衣》《武王践阼》之外,郭店、上博楚简中还见有不少篇章与今本大、小戴《礼记》有关。如李学勤先生曾指出,郭店《尊德义》的句式类似《曲礼》,体例与《中庸》相近;《五行》的文字与《礼记》中不少篇近似,为七十子后学所作;郭店《性情论》、上博《性自命出》主要讲"乐"的上半部分,其根本思想与《乐记》也是一致的。③ 上博《民之父母》的内容也基本见于《孔子闲居》。此外,上博《天子建州》第一章与《大戴礼记·礼三本》关系密切,《内豊》与《昔者君老》合编后的内容接近今本《大戴礼记·曾子立孝》和《曾子事父母》。④ 这些与今本《礼记》篇章近似的文献分篇并行的情况,在西汉中期以前仍得延续。海昏侯刘贺墓中所出109枚木楬,其中编号第八十一的木楬,原纵十余列文字可辨者存四:"燕礼""芗饮酒""乐记""昏礼"等,可分别与今本《小戴礼记》中之《燕义》《乡饮酒义》《乐记》《昏义》一一对应。⑤

海昏简本《中庸》《曾子大孝》等出土时与《论语》诸篇混杂在一起,揭示的是西汉时期《礼记》《论语》等儒家经典文本的流动形态。这也解释了一个重要的历史现象,即战国秦汉之际,流传着很多关

---

① 王锷:《〈礼记〉成书考》,中华书局,2007年,第25—114页。
② 朱汉民:《儒学的六经、诸子与传记》,《北京大学学报(哲学社会科学版)》2016年第5期,第26—34页。
③ 李学勤:《重写学术史》,河北人民出版社,2002年,第104—115、260—266页。
④ 骈宇骞:《简帛文献纲要》,北京大学出版社,2015年,第215—217页。
⑤ 西汉海昏侯刘贺墓出土简牍整理与研究课题组(杨博执笔):《典册琳琅——海昏简牍整理与研究的新进展》,《中国史研究动态》2020年第6期,第69—77页。

于孔门言行的记述,有不少现在还保留在《韩诗外传》《说苑》《新序》《孔子家语》等各类传世文献中,除郭店、上博竹书之外,也见于定州汉墓出土的《儒家者言》、北大汉简《儒家说丛》等。它们的体裁和内容有很多与《礼记》《论语》存在相似之处,却不属于今本《礼记》《论语》的范围。这些文献不仅可视作成型之前的《礼记》乃至《论语》等经传类文献的原始古本来源,也显示出孔子之后以迄西汉年间,儒家后学继承孔子的合经文、传记、诸子为一体的儒学思想体系和学术体系的建构过程。

三、西北所见今本定本前后的文本演变

根据肩水金关遗址出土的纪年简来看,最早为昭帝时代,最晚不过新莽。如"始元五年(前82年)三月丁巳"(《金关》73EJT21∶422)①"始建国(11年)三年八月癸□"(《金关》73EJT24∶228)等。② 除肩水金关外,西北地区还有数处汉唐遗址中出土有《论语》相关文献,如罗布淖尔(楼兰)汉简有《公冶长》的残句,如"☐亦欲毋加诸人子曰赐非"(59)。③ 甲渠候官有《为政》的内容,"□曰观之所安人焉廋哉人焉廋"(4.6A)。④ 悬泉汉简中有不少《子张》篇的语句,如"☐☐子张曰执德不弘通道不笃焉能为有焉能为亡·子夏之门人问交于子张子张曰"(V92DXT1812②∶215)"乎张也难与并而为仁矣·曾子曰吾闻诸子人未有自致也者必也亲丧乎·曾子曰吾闻诸子孟庄子之孝其他可能也其不改父之臣与父之"(V92DXT1812②∶

---

① 甘肃简牍博物馆、甘肃省文物考古研究所、甘肃省博物馆、中国文化遗产研究院古文献研究室、中国社会科学院简帛研究中心编:《肩水金关汉简(贰)》,第83页。
② 甘肃简牍博物馆、甘肃省文物考古研究所、甘肃省博物馆、中国文化遗产研究院古文献研究室、中国社会科学院简帛研究中心编:《肩水金关汉简(贰)》,第307页。
③ 黄文弼著,黄烈编:《黄文弼历史考古论集》,文物出版社,2009年,第408页。
④ 中国社会科学院考古研究所编:《居延汉简甲乙编》,中华书局,1980年,下册,第2页。

119)。① 悬泉汉简的年代已到东汉安帝永初元年(107年)。上述有关《论语》诸篇的内容,似乎可以说明,经刘向、刘歆校理后的诸家《论语》文本,在两汉时期一直在西北地区有所流传。至东汉郑玄后,《论语》定本出现。

至东汉郑玄后,《论语》定本出现。值得留意的是,魏晋以降,《论语》定本亦在西北地区流传。如吐鲁番洋海一号台地出土十六国时期白文《论语》写本;②吐鲁番阿斯塔那出土唐写本有《论语集解》《论语郑氏注》《〈论语〉习书》《〈论语〉经义对策》;③敦煌唐写本也见有《论语》《论语集解》《论语注》《论语疏》《论语摘抄》《论语目录》等。④

自金关汉简《齐论语》开始,《论语》在西北地区多地多处频繁出现,这种发现并非一时一地,而是汉唐千余年间延绵不断。西北地区历代出土的《论语》版本并不一致。汉时曾传抄《齐论》篇章;《齐论》失传后的魏晋南北朝,又见有白文《论语》;到了唐代,敦煌吐鲁番出土的《论语》以《论语郑氏注》最多,《论语集解》《论语注》等注疏本《论语》也大量涌现。这与《隋书·经籍志》中关于内地《论语》版本演变的记载基本一致,⑤而出土文献所见《论语》类文献的丰富文本形态,即由战国楚地的前《论语》文本,至西汉时期《论语》类文献的单篇复本流传,再到《论语》定本后的白文本、注解普及本,体现出《论语》文献萌芽、演生、定本以至普及的复杂历史进程。《论语》是儒家最重要的典籍,它的影响遍及"东亚简牍文化圈"。肩水金关《齐论语》章句出自汉代西北地区戍卒之手;著名的卜天寿抄本出自唐代西北地区12岁私学生卜天寿之手;贾忠礼抄本则出自唐代官学生贾忠礼之手。西北地区出土的《论语》文献反映出中央政府对西

---

① 郝树声、张德芳:《悬泉汉简研究》,甘肃文化出版社,2009年,第268页。
② 辛吉:《〈论语〉写本》,《光明日报》2011年3月24日第9版。
③ 国家文物局出土文献研究室等编:《吐鲁番出土文书》(全十册),文物出版社,1981—1991年。
④ 张涌泉主编,许建平撰:《敦煌经部文献合集》第4册《群经论语之属》,中华书局,2008年,第1437—1882页。
⑤ 王楚宁、张予正、张楚蒙:《肩水金关汉简〈齐论语〉研究》,《文化遗产与公众考古》(第四辑),第66—74页。

北地区进行的有效治理,包含有中华优秀传统文化的浸润。而在整个"东亚简牍文化圈",以儒家为代表的统治理念的普及,是东亚地区古代国家成立的关键因素。出土《论语》类文献,在此意义上提供着了解古代东亚社会状况的实证材料。①

最后要留意的是,今天或对"论语"或对"礼"等儒家经典文本的订正辨伪工作,实际上都是以恢复刘向之前、郑玄等人整理校订的原貌为最终目标,一般而言,无法再追溯到郑玄等人校订以前的状态,这是因为今天我们没有比他们更早的、完备的文献资料可以拿来对照,进而判断他们的正误。但是日渐丰富的出土简牍典籍似乎为了解当时的文本形态提供了重要捉手。战国秦汉时期流行的典籍文献可暂以成篇时间为据分为"旧有"与"新作"两种。无论是"旧有"还是"新作",其文本的最小单位均是"篇"。"旧有"文献有单篇流传者,如荆州夏家台所出《吕刑》,而绝大多数"新作"文献更是单篇留存,如安大简《仲尼》。"单篇别行、以类相从"或可基本概括这一时期典籍文献的留存形式。在此基础上得见有"复本多见"的情况。其中秦汉时期复本多见的表现形式就是多时多地出现内容上有密切关联的文献。如《论语》类文献即除定州汉墓竹简、平壤贞柏洞汉简与海昏汉墓简牍等三种抄本之外,还有散见于西北边塞汉简中的断简残章。这些"六艺"类简册文本相对固定但又尚未固化的诸多情况,揭示出典籍在定本成书之前的文本发展形态。当然,新发现的"先秦遗物细节和屡经历代学者改造的传世文献"能否建立密切的学术系联,②需要更多的方家来批评指正。

---

① 金庆浩:《出土文献〈论语〉在古代东亚社会中的传播和接受》,戴卫红译,《史学集刊》2017年第3期,第51—64页。
② 乔秀岩先生语,转引自李纯一、于颖《今天,如何研究礼》,《文汇学人》2015年1月30日T5版。

从出土文献所见颜回人物形象看《论语》的经典化过程

李健胜

上博简、安大简及海昏侯墓"孔子衣镜"的公布、出土为研究颜回及"颜氏之儒"提供了难得的新材料。细读上博简《君子为礼》《颜渊问于孔子》就会发现,《论语》中的颜回在新材料中呈现出别样的人物形象。然而,一些研究成果仅把上博简视为颜回"学圣""言道"的佐证,[①]展现的是弟子接受乃师之教的某些侧面。[②]安大简《仲尼曰》公布后,已有学者初揭其中所见颜回形象与以往认识有所不同,[③]但存在文献误读问题。"孔子衣镜"相关研究成果较多,有学者已注意到颜回形象问题,[④]但未见结合战国楚简综合考察颜回形象的成果。当前,已有学者结合出土文献研探《论语》的成书过程,[⑤]但也未见结合其中人物形象讨论《论语》成书过程的成果。有鉴于此,本文通过对比出土文献与《论语》所见颜回人物形象,揭示颜回人物形象差异及相关文献性质的同时,探究《论语》的成书过程及其经典化问题。

作者简介:李健胜,湖南师范大学历史文化学院教授。
[①] 冯和一:《颜子之儒"学圣""言道"特质在上博简中的体现》,《孔子研究》2017年第6期。
[②] 宋立林:《上博简〈君子为礼〉与颜氏之儒》,《中国哲学史》2014年第4期。
[③] 徐在国、顾王乐:《安徽大学藏战国竹简〈仲尼〉篇初探》,《文物》2022年第3期。
[④] 王刚:《文本述作与意义生成:海昏侯墓"孔子衣镜"文"颜回为淳仁重厚好学"发微》,《南开史学》2021年第2期。
[⑤] 余建平:《安大简〈仲尼曰〉与〈论语〉的形成》,《孔子研究》2024年第2期。

一、上博简所见颜回人物形象与《论语》的反差

(一) 优柔寡断、纠结怠惰的人物形象

《上海博物馆藏战国楚竹书》第五册的《君子为礼》和第八册《颜渊问于孔子》内容涉及颜回。其中,《君子为礼》共16简,与同时公布的《弟子问》当为同一篇文献。[①] 简牍损坏严重,编连困难。经徐少华重新释读,将第1、2、3、4和第9简编连为《君子为礼》的第一章,[②] 1—3简的内容释为(本文采用宽式释文):"颜渊侍于夫子,夫子曰:'韦,君子为礼,以依于仁。'颜渊作而答曰:'韦不敏,弗能少居也。'夫子曰:'坐,吾语汝。言之而不义,口勿言也;视之而不义,目勿视也;听之而不义,耳勿听也;动之而不义,身勿动焉。'颜渊退,数日不出。门人问之曰:'吾子何其惰也!'曰:'然,吾亲闻言于夫子,欲行之不能,欲去之而不可,吾是以惰也。'"陈剑认为"惰"应读为"瘠",[③] 从颜回弟子角度看,整理者所释"惰"字有指责、劝解之意,也有猜度对方心态之情,可从。

这是一段孔子向颜渊传授依"仁"行"礼"的对话,表面上讲的是"仁",实则反映的是为政之学的践行原则,与《论语·颜渊》篇"非礼勿视,非礼勿听,非礼勿言,非礼勿动"明显存在关联。陈桐生认为,它们是由上博简《君子为礼》"言之而不义,口勿言也;视之而不义,目勿视也;听之而不义,耳勿听也;动之而不义,身勿动焉"浓缩出的高度齐整的排比句,《君子为礼》中这几句话很普通,不会引人

---

① 黄人二:《上博藏简(五)〈君子为礼〉与〈弟子问〉试释——兼论本篇篇名为〈论语弟子问〉与〈论语〉之形成和主要编辑时间》,《中国国家博物馆馆刊》2011年第6期。
② 徐少华:《论竹书〈君子为礼〉的思想内涵与特征》,《中国哲学史》2007年第2期。
③ 陈剑:《谈谈〈上博(五)〉的竹简分篇、拼合与编联问题》,简帛网 http://www.bsm.org.cn/? chujian/4424.html,2006年2月19日。

注目,但经过编纂者将其提炼成四个"非礼勿……"的整齐句式,且有意识地将"言""视"二句互换位置,使第二句句末的"听"和第四句句末的"动"押韵,经过这种点石成金的艺术处理,思想内涵没有发生变化,但这句话却成为千古名句。①

《论语·颜渊》篇第 1 章中,颜回得此教诲,声称"回虽不敏,请事斯语矣",对夫子之道闻斯行诸、积极践履的形象跃然纸上,而在《君子为礼》中,得闻此道,颜回数日闭门不出,门人质疑他"吾子何其惰也!"他的回答"欲行之不能,欲去之而不可"展现出面对践行入仕问题时优柔寡断、纠结怠惰的矛盾心态,与《论语》展现的人物形象大相径庭。

上博简《君子为礼》和《论语·颜渊》所展现的颜回人物形象相差为何如此明显?这或许是编纂者材料取舍不同造成的。王红霞认为,从《论语》与上博简的对比来看,简帛中呈现的孔子更加积极支持弟子为官,更加认可神道设教,更加肯定刑政的价值,而《论语》呈现重修身、轻事功,重现世、轻鬼神,重德行、轻刑政的特点,这是编纂者材料"取""舍"不同造成的。②

的确,就上述问题而言,《论语》中孔子向颜回传授"仁"之"爱人"精神,颜回所问之"仁"也偏重于人文内涵,而上博简《君子为礼》中孔子要求颜回"君子为礼,以依于仁",即依据仁爱精神去践行礼治,思想主张的核心点在于践履"礼"。上博简《君子为礼》所见孔子依"仁"行"礼"的思想不是一个孤立的政论议题,事实上,上博简所见孔子言论多数涉及如何从政问题。从上博简《季庚子问于孔子》一文看,在如何管理百姓问题上,孔子主张"仁之以德",认为"君子在民之上,执民之中",就要"玉其言而慎其行,敬成其德以临民,民望其道而服焉"。③ 和《论语》重点讨论"仁"之人文精神内涵不同,上博简中的孔子更偏重践履之学。

---

① 陈桐生:《从上博竹简看〈论语〉的编纂特点》,《湖北理工大学学报(社会科学版)》2008 年第 6 期。
② 王红霞:《〈论语〉编纂中的"取"与"舍"——以上博简与〈论语〉的对比为视角》,《齐鲁学刊》2021 年第 3 期。
③ 侯乃峰:《上博楚简儒学文献校理》,上海古籍出版社,2018 年,第 227 页。

上博简《颜渊问于孔子》的内容基本也是颜回向孔子请教为政之学。整理者所释"内事""内教"陈伟校订为"入仕""入教",①文义得通。颜回以递进方式向孔子请教"入仕""入教"之道。"入仕"方面,孔子主张"敬有过而先有司,老老而慈幼,予约而收贫,禄不足则请,有余则辞。敬有过,所以为宽也;先有司,所以得情也;老老而慈幼,所以处仁也;予约而收贫,所以取亲也;禄不足则请,有余则辞,所以扬信也。盖君子之入仕也如此矣。""入教"方面,孔子主张"修身以先,则民莫不从矣;前以博爱,则民莫遗亲矣;导之以俭,则民知足矣;前之以让,则民不争矣;又迪而教之,能能,贱不肖而远之,则民知禁矣。如进者劝行,退者知禁,则其于教也不远矣"。② 由此可见,正如王红霞所说,上博简中孔子更偏重为政之学,就连"仁政"这样的议题也进入他的思想视域。

(二) 人物形象形成反差的文本因素

上博简"子曰"类文献意在弘扬孔子为政思想,除处处透露出孔子期待弟子参政议政的入世态度外,把仁政主张也贯于孔子,编者为了增强说理的有效性,编造孔子劝导弟子入仕的话语场景。除《君子为礼》1—3简中孔子和颜回的上述对话外,上博简《仲弓》载:"季桓子使仲弓为宰,仲弓以告孔子曰:'季氏……使雍也从于宰夫之后,雍也憧愚,恐贻吾子羞,愿因吾子而辞。'孔子曰:'雍,汝毋自惰也。"③季桓子想让仲弓为其私臣,仲弓不愿意,以自己愚钝为由拒绝,孔子则斥责他"自惰"。上述两个对话场景显然是基于宣扬孔子为政思想的一种叙事策略。从具体内容看,上博简所见孔子为政思想往往围绕二人对谈场景展开,有时以劝弟子从政为由头,阐述依"礼"行"仁"的为政之道,而这样的为政之道又在孔子话语中显得高远深邃。弟子聆听教诲后,或面露难色或出言婉拒,孔子或他人则以"惰"字批评之。这样的叙事策略主要是为了表达践履为政之学

---

① 陈伟:《〈颜渊问于孔子〉内事、内教二章校读》,简帛网 http://www.bsm.org.cn/?chujian/5713.html,2011年7月22日。
② 侯乃峰:《上博楚简儒学文献校理》,第338—344页。
③ 侯乃峰:《上博楚简儒学文献校理》,第196页。

难度甚大,不可能轻易实现,因此弟子们须勤学好问且谨慎行之。所谓"欲行之不能",意在展现践履为政之学兹事体大,不是颜回所能胜任的;所谓"欲去之而不可",是为政之学寄寓着孔子理想,颜回不想违抗师命,而依"仁"行"礼",意味着不仅要求颜回参政,还要求借参政之机践行仁爱思想。颜回做不到,只好闭门不出。《君子为礼》编纂者的目的显然是为了抬高孔子为政主张的思想高度和践履难度。

与之形成鲜明反差的是,《论语》中颜回呈现的是勤学好问、德行出众的人物形象。孔子夸赞颜回"好学"[1]、"三月不违仁"[2],即使"回也非助我者也,于吾言无所不说"[3]的责备之语也透露出弟子积极践行乃师主张的信息。

研究表明,春秋时期的私学教育体制中,弟子须向老师服役,师生一如君臣,存在人身依附,[4]无论是上博简《君子为礼》中那个面对入仕问题优柔寡断、纠结怠惰的人物形象,还是《论语》中的闻斯行诸、践履仁爱的君子形象,"仕而优则学,学而优则仕"[5]应当是弟子从学孔门、问道儒学的人生底色,优柔寡断、纠结怠惰的心态不一定出自颜回本人,但在孔门中这样的人物形象未必没有原型,但上博简孔子语录的编纂者借以表达变形了的孔子为政思想,择取乃至改写语录的目的是为了表达编者的思想观念,由此导致人物形象失真问题。

孔子虽主张"仁""礼"并重,但在践履层面力倡情感体验和直觉体悟,相信人类美好天性和自我转化能力,如何参与社会政治建构的具体立论主张并不多见,战国儒家试图补足这个短板,将"仁"引入政治领域的主张随之产生,除子路、冉有等人的政治实践外,子

---

[1] 《论语·先进》,程树德撰,程俊英、蒋见元点校《论语集释》,中华书局,2014年,第969页。以下所引《论语》原文皆出自《论语集释》,仅注页码。
[2] 《论语·雍也》,第487页。
[3] 《论语·先进》,第963页。
[4] 裘锡圭:《战国时代社会性质试探》,《古代文史研究新探》,江苏古籍出版社,1992年,第403页。
[5] 《论语·子张》,第1705页。

张、子夏等人试图建构并强化儒学的社会政治功能,上博简所见孔子仁政思想就是在这种思想背景下形成的。"仁政"主张是战国儒家的思想立论,主要由孟子总结和标榜,把它贯于孔子且将相关语录视为真材料,势必造成思想史认知的混乱。然而,鉴于上博简《君子为礼》1—3 简的文字表述更为朴拙,且与《论语·颜渊》篇第 1 章的内容直接相关,不能贸然认定《君子为礼》全是假托孔子之口的模拟附会之语,上博简《君子为礼》1—3 和《论语·颜渊》篇第 1 章当有共同文献来源,前者的一些内容在文字层面应当更接近上源性材料,而后者的一些内容显然经过了文学性修订,借此达成强化说理的效果和语录经典化之目的。

两类文献中颜回人物形象相异问题则是改作语录的结果。比较而言,上博简中那个优柔寡断、纠结怠惰的颜回形象显然是借孔子之口表达己意的产物,《论语》中那个闻斯行诸、践履仁爱的人物形象应当更接近颜回本人真实形象。从所见人物形象角度看,上博简《君子为礼》中"欲行之不能,欲去之而不可,吾是以惰也"之类的话是编者有意杜撰的,是孔子语录泛化的产物,只能算作是"儒家者言"之类的材料,而不能视为孔子真实语录。

总之,上博简《君子为礼》1—3 简所见那个优柔寡断、纠结怠惰的人物形象在《论语·颜渊》篇第 1 章中却是闻斯行诸、践履仁爱的君子形象,这种反差的背后存在复杂的文本同异关系和语录再造问题。

二、安大简所见颜回人物形象与《论语》的反差

(一) 颜回贤于孔子

《论语·雍也》篇第 11 章:"贤哉,回也! 一箪食,一瓢饮,在陋巷,人不堪其忧,回也不改其乐。贤哉,回也!"[1]"箪"是用于盛饭的

---

[1] 《论语·雍也》第 498 页。

竹器,"瓢",即匏,用以舀水的简陋器具。颜回住在"陋巷",箪食瓢饮,过着他人"不堪其忧"的生活,而颜回"不改其乐"。此章以"贤哉,回也"开头,又以此句结语,以重复叙述的语言艺术塑造出颜回安贫乐道的人物形象。《韩诗外传》云:"颜渊问于孔子曰:'渊愿贫如富,贱如贵,无勇而威,与士交通,终身无患难,亦且可乎?'孔子曰:'善哉回也!夫贫而如富,其知足而无欲也。贱而如贵,其让而有礼也。无勇而威,其恭敬而不失于人也。终身无患难,其择言而出之也。若回者,其至乎!虽上古圣人,亦如此而已。'"①这显然是对《论语·雍也》篇第11章的引申,孔子赞许颜回的"无欲",视之为圣人品格。《吕氏春秋·任数》云:"孔子穷乎陈、蔡之间,藜羹不斟,七日不尝粒,昼寝。颜回索米,得而爨之。几熟,孔子望见颜回攫其甑中而食之,选间,食熟,谒孔子而进食。孔子佯为不见之。孔子起曰:'今者梦见先君,食洁而后馈。'颜回对曰:'不可!向者煤炱入甑中,弃食不祥,回攫而饮之。'孔子叹曰:'所信者目也,而目犹不可信;所恃者心也,而心犹不足恃。弟子记之,知人固不易矣。'故知非难也,孔子之所以知人难也。"②在极端困苦环境中,颜回仍能保持高洁品性,令孔子不禁感叹。无独有偶,孔子弟子原宪也是位安贫乐道者,"季次、原宪,闾巷人也,读书怀独行君子之德,义不苟合当世,当世亦笑之。故季次、原宪终身空室蓬户,褐衣疏食不厌。死而已四百余年,而弟子志之不倦。"③可见,《论语》所见颜回安贫乐道的人物形象不仅有其他文献可资佐证,他的处世方式也得到孔子的赞许和同门的效仿。程颐曰:"颜子之乐,非乐箪瓢陋巷也,不以贫窭累其心而改其所乐也,故夫子称其贤",朱熹赞叹:"颜子之贫如此,而处之泰然,不以害其乐,故夫子再言'贤哉回也'以深叹美之。"④在诸儒的解读和赞扬下,颜回安贫乐道的人物形象已然深入人心。

---

① 《韩诗外传》卷十,(汉)韩婴撰,许维遹校释《韩诗外传集释》,中华书局,1980年,第357—358页。
② 《吕氏春秋·任数》,许维遹撰《吕氏春秋集释》,中华书局,2009年,第447—448页。
③ 《史记》卷一二四《游侠列传》,中华书局,1959年,第3181页。
④ (宋)朱熹:《四书章句集注》,中华书局,2012年,第87页。

2022年8月中西书局出版《安徽大学藏战国竹简(二)》,收录其中的《仲尼曰》共13简,长43厘米,宽0.6厘米,简文所记孔子言论共25条,见于《论语》者8条,是继上博简之后发现的重要"子曰"类文献。安大简《仲尼曰》中有一条涉及颜回人物形象的语录:"仲尼曰:'一箪食,一勺浆,人不胜其忧,己不胜其乐,吾不如回也。'"① 这条语录和《论语·雍也》篇第11章两相比较可知,安大简语录首尾不见"贤哉,回也",也没有"在陋巷"之语,《论语》中的"一箪食,一瓢饮"安大简写作"一箪食,一勺浆"表现颜回安贫乐道之人物形象的"人不堪其忧,回也不改其乐"简文写作"人不胜其忧,己不胜其乐"。

具体来说,《论语·雍也》篇第11章中的"一瓢饮"指用简陋不堪的容器盛水,简文"一勺浆"指用常见的容器盛浆水、米浆,《说文》:"浆,酢浆也",古代常指一种微酸的饮料,或指浓稠的米浆、豆浆之类,所反映的生活困苦状态显然不及"箪食""瓢饮"那样严重。"人不堪其忧,回也不改其乐"与"人不胜其忧,己不胜其乐"的含义大致相同,前者的意思是别人不堪承受这样的赤贫生活,而颜回乐在其中,加之"贤哉,回也"的首尾呼应,起到用重复措辞来加强读者印象,一个不为外在物质环境所累,在极度贫困的环境中坚守精神家园,不改变乐道之志的人物形象跃然纸上;后者相对平实地叙述颜回的贫穷生活,重点阐发颜回本人的生活感受。至为关键的是,"吾不如回也"是说孔子亲口承认自己不如颜回。要之,今本《论语》通过首尾呼应的语句设计,把贫困生活与君子之德深度捆绑,形成文气贯通、强调主旨的表达效果,而简文句末"吾不如回也"意谓颜回贤于孔子,而非徐在国理解的那样,颜回只是安于现状。

(二) 文本差异及其复杂性

安大简《仲尼曰》中有"仲尼之耑语也"②之句,意思是说前列语

---

① 黄德宽、徐在国主编:《安徽大学藏战国竹简(二)》,中西书局,2022年,第44页。
② 黄德宽、徐在国主编:《安徽大学藏战国竹简(二)》,第44页。

录为孔子所说的话,"嵞"有"举例"之义,整理者认为"嵞语"可能和《论语》书名直接相关,是《论语》的一个摘抄本①。《仲尼曰》文末有"仆快周恒"四字,李家浩认为当读作"朴慧周极",意谓孔子之"嵞语""朴实智慧,无处不达到最高境界",四字书于简尾,字间密度较大,书写较为草率,墨迹颜色较浅,与正文明显有别,黄德宽认为这可能是抄手的评语。② 安大简《仲尼曰》与湖北荆州王家嘴 M798 楚墓出土的《孔子曰》书写时代大体相当,约形成于公元前 300—前 278 年间,系战国晚期文献,③安大简《仲尼曰》孔子语录见于《论语》者约占三分之一,其他语录散见于《礼记》《大戴礼记》《孔丛子》等,说明它并不是单纯的《论语》摘抄本,王家嘴 M798 墓的《孔子曰》也系如此,它们中的一些内容与《论语》材料来源相关,总体上属于"子曰"类文献,这类文献并非都出自孔子之口,杜撰、附会的成份较多。

李锐认为,从逻辑上来看,安大简《仲尼曰》可能属于《论语》纂辑时的材料来源,但并不是说《论语》的编纂一定采用了《仲尼曰》,只是说其中一些语句的同源语录被纂辑进入了《论语》,有一些则没有被选入。④ 安大简《仲尼曰》所见孔子评价颜回"箪食勺浆"之句选入了《论语》,但它不一定是孔子门人弟子"书诸绅"⑤的原初材料,《仲尼曰》的思想主题颇为凝炼,行文多以"君子—小人""善—不善""仁—不仁"等对比的方式呈现,凸显孔子对古圣时贤及弟子的评价,强调文本整齐性、简洁性,说明编纂者对来源文献进行了不同程度的删改⑥,这条语录也经过了篇者改动,与《论语·雍也》篇第 11 章应当有着共同的文献来源,编者都不同程度地改动了原初材料。

---

① 徐在国、顾王乐:《安徽大学藏战国竹简〈仲尼〉篇初探》,《文物》2022 年第 3 期。
② 黄德宽、徐在国主编:《安徽大学藏战国竹简(二)》,第 52 页。
③ 陈民镇:《论安大简〈仲尼曰〉的性质与篇纂》,《中国文化研究》2022 年第 4 期。
④ 李锐:《安大简〈仲尼之嵞语〉的思想史价值》,《中国史研究动态》2023 年第 3 期。
⑤ 《论语·卫灵公》,第 1374 页。
⑥ 代生:《安大简〈仲尼曰〉文本、主题与性质研究》,《燕山大学学报(哲学社会科学版)》2023 年第 3 期。

颜回生前过着贫穷生活,他死后,其父颜无繇请求孔子把车捐出来为颜回作椁,孔子说其子孔鲤"有棺而无椁",没有用车为孔鲤作椁,因为孔子"从大夫之后,不可徒行也。"①孔子未捐出车,给出从于大夫之后,"礼不可出门步行"②的理由,其实是不愿厚葬颜回,但门人弟子还是厚葬了他,孔子闻之:"回也视予犹父也,予不得视犹子也,非我也,夫二三子也。"③这件事说明颜回虽然贫穷但并非赤贫,死后至少配得起棺,只有没有椁,最后还被厚葬。安大简《仲尼曰》没有夸饰颜回的贫穷状态,而《论语·雍也》篇第 11 章以首尾呼应的文学修辞形式夸饰了颜回的贫穷状态。就这一点来说,《论语·雍也》篇第 11 章对原材料的改动程度更大。

安大简《仲尼曰》所见颜回贤于孔子的立论并非该出土文献仅见,《论语》中就有两条相类似的语录。《论语·子张》篇第 23 章:"叔孙武叔语大夫于朝,曰:'子贡贤于仲尼。'子服景伯以告子贡。子贡曰:'譬之宫墙,赐之墙也及肩,窥见室家之好。夫子之墙数仞,不得其门而入,不见宗庙之美,百官之富。得其门者或寡矣。夫子之云,不亦宜乎!'"孔子殁后叔孙武叔公开说子贡贤于孔子,遭到子贡反驳。《论语·公冶长》篇第 9 章:"子谓子贡曰:'女与回也孰愈?'对曰:'赐也何敢望回? 回也闻一以知十,赐也闻一以知二。'子曰:'弗如也;吾与女弗如也。'"这句话字面意为孔子认为自己和子贡都不如颜回,但立论有个前提,那就是子贡自认不如颜回且为此沮丧不已,东汉包咸注曰:"既然子贡不如,复云吾与女俱不如者,盖欲以慰子贡也。"④意谓孔子只是安慰子贡才如此说,并不是孔子真的不如颜回贤能。宋儒朱熹解"与"为"许也"⑤,即赞许,意谓孔子赞许子贡自认不如颜回之诚恳态度。两种解读虽有一定差异,但都否认孔子真的以为自己不如颜回贤能,借此否定该语录存在借颜回贬低孔子的释读可能性。

---

① 《论语·先进》,第 972 页。
② 钱穆:《论语新解》,生活·读书·新知三联书店,2002 年,第 203 页。
③ 《论语·先进》,《论语集释》,第 980 页。
④ (魏)何晏集解,(宋)邢昺疏:《论语注疏》,见(清)阮元校刻《十三经注疏》,中华书局,2009 年,第 5372—5373 页。
⑤ (宋)朱熹:《四书章句集注》,第 77 页。

把"吾与女弗如也"与"吾不如回也"放到一起对读,后者显然也有赞美颜回而自认不如弟子的意涵,安大简《仲尼曰》中的这条语录同见王家嘴《孔子曰》,后者中也有"吾不如回也"[1],可见战国时期与《论语·雍也》篇第 11 章材料来源相同的"子曰"类文献偏重于阐发孔子自认不如颜回安贫乐道。《列子·仲尼》中有"回之仁贤于丘也"之语,《淮南子·人间训》《说苑·杂言》《论衡·定贤》中也有类似言论,这说明战国及两汉时期孔子不如颜回贤能的言论颇为流行[2],借此表达黜孔、抑孔主张。尽管安大简《仲尼曰》"吾不如回也"之句与诸子黜孔、抑孔言论有所不同,但所示颜回贤于孔子与《论语·雍也》篇第 11 章所见颜回安贫乐道的人物形象反差较大。

由此,安大简《仲尼曰》与《论语·雍也》篇第 11 章所示颜回人物形象背后的文献基础构成复杂的反差关系。就颜回安贫乐道、谦逊低调的君子形象来说,安大简《仲尼曰》的文本再造不及《论语·雍也》篇第 11 章程度深,后者明显用文学手法作了夸饰,优化语言、强化说理的痕迹十分明显;就颜回贤于孔子的思想立论来说,这是安大简《仲尼曰》的编者有意为之的,虽无贬低孔子的用意,但也产生拔高颜回人物形象的文本效用,当不出自孔子之口。总的来看,两条语录应当有共同的材料来源,一部分内容大致相同,一部分则反差较大,文本层面的互嵌与同异关系颇为复杂,以此为据形成的人物形象存在差异自然在所难免。

三、海昏侯墓"孔子衣镜"所见颜回君子形象与《论语》的经典化

(一)海昏侯墓"孔子衣镜"中的颜回君子形象

江西南昌海昏侯刘贺墓考古发掘是 2015 年一次重大考古发现,

---

[1] 赵晓斌:《湖北荆州王家嘴 M798 出土战国楚简〈孔子曰〉概述》,《江汉考古》2023 年第 2 期。

[2] 乐爱国:《〈论语〉"吾与女弗如也"歧解辨——兼及安大简〈仲尼曰〉》,《江淮论坛》2022 年第 5 期。

出土了上万件(套)珍贵文物,其中有一件方形衣镜的外框由于绘有孔子及部分弟子形象和简短传记,引起广泛关注。尽管镜框正面绘有一圈朱雀、白虎神兽和东王公、西王母仙人图案,但绘在镜框背板的孔子形象更引人注目,因此,学界将这架衣镜命名为"孔子衣镜"。

"孔子衣镜"最上面一栏人物为孔子和颜回,孔子位于左侧,高28.8厘米,宽约8.4厘米,画像为满绘。颜回立于孔子像右侧,高约27厘米,宽8.8厘米,系线描,头戴小冠,面目清秀无须,身穿深衣长袍,面向孔子,双手合抱于身前,向孔子躬身行礼。中间一栏为子贡和子路,下面一栏为堂骀子羽和子夏。

王刚指出,"孔子衣镜"所见弟子排序遵从了《论语·先进》"四科十哲"观念,简短传记也是从《论语》中抽绎而出的。① 堂骀子羽即澹台子羽,不列于"四科十哲",其图像却出现在"孔子衣镜",《史记·儒林列传》所述孔子卒后,七十子之徒散游各国,"澹台子羽居楚"②,在南方传播儒学,影响颇大,而海昏侯国即在楚地,说明"孔子衣镜"反映的儒学传播具有一定的地方性特征。不过,颜回与孔子并立的形象足以说明,西汉中期以来,在有关儒家人物形象的观念世界里,颜回已然是孔子最为重要的弟子,"寻孔颜乐处"的文化意象也已以绘画形式固定化。

"孔子衣镜"人物图像两侧书有人物生平及言行的传记。颜回部分记有"颜[回鲁人]字子渊少孔子卅岁",这是极为简短的生平记述。之后记有颜回问"仁"的语录共3条,内容与《论语·颜渊》第1章、《子罕》第11章、《述而》第11章相同。还载有孔子评价颜回语录二则:"孔子曰颜回为淳仁直(?)""孔子曰自我得回也门人日益亲"③,后一句与《史记·仲尼弟子列传》"自吾有回,门人益亲"④相同。

---

① 王刚:《海昏侯墓"孔子衣镜"所见"四科十哲"问题探论》,《中原文化研究》2019年第3期。
② 《史记》卷一二一《儒林列传》,第3116页。
③ 王意乐、吴振华:《孔子衣镜初读》,见朱凤瀚主编《海昏简牍初论》,北京大学出版社,2021年,第347页。
④ 《史记》卷六七《仲尼弟子列传》,第2188页。

从出土文献所见颜回人物形象看《论语》的经典化过程

第 1 条语录与上博简《君子为礼》和《论语·颜渊》第 1 章构成同文关系,核心内容"非礼勿视非礼勿听非礼勿言非礼勿动",与《论语·颜渊》第 1 章的文字表述毫无二致,"回虽不敏也请事此语也"[1]相较《论语·颜渊》第 1 章,虚词的多寡和用字有所不同,但不影响文义。如若上博简《君子为礼》与《论语》有共同文献来源,那么《论语·颜渊》第 1 章中四个排比句的定型应当是上博简制作时代至海昏侯刘贺下葬之前形成的,大致时代为战国中期至西汉中期之间。由于缺乏史料佐证,目前还无法还原是谁在什么时间浓缩此章内容并对其进行文本再造的,但既然"孔子衣镜"所示颜渊生平第 1 条语录与今本《论语》文辞和意涵相同,那么可以肯定地说相关文辞修饰发生在孔子衣镜制作之前。

(二)从颜回君子形象看《论语》的成书过程

从"孔子衣镜"所见颜回人物形象、所处位置及简短生平文字看,刘贺所处时代,颜回在儒门的地位已然固化。汉武帝以来,皇室、皇族乃至官宦世家广泛接受儒学教育,《论语》虽未列入官学,但经学博士兼传《论语》,昌邑王刘髆、刘贺与夏侯始昌、王吉、王式等经学大儒过从甚密,史称王吉"兼通五经,能为驺氏《春秋》,以《诗》《论语》教授"。[2] 海昏侯刘贺墓所出《论语》有今本所无的《知道》篇,说明刘贺所学《论语》至少有着齐论的文本特征,篇幅与鲁论及古论有所不同,但它又无《知玉》篇,且有一些古论的特征,但却不能归为古论,整理者认为不应当隅于古论、齐论、鲁论三论讨论海昏侯墓出土《论语》,当时《论语》的流传情况较为复杂,从目前公布的材料看,海昏侯墓《论语》保存状况较差,但从背部发现的篇题、篇目及文辞等因素看,是齐论形成过程中的一个中间形态[3]。就目前公布的语录看,虽有一定文字差异,总体上和今本《论语》相差不大。就

---

[1] 王意乐、吴振华:《孔子衣镜初读》,见朱凤瀚主编《海昏简牍初论》,第 347 页。
[2] 《汉书》卷七二《王吉传》,中华书局,1962 年,第 3066 页。
[3] 陈侃理:《海昏竹书〈论语〉初论》,见朱凤瀚主编《海昏简牍初论》,第 141—163 页。

颜回相关语录看,墓中出土《论语》的版本差异并不反映对颜回形象的不同认识,"孔子衣镜"所见三条语录与今本《论语》基本相同,这说明在海昏侯刘贺生活的时代,《论语》所见颜回闻斯行诸、践履仁爱的君子形象在文本层面已然固化。

《论语》的编纂、成书问题争议颇大、难有定论。相对而言,学界普遍接受的观点是孔子殁后七十子集体整理了孔子言论,再传弟子增补了一些内容。孔子去世时,子思尚年幼,待其长成,了解、掌握乃祖思想主张时用的学习材料即是《论语》,因此,《汉书·艺文志》所说"夫子既卒,门人相与辑而论纂"之"门人"当指子贡、子夏、曾子等及门弟子,子思可能增补过《论语》,但不是主持编纂者。正唯如此,《论语》所见孔子语录经过及门弟子共同编定,可信度较高,加之战国以来孔子声名日隆,《论语》的传播空间和阅读人群逐步扩大,意旨窜乱的可能性较小,相比其他"子曰"类文献可信度更高。《论语》相关语录或多或少展现了子贡、曾子、子张等人的品性缺陷,而颜回几乎以完美无缺的君子形象示人,说明颜回勤学好问、谦逊仁厚的品格得到孔门众儒的一致认同,君子形象也随着《论语》文本的经典化进一步升华。通过文学修辞手法凝炼孔子语录并将颜回贫穷生活与高洁人格进行艺术化处理的作法,说明颜回人物形象也存在文本再造成份,但和上博简、安大简虚构的人物形象相比,总体上是颜回真实品格在文本层面的投射。

从文本接受层面看,据我们统计,《吕氏春秋》共引孔子语录37条,见于今本《论语》者11条,占比30%,《淮南子》共引27条,见于今本《论语》者9条,占比33%,《盐铁论》共引109条,见于今本《论语》者103条,占比94%。战国晚期,《论语》并不被视为孔子语录的主要文本来源,"子曰类"文献的多元性与多元接受呈正比关系,《吕氏春秋》所引孔子语录见于《孝经》《庄子》《列子》《孔丛子》等书,一些语录则出处不明;西汉中期,士人多从《论语》引述孔子之语,《盐铁论》诸篇中,贤良文学之士频繁引述《论语》所见孔子语录作为立论依据。这说明从战国晚期至西汉中期,《论语》经历了较为漫长的文本接受历程,颜回的君子形象也因士人逐步聚焦《论语》而得以固化。

从出土文献所见颜回人物形象看《论语》的经典化过程

近年来,汉代《论语》文献频频出土,定州中山怀王墓竹简本《论语》,朝鲜平壤贞柏洞汉简《论语》,海昏侯墓简本《论语》,以及散见于西北边塞的《论语》残篇,为研究《论语》版本及流传问题提供了新材料。无论是单篇流传,还是整本形态的发现,《论语》在各地的出土说明它虽未列官学,但传播地理空间颇广,阅读人群较为广泛,这样的儒学传播不再是由儒门内部某些弟子主导的,而是官方及民间教育体系承载《论语》传播功能的体现。换言之,当时《论语》研读不再局限于儒门内部,而是社会精英获得基本文化修养的必读书之一。这从一个侧面说明,"孔子衣镜"中颜回与孔子并立的人物形象,不是某个"颜氏之儒"传人影响刘贺思想观念的产物,也不是接受王式齐论教导之后有意为之,而是社会层面共同认同颜回君子形象的实物投射。

综上,上博简、安大简所见有关颜回人物形象的两条孔子语录与《论语》的同异关系颇为复杂,总体上不及《论语》可信,但《论语》语录也存在优化语言、强化说理等文本再造现象。《论语》经历了较长时段的经典化过程,海昏侯"孔子衣镜"证实,汉宣帝时期颜回君子形象已然固化,这与海昏侯墓出土《论语》虽有齐论特征,但总体上接近今本《论语》的文献性质相一致,而通过人物形象分析文本经典化过程是研究古书成书问题的一个门径。

阜阳汉简《庄子》残简研究

李 锐 王晋卿

对《庄子》篇章的年代、作者以及篇章之间关系的研究是《庄子》研究的基础与关键，自宋代以来历代学者在这个问题上提出了诸多意见。近代受疑古思潮影响，一些学者认为《庄子》中的一些篇章可能晚至秦汉间才写成。20世纪80年代刘笑敢出版《庄子哲学及其演变》一书，该书在《庄子》篇章与成书问题上提出了一个典范：内篇早出且为庄子自作，外杂篇晚出且为庄子后学所作。[②] 此后这一典范被不断讨论，影响深远。[③] 近些年有关《庄子》的多数著作都会涉及《庄子》篇章与成书问题，并体现出两种不同的取向：其一，认可刘先生的结论，认为内篇为庄子所作，代表了庄子的核心思想，并且相当一批著作仅讨论内篇；其二，不认可内外杂的三分结构，主张打破这一划分，将外杂的一些篇章置于和内篇相同的地位来讨论庄子思想。两种取向互不兼容，皆无法说服对方。[④] 在这种背景下，如果能够使用新的材料，从不同视角审视这一问题，即使不能解决所有问题，但对这一问题的探讨无疑是大有裨益的，因此阜阳汉简《庄

作者介绍：李锐，北京师范大学历史学院史学研究所教授；王晋卿，华东师范大学哲学系博士研究生。

基金项目：本文写作得到2019年度国家社科基金重大项目"出土简帛文献与古书形成问题研究"（19ZDA250）科研基金的资助。

② 刘笑敢：《庄子哲学及其演变》（修订版），中国人民大学出版社，2010年，第28—49页。

③ 相关讨论可参李锐《郭店简〈唐虞之道〉中出现的"性命"与〈庄子〉内篇早出的问题》，《人文杂志》2011年第4期；《再论〈庄子〉的内外杂篇问题——回应刘笑敢先生》，杨国荣主编《思想与文化》第十七辑，华东师范大学出版社，2016年，第318—339页；刘笑敢《关于考据方法的问题》，《庄子哲学及其演变》（修订版），第6—21页。

④ 另有学者试图融合两种意见，参李大华《自然与自由——庄子哲学研究》，商务印书馆，2013年，第4—72页。

阜阳汉简《庄子》残简研究

子》便显得格外重要。

阜阳汉简《庄子》出土于1977年发掘的阜阳县双古堆一号汉墓之中,因残损严重,目前仅可见数十支《庄子》残简。这批残简,是当今所见离庄子年代最近的实物,对于我们认识汉初乃至战国中晚期的《庄子》有着非常重要的作用,可惜残损太过,断金碎玉,难以董理。目前对这批残简进行介绍与分析的文章有两篇,即韩自强的《阜阳汉简〈庄子〉》①(以下简称韩文)与胡平生的《阜阳双古堆汉简〈庄子〉》②(以下简称胡文)。他们对照现存的三十三篇本《庄子》进行研究,取得了一定的成果。

韩文与胡文对阜阳汉简《庄子》残简的介绍有三点重要的不同。第一,韩文仅披露了八支简,共涉及《则阳》《让王》《外物》三篇;胡文则披露了四十四支简,涉及了《逍遥游》《人间世》《大宗师》《应帝王》《骈拇》《在宥》《天地》③《至乐》《达生》《田子方》《知北游》《徐无鬼》《则阳》《渔父》《天下》诸篇,同时涉及《盗跖》,认为此简字体与《庄子》简相合,但文字有出入,可参张家山汉简《盗跖》,④故共计十六篇。第二,胡文认为有七支简字体与《庄子》简不合,但内容涉及《外物》篇"宋元君夜半而梦人被发窥阿门"章,因此只给出了释文,没有给图片;韩文则列《外物》篇残简六支,并直接算到了《庄子》残简中,而且两者的释文也有不同。第三,韩文有《让王》一支简,胡

---

① 韩自强:《阜阳汉简〈庄子〉》,《文物研究》总第6期,黄山书社,1990年,第292—294页。此文后经过修改发表过两次:韩自强、韩朝:《阜阳出土的〈庄子·杂篇〉汉简》,陈鼓应主编《道家文化研究》(第十八辑),生活·读书·新知三联书店,2000年,第10—14页;韩自强、韩朝:《阜阳出土的〈庄子·杂篇〉汉简》,中国蒙城庄子学会编《国际庄子学术研讨会论文集》(二),安徽文艺出版社,2000年,第123—126页。
② 胡平生:《阜阳双古堆汉简〈庄子〉》,《出土文献研究》第十二辑,中西书局,2013年,第188—201页。
③ 胡文涉及《天地》篇的共四支简,即简14、15、16、43,简43"字体与《庄子》简相合,但文字与今本有出入",故胡平生将此简编于末尾。参胡平生《阜阳双古堆汉简〈庄子〉》,《出土文献研究》第十二辑,第195页。
④ 院文清:《江陵张家山两座汉墓出土大批竹简》,《文物》1992年第9期。另可参廖名春《〈庄子·盗跖〉篇探原》,《文史》第四十五辑,中华书局,1998年,第49—59页。

文则无。综合韩文与胡文,从出土残简的内容方面来看,阜阳汉简《庄子》残简共涉及十八篇,遍及今传三十三篇本《庄子》的内外杂三部分,其中内篇四篇(《逍遥游》《人间世》《大宗师》《应帝王》),外篇七篇(《骈拇》《在宥》《天地》《至乐》《达生》《田子方》《知北游》),杂篇七篇(《徐无鬼》《则阳》《外物》《让王》《盗跖》《渔父》《天下》)。据胡平生的分析,《外物》数简字迹与其余《庄子》残简字迹不类,故将其归入《说类杂事》,宋元君与神龟的故事除见于《外物》外,还见于《史记·龟策列传》,经过对勘可见《庄子》残简与今本《外物》文字有出入,而与《史记·龟策列传》有相合之处,《史记·龟策列传》或别有所本,[①]而阜阳汉简这一段是不是《庄子》,待考。

据考古工作者的研究,阜阳县双古堆一号汉墓是第二代汝阴侯夏侯灶之墓。[②]夏侯灶卒于汉文帝前元十五年(前165年),此距秦颁布《挟书律》(前213年),严禁《诗》《书》"百家语"不远。《庄子》属于"百家语"之列,此律直到汉惠帝四年(前191年)方才废除,而自汉惠帝四年(前191年)到汉文帝前元十五年(前165年)不过二十余年的时间。考虑到竹简的流传有一定时间,且《盗跖》又见于张家山汉简,故墓中所随葬的《庄子》篇章的成书年代当远早于此年。因此可以确定阜阳汉简《庄子》残简所出的篇章形成的下限应该是战国末期,这说明现存《庄子》的大部分篇章在战国末期都已经形成。所以近代以来,受疑古思潮影响,将《庄子》外杂篇多定在汉初写成的观点不可信。[③]

---

① 胡平生:《阜阳双古堆汉简〈说类杂事〉研究》,《第三届中国古文献与传统文化国际学术研讨会会议论文》,2012年。
② 王襄天、韩自强:《阜阳双古堆西汉汝阴侯墓发掘简报》,《文物》1978年第8期。
③ 《太平御览》卷四三七引《庄子》佚文:"田光答太子曰:'窃观太子客,无可用者:夏扶,血勇之人,怒而面赤;宋臆,脉勇之人,怒而面青;武阳,骨勇之人,怒而面白。光所知荆轲,神勇之人,怒而色不变。'"此文言及荆轲,或可能是秦汉时期之作。至若日本高山寺抄本《庄子》引郭象跋语言及《庄子》为其所删者有"或出《淮南》",此恐只是"同文",并非真出于《淮南子》。参王叔岷《庄子佚文》,《庄学管窥》,中华书局,2007年,第245页。

阜阳汉简《庄子》残简研究

我们除了可以通过阜阳汉简《庄子》残简大体判断《庄子》多数篇章的成书年代外,还可以通过分析残简的字迹,以此来管窥汉初乃至于战国末期的《庄子》概况。从字迹来看,阜阳汉简《庄子》残简有些字形差异较大,可知抄者不一。

对照今三十三篇本《庄子》,属于内篇的文字在阜阳汉简《庄子》中字迹不一。按照胡文的简序,其中《逍遥游》笔划文弱,简 1 中"有"字残画作"▨","鸟"字作"▨","焉"字作"▨";相对而言,《应帝王》笔划稳健,如简 6 中"其"字作"▨","也"字作"▨","徐"字作"▨",二者差别明显,因此不难推测《逍遥游》与《应帝王》相应章节分属不同人抄写。然而极为后人关注的《逍遥游》竟抄写得如此不够美观,在残简中可谓书写最差之作,很可能说明阜阳汉简《庄子》并未对今天的内篇非常看重,《逍遥游》可能也不在篇首,这或许能说明阜阳汉简《庄子》尚无内篇与外杂篇之分。

此外,简 12、13、14、26、37 中皆有"于"字,粗看字形相近,简 12 作"▨",简 13 作"▨",简 14 作"▨",简 26 作"▨",简 37 作"▨",而从字形左右结构来看,则可以看出简 14 和简 37 更接近,最末的弧笔也较细。此五简分属于《在宥》(简 12、13)、《天地》、《田子方》、《天下》,可知《天地》和《天下》相应章节为同一人所抄。《天地》和《天下》分属外杂篇,这或许能说明阜阳汉简《庄子》尚无外篇与杂篇之分。

这两点对于认识《庄子》内外杂篇的分别年代有重要意义,虽然还不能否认其时可能已经存在内外杂分篇的本子,但是阜阳汉简的实例却表明此处《庄子》极可能未有内外杂的区分。目前对于《庄子》内外杂篇划分的认识,多集中于认为是淮南王或刘向歆父子主持其事,[①]因此阜阳汉简《庄子》之不分内外杂篇,或许正说明分内外杂篇是汉代的事情。

---

① 唐兰最早认为刘向划分了《庄子》内外杂三部分,张恒寿则集中论述了《庄子》内外杂三部分是由淮南王刘安划分。参唐兰《老聃的姓名和时代考》,《古史辨》,上海古籍出版社,1982 年,第 4 册,第 342 页;张恒寿《庄子新探》,湖北人民出版社,1983 年,第 22—26 页。

"而"字于阜阳汉简《庄子》残简中出现较多,按字形大致可分为三组:简 8、15 字形相近是一组,简 17、23 字形相近是一组,简 26 是一组。此外,简 11、13、33 残损不清,简 12 作"▓",因竹简弯曲变形,尚难归类。其中简 8 作"▓",简 15 作"▓";简 17 作"▓",简 23 作"▓";简 26 作"▓"。对比可见,简 8、15、26"而"字字形方正刚健,但简 26 与简 8、15 小有差别,其竖笔平直;简 17、23"而"字柔曲婉转。且简 8、26"而"字中间皆有两竖,简 15 虽残但由字的构造可以看出应是两竖;简 17、23 则只有一竖。简 8、15、26 分别属于《骈拇》《天地》《田子方》。简 17、23 分别属于《至乐》《田子方》,所以此两篇对应章节也可能由一人抄写。

同在《田子方》篇的简 23、26 中的两"而"字写法明显不同,这说明《田子方》篇在阜阳汉简中可能由不同人抄写,或者此篇在阜阳汉简中有两个本子,或者本来是两篇。相较而言,由于《田子方》简残简不多,又因为简 23、26 分属于今本的"颜渊问于仲尼"章与"孔子见老聃,老聃新沐"章,此两章在今本中是前后相连的两章,所以不同人接连抄写《田子方》(《天下》可能也存在此种情况,详后文),或《田子方》当分篇的两种可能性较大。《田子方》篇由十章组成,①各章之间没有特别紧密的关联。黄华珍研究《庄子》的篇章分合,曾设定《田子方》前五章和后五章分篇,即从"百里奚爵禄不入于心"处分篇。② 从阜阳汉简来看,虽然抄手分工或具有偶然性,但也不能排除《田子方》当分篇的可能性,那么分篇可能在"颜渊问于仲尼"章与"孔子见老聃,老聃新沐"章之间。故从阜阳汉简《庄子》残简来看,黄华珍的设定存在一定的疑问。

阜阳汉简《庄子》残简中的《天下》篇情况亦较为复杂,属于此篇的简共 11 支。排除有较大异文的简 40,可以看出:首先,简 41 与诸字不类比较明显。其次,简 36 与简 37 有差别。简 36"天下"二字作

---

① 《庄子》分章各家皆有不同,如王叔岷将《田子方》分为九章,而本文此处分章及下文对《天下》篇的分章皆依据黄华珍《庄子音义研究》,黄氏分章则依据姚鼐《庄子章义》。参王叔岷《庄子校诠》,中华书局,2007 年,第 765—801 页;黄华珍《庄子音义研究》,中华书局,1999 年,第 208 页。
② 黄华珍:《庄子音义研究》,第 223—224 页。

"![]""![]",简 37"天下"二字出现两次,分作"![]""![]""![]""![]"。简 37 横划向右下倾斜,与向左下倾斜的简 36 不类,且捺笔厚重。但简 36 横划左下倾斜的程度,撇捺笔划与简 41 仍有差别。《天下》其它简也有一些可以看出有不同。

这说明阜阳汉简《庄子》残简《天下》篇至少有三种不同的字迹,表明阜阳汉简《庄子》中或有两个乃至以上的《天下》篇,也有可能是此篇由三个或以上的人所抄。两人合抄的现象楚简多见,如郭店楚简《五行》、上博简《凡物流行》甲本皆有两种不同的字迹,即由两个抄手抄写;三人合抄的现象,也见于上博简《武王践阼》。① 不过,简 36 与简 37 内容相距很近,皆在《天下》篇第二章论墨家思想一段中,且就在同一句话中。考虑到还有其它简字迹不同,因此,阜阳汉简《庄子》中有两个乃至以上《天下》篇的可能性较大。不过这些残简中,并未出现重复的内容,这或许与阜阳汉简残损严重有关。如有 5 000 多字的《离骚》,仅剩一条残简。

阜阳汉简《庄子》残简中,《天下》篇简独多,或许是因为《天下》被放置在内层;或许是有两个以上的《天下》篇,凡此都说明《天下》篇的重要性。还值得一提的是,学界多以为《天下》篇"惠施多方"以下文字当属《庄子》佚篇《惠施》,②从阜阳汉简《庄子》残简来看,《天下》篇自首章总论天下道术大势至论庄子思想诸章,每章皆有残简,而唯独自"惠施多方"以下文字并无残简,这虽不能为"惠施多方"以下文字不属《天下》篇提供直接佐证,但仍具有参考意义。

综上所述,从阜阳汉简《庄子》残简来看,今本《庄子》的绝大部分篇章在战国晚期都应写成。从残简的字迹来看,阜阳汉简《庄子》当由众多抄写者完成,篇章分付多人抄写,或一人抄多篇,由此可见

---

① 李松儒:《战国简帛字迹研究——以上博简为中心》,上海古籍出版社,2015 年,第 178—179 页。
② 武内义雄、张恒寿、黄华珍等皆持此观点。参武内义雄《庄子考略》,收入江侠庵编译《先秦经籍考》,国家图书馆出版社,2010 年,第 696 页;张恒寿《庄子新探》,第 302 页;黄华珍《庄子音义研究》,第 181 页。亦有学者持保留意见,参见王葆玹《黄老与老庄》,中国人民大学出版社,2012 年,第 208—209 页。

阜阳汉简《庄子》可能还没有内外杂篇的特殊区分。此外《田子方》篇有可能要分篇,《天下》篇可能没有今本"惠施多方"以下文字,这些对我们研究《庄子》的篇章分合及进行思想研究,无疑具有一定的指导意义。

女子不作,爱为死亡
——北大秦简《教女》"爱"论试析

胡 宁

北京大学所藏秦简中有《教女》一种,写在15枚竹简上,内容为女训一类,主体部分是多为四字句的韵文。全篇除一开始以传说形式交代背景、缘由外,主体可分为两个部分,即"善女子之方"和"不善女子之方",前一部分从正面说,后一部分从反面说。作为北大秦简的主要整理者,朱凤瀚先生在2015年专文介绍并考释了这篇文献。① 此后几年间,有几位学者发表文章就文字考释上的一些问题提出意见,②在此基础上,简文的思想内容亦受到关注,在这方面用力的学者有夏增民、陈美兰、谭玉龙等,联系时代背景和后世女训类著作,从性别关系、伦理、美学等角度作了探讨。③

笔者在读《教女》时,注意到其中所言"善女子之方",三次提到"爱",把"爱"作为好女人的重要质素加以强调,这是我们认识当时

作者简介:胡宁,上海大学历史系副教授,硕士生导师,主要研究方向为先秦史。

① 朱凤瀚:《北大藏秦简〈教女〉初识》,《北京大学学报(哲学社会科学版)》2015年第2期。
② 有高一致先生的《北大藏秦简〈教女〉献疑六则》(《简帛》2016年第1期)、杨鹏桦先生的《北大藏秦简胾释文商补》(《简帛》2019年第2期)等,也有一些学者利用网络媒体提出意见,就不一一列举了。笔者亦曾在复旦大学出土文献与古文字研究中心网站发表《北大秦简〈教女〉补释九则》一文,对简文九处提出训释意见(网址:http://www.gwz.fudan.edu.cn/Web/Show/3170,2017年11月17日)。
③ 参见夏增民《北大秦简〈教女〉与秦代性别关系的建构》,《山西师大学报(社会科学版)》2017年第6期;夏增民、马子舒《北大藏秦简〈教女〉与汉代女教书之比较》,《石家庄学院学报》2018年第2期;陈美兰《中实沉静 唯审与良——北大秦简〈教女〉探略》,《出土文献研究》第十七辑,中西书局,2018年;谭玉龙《论出土秦简中的美学思想》,《管子学刊》2019年第4期。

女性观、家庭观需要注意的,学界已有的研究尚未论及这一点,本文拟辨析之,以就教于方家。在《教女》发现之前,公认最早的女训类文献是东汉班昭的《女诫》,此后历代皆有类似作品,可以作为探讨《教女》内容的"参照系",通过比较突出《教女》的特点。夏增民先生已经专文对《教女》与汉代女教书作了比较研究,指出两者之间既有高度的相似性,又有很多不同点,后者主要是《教女》并没有像《女诫》那样特别强调"卑弱","这可以说是秦汉时期女性地位认识的一大变化。"夏先生认为原因在于"儒家女性观的扩展":"汉代的社会性别观念越来越受到儒家价值观念的支配,'男尊女卑'的性别秩序得到进一步的强化。"[①]观点很有启发性,惜乎在"不同点"上着墨不多,没有展开论述。笔者认为《教女》与后世女训类著作之间的差异,最鲜明的表现在"爱"论上。

一、"爱"贯穿家庭关系的各方面

简文首先强调了"爱"在女性与公婆关系中的重要性,说:"疾作就爱,如阰(辟)在堂。""疾作"当是敏于事的意思。[②]《尔雅·释言》:"疾,齐壮也。"邢昺疏:"急速齐整,皆于事敏速强壮也。"就,能。《左传》哀公十一年:"郊之战,季孙曰:'须也弱。'有子曰:'就用命焉。'"杜预注:"虽少年,能用命也。"阰,当读为"辟",阰是并母脂部字,辟是帮母锡部字,帮、并皆唇音,脂、锡通转,主要元音相同。《礼记·玉藻》"士缁辟二寸""终辟",冯其庸、邓安生《通假字汇释》:"辟,当读作'纰'。《尔雅·释诂》:'纰,缘也。'辟、纰音近通借。"[③]"纰"也是从比得声的并母脂部字。辟,《尔雅·释训》:"君

[①] 夏增民、马子舒:《北大藏秦简〈教女〉与汉代女教书之比较》,《石家庄学院学报》2018年第2期。
[②] 用例如《韩非子·奸劫弑臣》"内不急力田疾作"、《显学》"而欲索民之疾作而节用,不可得也"、《管子·形势解》"入则务本疾作,以实仓廪"、《轻重乙》"则民疾作而为上虏矣"等。
[③] 夏增民、马子舒:《北大藏秦简〈教女〉与汉代女教书之比较》,《石家庄学院学报》2018年第2期。

也。"如君在堂,形容"善女子"侍奉公婆的恭敬。

《教女》的作者将"就爱"与"疾作"放在一起,强调了主妇做好家务并不仅仅是事象上的勤快,还要有真切的爱。这里的"爱",首先指的是孝顺公婆。爱是情感,表现为态度,就是对公婆的恭敬顺从。后世的女训类著作也多强调孝顺公婆,但多用"敬""顺""曲从"等,罕言"爱"字,唐代郑氏《女孝经》曰:"女子之事舅姑也,敬与父同,爱与母同。"①虽然用了"爱",是偏在婆婆一边,而且是将公婆与父母作类比时用的,并没有具体说在无血缘关系的情况下如何生起爱,只说"守之者义也,执之者礼也",把感情上的问题简单纳入到义务和制度的框架中去。《教女》的作者则没有止于把"就爱"作为原则性的伦理训诫,而是具体着眼于对老人心理的体谅,以诱导"爱"的生成,曰:

今夫威公,固有严刚。与妇子言,弗肯善当。今夫圣妇,自教思长。曰:厓石在山,尚临中堂。松柏不落,秋尚反黄。羊矢竝下,或短或长。水最平矣,尚有溃皇(惶)。老人悲心,虽恶何伤。晨为之鬻,昼为之羹。老人唯恐,戒勿敢谚。

威公,朱凤瀚先生注:"此词见张家山汉简《二年律令·告律》133号简,其文曰:'子告父母,妇告威公,奴婢告主、主父母妻子,勿听而弃告者市。'《说文》:'威,姑也,从女,从戌。汉律曰:妇告威姑。'段玉裁注曰:'引申为有威可畏。'故'威'是指今之所谓'婆婆'。'公'在此应是指称夫之父,即今所谓'公公'。"②"严刚",审良先生注:"又见于《岳麓秦简·为吏治官及黔首》与《睡虎地秦简·为吏之道》的'严刚毋暴'。义为严厉强硬。"③"当"是对待的意思,"善当"即好好对待(和颜悦色的对待)。公婆很严厉,和家

---

① 《女孝经》"事舅姑章第六",上海博古斋1922年影印汲古阁《津逮秘书》本。
② 朱凤瀚:《北大藏秦简〈教女〉初识》,《北京大学学报(哲学社会科学版)》2015年第2期。
③ 冯其庸、邓安生:《通假字汇释》,北京大学出版社,2006年,第972页。

中女人小孩①说话,往往没有好声气。在这种常见的情况下,女子如何生起对公婆的爱呢?简文说聪慧的女子会告诉自己要思忖长久之道。②"曰"后八句,应是当时民间俗语。意思是:崖石在山里,尚且被采来放在堂上;松柏经冬不落叶,秋天尚且变黄;羊屎排泄出来,有的短、有的长;水是最平的,尚且会溃决到低洼处。言下之意,是说物尚如此,何况老人?即便身体尚健,毕竟年纪大了。老人因年迈患失而悲伤,脾气不好是可以体谅的。这样去想,就能因怜悯而生爱,尽心尽力地侍奉公婆。就算遭到怒斥,也不敢出言顶撞,害怕因此而让老人有什么闪失。

  侍奉长辈,强调情感、态度,当然不自《教女》始,《论语》中,孔子回答弟子关于"孝"的问题,就强调不能仅仅"有养",还要"无违""敬",强调"色难"。③ 类似主旨的话典籍中有不少,如《礼记·祭义》也说:"先王之孝也,色不忘乎目,声不绝乎耳,心志嗜欲不忘乎心。致爱则存,致悫则着。着存不忘乎心,夫安得不敬乎?""孝子之有深爱者,必有和气;有和气者,必有愉色;有愉色者,必有婉容。"但是,因为父权制社会男子所具有的主导性地位,上古典籍中论及孝顺,大多说的是儿子对父母的孝顺,罕有专论妇女对公婆的。《教女》不仅将儿媳与公婆的关系作为首当其冲的重要问题,还正视了这种关系中的实际困难。与儿子与父母的关系不同,儿媳与公婆没有血缘联系,没有儿媳童年、少年时期的共同生活经历,因而处理起来更加困难。也就是说,无论上对下还是下对上,"爱"都缺乏其自然根基。《教女》的作者并没有一味地对儿媳一方提要求,而是先说公婆的"难伺候",对晚辈态度不好。实际上较为委婉地承认了长辈

---

① "妇子"即妇人和小孩,见于《诗经·豳风·七月》:"同我妇子,馌彼南亩,田畯至喜。""嗟我妇子,曰为改岁,入此室处。"又《周颂·良耜》:"百室盈止,妇子宁止。"
② 教,告。《吕氏春秋·贵公》:"愿仲父之教寡人也。"高诱注:"教,犹告也。""思长"见于《史记·夏本纪》:"慎其身修,思长。"《集解》引孔安国曰:"慎修其身,思为长久之道。"
③ 《论语·为政》:"孟懿子问孝。子曰:'无违。'""子游问孝。子曰:'今之孝者,是谓能养。至于犬马,皆能有养;不敬,何以别乎?'""子夏问孝。子曰:'色难。有事弟子服其劳,有酒食先生馔,曾是以为孝乎?'"

对家庭不和睦所负的责任,这种务实的精神是非常难得的,能够设身处地地开导妇女。《教女》的作者非常清醒地认识到长辈与晚辈之间,尤其是公婆与儿媳关系的和谐,不能仅靠礼制和道德律令的外在约束,关键在于"爱"的实际生成。

除了重点论述对公婆的爱,简文中还言及"兹(慈)爱妇妹,有(友)与弟兄"。"慈爱"是上对下的爱,《诗经·大雅·皇矣》"克顺克比"毛传"慈和徧服曰顺"孔颖达疏引服虔曰:"上爱下曰慈。""妇"指儿媳,"妹"指夫妹。"友与"同"友于",专指兄弟之间的友爱,这里的"弟兄"不是指妇人的娘家兄弟,而是指丈夫的兄弟。与丈夫兄弟之妻的友爱应该也包括在内,即姒娣之爱。班昭《女诫》中有《和叔妹》一节,说的是与小叔子、小姑子处好关系,其中说:"妇人之得意于夫主,由舅姑之爱己也。舅姑之爱己,由叔妹之誉己也。"这显然是一种"算计",要通过取悦叔妹而讨得公婆的欢心,从而受到丈夫的肯定,"爱"是对方的爱,是获取的目的。《教女》中的短短八个字却说的是对"妇妹""弟兄"主动的情感投入,"爱"是自己的爱,是构建积极关系的基础。

简文还说到与臣妾的关系,曰:"亦从臣妾,若□笑訣。居处安乐,臣妾莫亡。""从"读为"怂",《伪古文尚书·皋陶谟》"汝无面从"孙星衍《今古文注疏》:"从,史公读为怂,谓奖劝也。"对臣妾采取奖劝的态度。缺字疑为"共","笑訣"朱凤瀚先生读为"喜殃",[①]甚是,"若共喜殃"即体贴臣妾,就像与臣妾同悲共喜、祸福与共一样。这样,臣妾在关爱下有很深的归属感,就不会逃亡。显然,"善女子"在处理与臣妾的关系时,着重发挥的依然是爱的感化作用。这种设身处地式的致思方式,重在情感维系,从对公婆的孝顺到对臣妾的奖劝,是一贯的。

家庭关系中,夫妻关系当然是重要的一方面,《教女》对这方面也有论述,虽然没有直接用"爱"字表述妻子对丈夫的感情,但作为已嫁女子的家庭关系的根本,夫妻关系实际上贯穿了对女子的训

---

① 朱凤瀚:《北大藏秦简〈教女〉初识》,《北京大学学报(哲学社会科学版)》2015年第2期。

诚,而女子对丈夫的爱是对其他家庭成员之爱的前提和基础,这可以分为两个方面来说:

第一,简文在论述"善女子之方"的开始部分就说:"善衣(依)夫家,以自为光。""依"是倚持、亲爱的意思,而这个被"善女子"倚持、亲爱的家,是"夫家",即以"夫"标识的"家"。这两句朱凤瀚先生译为"要很好的亲爱夫家,并以为自身之荣光",如果没有对夫的爱,对"夫家"的亲爱也就谈不上。

第二,简文曰:"夫与妻,如表与里,如阴与阳。"用"表里阴阳"形容夫妻之间的依存互补,而女子所能补夫之所缺者,正在于"爱",故下面紧接着就说:"女子不作,爱为死亡。唯爱大至,如日朝光。"这实为全篇思想的总纲,下文将有详论。女子以其爱弥补男性在处理家庭关系方面的不足,是夫妻依存互补的实质。

后世女训类著作中,多强调妻子对丈夫所应尽的义务,言及感情亦多强调"恩",如《女诫》曰:"夫为夫妇者,义以和亲,恩以好合,楚挞既行,何义之存？谴呵既宣,何恩之有？恩义俱废,夫妇离行。"要女子感戴丈夫的恩德、小心服侍丈夫,避免受到丈夫的责打与詈骂。唐人所作《女论语》中也说:"将夫比天,其义匪轻。夫刚妻柔,恩爱相因。"虽言"恩爱",实际上偏重的是女子对丈夫如"天"之恩的感戴。相较而言,简文对夫妻相互依赖的关系更为注重,强调的是妻子在维护夫妻关系中的积极作用。

此外,在论"不善女子之方"的简文中,言及"不爱禾年,犷猪盗之,有猷鸟鼠"。换言之,"善女子"则是"爱禾年"的。这个"爱"是"爱惜"的意思,"爱禾年"如朱凤瀚先生所说,是"爱惜庄稼的收成"。这与对家庭成员的爱不同,但两种"爱"也是有联系的,因为对农业收获物的爱惜与否,反映了女子对家庭的认同度和投入度。

由以上分析可见,《教女》中的"爱"是女性的主动施为,这在后世女训著作中是极少看到的,后者中女性若作为"爱"的主语,通常说的是对后辈的慈爱,如元人郑太和《郑氏规范》曰:"何为贤？事舅姑以孝顺,事丈夫以恭敬,侍娣姒以温和,接子孙以慈爱,如此之类是已。"《内训·母仪》中言教子,说要"导之以德义,养之以廉逊,率之以勤俭,本之以慈爱,临之以严格,以立其身,以成其德",慈爱虽

女子不作,爱为死亡

然为"本",溺爱则是需要警惕的,司马光《温公家范》中就说:"为人母者,不患不慈,患于知爱而不知教也。古人有言曰:'慈母败子。'爱而不教,使沦于不肖,陷于大恶,入于刑辟,归于乱亡。非他人败之也,母败之也。"也就是说,对子女的爱是女性天然具备的,不仅不需要努力维系,而且应该加以克制。女训著作中言及"爱",女性更多的则是爱的接受者、乞求者,如《女诫》曰:"夫虽云爱,舅姑云非,此所谓以义自破者也。然则舅姑之心奈何?故莫尚于曲从矣。姑云不,尔而是,固宜从令。姑云是,尔而非,犹宜顺命。勿得违戾是非,争分曲直。此则所谓曲从矣。"女子得到了丈夫的爱,却未能讨得公婆欢心,是没有用的,如何得公婆之心呢?文中强调了"曲从",也就是泯灭自我,以公婆之是非为是非,乖乖顺从,不敢说一个不字。女性这种被动、消极的形象,在更晚的众多训诫著作中屡见不鲜,宋代袁采的《袁氏世范》可能是最能体贴女性心理与处境的古代训诫著作了,其中专有"女子可怜宜加爱"一节,这"爱"依然是基于怜悯而施予女性的。而如上文所示,《教女》简文中女性却是各种关系中爱的主动施予者,乃至用"女子不作,爱为死亡"这样的话对女性之爱的重要性加以强调。

二、"爱"是女性的力量

《教女》并不仅限于在论述女子处理各方面家庭关系时具体地使用"爱"这个词,而是将其上升为"善女子"的特质、建立良好家庭关系的核心要素。简文言"善女子之方"中说:

夫与妻,如表与里,如阴与阳。女子不作,爱为死亡。唯爱大至,如日朝光。男子之卢(虑),臧(藏)之心肠。弗然更志,如发几(机)梁(梁)。

男主外,女主内,故言"表与里"。以"阴阳"比拟男女,典籍中亦有。《礼记·礼器》论礼乐曰:"天道至教,圣人至德。庙堂之上,罍尊在阼,牺尊在西;庙堂之下,县鼓在西,应鼓在东。君在阼,夫人在房,大明生于东,月生于西,此阴阳之分,夫妇之位也。君西酌牺象,夫人东酌罍尊,礼交动乎上,乐交应乎下,和之至也。"以日月方位、"阴阳之分"比拟"夫妇之位",论证相应地位、职责、礼仪的合理性。《昏义》篇也说:"是故男教不修,阳事不得,适见于天,日为之食;妇顺不修,阴事不得,适见于天,月为之食。是故日食则天子素服而修六官之职,荡天下之阳事;月食则后素服而修六宫之职,荡天下之阴事。故天子与后,犹日之与月,阴之与阳,相须而后成者也。天子修男教,父道也;后修女顺,母道也。"将"男教""妇顺"(男女两性的道德教育)与"阴阳""日月"对应起来。

然而,仔细看《教女》这段比喻,不难看出其特别之处。虽然也是用表里、阴阳这样相对的概念为喻,①但用朝日之光来比喻女子之爱,则显然突破了通常的性别角色比喻模式。通过这样的比喻,《教女》指出了在维护家庭关系方面起主要作用是女性而非男性。男子往往性情强硬,急躁冲动,简文中说:"男子之卢(虑),臧(藏)之心肠。茀然更志,如发几(机)梁(梁)。"茀然,即怫然、茀郁或怫郁,发怒的样子。② 更志,犹《大戴礼记·四代》"怪物恪命不改志"的"改志",谓改变心意。几读为机,梁读为梁。"机梁"见于《墨子·备城门》,是一种诱敌的机关陷阱,③"发机梁"比喻男子"茀然更志"的迅速、突然。与此相对照,"善女子"则以平和稳定的柔性力量在家庭中发挥着积极作用,简文中说:"莫(暮)卧蚤(早)起,人妇恒常。絜身正行,心贞以良。慎毋刚气,和弱心肠。"朱凤瀚先生译:"晚上卧息而早起,乃妇人之常规,要絜身正行,心地正直贤良。要谨慎,不

---

① "表与里"对应"夫与妻","表"是"夫","里"是"妻"。以此例之,按说应该用"阳与阴"对应"夫与妻",简文中却用了"阴与阳"。但这可能仅仅是个语言习惯的问题,不足以说明什么。
② 《庄子·人间世》:"兽死不择音,气息茀然。"郭象注:"譬之野兽,蹴之穷地,音急情尽,则和声不至而气息不理,茀然暴怒。"成玄英疏:"夫野兽困窘,迫之穷地,性命将死,鸣不择音,气息茀郁。"
③ 《墨子·备城门》:"去城门五步,大堑之,高地三丈,下地至泉。施贼(按,贼字有误,诸家或以为当作械,或以为栈,或以为杙)其中,上为发梁,而机巧之,比傅薪土,使可道行,旁有沟垒,毋可逾越,而出佻且北,适人遂入,引机发梁,适人可禽。"这是一种设置机关、诱敌而歼之的战术,先挖大沟,上面架一座由机关控制的桥("梁"),用柴薪和土伪装,佯败引诱敌人追到桥上,然后"引机发梁",即用机关触发桥梁,让敌人坠入沟中。

要有刚气,心肠要和弱。"①这几句虽然是训诫,正可展现女性在家庭中发挥作用的特点,她们过着勤劳而有规律的生活,严于自律而谦和待人,细心谨慎而善于妥协。这与因外务多而家庭生活较无规律、不善于表达感情、富于"刚气"而缺乏耐心的男性形成鲜明的对照。

作为对丈夫之爱的表现,《教女》特别强调了女子对丈夫地位和声誉的维护,一则曰:"虽与夫治,勿敢疾当。丑言匿之,善言是阳(扬)。"再则曰:"夫之义,不敢以定。屈身受令,旁言百牧(姓)。"与丈夫一同治家,但不会争权作主。② 这不是简单的服从,而是有判断有甄别有"策略"的。丈夫说的话,宣扬那些好的而隐匿那些不好的,把传出去会有损于丈夫形象声誉的话给"过滤"掉。对于丈夫认为该做的,③不敢视为确定,原因即前文之"男子之卢(虑),臧(藏)之心肠。菲然更志,如发几(机)梁(梁)",男子心意改变得快,对其一时决定,不能简单服从。女子可以表示赞同接受,以尊重丈夫的家庭地位,然后再去广泛征求意见,④找到事情的正确处理方式。诚如谭玉龙先生所说:"'善女子'作为女性虽位于从属地位,但也应在此基础上有所作为,发挥作用,帮助丈夫排忧解难。可见,女性并没

---

① 朱凤瀚:《北大藏秦简〈教女〉初识》,《北京大学学报(哲学社会科学版)》2015年第2期。
② "不敢疾当","疾"训为"争",《吕氏春秋・禁塞》:"今不别其义与不义,而疾取救守。"高诱注:"疾,犹争。"当,主。《荀子・正名》:"然而征知必将待天官之当簿其类,然后可也。"杨倞注:"当,主也。"
③ 义,宜。《论语・为政》:"见义不为,无勇也。"何晏《集解》引孔安国曰:"义者,所宜为也。"又《学而》:"信近于义,言可复也。"朱熹注:"义者,事之宜也。"
④ "旁言百姓",旁,《广雅・释诂二》:"广也。""言"训为"问",《尔雅・释言》:"讯,言也。"郭璞注:"相问讯。"《经义述闻・尔雅中・讯言也》引"家大人曰":"言非言语之言,乃言问之言。言,即问也。哀公问曰:寡人愿有言,然冕而亲迎,不已重乎。愿有言,愿有问也。昭公二十五年《左传》曰:'叔孙氏之司马鬷戾言于其众曰:若之何?'言于其众,问于其众也。""百姓"在此篇文献中显然不能作政治层面上的理解,只能是指众人。"百姓"的字面意思是众多姓氏,就家庭内部来说,除了本家族之姓外,母、众兄弟之妻、众子孙之妻、臣妾皆有其各自的姓。"旁言百姓"即广泛的讯问众人,征求他们的意见。

有被完全贬低,在日常生活中还是具有一定的地位和作用。"①这实际上是以柔制刚的生活智慧,不仅运用在与丈夫的关系中,而且也体现在上文所论与公婆乃至与臣妾的关系中。

由此可见,《教女》的作者认为女性具有一种可以用"爱"指称的柔性力量,是男性所不具备的。"善女子"将这种力量发挥出来,对家庭的和谐与稳定发挥至关重要的积极作用;"不善女子"的表现则可以说是舍柔而取刚,不能维护甚且破坏了家庭关系。简文在"善女子之方"中说:"慎毋刚气,和弱心肠。"而"不善女子"则是"与其夫家,音越越刚气"。"刚气"是与"柔气"相对、与"阳"相应的概念,《礼记·乐记》:"合生气之和,道五常之行,使之阳而不散,阴而不密,刚气不怒,柔气不慑,四畅交于中而发作于外,皆安其位而不相夺也。"《集说》:"合天地生气之和,而使阳之动而不至于散,阴之静而不至于密,道人心五常之行,而使刚者之气不至于怒,柔者之气不至于慑。天地之阴阳,人心之刚柔,四者各得其中而和畅焉,则交畅于中而发形于外,于是宫君、商臣、角民、徵事、羽物,皆安其位而不相夺伦也。"②"刚气""柔气"是根植于人心而发形于外的,"和弱心肠"指的就是心之柔气,简文的一开始就说"凡善女子之方,固不敢刚。姻(因)安从事,唯审与良",又说"善女子""絜身正行,心贞以良",《新书·道术》曰"安柔不苛谓之良",心之良也就是心之柔,而"音越越刚气"则是刚气发形于外的情绪态度,女子应秉持的是柔气而非刚气。

"柔"与"爱"是密切联系在一起的,《乐记》中说:"其爱心感者,其声和以柔。"《集解》引方悫曰:"于所悦则爱……和则不乖,柔则致顺,盖心有所悦,故形于声音者如此。"③尽管说的是音乐,情感之"爱"与气质态度之"和柔"的对应关系是具有普遍意义的。此外如《大戴礼记·子张问入官》言"慈爱以优柔之"、《韩诗外传》卷十言"宽惠柔爱",都是"柔"与"爱"连用的例证。正如《乐记》把"柔气不

---

① 谭玉龙:《论出土秦简中的美学思想》,《管子学刊》2019 年第 4 期。
② (元)陈澔:《礼记集说》,凤凰出版社,2010 年,第 302 页。
③ (清)孙希旦:《礼记集解》,中华书局,1989 年,第 977 页。

慑"作为理想状态之一,女子的"爱"与"柔"并不是怯懦逃避,一味迁就服从,而是一种内敛而坚韧的力量。正是这种力量支撑女子"莫(暮)卧蚤(早)起",辛勤持家。面对"固有严刚"的公婆、"茀然更志"的丈夫,这种力量是必不可少的制衡,家庭的和谐稳定有赖于此。

三、结论与余论

作为目今所见最早的"女诫"类文献,北大秦简《教女》没有局限于对女性施以礼法约束和道德训诫,而是能够承认已婚女性处理家庭关系的现实困难,关注感情的生成、培养,特别注重女性之"爱"对于家庭和谐稳定的关键作用,并提出了切实具体的致思方式和处理策略。在《教女》的作者看来,女性之爱是一种女性才具备的柔性力量,是对家庭成员发自内心的尊重和关心,是对夫家真挚深厚的认同感和归属感,这是家庭关系良性发展所不可缺少的。《教女》对已嫁女性处境的体贴,和对女性在家庭中重要性的深刻认知,令读这篇文献的人印象深刻,其作者应该也是一位女性。着眼于内容和形式两方面,可以看出这篇文献有着"诗礼"之源,观念内容上多继承自先秦礼书阐述的家庭伦理思想,又具有"诗性",不仅形式上类似于四言诗,而且注重女性情感上的体会与抒发,其源头无疑应追溯到《诗经》。

秦简《教女》的发现说明这样的著作通行于秦代,秦虽然以法家思想为官方意识形态,也不是完全不重视伦理教化,"行同伦"是始皇帝大一统举措的一环。《泰山刻石》中就说:"贵贱分明,男女礼顺,建设长利,专隆教诲。""男女礼顺"是"教诲"的重要内容。《琅琊台刻石》曰:"以明人事,合同父子;圣智仁义,显白道理;尊卑贵贱,不逾次行;端直敦忠,事业有常;奸邪不容,皆务贞良。"虽然没有明确提到夫妇,夫妇是包括在"人事"之中的,夫妇之道包括在"道理"之中,男女地位也是"尊卑贵贱"之一种。《会稽刻石》中还记录有专门针对男女关系的道德规范:"饰省宣义,有子而嫁,倍死不贞;防隔内外,禁止淫佚,男女絜诚;夫为寄豭,杀之无罪,男秉义程;妻为逃嫁,子不得母,咸化廉清。大治濯俗,天下承风,蒙被休经。"值得注意的是对男女双方提出了较为对等的要求,而不是要求女性单方面的忠贞。

秦代女性社会地位相对于后世来说较高,还可以从史书所载一些具体的人物看到,比如《史记·张耳陈余列传》记载"外黄富人女"长得很美,却嫁给了一个"庸奴"即平庸之辈,自己很不满,后来主动要求离异,改嫁张耳,这说明女性在秦代拥有较多的婚姻自主权。

由于时代的局限性,《教女》在"不善女子之方"部分对女性生活的一些细节之处颇多苛责之辞,这也是我们应该看到并思考的。而通过对"不善女子"种种言行的批评,实际上把当时女性鲜活的生活场景展现在我们面前,是女性生活史研究的宝贵史料,尚有待进一步探讨。

连续与断裂：中国早期
医学的文本与知识
——以简帛古脉书为中心

赵 争

目前我们能见到的简帛医书中与早期脉学相关者主要有长沙马王堆汉墓帛书《足臂十一脉灸经》(下文或简称《足臂》)、《阴阳十一脉灸经》(下文或简称《阴阳》)甲乙本、《脉法》、《阴阳脉死候》，湖北江陵张家山汉简《脉书》，四川成都老官山汉墓医简等。① 其中张家山汉简《脉书》除第一部分叙述六十余种病名外，此后内容与马王堆帛书《阴阳十一脉灸经》《脉法》及《阴阳脉死候》大致对应，本文将张家山《脉书》与帛书《阴阳十一脉灸经》对应的内容称为《阴阳十一脉灸经》丙本。②

成都老官山医简是 2012 年 7 月至 2013 年 8 月间于成都市金牛区天回镇的一处西汉时期墓地进行抢救性发掘时所获，其中三号汉墓出土的 736 支竹简中大部分为医书。除了法律文书(《尺简》)与治疗马病的竹简(《医马书》)外，剩余这批古医书的分类与命名先后有过一些变化。最初整理者将其分为 8 种，其中《五色脉脏论》原有书题"逆顺五色脉臧(脏)验精神"，另外 7 种整理者分别定名为《敝

作者简介：赵争，南通大学马克思主义学院特聘教授，上海大学古代文明研究中心研究员。

基金项目：本文受国家社科基金重大项目"出土简帛文献与古书形成问题研究"(19ZDA250)资助。

① 此外还有两种实物材料，分别为绵阳双包山漆雕木人和老官山经穴髹漆人像，前者未发现配套的文字资料，后者与老官山医简的关系尚有待资料公布与进一步研究。

② 本文张家山汉简资料据张家山二四七号汉墓竹简整理小组编《张家山汉墓竹简〔二四七号墓〕：释文修订本》，文物出版社，2006 年。以下恕不烦注。

昔医论》《脉死候》《六十病方》《病源论》《诸病症候》《经脉书》《归脉数》；①整理小组后又调整了竹简的分类和命名方案，将上述竹简调整为9种，分别命名为：《敝昔诊法》《诊治论》《六十病方》《诸病一》《诸病二》《十二脉（附相脉之过）》《别脉》《刺数》《逆顺五色脉藏验精神》。② 在随后的老官山医简整理简报中整理小组将分类和命名方案调整为5种，分别为：《脉书·上经》《脉书·下经》《治六十病和齐汤法》《刺数》《逆顺五色脉藏验精神》。③ 本文的讨论依整理简报的这一命名方案。④

　　以上这些古脉书中，马王堆帛书墓葬年代下限为公元前168年，张家山汉简墓葬年代为吕后至文帝初年，老官山汉墓医简墓葬年代在西汉景、武时期，总体上看，三宗文献抄写年代大致都在西汉前期。

一、叠压与拼合：早期脉学文献的成书模式

　　有关古代医书的文本特点学界已经有相关讨论，如李零统论古

---

① 谢涛、武家璧、索德浩等：《成都市天回镇老官山汉墓》，《考古》2014年第7期。《成都天回镇老官山汉墓发掘简报》的分类和命名方案稍有差别，参王军、陈平、杨永鹏等《成都天回镇老官山汉墓发掘简报》，《南方民族考古》第十二辑，科学出版社，2016年。
② 李继明、任玉兰、王一童、谢涛、叶莹：《老官山汉墓医简的种类和定名问题探讨》，《中华医史杂志》2016年第5期；梁繁荣、王毅、李继明主编：《揭秘敝昔遗书与漆人：老官山汉墓医学文物文献初识》，四川科学技术出版社，2016年，第27—28页。
③ 这批竹简出土于老官山三号汉墓北Ⅱ底室。老官山汉墓南Ⅱ底室所出数量较少的一批竹简被命名为《医马书》和《经脉书（残简）》。中国中医科学院中国医史文献研究所、成都文物考古研究院、荆州文物保护中心：《四川成都天回汉墓医简整理简报》，《文物》2017年第12期；柳长华、顾漫、周琦、刘阳、罗琼：《四川成都天回汉墓医简的命名与学术源流考》，《文物》2017年第12期。
④ 此外，有学者还有自己的分类和命名方案，参黄龙祥《老官山出土汉简脉书简解读》，《中国针灸》2018年第1期。有关老官山医简及经穴髹漆人像的研究综述可参张逸雯、翁晓芳、顾漫《四川成都天回镇（老官山）汉墓出土医简和髹漆经脉木人研究综述》，《中华中医药杂志》2020年第1期。老官山医简内容尚未正式公布，目前的讨论只能基于已经刊布的信息。

连续与断裂：中国早期医学的文本与知识

代方术类的实用性书籍的文本特点是"内容不断积淀,版本反复淘汰","'瓶'虽然是新的,'酒'却可以是老的"。① 李建民有类似看法,其在讨论中国古代医书的"禁方传统"时提及相应的文本特色有"依托、叠压、密藏",②其中积淀叠压的文本特色与李零的认识近似。以上有关古代医籍整体文本特点的讨论侧重于内容元素的延续性,主要着眼于不同时代的文本继承了大致相同的知识传统。黄龙祥在讨论古代针灸文献的特点时提到古代针灸文献的积累不呈层累型而多采用东拼西凑的方式合成,③这无疑侧重于针灸文献特有的文本整合方式。这些有关古代医书的讨论或统论古代医书的整体文本特点,或聚焦特定类型医籍的文本整合方式,为我们讨论古脉书的成书问题有重要意义,反过来,古脉书研究不仅为古代医籍提供了更为丰富的细节,更有助于充实和完善有关古代医籍的整体思考。

（一）《足臂十一脉灸经》与《阴阳十一脉灸经》的文本层次与成书过程

1.《足臂十一脉灸经》的文本层次

《足臂十一脉灸经》全篇大致遵循统一的叙述格式：各脉均以脉名起首,接着描述脉的循行路线,然后以"其病"领起,描述各脉病候,最后以"诸病此物者皆灸某某脉"句结尾。与全篇文例不甚协调之处出现在《足臂十一脉灸经》足厥阴脉条,在与全篇一致的叙述格式之后,又多出一段内容。为便于讨论,将《足臂》足厥阴脉的病候内容及其后多出部分抄录如下,并对后者进行编号：

其病：病胻瘦,多溺,嗜饮,足跗肿,疾痹。诸病此物者,灸厥阴脉。④

---

① 李零：《中国方术正考》,中华书局,2006年,第23页。
② 李建民：《发现古脉——中国古典医学与术数身体观》,社会科学文献出版社,2007年,第89页。有关"禁方传统"的文本叠压讨论参该书第93—94页。
③ 黄龙祥：《中国针灸学术史大纲》,华夏出版社,2001年,第43页。
④ 本文释文一律采取宽式。

395

① 皆有此五病者，又烦心，死。
② 三阴之病乱，不过十日死。揗脉如三人参舂，不过三日死。脉绝如食顷，不过三日死。
③ 烦心，又腹胀，死。不得卧，又烦心，死。溏泄恒出，死。
④ 三阴病杂以阳病，可治。阳病背如流汤，死。阳病折骨绝筋而无阴病，不死。

《足臂》足厥阴脉后多出部分中，第1条内容中的"此五病者"，无疑是针对足厥阴脉的病候而言，此条内容当是针对足厥阴脉所补充的死症病候。第2条内容均涉及死症及其表征以及对死亡时间的预测。其中第一句是有关死症与发病情形的关系，后二句均为脉诊脉象与死症的关系。此处描述死症与发病情形的关系时，明确指出病发范围为"三阴"之病，这里的"三阴"无疑当指足部三条阴脉而言，因为《足臂》的臂部阴脉仅有二条。后二句对脉诊脉象与死症关系的论述未言明死症脉象所属为阴脉还是阳脉，不过从多出部分所处位置在足部各脉之后的情况来看，此处所指很可能为足脉，再考虑到多出部分整体上所反映出来的阴脉为重的倾向，则此处的死症脉象很可能也是针对足部三阴脉而言的。第3条内容是有关三种死症的描述，其所述的三种死症病候中，前二种均有心烦之疾。然而从其描述方式来看，心烦之疾在这二种死候中的地位似有不同："烦心，又腹胀，死"当以烦心为主，若同时出现腹胀，则不活；"不得卧，又烦心，死"当以不得卧为主，若再出现烦心之症则不活。若这二条死症病候同属一条脉则殊为重复，因此，以上二种不同死症的情况当是针对不同脉的病候所做的补充，①其各自的性质与第1条对足厥阴脉的补充类似。若此推论不误，则第3条内容中的"溏泄恒出，死"也当是对另外一条脉的病候所作的补充。以上多出部分的第4条内容为阴病、阳病的发病情形与死症的关系，其中的"三阴"无疑也是指足部三阴脉。此条内容明显反映了阴脉及阴病更为紧要以及对阴脉及阴病的重视，然而其中也出现了阳病的死症，并且后二

---

① 若据目前《足臂》的内容来看，足少阴脉病候中有"烦心"之症，多出部分中的"烦心，又腹胀，死"或为足少阴脉的补充。

句无疑是以阳病为主要描述对象,因此,此条内容与第2条的侧重点有所差异。

通过以上对帛书《足臂》足厥阴脉后多出部分的分析可知,其中各条内容的描述对象及侧重点均不相同,这无疑反映了这些内容目前具有的这种连续的集中状态并非其原初的面貌。从整体上看,《足臂》足厥阴脉后多出部分处于足部六脉之后、臂部五脉之前,也就是说,多出部分在足脉之后而非《足臂》篇末,这当可说明多出部分原来均附属足脉。① 这些描述对象不同,并且很可能原来分属不同部分的内容,被集中到了一处,这当是出于编者整齐文本的需要,并且这些附属部分在原来的文本中当可以与正文区别开来。

综上所论,帛书《足臂十一脉灸经》至少存在两个文本层次:遵循统一格式的各脉循行路线及病候内容;足厥阴脉后的附属部分。② 其成书至少经历了三个环节:仅有十一脉的循行及病候内容的原始文本阶段;足厥阴脉后多出部分分别附属各脉的注释本阶段;出于整齐文本需要而将各脉附属内容集中抄录于足厥阴脉之后的今本阶段。

2.《阴阳十一脉灸经》的文本层次

《阴阳十一脉灸经》全篇也大致遵循统一的叙述格式:脉名之后先叙述脉的循行路线,然后以"是动则病"开头叙述"是动病",以"是某某脉主治"结尾,然后以"其所产病"开头叙述"所产病",末尾有所产病数目统计。

对《阴阳》的内容进行分析,也可发现其呈现出不同的文本层

---

① 具体而言,第1条内容作为足厥阴脉的补充,其原初位置当附于足厥阴脉之后;同理,第3条中的三句当分别附属于相应的脉;第2条内容最有可能原本即附于足厥阴脉之后,与目前的位置当相差不大;第4条内容的位置原本很可能附于足部三阳脉之后。
② 黄龙祥认为,《足臂》各脉循行与病候的对应情形也反映了不同的文本层次,详参氏著《中国针灸学术史大纲》,华夏出版社,2002年,第365—366、389—390页;广濑薰雄认为《足臂》的循行路线可能整合了某些间别脉的内容,参氏著《天回老官山汉简〈别脉〉初探》,《出土文献与古文字研究》第九辑,上海古籍出版社,2020年,第327页。据此,则《足臂》还可能存在更多的文本层次。

次。首先,若将《足臂》与《阴阳》各脉的循行顺序与相应的病候发病部位进行比较会发现以下情形:《足臂》各脉病候发病部位与其脉行顺序基本一致,而《阴阳》的情况则比较复杂。出现这种情况的原因当在于《阴阳》各脉循行部分内容与其主病病候非成于一手:《阴阳》脉行部分内容与其主病病候本来当各自独立,后来才被纂集成篇。对于《阴阳》各脉的"是动病"与"所生病",二者发病部位的次序或同或异,同理,这也当暗示二者很可能来源有异。有论者从"是动病"与"所产病"的病候内容以及两者的表述文例入手,推测《阴阳》的"所产病"内容当为后来所补入,①其论大致可信。若上述分析大致不误,则《阴阳十一脉灸经》至少呈现出三个文本层次:一是脉名及脉的循行路线内容,二是各脉"是动病"内容,三是各脉"所产病"内容。相应地,这些内容至少经历了二次编辑从而形成了《阴阳十一脉灸经》文本的主体部分。我们姑且将仅有各脉循行加"是动病"内容的《阴阳》文本称为《阴阳》原始文本,将原始文本再加上"所产病"内容的《阴阳》文本称为《阴阳》主体文本。

《阴阳十一脉灸经》全篇大体上具有统一的叙述格式,然而其中也有几处内容在形式上不甚协调:一是足太阴脉脉名之后的"是胃脉也"句以及此脉的"所产病"内容,二是足厥阴脉"所产病"内容,三是足少阴脉后多出的"少阴之脉,灸则强食产肉"一段内容。其中足太阴脉脉名之后的"是胃脉也"句明显具有注释的意味,此句当本为注释内容,后来混入正文,只是具体时间已无法确定。对于足太阴脉与足厥阴脉的"所产病"而言,其原初内容无疑受到了某种影响而被改编为目前的形式,②并且这种改编当发生在《阴阳》主体文本

---

① 廖育群:《岐黄医道》,辽宁教育出版社,1991年,第25、26页,廖育群:《重构秦汉医学图像》,上海交通大学出版社,2012年,第343—346页;赵京生:《针灸经典理论阐释》,上海中医药大学出版社,2000年,第49—51页。有关"是动病"与"所产病"的讨论可详参赵争:《古脉书〈足臂十一脉灸经〉与〈阴阳十一脉灸经〉相对年代问题考论》,《出土文献》第七辑,中西书局,2015年,第204—206页,赵争此文对《阴阳》"所产病"病候的发病部位与相应脉的循行顺序所作的分析,无疑为"所产病"后来补入的意见提供了进一步的佐证。
② 下文有详细讨论。

形成之后。因为只有如此,改编内容才会涉及"所产病",若对没有"所产病"内容的《阴阳》原始文本进行改编,则改编部分当涉及"是动病"部分。足少阴脉后多出的"少阴之脉,久则强食产肉"一段内容涉及灸法及治法,纵观《阴阳》全篇,仅有此处言及治法,并且此段内容位于所产病数目统计之后,因此当为后来补入。至此,若以上推论大致不误,则《阴阳》主体文本形成之后,原足太阴脉与足厥阴脉的"所产病"内容被进行了改编,足少阴脉后附入了有关治法的内容,从而形成了我们看到的《阴阳》今本面貌。

3.《足臂十一脉灸经》与《阴阳十一脉灸经》的文本关系及成书过程

《足臂十一脉灸经》足厥阴脉后的多出部分与《阴阳十一脉灸经》足太阴脉及足厥阴脉的"所产病"部分内容较为接近。为便于讨论,现将后者摘录如下并加以编号:

《阴阳十一脉灸经》中足太阴脉所产病:

  a. 其所【产病】:□□,心烦,死;
  b. 心痛与腹胀,死;不能食,不能卧,强欠,三者同则死;溏泄,死;
  c.【水与】闭同则死,为十病。

《阴阳十一脉灸经》中足厥阴脉所产病:

  d. 其所产病:热中,癃,癩,偏疝,为五病。
  e. 五病有而心烦死,勿治也。
  f. 有阳【脉】与之俱病,可治也。①

《阴阳十一脉灸经》足太阴脉与足厥阴脉"所产病"内容是受了《足臂十一脉灸经》足厥阴脉多出部分内容的影响,理由略如下:

首先,《阴阳十一脉灸经》足厥阴脉"所生病"记述了"热中、癃、癩、偏疝"这四种病候,而其后的病候统计却为五病。这种情形当非出于无心之失,因为甲乙丙三种《阴阳》文本皆如此。若将《阴阳》足厥阴脉"所产病"与《足臂》相关内容对照或可发现这种矛盾情形出现的原因:《阴阳》足厥阴脉"所产病"明为四病而统计为五病,并且此后的"五病有而心烦死"的内容与《足臂》足厥阴脉后多出内容中

---

① 此处足厥阴脉所产病内容甲本有残缺,丙本较全,故此处依丙本。

的"有此五病者,又烦心,死"句又如此近似,两相比较,这种情况很明显是因为《阴阳》足厥阴脉"所产病"内容受到了《足臂》(或某种类似文本)的影响。再者,对于《阴阳》足厥阴脉"所产病"而言,其叙述格式是与全篇一致的,其后的内容 e 和内容 f 显然是附加的某种补充说明内容。《阴阳》足厥阴脉"所产病"统计上的矛盾,当反映了《阴阳》足厥阴脉病候与其后文句具有不同来源的情况,这与《阴阳》足厥阴脉病候与内容 e 和内容 f 在叙述形式上的差异情形是一致的。《阴阳》足厥阴脉病候当保留了原有的面貌,其病候统计受到了后来补入内容的影响。

其次,《阴阳》足太阴脉"所产病"中的内容 b 与《足臂》足厥阴脉多出部分的第 3 条内容非常近似。从上文对后者的分析可知,《足臂》足厥阴脉多出部分的第 3 条内容是将原本分属各脉的病候整合而来的,并非全为针对同一条脉的死症病候。然而在《阴阳》中,这些死症病候均被当做足太阴脉的死症病候,这说明《阴阳》的编者已经不清楚这些死症原本分属不同脉的情形。此外,在《阴阳》三条阴脉中,只有足太阴脉"是动病"中有"走心""腹胀"的症状,这无疑当是《阴阳》编者将内容 b 编入足太阴脉的主要原因吧。

以上讨论已足以说明《足臂》足厥阴脉后的多出部分与《阴阳》足太阴脉与足厥阴脉"所产病"之间的关系。《阴阳》足太阴脉与足厥阴脉的"所产病"内容很可能受到了《足臂》足厥阴脉后多出部分的影响,甚至《阴阳十一脉灸经》足太阴脉与足厥阴脉的相关内容整合了《足臂》的相关材料。

(二) 老官山《脉书·下经》《十二脉》及《阴阳脉死候》的材料来源与整合方式

老官山《脉书·下经》的内容包含四部分,第一部分为辨诸病变化,第二部分为十二经脉循行与病候,第三部分论"相脉之过"及三阴三阳脉死候,第四部分辨络脉、支脉及间别脉的循行与病候。[1] 为

---

[1] 柳长华、顾漫、周琦、刘阳、罗琼:《四川成都天回汉墓医简的命名与学术源流考》,《文物》2017 年第 12 期。

便于讨论，本文将《脉书·下经》中有关十二脉循行与病候的部分称为《脉书·下经·十二脉》（下文或简称老官山《十二脉》），将《脉书·下经》中有关三阴三阳脉死候的部分称为《脉书·下经·阴阳脉死候》（下文或简称老官山《阴阳脉死候》），将《脉书·下经》中有关间别脉的部分称为《脉书·下经·别脉》（下文或简称老官山《别脉》）。

1. 马王堆帛书《阴阳脉死候》及老官山《脉书·下经·阴阳脉死候》的材料来源与整合方式

帛书《阴阳脉死候》的相关内容与《足臂十一脉灸经》相近，两相对比有助于探讨帛书《阴阳脉死候》的材料来源及成书方式。为便于讨论，以下将帛书《阴阳脉死候》的内容编号如下：

A　凡三阳，天气也。其病唯折骨裂肤，一死。
B　凡三阴，地气也，死脉也。阴病而乱，则不过十日死。
C　三阴腐脏烂肠而主杀。□□五死。唇反人盈，则肉先死。
　　龈齐齿长，则骨先死。
　　面黑，目裹势邪，则气先死。
　　汗出如丝，傅而不流，则血先死。
　　舌陷卵卷，则筋先死。
D　五者偏有，则不活矣。

帛书《阴阳脉死候》内容 A 及内容 B 与上文所列帛书《足臂十一脉灸经》足厥阴脉病候后多出部分非常接近，这可能有两种情形：或《阴阳脉死候》受到《足臂十一脉灸经》（或类似文本）的影响，或相反，《足臂十一脉灸经》吸收了《阴阳脉死候》（或类似文本）的内容。目前看来，实际情况很可能为前者，且这与对待经脉死候的一般化趋势密切相关。

先来看帛书《阴阳脉死候》A、B 条内容中的"三阴三阳"。对于《阴阳脉死候》的"三阴三阳"一般意见均以人体三阴脉和三阳脉作解，① 概以为《阴阳脉死候》"三阴三阳"对应于后世经典十二脉学说

---

① 略如周一谋、萧佐桃《马王堆医书考注》，天津科学技术出版社，1988 年，第 47 页；马继兴《马王堆古医书考释》，湖南科学技术出版社，1992 年，（转下页）

的手足三阴脉和三阳脉。然而这种解释与《阴阳脉死候》"三阴三阳"的实际情形并不一致,最显著的矛盾之处在于:与《阴阳脉死候》合抄的《足臂十一脉灸经》与《阴阳十一脉灸经》均仅有十一脉,其中足脉六臂脉五,六阳脉五阴脉。从《阴阳脉死候》所在帛书篇目安排以及各篇内容上看,帛书两部《十一脉灸经》后接着抄写《脉法》与《阴阳脉死候》,这种情形无疑反映了两部《十一脉灸经》当时较为流行的状态,另一幅帛书上《却谷食气》与《阴阳十一脉灸经》乙本合抄也印证了"十一脉"说在当时较为流行的情形,湖北张家山汉简《脉书》的内容安排更说明了这种"十一脉"说的流行程度,因此,目前看来,《阴阳脉死候》的"三阴三阳"不太可能属于某种十二脉系统,其当与《阴阳十一脉灸经》所代表的"十一脉"说密切相关。

实际上,《阴阳脉死候》"三阴三阳"原本即是针对足脉而言,且其阴脉主杀、重视阴脉的理念与《足臂十一脉灸经》足厥阴脉后相关内容一致。《阴阳脉死候》内容 A 和 B 与上列《足臂十一脉灸经》第 4 和 2 条关系密切。由上文相关讨论可知,《足臂十一脉灸经》足厥阴脉后附记内容原本均是针对足脉而言的,其中第 4 和 2 条同样如此,因此,《阴阳脉死候》内容 A 和 B 中的"三阳""三阴"也当指足三阳脉和足三阴脉,只是其未加足部标称。这种足脉不加足部标称的做法在当时较为常见,①这反映了较为早期的经脉命名情形,这种情形当与足脉首先采用三阴三阳的命名原则有关。② 马王堆帛书《阴

(接上页)第 304、306 页;魏启鹏、胡翔骅《马王堆汉墓医书校释(壹)》,成都出版社,1992 年,第 41 页;湖南省博物馆、复旦大学出土文献与古文字研究中线编纂,裘锡圭主编《长沙马王堆汉墓简帛集成》,中华书局,2014 年,第五册,第 209 页(本文马王堆帛书医书材料均据此,恕不烦注)。

① 《足臂十一脉灸经》足太阳脉论治法句"诸病此物者,皆灸太阳脉",即无足部标称,同样的情形还出现在《足臂十一脉灸经》足少阳脉、足阳明脉和足厥阴脉中;《阴阳十一脉灸经》足部经脉皆不加足部标称。此外,《五十二病方》中治疗癫病时有灸太阴、太阳之说(《长沙马王堆汉墓简帛集成》,第五册,第 257 页),也无足部标称;《史记·扁鹊仓公传》中这种情形多见,如《史记》卷一〇五,中华书局,1982 年第 2 版,第 2797、2800、2801、2802、2803 页等。对此可详参下文有关足六脉系统的讨论部分。
② 黄龙祥:《中国针灸学术史大纲》,华夏出版社,2001 年,第 289—291 页。

阳脉死候》试图将原属足脉的内容一般化为具有普遍意义的论述，足脉不加足部标称的做法无形中为此提供了便利；不仅如此，帛书《阴阳脉死候》更分别以天地之气对应"三阴三阳"，并以此作为其"决死生"的原理和依据，这显然使相关论述具备了更加抽象也更为终极的普遍性意义，这应该也是论者多以经典十二脉说来解释帛书《阴阳脉死候》"三阴三阳"的主要原因。

老官山《阴阳脉死候》的内容对于理解上述帛书《阴阳脉死候》的材料来源及经脉死候的一般化趋势有所助益。目前老官山汉墓《阴阳脉死候》公布了两条释文：

> 脉绝如食[顷]，不过二日则死，烦心与腹伥（胀）具则死，其脉、输、郄，皆不盛日死。
>
> [一曰]刑（型）死，二日气死，三日心死，四日志死，五日神死。①

其中"脉绝如食[顷]，不过二日则死，烦心与腹伥（胀）具则死"与上文所列帛书《足臂十一脉灸经》第2和3条内容相近，根据上文对《足臂十一脉灸经》相关内容的分析，我们有理由相信，老官山《阴阳脉死候》的这条内容原本也当属于某条具体的脉。老官山《阴阳脉死候》同样将原本分属特定经脉的内容抽出集中抄写并单独成篇，从而使其脱离了具体的经脉语境而具有了更为一般化的意味。这与帛书《阴阳脉死候》的做法如出一辙，这无疑是一种具有代表性的做法，反映了对待经脉死候的一般化趋势。②

另外，老官山《阴阳脉死候》中有型、气、心、志、神的"五死"内容，马王堆帛书《阴阳脉死候》中有肉、骨、血、气、筋的"五死"内容，这二种"五死"内容不同而数目皆为五，这显是受了"五行"学说的影响。作为一种高度抽象的模型，"五行"学说在古代具有广泛的影响，拥有普遍性的意义，马王堆帛书《阴阳脉死候》以及老

---

① 成都文物考古研究所、荆州文物保护中心：《成都市天回镇老官山汉墓》，《考古》2014年第7期，第62页。
② 帛书《足臂十一脉灸经》将"决死生"内容集中抄于足厥阴脉之后，除了整齐文本外，也不能排除有将"决死生"内容专门化的考虑，这也是"决死生"内容一般化过程的前期环节。

官山汉简《阴阳脉死候》的"五死"内容显然欲以此来获得更为一般化的意义。① 实际上,虽同为"决死生"之术,然而帛书《阴阳脉死候》这部分论述"五死"的内容与其前的内容相较无疑属于不同的"决死生"技术系统:前半部分主要基于经脉及病候的阴阳属性预测死亡,后者依据人体的五种要素及其症候预测死亡。这两种不同的"决死生"技术显然分属不同的流派,有各自的来源,而两者被帛书《阴阳脉死候》的编者纂为一书,这种方式与帛书《阴阳脉死候》前半部分将分属特定经脉的内容整合成书的方式一致。这实际上揭示了帛书《阴阳脉死候》以及此类"决死生"之术的成书方式,这种情形本身也是"决死生"内容一般化的结果。

综合来看,包括帛书与老官山《阴阳脉死候》,将原本分属特定脉的死候内容单独抽出,使其脱离原有的经脉语境从而具备了某种一般性的意味,再以具有普遍意义的理论及话语系统(阴阳、天地等)整合这些被抽离的经脉死候内容,并将之与其他具有普遍意义的经脉死候——如受五行理论影响的"五死"内容——结集成书。这种对待经脉死候的一般化趋势和做法使"决死生"成为了一种专门的技术领域,使其具有了某种普遍性的意义。

2. 老官山《脉书·下经·十二脉》的材料来源与整合方式

黄龙祥对已公布的老官山《十二脉》中的 10 条经脉情形进行了初步讨论,②以下在此基础上探讨老官山《十二脉》的材料来源及整合方式。

(1)首先来看老官山《十二脉》手太阳脉。为便于对比,现将老官山《十二脉》的经脉循行路线与相应的《足臂》《阴阳》脉行路线列表如下:

---

① 两相比较,老官山汉简《阴阳脉死候》的"五死"内容较之帛书《阴阳脉死候》更为抽象,从论述层次上看,后者为有形的人体组成部分,而前者在较为具体的"型"之外,更加注重抽象的精神对象,这当也反映了老官山《脉死候》的内容更为一般化的情形。
② 黄龙祥:《老官山出土汉简脉书简解读》,《中国针灸》2018 年第 1 期。

经脉名称	循　行　路　线
《足臂》臂太阳脉	小指—臂骨下廉—臑下廉—肩外廉—项—目
《阴阳》肩脉	耳后—肩—臑外廉—臂外—腕—手背
老官山《十二脉》手太阳脉	小指—臂骨下廉—肘内廉—臑下廉—肩—颈—耳后—目外眦湄①

总体来看,老官山《十二脉》手太阳脉的循行路线与《足臂》臂太阳脉的对应程度较高。不过值得注意的是,老官山《十二脉》手太阳脉循行路线中的"耳后"见于《阴阳》,"肘内廉"既不见于《足臂》也不见于《阴阳》。

（2）老官山《十二脉》手阳明脉的循行路线与相应的《足臂》《阴阳》脉行路线对比如下：

经脉名称	循　行　路　线
《足臂》臂阳明脉	中指间—骨上廉—臑【□□】上—枕—口

---

① 黄龙祥认为此句当断作"目外眦。治所生病",整理小组将"治"误释为"湄","生"误释为"主",且将属下读的"治"误接于上,并据此讨论老官山《十二脉》手太阳脉所据为《阴阳》丙本,参黄龙祥《老官山出土汉简脉书简解读》,《中国针灸》2018 年第 1 期。需要说明的是,《揭秘敝昔遗书与漆人：老官山汉墓医学文物文献初识》第 228 页简 478 的"湄"字图版" "与第 297 页"治"字图版" "貌似并非一字,是否误释还有待于高清图版公布；《揭秘敝昔遗书与漆人：老官山汉墓医学文物文献初识》第 299 页"生"字图版" ",查《张家山汉简文字编》(张守中：《张家山汉简文字编》,文物出版社,2012 年)《引书》"生"字图版" "(《张家山汉简文字编》第 165 页)及张家山汉简《脉书》"主"字图版" "(《张家山汉简文字编》,第 138 页),误释的可能性似不甚大,具体情形也有待于高清图版公布。

续 表

经脉名称	循 行 路 线
《阴阳》齿脉	次指与大指上—臂上廉—肘中—臑—颊—齿中—鼻
老官山《十二脉》手阳明脉	次指与大指之上—臂上廉—肘中—臑—肩前廉—颈—颊—口中

老官山《十二脉》手阳明脉的循行路线大体上显然与《阴阳》近似,不同之处主要在于:第一,老官山《十二脉》手阳明脉的循行多出了"肩前廉—颈"的路线,这一路线不见于《阴阳》与《足臂》;第二,老官山《十二脉》手阳明脉终点在"口中"而并不至"鼻",这种情形与《足臂》相合。

(3) 老官山《十二脉》臂太阴脉的循行路线与相应的《足臂》《阴阳》脉行路线对比如下:

经脉名称	循 行 路 线
《足臂》臂太阴脉	(臂)筋上廉—臑内—腋内廉—心
《阴阳》臂巨阴脉	手掌中—内阴两骨间—骨下廉筋之上—臂内阴—心
老官山《十二脉》臂太阴脉	手掌中—臂内阴两骨之间—骨下廉—［筋之上］—臂内阴—腋—心

老官山《十二脉》臂太阴脉的循行路线与《阴阳》近似程度很高。最值得注意的不同之处在于老官山《十二脉》臂太阴脉循行至"腋",这与《足臂》近似。

(4) 老官山《十二脉》臂少阴脉与心主之脉的循行路线与相应的《足臂》《阴阳》脉行路线对比如下:

连续与断裂：中国早期医学的文本与知识

经脉名称	循　行　路　线
《足臂》臂少阴脉	筋下廉—臑内下廉—腋—胁
《阴阳》臂少阴脉	臂两骨之间—下骨上廉筋之下—臑内阴—心中①
老官山《十二脉》臂少阴脉	掌中—臂内阴两骨之间—骨上廉筋之下—肘内廉—臑内阴—腋下—心中
老官山《十二脉》心主之脉	掌中—臂中—肘中—腋下—□□②—胸里—上加太阴—喉咙—心

　　老官山《十二脉》臂少阴脉的循行路线近于《阴阳》。值得注意者有两点：一是老官山《十二脉》臂少阴脉起于"掌中"，不见于《足臂》和《阴阳》；二是老官山《十二脉》臂少阴脉经"腋下"，这与《足臂》相近。

　　老官山《十二脉》心主之脉循行与老官山《十二脉》的臂少阴脉和臂太阴脉路线有较多的近似，与《足臂》《阴阳》的关系都不甚密切。当然，汉代的"手少阴"与"心主脉"或"手心主脉"之间存在有意或无意的混淆。③

　　（5）老官山《十二脉》足太阳脉循行路线与《足臂》《阴阳》脉行路线对比如下：

经脉名称	循　行　路　线
《足臂》足太阳脉	外踝娄中—腨—郄（枝下脾）—臀—脊—项—头（枝颜下—耳）—目内眦—鼻

---

① 《阴阳》甲本无"入心中"句，此据乙本、丙本。
② 释文残缺，黄龙祥认为当作"奏胁"，或至少有"胁"字，参黄龙祥《老官山出土汉简脉书简解读》，《中国针灸》2018年第1期。
③ 张苇航：《"手心主脉"考——兼谈早期经脉学说的演变》，张勇安、赵争、张树剑编《医疗社会史研究》第二辑，中国社会科学出版社，2016年，第120页。

407

续 表

经脉名称	循 行 路 线
《阴阳》巨阳脉	外踝娄中—郄中—臀—厌中—脊—项—头角—颜—颔—目内廉
老官山《十二脉》足太阳脉	足小指—足胕外廉—外踝后胫中—腨—胠①中—(支者入州)—尻—脊—项—头角—顖—颜頯—目内眦

老官山《十二脉》足太阳脉循行路线的起点较《足臂》和《阴阳》有所延长,其起于"足小指"经足面外缘(足胕外廉)这段脉行线不见于《足臂》和《阴阳》。老官山《十二脉》足太阳脉此后的脉行线较为明显地综合了《足臂》和《阴阳》的脉行路线:老官山《十二脉》足太阳脉从"膝弯(胠中)"分出支脉的情形同于《足臂》,头面部的循行路线无支脉,循行路线与《阴阳》同。

(6)老官山《十二脉》足少阳脉循行路线与《足臂》《阴阳》脉行路线对比如下:

经脉名称	循 行 路 线
《足臂》足少阳脉	外踝前(枝骨间)—膝外廉—股外廉—胁(枝肩髆)—腋—项—耳—枕—目外眦
《阴阳》少阳脉	外踝前廉—鱼股之外—胁②上—耳前③
老官山《十二脉》足少阳脉	腋—□(颈)—耳前—目外眦

---

① 胠,《说文·肉部》:"胠,亦下也。"段注:"亦、腋,古今字。"马蒔《灵枢注证发微》注:"腋下谓胁,胁又名胠。"不过此脉行路线不应为"腋下"。《阴阳十一脉灸经》丙本巨阳脉病候有"胠如结",甲乙本残缺而均据《灵枢·经脉》、《脉经》卷六、《甲乙》卷二补作"腘如结",腘为膝弯。
② 此处甲、乙本均缺,据丙本补。
③ 甲乙本作"目前"。

目前仅公布了老官山《十二脉》足少阳脉"腋"之后的循行路线，剩余情形有待进一步信息。从目前的情形来看，老官山《十二脉》足少阳脉经"耳前"的路线与《阴阳》丙本相同，然其"腋—颈—耳前—目外眦"的循行路线与《足臂》近似，终点"目外眦"也与《足臂》相同。

（7）老官山《十二脉》足太阴脉循行路线与《足臂》《阴阳》脉行路线对比如下：

经脉名称	循　行　路　线
《足臂》足太阴脉	大指内廉骨际—内踝上廉—胻内廉—膝内廉—股内廉
《阴阳》太阴脉	胃—鱼股阴下廉—腨上廉—内踝之上廉
老官山《十二脉》足太阴脉	大指—足胕内廉—内踝□廉—骭骨内廉—膝内廉—股内廉—腹—肠胃—咽

首先，老官山《十二脉》足太阴脉的循行路线终点至"咽"不见于《足臂》和《阴阳》。除此之外，老官山《十二脉》足太阴脉的循行路线较为明显地综合了《足臂》和《阴阳》的脉行路线：从"大指"到"股内廉"的下肢循行路线与《足臂》近似度较高，此后"入腹属肠胃"则与《阴阳》相类。

（8）老官山《十二脉》足少阴脉循行路线与《足臂》《阴阳》脉行路线对比如下：

经脉名称	循　行　路　线
《足臂》足少阴脉	内踝娄中—腨—郄—股—腹—脊内上廉—肝—胅—舌本
《阴阳》少阴脉	内踝外廉—腨—郄中央—脊内廉—肾—舌本
老官山《十二脉》足少阴脉	□□—内踝后胻□—□□内廉—阴股—脊内廉—肾—舌本

409

老官山《十二脉》足少阴脉循行路线残缺较多,不过其"内踝后胫□"(当为内踝后胫中)则与《足臂》"内踝娄中"近似,其后"□□内廉—阴股"也较《阴阳》更详细,而"脊内廉—肾—舌本"路线则同于《阴阳》。

(9)老官山《十二脉》足厥阴脉循行路线与《足臂》《阴阳》脉行路线对比如下:

经脉名称	循 行 路 线
《足臂》足厥阴脉	大指间—骭内廉—上踝八寸交足太阴—股内—胜间
《阴阳》厥阴脉	足大指丛毛上—足跗上廉—去内踝一寸(上踝五寸而出于太阴之后)①—鱼股内廉—少腹—夹纻②旁
老官山《十二脉》足厥阴脉	足大指丛毛上—足跗上廉—去内踝一寸—胫内廉(上踝五寸交太阴脉)—□腹—夹佩—脐

总体上看,除了终点至"脐"外,老官山《十二脉》足厥阴脉循行路线与《阴阳》近似度很高。不过需要注意的是,传世的《灵枢·经脉》《脉经》及《针灸甲乙经》相关脉行路线均作"上踝八寸,交出太阴之后",③与《足臂》相同。

以上通过比较目前公布的老官山《十二脉》与帛书《足臂十一脉灸经》《阴阳十一脉灸经》的循行路线可以发现,除了老官山《十二脉》特有的心主之脉外,老官山《十二脉》的其他脉行路线与《足臂》

---

① 丙本"去内"至"触少腹"前残缺。
② 甲本"大渍(眦)"及乙本"大资(眦)"均当释为"夹纻",参刘建民《马王堆汉墓帛书〈阴阳十一脉灸经〉与张家山汉简〈脉书〉对读札记二则》,《中国文字研究》第二十七辑,2018年,第81—83页。"夹纻"与"夹佩"均指前阴部位,参黄龙祥《老官山出土汉简脉书简解读》,《中国针灸》2018年第1期。
③ 《灵枢·经脉》《针灸甲乙经》卷二作:"去内踝一寸,上踝八寸,交出太阴之后,上腘内廉,循股阴,入毛中,过阴器。"《脉经》卷六作:"去内踝一寸,上踝八寸,交出太阴之后,上腘内廉,循股阴,入阴毛中,环阴器。"

《阴阳》关系密切。具体而言,老官山《十二脉》中手太阳脉循行路线近于《足臂》,手阳明脉、臂太阴脉、臂少阴脉循行路线近于《阴阳》,足太阳脉、足少阳脉、足太阴脉的循行路线综合了《足臂》和《阴阳》的脉行路线。不过需要注意的是,循行路线大体上近于《足臂》的老官山《十二脉》手太阳脉的某脉行部位反见于《阴阳》;而循行路线大体近于《阴阳》的手阳明脉、臂太阴脉、臂少阴脉中也均有见于《足臂》的脉行部位,这其实与总体上综合了《足臂》和《阴阳》脉行路线的老官山《十二脉》足太阳脉、足少阳脉、足太阴脉的情形性质相同,无疑均反映了老官山《十二脉》的材料来源及对材料的整合方式。

由于目前老官山的材料尚未正式公布,所以有关老官山古脉书的成书过程还有待进一步讨论,不过从目前掌握的情况足以观察到老官山古脉书对相关材料的整合方式。上文对帛书《足臂十一脉灸经》和《阴阳十一脉灸经》以及《阴阳脉死候》成书过程的分析有助于我们从文本发生学这一视角理解古脉书的成书过程,当然,其中也有《阴阳十一脉灸经》《阴阳脉死候》拼合《足臂十一脉灸经》相关材料的讨论。对古脉书成书过程中叠压情形的分析侧重文本发生学视角下的文本流变,对拼合情形的分析更侧重古脉书的材料来源与整合方式。叠压与拼合不仅是相同经脉学说下的不同传派(《足臂》与《阴阳》、帛书《阴阳脉死候》与老官山《阴阳》)常见的文本整合模式,同样也是不同经脉学说(《足臂》《阴阳》十一脉系统与老官山《十二脉》十二脉系统)文本生成的主要模式。

叠压与拼合也适用于分析更大规模的古脉书成书,甚至古脉书之外的其他古医书的成书情形,这与上文所列李零、李建民等学者的认识是一致的。

二、多元图景:早期的经脉系统与经脉学说

叠压和拼合的成书方式使古脉书在文本内容上呈现出较为明显的连续性,但是这种文本内容连续性背后的认知与观念却往往是

断裂的。如上文所论《阴阳十一脉灸经》《阴阳脉死候》对《足臂十一脉灸经》足厥阴脉病候后多出部分材料的整合,这些有关阴阳脉象决死生的技术内容原本分属《足臂十一脉灸经》的相应之脉,在《阴阳十一脉灸经》中以新的方案被分别编入各脉,而在《阴阳脉死候》中更是被视为具有普遍性的知识而重新整合。整体上来看,包括马王堆帛书和张家山汉简的《足臂十一脉灸经》《阴阳十一脉灸经》《阴阳脉死候》均同属十一脉学说,其间的文本和知识之间存在着连续和断裂的张力。

不同经脉学说之间的这种文本连续与知识断裂的情形更加明显,老官山《十二脉》对《足臂十一脉灸经》以及《阴阳十一脉灸经》相关内容的整合非常典型,上文的相关讨论足资参考。老官山《十二脉》的十二脉系统与《足臂十一脉灸经》《阴阳十一脉灸经》的十一脉系统虽然在经脉数量上仅有微小差别,然而背后体现的却是不同的数术观念。[①] 十一脉与十二脉数字上虽连续,然两种经脉系统与学说之间存在着观念上的断裂。当然,古脉学说在理论框架及观念基础上的"断裂"还体现在更大的范围和更宏观的层面上。基于对目前所见简帛医书及相关传世文献的考察,我们可以发现早期脉学整体上呈现的多元图景。这不仅表现在以《足臂十一脉灸经》与《阴阳十一脉灸经》所反映的相同经脉系统下的不同传派,更表现在多种不同经脉系统与理论的共存。

(一) 相同经脉系统下的不同传派

1. 十一脉系统中的不同传派

老官山汉墓除了竹简医书外,还有一枚老官山经穴髹漆木人实物。该漆人高14厘米,木胎,通体髹黑漆,以红白二色标记经脉循行路线及穴位。其中红色标记脉行线共22条,左右对称纵向分布,每侧各11条;白色阴刻线共29条,其中3条呈环绕人体的横行走向,其余26条纵行分布,其中1条位于身体前面正中,其余25

[①] 相关数术观念的讨论详参李建民《发现古脉:中国古典医学与术数身体观》,社会科学文献出版社,2007年,第122—126、193—204页。

条白线基本呈左右对称分布于身体两侧,前面 11 条,背面及侧面 14 条,其中仅上肢侧面从拇指、食指之间出发到达肩部的脉行线左右刻画不甚对称,此白线经脉不仅有经脉交汇现象,而且个别经脉还有分支,并且其中一部分与红线重合。① 老官山经穴髹漆人像红白二色经脉路线有部分重合及接近的情形,然而二者脉行路线存在较大的差异。从整体上看,无论经脉数量还是循行路线,老官山经穴髹漆人像红白二色经脉情形均存在较大差异。虽然目前木人的高清照片尚未公布,然从目前所公布的照片看,老官山经穴髹漆人像的红色脉行线为笔绘而成,白色脉行线为阴刻而成,并且白色脉行线打破红色脉行线,这无疑是白色脉行线为后来刻绘所致。若以上推测不误,那么老官山经穴髹漆人像的经脉路线并非一次绘制而成,而是经过至少二次绘制。这也意味着,老官山经穴髹漆人像的红白两色脉行线当代表了不同的经脉学说。

老官山经穴髹漆人像的红色脉行线左右对称纵向分布,每侧各 11 条,是一种十一脉系统。不过老官山经穴髹漆人像这一种十一脉系统与《足臂十一脉灸经》《阴阳十一脉灸经》的十一脉系统还是有所不同,除了起点明显向手指、足趾端延伸外,②最明显的差别在于老官山经穴髹漆人像红色脉行线除臂少阳脉有 1 条耳前支脉外,其余十脉均只有主干,未见分支。③《阴阳十一脉灸经》各脉循行均无支脉,《足臂十一脉灸经》足太阳脉、足少阳脉有支脉,其他脉无支脉。因此,老官山经穴髹漆人像的红色脉行线当是不同于《足臂十一脉灸经》与《阴阳十一脉灸经》的另一种十一脉系统。至此,目前我们所见的出土十一脉系统的材料有《足臂十一脉灸经》《阴阳十一脉灸经》以及老官山经穴髹漆人像红色脉行线共 3 种,这 3 种十一

---

① 梁繁荣、曾芳等:《成都老官山出土经穴髹漆人像初探》,《中国针灸》2015 年第 1 期。本文有关老官山经穴髹漆人像的描述均据此文,恕不烦注。
② 黄龙祥:《老官山出土西汉针灸木人考》,《中华医史杂志》2017 年第 3 期。
③ 张乙小:《成都老官山汉墓经穴髹漆人像足三阳脉腧穴考证研究》,成都中医药大学硕士学位论文,2020 年,第 48 页。

脉系统的经脉循行路线异同互见，①属于十一脉系统的不同传派。②除了出土文献外，传世医籍中也多有十一脉说遗存，③其间差异稍加比较便可明了。

2. 足六脉系统及其不同传派

《内经》中除了有以《灵枢·经脉》为代表的经典十二脉系统之外，还存在与之不同的其他经脉系统，如《内经》中有一部分篇章所涉及的经脉为足六脉，如《素问·阴阳离合论》，《内经》中论述足六脉的篇章还有《素问·诊要经终论》《素问·热论》《素问·刺疟》《素问·刺腰痛》《素问·厥论》《素问·脉解》《灵枢·根结》《灵枢·终始》等。不仅如此，出土文献与传世文献中多见脉名省略足部标称的现象。《素问·脉解》记足六脉病候而脉名前均无足部标称；《史记·扁鹊仓公传》"齐北宫司空命妇出于"诊籍中同时出现"足厥阴"与"厥阴"，从诊籍内容来看后者显为前者的简称，④再如"齐章武里曹山跗"诊籍中同时出现足少阳脉、少阴脉和阳明脉，其中阳明脉与"乳下"的关联目前只见于足阳明脉，⑤故此处的阳明脉当是足阳明脉，少阴脉的情形亦当如是观，与此类似，"齐侍御史成"诊籍中的少阳、阳明当亦为足脉。⑥ 出土文献如马王堆帛书《足臂十一脉灸经》足太阳脉论治法句"诸病此物者，皆灸太阳脉"，⑦同样的

---

① 有关《足臂十一脉灸经》《阴阳十一脉灸经》经脉循行的比较详参赵争《从出土文献看早期经脉学说》，张勇安、赵争、张树剑编《医疗社会史研究》第二辑，中国社会科学出版社，2016年，第53—62页。
② 马王堆帛书《五十二病方》中治疗癫病时有灸太阴、太阳之说（《长沙马王堆汉墓简帛集成》，第五册，第257页），这种经脉与病候的对应情形不见于《足臂》及《阴阳》，很可能也反映了另一种不同的流派。
③ 参肖琪《〈内经〉〈难经〉中十二经脉与十一经脉学说的并存》，《山东中医学院学报》1980年第3期。
④ （汉）司马迁：《史记》（修订本），中华书局，2014年，第3390页。
⑤ （汉）司马迁：《史记》（修订本），第3387—3388页。马王堆帛书《足臂十一脉灸经》《阴阳十一脉灸经》《灵枢·经脉》足阳明脉行均与乳关联。
⑥ （汉）司马迁：《史记》（修订本），第3382—3383页。其中涉及治法的"灸××脉""刺××脉"指涉"经脉穴"，参黄龙祥《中国针灸学术史大纲》，华夏出版社，2001年，第223—225页。这仍属于脉名省略足部标称的现象。
⑦ 湖南省博物馆、复旦大学出土文献与古文字研究中心编纂，裘锡圭主编：《长沙马王堆汉墓简帛集成》，第五册，第187页。

情形还出现在《足臂十一脉灸经》足少阳脉、足阳明脉和足厥阴脉中，帛书《五十二病方》中治疗癫病时有灸太阴、太阳之说，①也当如是观。帛书《阴阳十一脉灸经》足脉亦皆不加足部标称，帛书《阴阳脉死候》中的"三阴三阳"也当指足三阳脉和足三阴脉；②老官山汉墓医简《十二脉》（厥阴脉）及《别脉》（间别太阴脉、间别少阴脉、间别太阳脉）中同样存在脉名省略足部标称的情形。③可见这种做法在当时较为普遍。有论者认为早期存在一种"足六脉说"，④所言不为无理。

以较为典型的《素问·脉解》为例，若将该篇病候与马王堆帛书《足臂》《阴阳》，老官山医简《十二脉》《别脉》以及《灵枢·经脉》相应经脉病候的对比可以发现，《素问·脉解》篇有不少不见于《足臂》《阴阳》《十二脉》《别脉》以及《灵枢·经脉》的病候以及独特的脉与脏腑的关联方式及致病理论。⑤典型者如《脉解》篇对足太阳"瘖俳"及"厥"的病因描述如下："内夺而厥，则为瘖俳，此肾虚也。少阴不至者，厥也。"对此，杨上善以十二经脉的足少阴肾经来解释，⑥《阴阳》足少阴脉的关联内脏同样为肾，那么《脉解》篇此处与肾虚相关的足少阴脉到底应属哪一种经脉系统呢？回答这个问题我们需要结合《脉解》篇中另外一处与脏腑相关的内容。《脉解》篇足少阴病候有"少气善怒"，其原因为"阳气不治，则阳气不得出，肝气当治

---

① 《长沙马王堆汉墓简帛集成》，第五册，第257页。
② 相关讨论参赵争《古书成书及流传问题研究——以马王堆帛书〈阴阳脉死候〉为中心》，《传统中国研究集刊》第十九辑，第89—90页。
③ 梁繁荣、王毅、李继明主编：《解密敝昔遗书与漆人：老官山汉墓医学文物文献初识》，四川科学技术出版社，2016年，第239—240页，广濑薰雄：《天回老官山汉简〈别脉〉初探》，《出土文献与古文字研究》第九辑，上海古籍出版社，2020年，第324页。
④ 袁玮：《"十一脉"说之前可能存在足"六脉"说》，《上海针灸杂志》1988年第1期。
⑤ 《素问·脉解》与相关文献的比较详参赵争：《〈素问·脉解〉文本结构与成书问题臆论——兼谈早期经脉学说》，《中医典籍与文化》2022年第一辑（总第4期），社科文献出版社，2023年。
⑥ 《黄帝内经太素》，《丛书集成初编》本，中华书局，1985年，第85页。

而未得",①此处之"肝气"似不能以《灵枢·经脉》十二经脉体系为释;同理,《素问·脉解》篇释太阴病候"上走心为噫者"谓"阳明络属心",这与十二经脉的足太阴经、络均不合。② 可见《脉解》篇足少阴与肾的关系当是经典十二脉系统之外的某种学说。

除《素问·脉解》外,《内经》中专论足六脉者还有《素问·热论》《素问·刺疟》《素问·刺腰痛》《素问·厥论》《灵枢·根结》《灵枢·终始》等。虽然所论均为足六脉,然其间互有异同。如从足脉病候来看,《灵枢·根结》各脉病候情形如下:足太阳脉——肉节渎、暴病,足阳明脉——痿疾,足少阳脉——骨繇,足太阴脉——膈洞,足厥阴脉——悲,足少阴脉——结而不通,可见《灵枢·根结》与《素问·脉解》各脉病候不甚对应且差别较大;从脉行路线以及与脏器的联系上来看,《素问·热论》也不同于《脉解》,如足太阴脉,《热论》"布胃中络于嗌",而《脉解》释太阴病候"上走心为噫者"谓"阳明络属心";《素问·热论》与《灵枢·根结》的脉行路线也有较大差别。③ 这种情形其实并不稀见,实际上,这种理论框架方面的"大同"和不同传派方案上的"小异"在某种程度上可被视为早期经脉学说的普遍现象。

(二) 理论框架各异的经脉系统

除了上文所论的足六脉,《足臂十一脉灸经》与《阴阳十一脉灸经》所代表的十一脉系统,《内经》中的经典十二脉系统外,还存在其他的经脉系统。

1. 老官山医简中的其他经脉系统

老官山《别脉》最初被整理者单独命名,后被归为《脉书·下经》的一部分。老官山《别脉》有9支简约200字,记有间别赞脉、间别肉理脉、间别齿脉、间别□□、间别臂阴脉、间别臂阳脉、间别太阴

---

① 郭霭春:《黄帝内经素问校注语译》,贵州教育出版社,2010年,第288页。
② 杨上善所谓"阳明之正,上入腹里,属胃,散之脾,上通于心,故阳明络属心"的解释显较为牵强,杨上善注见《黄帝内经太素》,第87页。
③ 赵争:《〈素问·脉解〉文本结构与成书问题臆论——兼谈早期经脉学说》,《中医典籍与文化》2022年第一辑(总第4期)。

脉、间别少阴脉、间别太阳脉9条别脉的名称、循行、病症和灸法。老官山《别脉》的书写风格、论述体例与所记内容不同于老官山《十二脉》。①

尽管目前老官山《别脉》的内容尚未正式公布，然已有论者基于掌握的信息对老官山《别脉》中的8条别脉进行了初步的讨论。② 相关讨论中值得注意的有二点：一是老官山《别脉》的命名，二是不同的别脉方案。

首先来看老官山《别脉》的命名。老官山《别脉》的命名方式有三类：

（1）阴阳：间别太阳脉、间别太阴脉、间别少阴脉

（2）臂+阴阳：间别臂阴脉、间别臂阳脉

（3）身体部位：间别齿脉、间别赞脉、间别迎脉、间别肉理脉

第一类中的别脉，从循行路线来看都是省略足部标称的足部经脉，这类脉中不见阳明脉和厥阴脉的原因在于当时足脉没有采用三阴三阳分类法，故当时的足脉中根本没有阳明脉和厥阴脉。第二类别脉的命名采用的当是"一阴一阳"命名法。第三类命名法中的齿脉、赞脉、迎脉、肉理脉当均为经脉名称。从《别脉》的脉名来看，其所反映的很可能是比《足臂十一脉灸经》和《阴阳十一脉灸经》更原始的经脉理论。

再来看不同的别脉方案。老官山汉墓医简中除了《十二脉》及《别脉》，还有3段记载足太阳脉、足阳明脉、间□足太阴脉另外的循行路线和主病的内容，③有论者指出这3条脉行路线也是间

---

① 梁繁荣、王毅、李继明主编：《解密敝昔遗书与漆人：老官山汉墓医学文物文献初识》，四川科学技术出版社，2016年，第240页。

② 广瀬薫雄：《天回老官山汉简〈别脉〉初探》，《出土文献与古文字研究》第九辑，上海古籍出版社，2020年，第316—328页。

③ 梁繁荣、王毅、李继明主编：《解密敝昔遗书与漆人：老官山汉墓医学文物文献初识》，第235页。"间□足太阴脉"《解密敝昔遗书与漆人：老官山汉墓医学文物文献初识》作"足太阴脉"，据邱科硕士论文的释文改为"间□足太阴脉"，参邱科《老官山汉墓经穴髹漆人像六阴经循行特点研究》，成都中医药大学硕士学位论文，2016年，第21页。本文有关这条"间□足太阴脉"的释文均据邱科论文。

别脉,①当可从。其中间□足太阴脉附于老官山《十二脉》足太阴脉之后,其释文可与《别脉》间别太阴脉对照,现姑将两者释文抄录如下:

脉　　名	释　　文
《十二脉》足太阴脉附间□足太阴	间□足大阴:□□外廉,上尻外廉,属大阳(肠)。
《别脉》间别太阴脉	间别大阴脉:出□缭髀,出深贪,脐上痛,奏于心。心痛,疝,折,癃,遗溺,灸大阴。②

可见虽然名称相同,然二者循行完全不类。已有学者指出这反映了"间别足太阴脉"内涵不断被调整,在汉代早期还不固定的情形。③

以上是目前有关《别脉》内容学界已有的讨论,据此已经可以发现老官山《别脉》的经脉系统不同于已知的十一脉及十二脉系统。不仅如此,通过对比相同名称的间别脉可以发现间别脉这一概念下还有不同的方案,存在不同的传派。其实还值得追问的是,这些别脉所对应的"正脉"情况如何?不过从老官山《别脉》基于不同原则的命名方式来看,这9条别脉原本可能分属不同的经脉系统,后被抽离原初的义本而整合进老官山《别脉》。

老官山《脉书·下经》第四部分中除了间别脉外还有论述络脉、支脉的内容,这些不同的概念无疑分属不同的经脉理论,当也对应着不同的经脉系统,虽然详细情形有待于材料的公布,然而这种情形无疑可被视为早期经脉系统与学说多元共存的绝佳

---

① 黄龙祥:《老官山出土汉简脉书简解读》,《中国针灸》2018年第1期;广濑薰雄:《天回老官山汉简〈别脉〉初探》,《出土文献与古文字研究》第九辑,上海古籍出版社,2020年,第324页。
② 释文方案见广濑薰雄《天回老官山汉简〈别脉〉初探》,《出土文献与古文字研究》第九辑,上海古籍出版社,2020年,第317页。
③ 广濑薰雄:《天回老官山汉简〈别脉〉初探》,《出土文献与古文字研究》第九辑,第320—321页。

例证。

2. 双包山漆雕木人的经脉系统

双包山经脉漆雕木人高28.1厘米,全身髹以黑漆,以红色漆线镌记有19条上下循行的主脉。其中背部正中线1条,其余18条呈左右对称分布于身体两侧,每侧9条。前者相当于传世文献中的督脉,每侧九脉分布近于《灵枢·经脉篇》十二经脉中的手三阴脉、手三阳脉及足三阳脉,双包山经脉漆雕木人的脉行线概反映了一种"十脉"说。① 相较于《足臂》《阴阳》的"十一脉"系统及《灵枢·经脉》的经典"十二脉"系统,无论是经脉数目还是经脉循行情况,双包山漆雕木人的"十脉"系统无疑均独具特色。其中较为明显者为双包山漆雕木人无足三阴脉,②其经脉交汇情形也非常独特:两条经脉直接会合者有五处,经脉间的交叉有六处。此外,双包山漆雕木人的经脉循行值得注意之处在于:头面部的经脉分布非常密集,多条经脉与手厥阴脉相交,而手厥阴脉与形近督脉的经脉在头顶会合。双包山经脉漆雕木人经脉系统背后无疑有着自己独特的

---

① 有关经脉漆雕木人的经脉情形参马继兴《双包山西汉墓出土经脉漆木人型的研究》,《马继兴医学文集》,中医古籍出版社,2009年,第279—301页。

② 马继兴认为由于木人下肢内侧部绘制空间不足造成的,何志国认为当出于与足三阴脉主死有关的某种死亡讳忌,分别参马继兴《双包山西汉墓出土经脉漆木人型的研究》,《马继兴医学文集》,第281页;何志国《西汉人体经脉漆雕再考》,《四川文物》2000年第6期。何氏已对马氏及相关意见提出了质疑,然而何氏认为漆雕木人作为随葬物品有养生或庇护墓主长生之用从而讳忌主死的足三阴脉。这无疑不符合逻辑,因为足三阴脉如此重要理当成为治疗及养生首要关注的对象,这从马王堆帛书《阴阳脉死候》及《足臂》足厥阴脉后相关内容对足三阴脉的重视便可看出;并且何氏意见也得不到出土实物的支持,如老官山经穴髹漆人像便有足部阴脉。综观马王堆帛书及老官山汉墓材料,均有足部阴脉,且老官山经穴髹漆人像的高度仅为双包山人体漆雕模型的一半,且脉行线路更为密集,然而也刻画有足部阴脉。因此双包山人体漆雕模型无足部阴脉无疑不是因为空间不足,也并非出于某种禁忌,而是基于其特有的经脉学说,对此可参李建民《发现古脉:中国古典医学与术数身体观》,社会科学文献出版社,2007年,第171页;廖育群《重构秦汉医学图像》,上海交通大学出版社,2012年,第58—60页。

经脉学说。①

  整体来看,双包山经脉漆雕木人与老官山经穴髹漆人像红白双色脉行线的经脉数目不同,在经脉循行方面存在较大差异,无疑分别体现了不同的经脉学说。然而值得注意之处在于,双包山经脉漆雕木人有行于背部正中形似督脉的脉行线,老官山经穴髹漆人像白色脉行线有位于身体前面正中形似任脉的脉行线。虽则医书有关任、督二脉各有不同的描述,②然其循行路线均位于人体中轴线上,有关任督二脉有"一源二岐"的说法,③这种说法有更早的来源,唐人王冰有冲、任、督三脉"一源三岐"的说法。④ 不过尽管老官山经穴髹漆人像身体前面正中的白色脉行线与双包山背部正中的脉行线合于后世有关任、督、冲脉的解释,然而两者涵义可能有所不同。老官山经穴髹漆人像前面正中的白色脉行线可能与白色脉行线中的3道横线和1道倒U形曲线组成一套表现扁鹊医派三焦学说的整体构图,这条冲脉线是白色"十二脉"脉行线和三焦的共用轴心。⑤ 若如此,则虽然二具木人模型均有人体中轴线的脉,然而其背后的知识和观念可能并不相同,这其实也是本文所讨论的文本(图像)连续与知识断裂的绝佳案例了。

---

① 相关讨论参李建民《发现古脉:中国古典医学与术数身体观》,第171页;李建民《生命史学——从医疗看中国历史》,复旦大学出版社,2008年,第67—72页;李建民《督脉与中国早期养生实践——奇经八脉的新研究之二》,收入李贞德主编《性别、身体与医疗》,中华书局,2012年,第20—21页;廖育群《重构秦汉医学图像》,第58—60页。
② 有关任、督二脉的循行可参黄龙祥《中国针灸学术史大纲》,华夏出版社,2001年,第461—465页。另,马继兴对督脉路线也进行了较为全面的梳理,参马继兴《双包山西汉墓出土经脉漆木人型的研究》,《马继兴医学文集》,第291—293页。
③ "任与督,一源而二岐,督则由会阴而行背;任则由会阴而行腹。夫人身之有任督,犹天之有子午也;人身之任督以腹背言,天地之子午以南北言,可以分,可以合者也",滑寿《十四经发挥》言,转引自李建民《生命史学——从医疗看中国历史》,第66页。
④ "任脉、冲脉、督脉者,一源而三岐也,故经或谓冲脉为督脉也。何以明之?今《甲乙》及古《经脉流注图经》以任脉循背者,谓之督脉,自少腹直上者谓之任脉,亦谓之督脉,是则以背腹阴阳别为各目尔。"郭霭春:《黄帝内经素问校注》,人民卫生出版社,1992年,第717页。
⑤ 黄龙祥:《老官山出土西汉针灸木人考》,《中华医史杂志》2017年第3期。

三、连续的断裂：早期脉学的文本与知识

综上所论,我们目前能确认的早期经脉系统框架至少有以下几种：足六脉,双包山经脉漆雕木人的"十脉"系统,《足臂十一脉灸经》与《阴阳十一脉灸经》以及老官山经穴髹漆人像红色脉行线的"十一脉"系统,老官山《十二脉》的"十二脉"系统,老官山经穴髹漆人像白色经脉线所代表的经脉系统,①以及老官山《别脉》所反映的经脉系统。

这些不同的经脉系统背后对应着各异的学说,不仅如此,同一种经脉系统下往往还存在不同的流派。整体上看,早期经脉系统呈现出一种多元图景。早期经脉系统与学说的多元图景之下各异的经脉系统之间并非是相互隔绝的状态,不仅相同学说的不同传派之间往往多有关联,不同的经脉系统与学说之间也存在关联,这种关联或是文本内容的近似,或是共享了某种知识观念及理论背景。不同经脉系统及学说之间的文本或概念的关联使早期经脉文献往往呈现出一种"连续性",这是早期经脉文献叠压与拼合的成书方式所决定的。然而局部的文本或内容"连续"的背后却是相异的理论框架及观念基础,并且不同的理论框架之间亦多非渐次演进的线性关系,如虽则表面上来看,双包山经脉漆雕木人的"十脉"系统、《足臂十一脉灸经》与《阴阳十一脉灸经》以及老官山经穴髹漆人像红色脉行线的"十一脉"系统、老官山《十二脉》的"十二脉"系统在经脉数目上是"连续"的,然而其背后的数术观念无疑并不连续。这种不同观念的覆盖式整合其实是早期经脉学说演进的动力学机制,这使早

---

① 黄龙祥将白色脉行线分为二类：24 条白线为十二脉系统,身体前面正中以及 3 道横线和 1 道倒 U 形曲线表现三焦学说。不过这些白色脉行线本身的绘制情形基本没有差别,将一部分视为经脉而将另一部分仅视为表示三焦界划的线条似需要进一步的证据,尤其是将身体前面正中的白色脉行线既视作经脉,同时又作为表示三焦构图的组成部分,这易引困惑。黄龙祥：《老官山出土西汉针灸木人考》,《中华医史杂志》2017 年第 3 期。本文暂将老官山经穴髹漆人像白色脉行线作为一种特殊的经脉系统。

期经脉文献整体上呈现出一种"连续的断裂"状态:文本内容呈现"连续性"的同时,文本背后的知识结构往往是"断裂"的。①

了解早期经脉文献"连续的断裂"这种状态对我们的研究或许有以下二点启示:

第一,要了解先秦、秦汉古书的形成和流传规律,自觉以长时段、动态的古书成书观来分析问题。近年来有关中国早期古书成书的研究正在经历一场范式转换:由基于真伪概念的"古书辨伪学"转向基于长时段动态成书观的古书成书理论。② 这就要求我们应当基于长时段动态的古书成书观考察早期古书的形成与流传,对古书成书的相关情形及规律有较为科学的整体性理解,如此才能正确认识古书文本及其演变的性质及意义,从而才有可能建立合理的工作假说与论说概念——作为"过程"的文本以及与此相应的多元文本图景及其所反映的文本关系网络无疑是长时段动态的古书成书理念观照下值得重视的概念与模型。具体到早期古脉书而言,即便如《足臂十一脉灸经》、《阴阳十一脉灸经》、《阴阳脉死候》、老官山《十二脉》这种篇幅短小的古医书也多非成于一时一手,而是经历了特定的成书过程,叠压拼合是其主要的方式之一。与这种成书方式相应,古医书的不同内容元素往往反映了不同的时间信息及文本线索,这对有关不同古医书间相对年代及相互关系问题的研究提出了较高要求:以整篇为单位的分析往往不够精确,而应深入到文本结构内部,逐段甚至逐句地分析。在此基础上,才能为古医书文本的年代及关系问题提供较为准确和全面的依据,才有可能构建更为合理的解释模型,从而避免以较为简单的诸如"相互因袭"这类"线性"模型进行笼统的讨论与解释。

第二,早期中医理论,尤其是经脉学说,并非全然源于医学实践

---

① 李零有关古代实用性文献"新瓶装旧酒"特点的讨论以及李建民对古代禁方文本内容叠压现象的讨论,均侧重内容元素的连续性,本文在此基础上更侧重于内容元素背后的理论框架及观念基础这种更"根本"的差异和"断裂"。

② 赵争:《辨伪与存真:百年来的古书体例研究》,中西书局,2021年,第三章。

连续与断裂：中国早期医学的文本与知识

经验的累积和演进，而是有很强的理论色彩，某种学说或技术多基于特定的思想背景和观念基础。不同经脉学说背后的思想背景和观念基础决定了相关经脉学说的概念框架和表现形式；不同经脉学说在知识结构上往往是"断裂"的，经脉学说的发展变化也并不表现为经脉数目的简单累加这种线性模式。早期古脉文献与学说的这种多元图景和"连续的断裂"状态要求我们要基于材料，"回到历史现场"，对经脉学说的整体流传情形合理认知，对相关文本及理论流变的复杂性充分估计。相关研究应建立在充分而坚实的材料及事实证据的基础之上，不应以"事物皆从简单到复杂、低级到高级"或其他理论预设遮蔽材料本身的复杂性和丰富性。在此基础上，应尽量避免用过于简明的线性发展模型来解释早期经脉学说的发生及发展，避免以某种较为晚近的经脉学说（如经典十二脉体系）作为经脉理论的最终及唯一形态，进而对早期经脉理论及早期医学史做出"辉格式"解释。

图书在版编目(CIP)数据

出土文献与古书形成研究／宁镇疆，高晓军主编. -- 上海：上海古籍出版社，2024.9
ISBN 978-7-5732-1202-3

Ⅰ.①出… Ⅱ.①宁…②高… Ⅲ.①出土文物—文献—研究—中国②古籍—研究—中国 Ⅳ.①K877.04②G256

中国国家版本馆 CIP 数据核字(2024)第 096708 号

"出土文献与古史史料学研究"丛书

出土文献与古书形成研究

宁镇疆　高晓军　主编

上海古籍出版社出版发行

(上海市闵行区号景路 159 弄 1-5 号 A 座 5F　邮政编码 201101)

　(1) 网址：www.guji.com.cn
　(2) E-mail：guji1@guji.com.cn
　(3) 易文网网址：www.ewen.co

苏州市越洋印刷有限公司印刷

开本 710×1000　1/16　印张 26.75　插页 2　字数 372,000
2024 年 9 月第 1 版　2024 年 9 月第 1 次印刷
ISBN 978-7-5732-1202-3
K·3623　定价：128.00 元
如有质量问题，请与承印公司联系